Gard

PAYS AUX MULTIPLES FACETTES

Il est des territoires, en F… …i encore demeurent… rément, en f… de Nîm… d… …-reux de … même temps. Ce… …d recèle des trésors qui … au Rhône et de la frontière ard… Méditerranée. Les amateurs d'histoire … comblés par les vestiges préhistoriques (dolmens, menhirs), gallo-romains (le Pont du Gard, la Maison Carrée, le musée de la Romanité), médiévaux (églises, villages et châteaux romans pullulent sur tout le territoire), miniers (Alès, la Grand-Combe) et par l'héritage des Camisards. Les amoureux de belles pierres s'émerveilleront devant Uzès, la cité ducale, devant Aigues-Mortes, liée à Saint Louis, ou en déambulant dans certains des plus beaux villages de France. Du mont Aigoual au petit port méditerranéen du Grau-du-Roi en passant par la vallée de la Cèze, du Gardon, le tourisme vert et sportif est également à l'honneur ici. Enfin, les amateurs de bonne chère et de savoir-vivre ne seront pas en reste. Produits du terroir uniques (gardiane de taureau, oignon doux des Cévennes, pélardon, brandade de morue…), vins renommés (de nombreuses AOC et IGP parsèment le département), fêtes joyeuses et authentiques et raviront les plus fins gourmets et les bons vivants.

W0211605

Couverture : Pont du Gard © SAMOTT

Retrouvez cette offre en page 6

SOMMAIRE

Vue depuis le Rocher Saint-Julien près d'Anduze. © LDGFR PHOTOS - SHUTTERSTOCK.COM

Chevaux de Camargue. © USO - ISTOCKPHOTO.COM

Balade dans les rues d'Uzès.

N
O
E
S
LOZÈRE
AVEYRON
HÉRAULT
Vers Langogne
GÉNOLHAC
Génolhac
Chamborigaud
Vers Mende
PORTES
LA GRAND-COMBE
N106
LANUÉJOLS
Camprieu
D157
TRÈVES
Tarn
l'Espérou
D48
Mont-Aigoual
1 567 m
St André-
de-Valborgne
Gardon
de St-Jean
VALLERAUGUE
SAINT-JEAN-DU-GARD
LES PLANTIERS
MIALET
le Mas-Soubeyran
ANDUZE
D910
D907
Lasalle
Hérault
D986
LE VIGAN
TORNAC
D982
SAINT-HIPPOLYTE-DU-FORT
Alzon
Vers Montpellier
D999
D35
SAUVE
CORCONNE
Vers Montpellier
Gard
Mer
Autoroute
Nationale
Départementale
Préfecture
Sous-préfecture
Ville, village
Sortie d'autoroute
Aéroport
Forêt domaniale

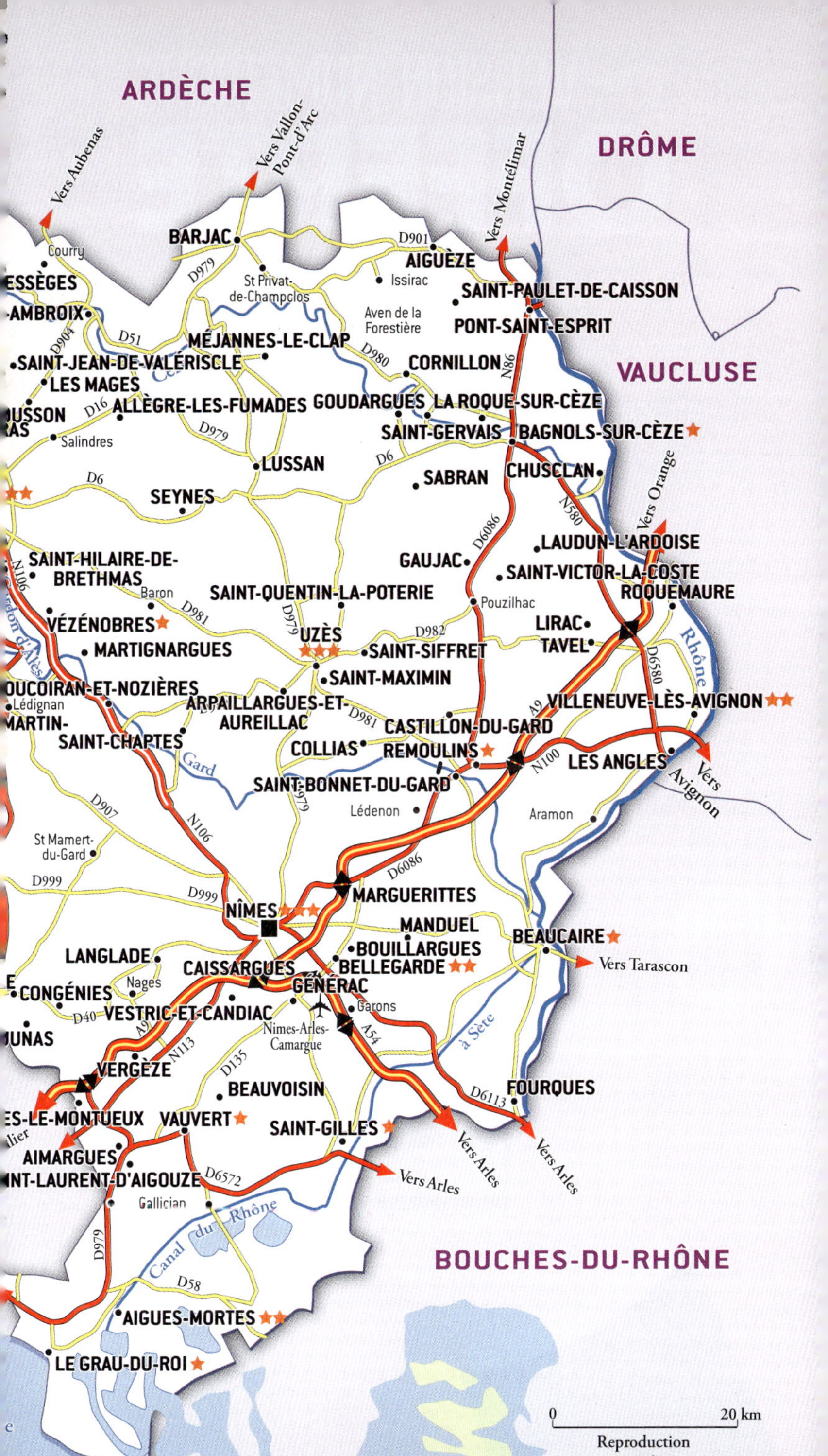
ARDÈCHE
DRÔME
VAUCLUSE
BOUCHES-DU-RHÔNE
Vers Aubenas
Vers Vallon-Pont-d'Arc
Vers Montélimar
Vers Orange
Vers Avignon
Vers Tarascon
Vers Arles
Vers Arles
Vers Arles
BARJAC
Courry
D979
St Privat-de-Champclos
D901
AIGUÈZE
Issirac
SAINT-PAULET-DE-CAISSON
Aven de la Forestière
PONT-SAINT-ESPRIT
ESSÈGES
AMBROIX
D904
D51
MÉJANNES-LE-CLAP
D980
CORNILLON
N86
SAINT-JEAN-DE-VALÉRISCLE
LES MAGES
D16
ALLÈGRE-LES-FUMADES
GOUDARGUES
LA ROQUE-SUR-CÈZE
USSON
Salindres
D979
SAINT-GERVAIS
BAGNOLS-SUR-CÈZE
D6
LUSSAN
SABRAN
CHUSCLAN
D6
SEYNES
N580
D6086
LAUDUN-L'ARDOISE
GAUJAC
SAINT-VICTOR-LA-COSTE
SAINT-HILAIRE-DE-BRETHMAS
N106
Baron
SAINT-QUENTIN-LA-POTERIE
ROQUEMAURE
Pouzilhac
D981
D979
VÉZÉNOBRES
UZÈS
D982
LIRAC
TAVEL
MARTIGNARGUES
SAINT-SIFFRET
Rhône
D6580
SAINT-MAXIMIN
DUCOIRAN-ET-NOZIÈRES
Lédignan
ARPAILLARGUES-ET-AUREILLAC
D981
A9
VILLENEUVE-LÈS-AVIGNON
MARTIN-
SAINT-CHAPTES
CASTILLON-DU-GARD
COLLIAS
REMOULINS
N100
LES ANGLES
Gard
SAINT-BONNET-DU-GARD
D979
Lédenon
Aramon
D907
N106
St Mamert-du-Gard
D6086
D999
D999
MARGUERITTES
NÎMES
MANDUEL
BEAUCAIRE
LANGLADE
BOUILLARGUES
CAISSARGUES
BELLEGARDE
Nages
GÉNÉRAC
CONGÉNIES
Garons
D40
VESTRIC-ET-CANDIAC
Nimes-Arles-Camargue
A54
à Sète
A9
N113
UNAS
D135
VERGÈZE
BEAUVOISIN
D6113
FOURQUES
ES-LE-MONTUEUX
VAUVERT
SAINT-GILLES
AIMARGUES
INT-LAURENT-D'AIGOUZE
D6572
Gallician
Canal du Rhône
D979
D58
AIGUES-MORTES
LE GRAU-DU-ROI
0
20 km
Reproduction interdite
Jean-Baptiste Nény

VERSION NUMÉRIQUE OFFERTE

Obtenez votre guide numérique en scannant ce QR code

ou rendez-vous sur le site **www.ebookfute.com** avec le code avantage

MPFSEJ

OFFRE VALABLE JUSQU'À L'ARRÊT DE COMMERCIALISATION DU TITRE EN FRANCE MÉTROPOLITAINE ET DANS LE MONDE ET SOUS RÉSERVE QUE LE NOMBRE DE TÉLÉCHARGEMENTS SOIT INFÉRIEUR OU ÉGAL AU NOMBRE D'EXEMPLAIRES DE GUIDES PAPIER IMPRIMÉS, FORMATS DISPONIBLES POUR

NÎMES ET ALENTOURS

Nîmes « La Rome française », labellisée ville d'Art et d'Histoire, vous accueille avec ses monuments romains dont elle est si fière : la Tour Magne, les Arènes, la Maison Carrée, le Castellum Aquae, les Jardins de la Fontaine, la porte d'Auguste et de France, le Pont du Gard (aqueduc à 3 niveaux) et plus récemment la Médiathèque et le musée de la Romanité. Les 2 Férias annuelles attirent une foule venue parfois de très loin pour assister aux manifestations taurines. Vers le nord : Les Cévennes chargées d'histoire où vous pourrez suivre les chemins de la Régordane, vers le sud la mer avec son port de pêche du Grau-du-Roi, les salins, Aigues-Mortes, les étangs, et les marais avec ses taureaux en liberté, et ses oiseaux protégés. L'hôtellerie et la restauration proposent une très large gamme de prix et de standings. Ensoleillée, douce à vivre, Nîmes la passionnée est riche et fière de son passé, mais aussi résolument contemporaine.

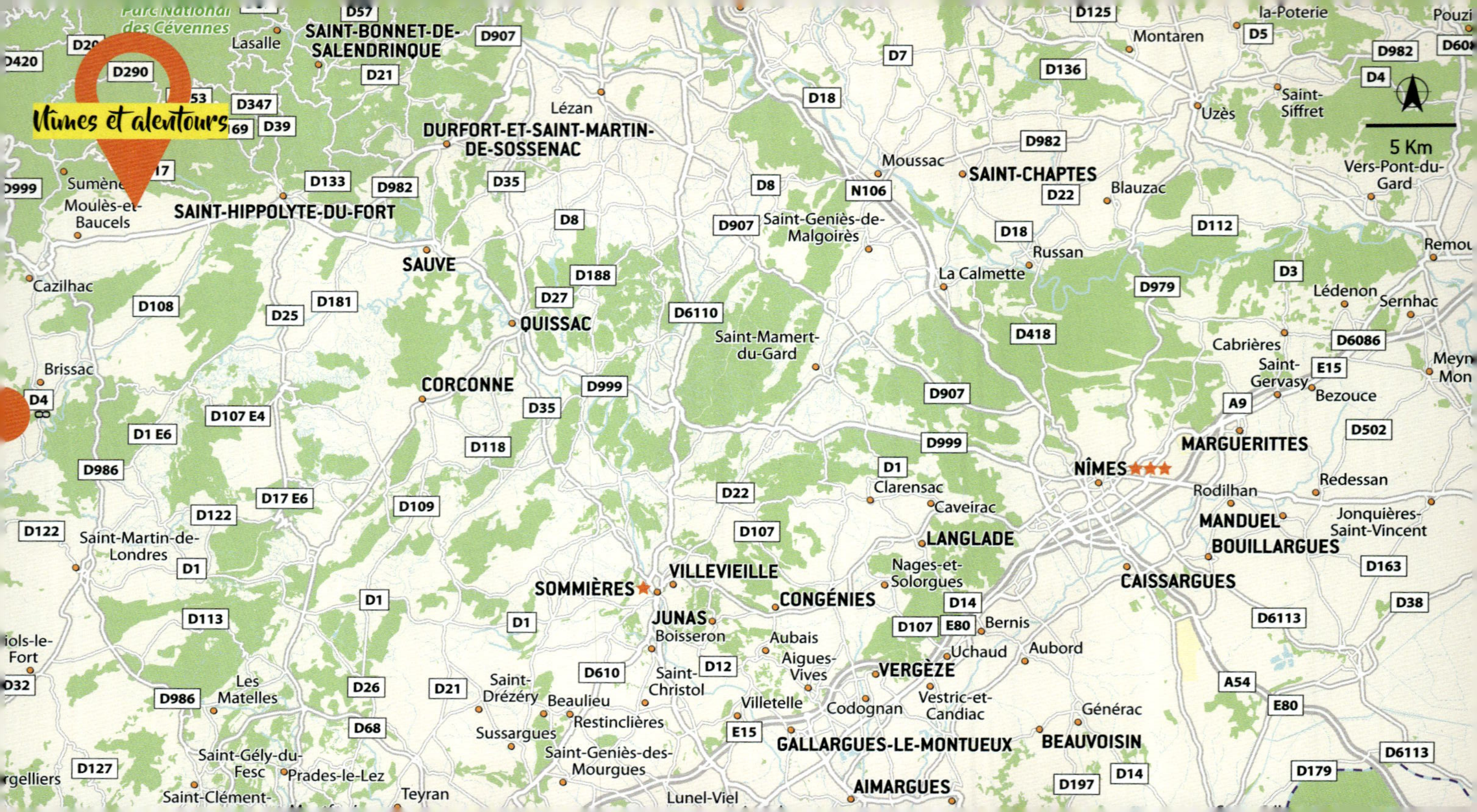
Nîmes et alentours
Parc National des Cévennes
5 Km
Lasalle
SAINT-BONNET-DE-SALENDRINQUE
Lézan
DURFORT-ET-SAINT-MARTIN-DE-SOSSENAC
Sumène
Moulès-et-Baucels
SAINT-HIPPOLYTE-DU-FORT
SAUVE
Cazilhac
QUISSAC
Brissac
CORCONNE
Saint-Martin-de-Londres
SOMMIÈRES
VILLEVIEILLE
JUNAS
CONGÉNIES
Boisseron
Aubais
Aigues-Vives
Saint-Christol
Saint-Drézéry
Beaulieu
Restinclières
Sussargues
Saint-Geniès-des-Mourgues
Villetelle
Codognan
VERGÈZE
Vestric-et-Candiac
GALLARGUES-LE-MONTEUX
AIMARGUES
Lunel-Viel
Teyran
Les Matelles
Saint-Gély-du-Fesc
Prades-le-Lez
Saint-Clément-
Saint-Mamert-du-Gard
Saint-Geniès-de-Malgoirès
Moussac
SAINT-CHAPTES
Blauzac
Russan
La Calmette
Clarensac
Caveirac
LANGLADE
Nages-et-Solorgues
Bernis
Uchaud
Aubord
Générac
BEAUVOISIN
NÎMES
CAISSARGUES
MARGUERITTES
Rodilhan
Redessan
MANDUEL
BOUILLARGUES
Jonquières-Saint-Vincent
Montaren
Uzès
Saint-Siffret
la-Poterie
Vers-Pont-du-Gard
Remou
Lédenon
Sernhac
Cabrières
Saint-Gervasy
Bezouce
Meyn
Mon
Pouzi
D57
D907
D21
D290
D347
D39
D133
D982
D35
D8
D999
D420
D108
D25
D181
D188
D27
D6110
D1 E6
D107 E4
D986
D17 E6
D122
D118
D109
D1
D113
D26
D68
D21
D610
D12
D107
D14
E80
E15
D22
D127
D7
D18
D136
N106
D125
D5
D4
D112
D3
D979
D418
D6086
A9
D502
D163
D38
D6113
A54
D179
D197

NÎMES ★★★

Située entre mer et Cévennes, entre Camargue et Provence, Nîmes est plus qu'une métropole du Midi. C'est une terre riche en héritages du passé, elle est, pour emprunter à son écrivain natif Christian Liger, un « carrefour de l'Histoire et des relations humaines ». Avec son passé gallo-romain, la cité nîmoise a su conserver au fil des siècles de remarquables édifices antiques tels que les Arènes, la tour Magne, le temple de Diane ou bien la Maison Carrée. Toute une topographie qui fait d'elle la « Rome française ». Au XIe siècle avant J.-C., des populations celtes commencent à se sédentariser et à s'implanter autour du mont Cavalier. Aux alentours, d'autres peuplades comme les Volques Arécomiques s'installent sur les oppidums de la garrigue gardoise. Sur leur promontoires, les locaux vénèrent le dieu Nemausus (dieu associé à la source sacrée autour de laquelle se forme la ville), d'où l'appellation actuelle de Nîmes. C'est en l'an 120 avant notre ère que la colonia Nemausa passe, sans résistance face aux légions, sous l'égide romaine. La Via Domitia, route reliant l'Italie à l'Espagne, passe par Nîmes et remonterait à l'an -118. Sous l'empereur Auguste, la ville devient le symbole de la romanité en Gaule. Pour affirmer le triomphe (et l'hégémonie) de la nouvelle civilisation, on décide de battre la monnaie à Nîmes. Au XVIe siècle, la Réforme sous François Ier fait de Nîmes l'une des plus importantes communautés protestantes de France, et sera l'un des bastions de résistance à la couronne de Louis XIV pendant la guerre des camisards (1702-1704) : en 1703, Nîmes abrite le macabre spectacle du massacre du moulin de l'Agau (un moulin incendié par les troupes royales catholiques dans lequel 300 protestants-dissidents enfermés périrent). Aujourd'hui, avec férias annuelles, tauromachie, flamenco, et gastronomie camarguaise, la ville regarde à la fois vers l'Espagne méridionale, l'Italie cisalpine et le Languedoc-Roussillon. C'est la conjonction multiculturelle d'un patrimoine à la fois provençal, cévenol voire lozérien et ardéchois. Une mosaïque de cultures se retrouve donc à Nîmes. Circulez des allées Feuchères à l'Esplanade, jusqu'aux majestueuses Arènes. Puis longeant le grand boulevard Victor Hugo, vous voici déjà sur le parvis de l'antique Maison Carrée, fièrement débout face au Carré d'Art, écrin futuriste pour le musée d'Art contemporain et à la Médiathèque. Ensuite, arrêtez-vous au canal des Jardins de la Fontaine, créés au XVIIIe siècle sur un site romain à flanc de colline. C'est dans cette garrigue que l'on établit le temple de Diane et les thermes. Un ensemble harmonieux où nature, architecture, jeux d'eau sont magnifiés au nord par les allées Jean Jaurès. Visitez aussi la vieille ville, pénétrez l'Ecusson, son vaste domaine piétonnier, ses ruelles du Moyen Âge, ses hôtels particuliers, ses commerces, ses cours et patios. A ne pas rater non plus, l'hôtel de ville, le Musée archéologique et celui du Vieux Nîmes, l'ancien collège des jésuites, la cathédrale Notre-Dame-et-Saint-Castor. Nîmes, chef-lieu du Gard, 264 000 habitants (avec la communauté de communes), est donc un carrefour des cultures en Europe latine.

ARÈNES DE NÎMES ★★★★

Boulevard des Arènes
✆ 04 66 21 82 56
www.arenes-nimes.com

Ouvert toute l'année. Sauf durant les férias et les spectacles. Adulte 10 €. Pass Nîmes 13 €. Gratuit moins de 7 ans.

Cet incontournable vestige de l'histoire antique datant de la fin du Ier siècle est l'emblème de Nîmes. Ce monument est l'un des mieux conservés au monde. Sur le parvis, on admire la statue du plus grand matador français, El Nimeño II. Le torero dédia sa vie et son âme aux arènes. Un jour de septembre 1989, un taureau qui s'appelait « Panolero » eut raison de l'idole et lui brisa les vertèbres cervicales. L'amphithéâtre mesure 133 m de long sur 101 m de large. Sa façade, haute de 21 m, à la symétrie parfaite est divisée en 60 travées sur deux niveaux. On observe quelques bas-reliefs et sculptures encore très bien conservés. Petit à petit, plaisirs païens et barbaries n'ont plus leur place et les spectacles des jeux sont remis en cause. La gladiature disparaît en 404 de notre ère. Au XIIe siècle, un château est édifié à l'intérieur de l'enceinte et un village s'organise déjà autour du monument : « les chevaliers des arènes » sont nés. C'est au XVIIIe siècle que commencent le dégagement et la restauration de l'amphithéâtre avec l'idée de lui redonner son aspect originel et antique. En 1840, les arènes de Nîmes sont classées au titre des Monuments Historiques. La fondation Culturespace, qui gère les arènes propose bon nombre d'animations prestigieuses. 30 mai 1952, première féria officielle : la tauromachie devient légale. Depuis, la féria de la Pentecôte est l'une des plus renommées pour le plus grand plaisir des aficionados. Les arènes sont devenues un haut lieu des concerts en plein air.

CARRÉ D'ART - MUSÉE D'ART CONTEMPORAIN ★★★

Place de la Maison Carrée
✆ 04 66 76 35 70
www.carreartmusee.com
Ouvert tous les jours sauf le lundi, 10h-18h. Adulte 8 €, réduit 6 €. Gratuit le 1er dimanche du mois.

Le Carré d'Art, face à la Maison Carrée, a été dessiné par le célèbre architecte Norman Foster. Fait de métal et de verre, il offre 2 000 m² d'espaces d'exposition répartis sur deux niveaux. La collection permanente, couvrant une période allant des années 1960 à nos jours, est riche de plus de 500 œuvres qui ont bousculé les principes de l'art européen. En plus de ces collections vous pourrez découvrir de grandes expositions temporaires consacrées à des créateurs contemporains.

CATHÉDRALE NOTRE DAME ET SAINT-CASTOR

Place aux Herbes
Siège épiscopal du diocèse de Nîmes Uzès et Alès. Classée au titre des Monuments historiques en 1906.

Première cathédrale de Nîmes consacrée par le pape Urbain II en 1096, et bâtie sur les fondations d'une église mérovingienne par R. de Saint-Gilles [comte de Toulouse]. Elle fut détruite durant les guerres de religion. Catholiques et protestants participèrent communément à un impôt pour la rebâtir en 1646. Elle possède une frise romane semblable à celles de la Maison Carrée. Son orgue du XVIIe côtoie des tableaux de maîtres et des sarcophages gallo-romains.

CASTELLUM DIVISORIUM ★

14 et 16, rue de la Lampèze
Qualité Tourisme. Ouvert toute l'année. Accès libre. Visite guidée [contacter l'office de tourisme].

Il symbolise le luxe des installations romaines en matière d'approvisionnement en eau. Construit à l'époque romaine et mis au jour en 1844, c'était le point d'arrivée de l'aqueduc qui transportait l'eau de la fontaine d'Eure [Uzès] via le Pont du Gard pour finir sa course dans ce bassin circulaire de réception [5,50 m de diamètre], taillé dans la roche. Monument unique au monde encastré entre les fortifications du fort Vauban et la rue de la Lampèze. Grâce au génie hydraulique romain, l'eau était répartie dans les différents points vitaux de la ville.

GALERIE FRESQUE

22, rue Fresque
✆ 06 33 86 63 08
Ouvert du mardi au samedi de 10h à 19h. Peintures sur le thème de la tauromachie.

Yann Perez, artiste peintre tauromachique, décline les taureaux sous leurs plus belles formes. » Aficionado » depuis son plus jeune âge, il rend le plus grand des hommages à cet animal : l'immortalité sur la toile. Yann vit et pense taureau. Il dit d'ailleurs haut et fort, avec son merveilleux accent « je suis un taureau ». Tout le folklore de la tauromachie est représenté avec force et délicatesse. On trouve aussi dans la galerie de Yann des habits de lumière, des capes de torero et des muletas. Ne passez pas à côté de la rue Fresque sans vous arrêter au 22.

Les Arènes de Nîmes.

MAISON CARRÉE ★★★

Place de la Maison-Carrée
www.maisoncarree.eu
Ouvert toute l'année. Horaires variables en fonction des saisons. Projection de film 6 €. Tarif réduit 5 €

Ce superbe temple romain à l'incroyable conservation, fut édifié au début du 1er siècle, et est dédié aux petits-fils et fils adoptifs de l'empereur Auguste. Sa forme de « carré-long » lui prédestine son nom actuel de Maison Carrée. Tour à tour centre d'une maison consulaire, maison d'habitation, écurie, ou encore église, ce monument abrita la préfecture à l'époque révolutionnaire. C'est en 1824, que ce temple se transforma en lieu d'exposition d'objets antiques. En son sein, vous assisterez à la projection du film « Nemausus la naissance de Nîmes ».

MUSÉE DE LA ROMANITÉ ★★★

16, boulevard des Arènes
✆ 04 48 21 02 10
museedelaromanite.fr
Ouvert tous les jours de novembre à mars, 10h-18h, et d'avril à octobre, 10h-19h. Adulte 8 € - 7/17 ans 3€.

Installé au cœur de la cité, face aux célèbres Arènes, le Musée de la Romanité est consacré aux incroyables collections archéologiques de la ville. Le visiteur est ainsi plongé dans l'époque gallo-romaine et découvre des pièces rares au sein d'une scénographie innovante. Un jardin archéologique et méditerranéen offre une pause fraîcheur, et le toit terrasse végétalisé dispense un panorama sur la ville. Enfin, terminez votre visite à la Table du 2, tenu par le chef étoilé Franck Putelat, pour une revisite de la gastronomie locale. Un incontournable de la cité !

JARDINS DE LA FONTAINE - TEMPLE DE DIANE

26, quai de la Fontaine
✆ 04 66 58 38 00
www.nimes-tourisme.com
Ouvert toute l'année, horaires variables en fonction des saisons. Accès libre et gratuit.

Véritable poumon verdoyant de la cité, les Jardins de la Fontaine étendent leurs 106 309 m² au pied du mont Cavalier et de la tour Magne. Très bel exemple de jardins à la française, ces espaces sont centrés sur la source de Nemausa. Déjà aménagés par les Romains dès le Ier siècle avant J.-C., Louis XV redonna de la grandeur à ces jardins. Les essences méditerranéennes côtoient les nombreuses statues de marbre, et le Temple de Diane en fait l'endroit le plus romantique de Nîmes.

MUSÉE DES BEAUX-ARTS DE NÎMES ★★

Rue de la Cité Foulc ✆ 04 66 76 71 82
www.nimes.fr
Ouvert de 10 h à 18 h tous les jours sauf le lundi. Adulte 5 €, réduit 3 €. Visites guidées 3 € (en sus).

Accueilli dans un atrium central, le visiteur découvre médusé une énorme mosaïque antique sur le mariage d'Admète, trouvée à Nîmes en 1883. Le Musée des Beaux-Arts offre alors une visite sur deux niveaux de galeries avec des collections enrichies par les dons de collectionneurs privés. École italienne du XIVe au XVIIIe siècle, école française du XVIIe au XIXe siècle, peintures flamande et hollandaise des XVIe et XVIIe siècles, sculptures et expositions temporaires animent les lieux.

MUSÉE D'HISTOIRE NATURELLE ★

13, boulevard Amiral-Courbet
✆ 04 66 76 73 45
Du mardi au dimanche de 10h à 18h, toute l'année. Accueil : enfants, scolaires, groupes, visites guidées. Adulte : 5€

Ce musée est installé autour d'un cloître et de la chapelle des Jésuites (classée XVIIe). Classé 6ème à l'échelon national, il rassemble des collections ramenées par l'explorateur E. Dumas, puis le botaniste J-F Seguier (1770). Ce musée couvre tous les domaines de la science de la nature sur 4 thématiques présentées au public : Géologie (du Sud de la France) - Préhistoire (statues-Menhirs) - Ethnographie (art africain) - Zoologie (animaux naturalisés montrant l'évolution des espèces).

MUSÉE DES CULTURES TAURINES ★

6, rue Alexandre-Ducros
✆ 04 30 06 77 07
www.nimes.fr
Ouvert de mai à octobre, du mardi au dimanche de 10h à 18h. Gratuit chaque 1er dimanche du mois.

A quelques pas des Arènes, dans une maison languedocienne traditionnelle, se trouve le Musée des Cultures Taurines qui présente au public les 8 000 pièces d'une collection originale. La tauromachie, et plus globalement le rapport au taureau, à la terre camarguaise, sont les thèmes abordés sous des aspects historiques, artistiques et même ethnographiques. Une exposition temporaire apporte chaque année sa touche d'originalité éphémère à ce musée unique en France !

MUSÉE DU VIEUX NÎMES ★

Place aux Herbes
✆ 04 66 76 73 70
Ouvert du mardi au dimanche de 10h à 18h. Adulte 5 €, réduit 3 €. Gratuit pour les moins de 18 ans.

Situé dans l'ancien palais épiscopal, le Musée du Vieux Nîmes constitue la mémoire de nos ancêtres. Trente mille pièces témoignent ainsi de la vie nîmoise depuis le Haut Moyen Age. Les collections de textiles issus des fabricants négociants du XVIIIe siècle, avec les fameux châles de Nîmes, les fonds de l'Ecole de fabrication de Nîmes, les meubles typiques nîmois et cévenols, les poteries régionales sont organisées en salles thématiques. Une d'entre elles est consacrée à la toile de Nîmes et à la teinture bleue qui donna le jean Denim et le blue jean.

PLANÉTARIUM DE NÎMES

Avenue Georges-Péladan
✆ 04 66 67 60 94
www.nimes.fr/index.php ?id=531
Ouvert toute l'année. Fermé lundi/jours fériés. Mercredi : jeune public. Adultes 5€, tarif réduit 3€. CB non acceptée.

Une heure d'évasion dédiée à notre ciel, ses étoiles et ses planètes ! Ce planétarium implanté dans le jardin du « mont Duplan » propose des thématiques mensuelles. Janvier : spectacles du ciel. Février : le système solaire. Mars : ciel de printemps. Avril : mystères de Mars. Mai : vie et mort des étoiles. Juin, la planète aux mille regards. Juillet : ciel d'été. Août : le télescope spatial Hubble. Septembre : ciel d'automne. Octobre : l'étoile Soleil. Novembre : débris planétaires, collisions. Décembre : ciel d'hiver. Chaque début de mois si équinoxe ou solstice.

PORTE AUGUSTE ★

Boulevard Amiral-Courbet
Accès libre. Intérieur de la porte fermée au public. Documentation à l'office de Tourisme.

C'est l'empereur Auguste qui offrit à Nîmes la plus longue enceinte romaine de la Gaule. La porte Auguste (aussi nommée Porte d'Arles) était l'entrée principale de la ville sur la voie Domitià, en provenance de Beaucaire. On y contrôlait les entrées et sorties. Le site archéologique fermé au public, n'est visible qu'au travers des grilles anciennes. La statue d'Auguste a été réinstallée après la Seconde Guerre mondiale après le vol de l'originale dans les années 30. Les voleurs ont laissé le socle, provenant d'une tour de la porte Auguste en partie démolie.

LE SPOT

8, rue Enclos-Rey
✆ 04 66 36 85 64
www.lespotnimes.com
De 10h à 19h du mardi au samedi, apéro nocturne le jeudi de 18h à 22h. Cantine de 12h à 14h.

Ce lieu associatif de 500 m^2, dont une salle de concert de 150 places, accueille des expositions et des ateliers d'artistes. C'est une pépinière en matière d'art créatif. Un espace bar au rez-de-chaussée et des tables en terrasse pour une restauration de 12h à 14h. Très prisé par la jeunesse locale et le milieu artistique contemporain, le lieu ne désemplit pas. A partir de ce lieu, les amateurs peuvent déambuler dans de nombreuses rues adjacentes pour admirer les multiples peintures de street art. Un endroit original, coloré, branché et assez unique sur la région.

TOUR MAGNE ★

1, chemin Guillaume-Laforêt
✆ 04 66 21 82 56
www.arenes-nimes.com
Ouvert toute l'année. Horaires variables en fonction des saisons. Adulte 3,50 €, réduit 3 €.

Unique témoignage des 80 tours du rempart de la cité antique, la tour Magne est la seule encore debout, dominant la plaine, perchée sur son promontoire le mont Cavalier, s'imposant comme le plus haut point de vue de la ville. Haute de 32,50 mètres, elle était un point stratégique pour surveiller la Via Domitia, les Alpilles, le mont Ventoux, et la plaine de la Vistre. Après avoir gravi la centaine de marches qui vous mènent au sommet, vous découvrirez depuis la terrasse un panorama saisissant qui s'étale bien au-delà de la ville.

OFFICE DE TOURISME DE NÎMES

6, boulevard des Arènes ✆ 04 66 58 38 00
www.ot-nimes.fr
Ouvert toute l'année. Horaires variables selon les saisons. Visites guidées, à partir de 8 €, sur réservation.

Pour vous documenter sur cette magnifique ville romaine qu'est Nîmes, rien de plus facile ! Situé à deux pas de la Maison Carrée, l'Office de Tourisme vous accueille 7j/7 et propose des services très pratiques pour faciliter votre séjour. Sur place vous trouverez des plans touristiques, un catalogue des hébergements et des restaurants, des informations culturelles, des audioguides pour découvrir le patrimoine nîmois en toute liberté. La boutique de souvenirs complète les services !

Les arènes de Nîmes.

Fontaine Pradier et l'église Sainte-Perpétue.

GARE SNCF NÎMES CENTRE

1, boulevard du Sergent-Triaire
✆ 36 35
7j/7 et les jours fériés, de 4h45 à 0h30.

Ce monumental témoignage de l'architecture ferroviaire du XIXe siècle a retrouvé toute son esthétique, 170 ans après sa construction. Exemple rare de voies aériennes qui passent en pleine ville, la gare de Nîmes joue sur ses voûtes et ses grands espaces pour améliorer l'accueil des voyageurs. Gare du réseau de la SNCF depuis 2014, desservie par le TGV, les intercités et les TER Occitanie, Nîmes est aujourd'hui à 5h de Rennes, 3h de Paris et de Toulouse, 1h de Lyon Part-Dieu et de Marseille Saint-Charles, et à 30 minutes d'Avignon et de Montpellier.

TANGO

388, avenue Robert-Bompard
✆ 09 70 81 86 38
www.tangobus.fr
Achat titre de transport via l'application Tangobus. 1,60 € Valable pour 1h de déplacement sur l'ensemble du réseau.

Le réseau de transports Tango, au service de Nîmes Métropole, dessert 27 communes. Des navettes spécialisées permettent de répondre à toutes les situations et à tous les publics. La ligne T1 dessert le centre de Nîmes à partir d'un parking situé à la sortie de l'autoroute Nîmes-centre. Le pass Parking Relais permet l'accès au parking et à une heure de trajet aller-retour pour tous les passagers du véhicule. Pensez à télécharger l'application Tangobus pour plus de flexibilité : achat possible de vos titres de transport, gestion de vos abonnements...

TAXIS RADIOS ARTISANS NÎMOIS [TRAN]

2, boulevard Sergent-Triaire
✆ 04 66 29 40 11
www.taxinimes.fr
Accessible par téléphone 24h/24h et 7jours/7. Mobilité réduite.

L'association des Taxis Radios Artisans Nîmois (TRAN) regroupe une quarantaine de taxis qui sillonnent la ville. Ces voitures taxis fonctionnent 7j/7 et 24h/24, avec une station à la gare et un système d'appels et de réservations par téléphone et Internet. Au delà des courses classiques, possibilité de réserver des véhicules de 4 à 7 places pour petits groupes, mais aussi véhicules adaptés aux malades assis (pour RV médicaux). Les tarifs restent dans la norme nationale.

AUBERGE DE JEUNESSE DE NÎMES €

257, chemin de l'Auberge-de-Jeunesse
✆ 04 66 68 03 20 - www.nimeshostel.com
Ouvert 1/03 au 31/10. Accueil jusqu'à minuit. Bar, Salon, Parking. Nuit+pt.déj : 23,40 €. Equipement sanitaire moderne.

L'auberge de jeunesse de Nîmes est située dans un quartier calme au nord-ouest de la ville, dans un parc botanique. Vous profiterez d'une ambiance conviviale et cosmopolite. L'hébergement se fait en chambres partagées de 2, 4 ou 6 lits ou sous la tente. Lieu d'échanges privilégiés sur les bon plans et les expériences avec d'autres « *backpackers* » venus des quatre coins du monde, sur la terrasse ou le soir au son d'une guitare, tandis que les enfants pourront profiter des jeux extérieurs.

BEST WESTERN HOTEL L'ORANGERIE*** €€

755, rue Tour de l'Evêque ✆ 04 66 84 50 57
www.hotel-orangerie-nimes.fr
Ouvert tous les jours. 37 chambres : 80/100 €. Animaux acceptés. Restauration, piscine, sauna. Label Tourisme Handicap.

A 1,5 km du centre-ville, derrière une grande allée de platanes centenaires, se dresse un hôtel 3 étoiles du groupe Best Western avec trente-sept chambres personnalisées aux couleurs provençales, dont deux équipées pour les personnes à mobilité réduite. Certaines possèdent des terrasses individuelles donnant sur la piscine d'autres sont équipées de bains bouillonnants. Avec la chaleur des beaux jours, vous pourrez profiter de la piscine. L'établissement est entièrement non fumeur.

LES FIGOURIÈRES €€

92, rue de la République
SAINTE-ANASTASIE
✆ 04 66 63 89 89
www.gitesainteanastasie.com
Chambre simple à partir de 68 € ; chambre double de 77 € à 90 € ; chambre triple à partir de 95 €.

Cette ancienne ferme viticole propose des chambres chaleureusement décorées et correctement équipées. La table d'hôtes, uniquement sur réservation, offre un véritable retour aux sources autour d'une cuisine traditionnelle et familiale, accompagnée des vins de Bourdic. Le petit déjeuner est servi avec les confitures confectionnées par les maîtres des lieux. Vous pourrez aussi profiter de deux gîtes différents, tout aussi bien agencés, pouvant accueillir jusqu'à huit personnes pour l'un et jusqu'à dix personnes pour le second.

HÔTEL C SUITES**** €€

152, rue Claude-Nicolas-Ledoux
✆ 04 66 70 68 25
www.c-suites.fr
24h/24H. 2,5 kms centre ville. Parc, Piscine, Chambres de 87 à 137€, Tennis, Aire de jeux enfants, Bar à vin et tapas.

L'hôtel situé au cœur d'un parc de 2 hectares, à 3 km du centre-ville, est propice aux séjours d'affaires et de détente, grâce à sa piscine, un terrain de tennis et de pétanque, une aire de jeux, et un bar avec terrasse. L'agencement de l'hôtel est inspiré par les principes du Feng Shui. La bambouseraie et ses 12 espèces créent une ambiance de bien-être. Les chambres vont de 24 à 60 m². L'hôtel C Suites organise pour votre plaisir des circuits et des excursions clefs en main. Dans les sous-sols se niche un bar à « vin et Tapas », le C Unik.

HÔTEL MAJESTIC*** €€

9, rue de La Servie
✆ 04 66 29 24 14
www.hotel-majestic-nimes.com
Ouvert toute l'année. Chambres à partir de 60 €.

L'Hôtel Majestic, jolie demeure pleine de charme sise au coeur de Nîmes, a fait peau neuve pour vous offrir des chambres aux douces tonalités du sud. Lumineuses, et parfaitement équipées, elles se font douillettes pour un séjour harmonieux dans la capitale gardoise. Au patio ou à la terrasse dès les premiers beaux jours pour un moment de farniente, en salle pour un petit-déjeuner copieux aux saveurs sucrées et salées, cet établissement est le point de chute idéale pour partir à la découverte de la ville et de sa campagne environnante.

HÔTEL CÉSAR** €€

17, avenue Feuchères ✆ 04 66 29 29 90
www.hotel-nimes.net
Hôtel 2 étoiles.33 chambres. Simples 39/47€, Doubles 52/79€, Triples 60/80€, Familiales 90€. Pt déjeuner à volonté 7€.

Hôtel familial situé près de la gare sur l'avenue Feuchères allant vers Fontaine Pradier. La réception annonce la tonalité chromatique de l'établissement : couleurs vives et pétillantes pour une décoration aux lignes épurées. Dans les chambres, les couleurs éclatantes rayonnent sur le charme d'une décoration soignée. Chaque chambre offre ainsi sa propre atmosphère, son ambiance particulière. L'hôtel César se prête autant au séjour agréable à Nîmes qu'à l'étape d'une nuit pour professionnel de passage. Tous y trouveront un lieu reposant, accueillant et ensoleillé.

HÔTEL MAS DE GALOFFRE** €€

3115, Route de Générac
✆ 04 66 38 15 36
www.mas-galoffre.com
18 chambres. 70/100€. Parking, Clim, Restaurant, Piscine extérieure, Tennis, Parc, Fitness, Séminaires, Mariages.

A 5 minutes de l'aéroport, installé dans une bastide du XVIIIème aux murs de pierres sèches, l'hôtel est entouré d'un décor de verdure. Situé au sud de Nîmes sur la route des plages, en pleine nature, direction la Camargue, avec complexe sportif à proximité. Cet établissement de caractère satisfera les touristes en quête de tranquillité et de campagne. Le restaurant propose une cuisine locale de qualité, les courts de tennis ne sont pas très loin, et la grande piscine extérieure est très agréable. Les golfeurs pourront se rendre à proximité au Golf de Campagne.

HÔTEL CÔTÉ PATIO €€

31, rue de Beaucaire
✆ 04 66 67 60 17
www.hotel-cote-patio.com
Ouvert toute l'année.

Cet hôtel trois étoiles est situé dans les quartiers est de la ville, à quelques minutes du centre historique. Son espace typique de l'architecture ibérique fait rêver : dans cette magnifique villa, qui doit autant au caractère romain qu'espagnol de la cité nîmoise, on vous garantit le repos et la détente dans un décor d'alcôves, de camaïeux de couleurs, d'ocre et de Terre de Sienne. Une terrasse est également disponible côté place. Dans les chambres, de beaux volumes, une belle luminosité, et une harmonie de tons avec les boutis et le bon goût de la décoration.

NÎMOTEL*** €€

152, rue Claude-Nicolas-Ledoux
✆ 04 66 38 13 84
www.nimotel.com
Ouvert toute l'année. Accueil 24h/24. Dès 76 € la nuit pour 2 pers. Petit déjeuner 10 €/pers.

Vous voulez découvrir Nîmes ? Cet hôtel peut être un bon choix. Implanté au sein d'un parc boisé de 1,5 ha, il s'agit du premier hôtel de Languedoc-Roussillon à avoir reçu l'écolabel européen, pour sa politique de respect de l'environnement. Il est doté d'un restaurant de terroir, la Brandade, qui propose une variété de plats traditionnels et de spécialités provençales, ainsi que d'une piscine extérieure. L'accueil est chaleureux et l'ambiance détendue. En été, des activités à thème sont proposées sur place autour du sport, la gastronomie, la danse, le bien-être.

INTERVIEW

DENIS ALLEGRINI

Pouvez-vous nous présenter votre parcours professionnel ?

Issu d'une famille d'agriculteurs, je suis rapidement sorti de l'école pour travailler. À 27 ans, 1re acquisition (Restaurant en 2006) après beaucoup de refus bancaires, j'accède au Ciel de Nîmes (Cuisine Bistrot) déjà bien connu par les Nîmois. En septembre 2016, je débute une toute autre aventure, je rejoins la capitale et exerce mes fonctions à la direction du 3e groupe hôtelier Français (4 & 5*). Pendant trois ans, je suis autoentrepreneur dans l'Europe entière dans le but de dispenser des formations aux équipes de travail en cuisine et en gestion. Enfin, en 2019 le projet d'acquérir un restaurant au Pont du Gard, un rêve d'enfant, voit le jour. Aujourd'hui, Allegrini Social Club a la responsabilité de 7 établissements dont 4 sont Gardois et 3 Parisiens, notamment en 2021 avec un restaurant à côté du Musée du Louvre.

Quels sont vos prochains objectifs ?

Actuellement, les propositions sont nombreuses mais je n'accepte que les projets coups de cœur. J'aime beaucoup la campagne, je suis passionné par la cuisine et je la pratique dans chacun de mes établissements. Je garde une grande capacité de travail et je reste animé par le goût de la création d'entreprise ayant pour socle la cuisine et l'hôtellerie de luxe, établissements de qualité même pour les « restau bistros ».

Avec une telle activité peut-on se projeter des responsabilités publiques et surtout conserve-t-on une vie familiale sereine ?

Aucune ambition politique locale pour moi, je préfère m'éloigner de ce terrain-là. Si dans le quotidien professionnel, ma fierté réside dans mes collaborateurs, avec lesquels je forme des équipes soudées. Dans ma vie personnelle, c'est ma famille ! Et notamment ma compagne qui m'aide depuis le début et sans laquelle cela rien n'aurait été réalisable. Et enfin, mon fils de 10 ans qui me suit aussi pas mal au quotidien quand il n'a pas école, et il prend plaisir à partager la vie professionnelle de son père.

MARGARET - HÔTEL CHOULEUR****

6, rue Fresque
✆ 04 48 27 08 00
www.margaret-hotelchouleur.com

© MARGARET - HÔTEL CHOULEUR

© MARGARET - HÔTEL CHOULEUR

© MARGARET - HÔTEL CHOULEUR

O DOUX S'HOME €€

1, chemin du Gres
LEDENON
✆ 09 62 51 72 35
Chambre double à partir de 90 € ; suite à partir de 140 €. Petit déjeuner inclus. Parking inclus. Animaux acceptés.

O doux s'home propose ses chambres d'hôte en bordure de zone résidentielle, à deux pas du circuit automobile de Lédenon. Les 3 chambres et la suite (pouvant accueillir 5 personnes avec kitchenette en plus) sont équipées de tout le confort moderne, jusqu'au support de smartphone pour écouter la musique que l'on aime. Une télévision à écran plat, un lecteur DVD et une armoire complètent l'équipement. Leur salle de bains privative comprend une douche. Elles donnent sur le jardin où un barbecue complétera le sentiment de vacances provençales.

LE PRÉ GALOFFRE*** €€

Route de Générac
✆ 04 66 29 65 41
www.lepregaloffre.com
Ouvert toute l'année. Chambres à partir de 60 €.

A quelques encablures de Nîmes, dans la garrigue gardoise, Le Pré Galoffre offre à ses visiteurs le charme d'un mas superbement restauré. Dans un parc planté d'oliviers et de figuiers, où les effluves de jasmin et de lavande réveillent vos sens, une piscine vous attend pour vous rafraîchir et les transats sur la terrasse sont une invitation à la farniente. Cet établissement trois étoiles dispose de chambres entièrement personnalisées, aux douces tonalités, et parfaitement équipées pour un confort optimal. Un service discret souligne la qualité de l'accueil.

IMPERATOR***** €€€

15, rue Gaston-Boissier
✆ 04 66 21 90 30
Ouvert toute l'année.

Repris par la marque Maison Albar Hôtels, l'Hôtel Imperator a récemment fait peau neuve mais a conservé la majesté et le cachet qui font de ce légendaire établissement l'illustre demeure nîmoise que l'on connait. L'hôtel est prisé par une clientèle aisée, habituée au luxe offert par un tel palace. Les chambres sont de véritables havre de paix où tout est mis en oeuvre pour que votre séjour soit des plus serein. Côté bouche, c'est l'illustre chef Pierre Gagnaire, nouvellement étoilé en cette année 2021, qui fait office de chef d'orchestre au Duende.

JARDINS SECRETS***** €€€

3, rue Gaston-Maruéjols ✆ 04 66 84 82 64
www.jardinssecrets.net
14 chambres (Standards, Supérieures, Luxes, Suites). Dès 300 €. Handicapés. Garage privé. Jardin. Bonne cuisine.

Dans cet hôtel de luxe 5 étoiles (ancien relais de poste du XVIIIe), on pénètre par les jardins avec : piscine, source, cloître à l'italienne, arbres centenaires et fleurs odorantes. Vous êtes dans un décor d'un autre temps. A l'intérieur : salon Napoléon III, cheminée, salon de musique, chambres avec lits à baldaquin, drapés de satin, soieries, lustres à pampilles, salles de bains boudoir. Les femmes de chambre sont en tenue de gouvernante. Un décor de rêve néo-Renaissance avec le confort moderne. Une adresse pour une douce escapade raffinée hors du temps.

MARGARET - HÔTEL CHOULEUR**** €€€

6, rue Fresque ✆ 04 48 27 08 00
www.margaret-hotelchouleur.com
Hôtel 4 étoiles : 10 chambres et suites. Restaurant, bar, piscine. Petit déjeuner en chambre ou en extérieur.

Dans un hôtel particulier du XVe classé aux monuments historiques, dans une oasis de calme et de douceur, vous réserverez l'une des 10 chambres ou suites proposées. Situé en zone piétonne, dans une rue mythique et festive, entre les Arènes et la Maison Carrée, votre séjour se déroulera au rythme des battements du cœur de la ville. Idéal pour un séjour vous permettant d'alterner à pied ; visites, haltes festives, puis repos dans les luxueuses chambres, ou au bord de la piscine.

VATEL HÔTEL ET SPA**** €€€

140, rue Vatel
✆ 04 66 62 57 57
www.hotelvatel.fr/fr/nimes
Ouvert toute l'année. 42 chambres de 96 € à 275 €. Parking, Petit déjeuner 15 €. Repas de 21,50 à 37 €. Hammam, sauna.

L'imposant immeuble Vatel se dresse entre le grand hôpital et une zone industrielle. L'hôtel offre les prestations d'un quatre étoiles à des tarifs compétitifs. Les grands espaces et la décoration accentuent la zénitude du lieu. Le plus chez Vatel, c'est bien sûr son école hôtelière privée, de renommée internationale. Les clients peuvent ainsi goûter au travail d'application du chef et de ses étudiants. La formule buffet du restaurant-grill est inventive et innovante. L'espace forme et bien-être (sauna, hammam) est en accès libre pour les résidents de l'hôtel.

L'ATELIER DU SANDWICH €

2, place Bellecroix
✆ 09 73 16 64 43

Lundi au Vendredi 9h/18h. 9 à 21€.plats/salades/tartines/soupes. Vente à emporter. Terrasse. Personnes handicapées.

Dans cette sandwicherie à la française, Steve Clamart vous soumet ses créations élaborées quotidiennement avec des produits frais et qui portent le nom des capitales mondiales de la gastronomie Vous avez le droit d'hésiter car on aimerait bien tout tester. Des salades, gaspachos et des pâtisseries compléteront le menu pour vous proposer un véritable déjeuner équilibré. Vous pourrez vous régaler sur place dans la petite salle de ce restaurant ou sur la terrasse extérieure ou bien encore emporter votre repas. Un délice pour une agréable pause.

L'ATELIER L'AQUARELLE DES SAVEURS €

2, place du Château - **CAVEIRAC**
✆ 04 66 81 43 24

Ouvert : midi (sauf lundi) soir vendredi - samedi (jeudi en été). Menus : 18 €, enfant 10 €, gourmand le week-end 28 €.

Ce restaurant est situé dans l'aile gauche du château, et propose une trentaine de couverts. Le jardin à l'arrière se remplit dès les beaux jours au moment du déjeuner et des dîners romantiques. Nouveau nom, nouvelle cuisine. Le restaurant s'est orienté vers une cuisine « greenstronomique » (90 % de végétal, 10 % de matière animale). Un régal végétarien, composé de légumes bio des producteurs de Beauvoisin, les mets évoluent au gré des saisons. Les desserts maison font honneur au chef.

LA BAIE D'HALONG DENIM €

5, boulevard Victor-Hugo
✆ 04 66 76 25 57
www.labaiedhalongdenim.com

Fermé en février. Ouvert mardi soir puis midi et soir du mercredi au dimanche. 26 €. Enfants/motards. Plats à emporter.

Depuis 1988 et trois générations, la Baie d'Halong, restaurant vietnamien, offre à sa clientèle un excellent rapport qualité-prix, dans un cadre haut en couleur. Nîmois et touristes, avec ou sans enfants, en quête d'une cuisine asiatique authentique et de qualité trouveront tout cela dans cet établissement. Même si par chance vous trouvez une place en terrasse, l'été, un conseil futé : pensez à réserver. Tous les classiques de cette cuisine vietnamienne sont proposés. Possibilité de réserver des plats à emporter. Service chaleureux et sympathique.

LE BISTROT DE TATIE AGNÈS €

16, rue de la Maison-Carrée
✆ 04 66 21 00 81

Lundi au samedi 11h30-15h30. 15/30 €. Enfant 4 €. 2 salles, terrasse extérieure. Fermé 3 sem. août. Chèques vacances.

Ce petit restaurant, situé au dos de la Maison Carrée, vous concocte des plats du terroir à base de produits frais et de saison en salle ou en extérieur. Les salades sont réputées. Cette cuisine savoureuse peut vous amener dans des contrées lointaines ((tajine d'agneau aux amandes et fruits secs) ou régionales avec une brandade de morue à l'huile d'olive ou une viande à la plancha. Possibilité de plats à emporter. L' accueil est excellent avec un très bon rapport qualité-prix.

BRASSERIE DES COSTIÈRES €

485, avenue Jean-Prouvé
✆ 04 66 84 56 06
www.brasserie-les-costieres.fr

Ouverture : midi, sauf Dimanche. Intérieur ou terrasse. Accès handicapés, Événements festifs, traiteur. Menu : 13€.

Au cœur de la zone commerciale de Ville Active à Nîmes, près du stade, cette brasserie jouit depuis plus de 20 ans d'une bonne réputation et peut même accueillir pour des événements festifs. Dans l'assiette, c'est un voyage savoureux : foies de volaille, faux-filet grillé, courgettes à la crème, carbonnade de bœuf, émincés de volaille à l'estragon, escalopes de porc à la crème de poivrons ou cassoulet maison, et poissons le vendredi. Hormis les glaces, tous les desserts, sont maison, et le menu change tous les jours. Un service traiteur est opérationnel.

CAFE DES ARTS €

22, boulevard Gambetta
✆ 04 66 67 94 02

Toute l'année : 8h/19h (19h30 le samedi). Déjeuner de 11h30 à 14h30 : de 10 à 20 €. Fermé le dimanche.

Rendez-vous des employés pressés ou des amateurs de shopping, le Café des Arts allie vitesse et efficacité. Dans une ambiance de brasserie parisienne, tout est conçu pour faire gagner du temps au client. Quelques banquettes confortables entourent les typiques tables de brasserie. L'accueil agréable convient à une pause petit déjeuner avec le jus d'orange maison, ou déjeuner autour des hits des repas de bistrot : jarret d'agneau, andouillettes 5A, tartares de bœuf, confit de canard..., mais aussi salades (formule repas), avec une vinaigrette maison aux échalotes.

L'ESTANCO €

7, rue des Marchands
✆ 04 66 76 17 30
restaurant-lestanco.com
Mardi au samedi 12h/13h30 et 19h30/21h. Réservation recommandée. Menus selon formules 13 à 21€. Terrasse.

A concept unique, menu unique ! Et le chef, Luc Gilles, défend admirablement cette idée en vous rappelant le principe suivant : à la maison, vos invités ne choisissent pas leur menu sur une carte que vous leur présentez mais vous leur concoctez bien un repas personnalisé pour les remercier de leur visite, et leur faire plaisir. Alors, à l'Estanco dans la zone piétonne très vivante, on applique cette philosophie. Chaque jour de la semaine, Luc vous propose un menu différent et savoureux. A vous de le composer selon votre appétit et vos envies.

HALLES AUBERGE €

5, rue des Halles
✆ 04 66 21 96 70
Mardi à vendredi 10h30/14h. WE 10h30/14h30. Plat du jour : 12/14,50€. Verre/2€. Tapassiettes : 4.50/8.50€. A emporter

Aux Halles Auberge, au bout de l'allée Paprika, on mange perchés sur des tabourets, dans le ballet incessant des Halles, des produits sélectionnés chez les étaliers. De la cuisine méditerranéenne aux plats typiques des bouchons de France : légumes frits, rognons blancs, seiches à la plancha, foie de lapin, gratiné de brandade à la tapenade ou grillade saint-gilloise. En semaine, il faut venir tôt pour trouver une place. Le week-end, les apéritifs débordent sur les allées voisines. L' atmosphère très conviviale est tout à fait dans le ton de ce marché permanent.

O'PTIT RÉGAL €

51, rue Eugène-Freyssinet
✆ 09 73 21 34 92
Du lundi au vendredi : 7h30-15h. Plat du jour 9,50 €. Formule 13,50 €. Parking. Terrasse. Handicapés. Plats à emporter.

Depuis avril 2017, la famille Bailly a repris cette adresse nîmoise. Dans cette entreprise familiale, Monsieur est en cuisine et mère et fille sont en salle. Une relation qui ajoute un charme certain à ce restaurant où le service se fait de façon décontractée. Ouvert seulement à midi, O'Ptit Régal propose des plats, des sandwichs et des salades, sur place ou à emporter. Le menu change tous les jours en fonction des produits et de leur saisonnalité. Ce jour-là : taboulé, filet mignon de porc sauce forestière et ses légumes et gâteau de semoule.

LE PETIT EUGÈNE €

Rue Sainte-Eugénie
✆ 04 66 40 77 62
Lundi au vendredi, midi et soir. Samedi midi en haute saison. Selon la formule ; 15 à 17€. Le soir à la carte.

En 2016 la chef Agnès Faucon et Christèle Sans ont créé ce restaurant atypique décoré de multiples petits objets de déco. Le choix des menus est restreint (2 entrées 3 plats et 2 desserts) car Agnès cuisine tout le jour-même avec des produits venus des halles voisines. L'accord mets/vins est parfait. Volaille aux noisettes, cake aux épinards et amandes seront accompagnés de vins des Costières de Nîmes. Les assiettes généreuses, sont à des prix aussi doux que l'ambiance du restaurant, où il fait bon faire une halte gourmande au calme.

LE RELAIS CACHÉ €

44, route de Rouquairol
✆ 09 51 34 87 75
Midi : du mardi au samedi. Soir : vendredi & samedi. Résa recommandée. Formules : 9/21 €. Terrasse. Groupes. Handicapés.

Le Relais Caché est le rendez-vous gourmand à l'écart de l'agitation de M. et Mme Filhol passionnés de cuisine. Cet endroit est un lieu de charme et de convivialité. Que vous soyez installés sous la verrière ou proche de la cheminée (grillades), vous apprécierez « le tout maison » jusqu'à la petite meringue servie avec le café. La carte tourne autour des recettes de grands-mères : langue de bœuf à la diable, abats, daube d'encornets, parfait aux marrons, financier pistache.. Une belle adresse gourmande et conviviale où il vaut mieux réserver.

LE REPUBLIQUE €

3, rue de La République
✆ 04 66 64 26 17
Ouvert du lundi au vendredi de 8h à 14h30. Fermé sam et dim. Menus, Carte ou Plat menu : de 10€ à 21€.

Le République est situé en face du musée de la Romanité près des arènes, et d'un parking. A l'ardoise : 4 entrées, 5 plats, 4 desserts, 1 produit de la mer, 1 viande grillée (l'hiver en sauce ou 1 salade l'été), et 1 produit tripier ((andouillette, tripoux, rognon de veau.). La spécialité de Sébastien est le tartare terre-mer, mélange subtil de viande de bœuf et de hareng fumé. La viande maturée est reine. Le prix se fait au poids, et la cuisine est élaborée à partir des produits frais du marché. C'est une cuisine traditionnelle revisitée bistrot.

LE SAINT-CLAIR €

2512, route de Montpellier
✆ 04 66 84 05 03

Restauration : lundi au vendredi 6h/20h. Samedi : 7h/15h. Buffet à volonté : 11/14€. Bar : 6/20h. Terrasse. A emporter.

Nouvelle année, nouveaux propriétaires, nouvelle ambiance. Le restaurant est situé l'écart du centre ville, sur un important lieu de passage à l'entrée ouest de Nîmes à proximité des belles allées Jean Jaurès. La formule du Saint-Clair reste la même avec son menu « all incluse » : couscous (marque de fabrique du restaurant), pot-au-feu, buffet à volonté, plat, dessert et vin... La réputation de cet établissement reste toujours la même tant en qualité qu'en accueil. Lieu idéal pour se restaurer vite et pas cher, puis démarrer la visite de la ville.

LE SIÈCLE D'OR €

171, rue de l'Archipel
✆ 04 66 21 88 88

Midi-soir à l'année : 12h-14h30/19h-22h30. 16 à 20 €. Parking. Handicapés. Chaise bébé. Terrasse (chauffée). Mariages.

Ici : buffet à volonté pour un petit prix. Cuisines chinoise, japonaise, vietnamienne, thaïlandaise et française. Les produits sont frais et bien présentés. Nems, rouleaux de printemps, raviolis, une grande variété de sushis, de fruits de mer, de légumes, de plats élaborés, mais aussi wok (le cuisinier fera sauter avec dextérité les ingrédients crus que vous lui apporterez). Et s'il vous reste une petite place, vous pourrez vous composer une assiette de douceurs. Petit bémol, la salle est extrêmement grande, donc n'y cherchez pas l'intimité...

LA TERNA €

6, Grand-Rue
✆ 04 66 21 84 74

A midi du lundi au samedi. Le soir : du jeudi au samedi. Réservation recommandée. Formule : 13 € + 1/4 de vin.

A la recherche d'un restaurant aux couleurs de la Camargue ? Vous y êtes ! La Terna expose fièrement son taureau, car c'est le troquet camarguais par excellence situé en plein cœur de la ville. La décoration est empreinte du folklore local, les murs rendent hommage aux toreros qui ont créé l'histoire de la corrida nîmoise. La cuisine est de tradition régionale respectée en période de feria : (Côtes de taureau, gadiane, lomo à la plancha). Vous êtes en immersion au pays des aficionados, et Manu (conteur à caractère) fait régner bonne humeur et joie de vivre.

LES 3 BRASSEURS €€

950 ancienne Route de Générac
✆ 04 66 75 77 60 - www.les3brasseurs.com

Lundi-jeudi : 11h30-23h, 24h vendredi-samedi. Réservation recommandée. 12,50/15 €. Enfant : 6 €. Vin au verre. Terrasse.

Trois amoureux de la bière décidèrent de créer ce concept à Lille en 1986. Le succès est immédiat, et l'on retrouve cette enseigne aux quatre coins du monde. La finesse d'une blanche, la subtilité d'une blonde, l'équilibre de l'ambrée ou le caractère bien trempé et amer de la brune, elles sont toutes brassées sur place. Vous partagerez une planche apéritive ou une flammekueche. Côté cuisine, des spécialités flamandes comme le « Pot'jevleesh », et des choucroutes pour une balade en Alsace. A noter l'happy hour pour les afterworks et les produits à emporter.

LES ALIZÉS €€

26, boulevard Victor-Hugo
✆ 04 66 67 08 17
www.restaurant-les-alizes.com

Tous les jours midi et soir. Résa recommandée. Formules et menus de 11 à 24 €. Groupes. Terrasse. Vente à emporter.

Entre pizzeria et cuisine traditionnelle, ce restaurant joue la carte de la diversité. Les pizzas sont bonnes et bien garnies. Pour les plus curieux, la carte propose quelques plats qui pourront interpeller les plus difficiles car ici le chef cuisine des recettes du terroir comme la célébrissime brandade de morue, des poissons, viandes, salades, tartares. Le choix est là, à la portée de toutes les bourses. Et le cadre aussi ! Les Alizés se déclinent désormais en trois espaces et trois ambiances : une salle principale et un espace Alizés se prolongeant en terrasse.

L'ANNEXE €€

166, avenue de la Bouvine
✆ 04 66 64 85 31
www.brasserielannexe.com

De lundi à samedi. Menus : 24/27 €. Carte 20 €. Plat du jour : 17 €. Vin au verre. Groupes. Terrasse. Pas de chèques.

La salle au décor contemporain ou la terrasse ombragée d'une végétation exotique vous accueilleront pour une pause hors de la ville. A proximité du stade et de la piscine Nemausa, vous vous garerez facilement. La carte propose une cuisine raffinée et généreuse. Le service est rapide et efficace et la présentation des plats est soignée, les menus sont recherchés, équilibrés... : ce savoir-faire fleure bon l'école hôtelière. Vous vous régalerez avec les spécialités et produits du terroir (côte de bœuf, fruits de mer, tête de veau façon « Lisita », brandade).

AU FLAN COCO €€

21, rue du Grand-Couvent
✆ 04 66 21 84 81
www.auflancoco.com

Du mardi au samedi midi et soir. Menus de 28 € à 32 €. Formules midi : de 14,5€ à 18€. Réservation recommandée.

Aurélia et Bruno vous accueillent dans cet ancien couvent des Ursulines : vous pourrez manger dans la chapelle du grand couvent, sous des voûtes célestes, ou encore dans le patio d'été ou sur la mezzanine. La spécialité de la maison est la fameuse Pat' à Coco, qui s'apparente à une tourte fourrée à la brandade, au saumon, à l'agneau ou au foie gras. La carte propose aussi magret de canard, brochettes de Saint-Jacques, joues de lotte à la plancha ou côte de taureau. En dessert, on opte pour le flan coco. Subtile également, la sélection des vins de pays.

AUX PLAISIRS DES HALLES €€

4, rue Littré
✆ 04 66 36 01 02
www.auxplaisirsdeshalles.com

Ouvert du mardi au samedi de 12h à 14h et de 19h30 à 22h. Réservation recommandée. Menus à partir de 20 €.

La renommée de cet établissement n'est plus à faire. Sébastien Granier, 2 fourchettes au Bib Gourmand, est largement reconnu par ses pairs. Sa cuisine se décline en version haut de gamme. Tout est réuni pour réveiller avec générosité et délicatesse les palais les plus fins, et chaque plat est un cadeau pour les papilles. Vous serez accueillis dans la jolie salle aux lignes contemporaines, ou dans l'agréable patio fleuri dès les beaux jours. Cadre intimiste et cuisine aux arômes subtiles font de ce lieu une adresse que l'on plébiscite ardemment.

LE BABBO €€

130, rue Michel-Debré ✆ 04 66 06 15 97
www.lebabbo.com

Midi et soir, toute l'année jusqu'à 23h. Salade/repas et pizzas. Carte environ 20 €. Vin au verre. Terrasse. Groupes.

Avant ou après la séance, ce resto-drink-pub est le plus branché du complexe. Au Babbo, l'ambiance est réellement cosy malgré l'ambiance musicale omniprésente. Nous donnons une mention spéciale au personnel très souriant et prévenant. Côté cuisine, la surprise est agréable. Les assiettes sont préparées avec beaucoup d'originalité. Les frites sont maison. La carte est généreuse. Une jolie proposition est faite côté steakhouse avec la planche Babbo qui comprend faux-filet, pavé Black Angus et magret sélectionnés par le boucher. Petit bémol sur les pizzas.

BARNS €€

9, place d'Assas
✆ 04 48 68 07 79

Du mardi au samedi, midi et soir. Vin au verre. A partir de 16,50 € le menu (midi). Vente à emporter. Livraison.

Envie d'un repas 100 % bio loin des stéréotypes ? Rendez-vous chez Barns ! Pas de congélateur dans cette maison. Au programme : de la viande (agneau, taureau, etc.) et des fromages bio. Il s'agit d'une cuisine résolument fraîche et authentique qui est judicieusement réveillée par quelques épices finement dosées. L'adresse n'a rien à cacher. Ici tout est préparé maison. Les desserts changent régulièrement en fonction des arrivages, parmi les choix du jour : tiramisu châtaigne et poire, brioche perdue et sirop d'érable. Une adresse de charme.

BISTR'AU €€

351, chemin Bas du Mas-de-Boudan
✆ 04 66 40 60 75
www.jerome-nutile.com

Lundi au samedi : 12h-14h/19h30-21h45. Fermé 30/08-05/09. Réservation. Menus 25/36 €. Midi 19 €. Groupes. Terrasse.

C'est au Mas de Boudan (trois fois centenaire), que Jérôme Nutile, Meilleur Ouvrier de France, plusieurs fois étoilé, vous ouvre les portes de son Bistr'AU. Le menu suit le fil des saisons avec simplicité et inventivité. La carte de la brasserie est jouée à fond, avec au choix : menu entrée et plat ou plat et dessert, menu entrée, plat et dessert sans boisson et menu tout compris avec boisson. Les plats sont à choisir dans une carte proposée au jour le jour. L'ambiance est « bistrot » avec ses banquettes et ses menus écrits à la craie sur une ardoise murale géante.

LE BISTRONOME €€

91, avenue Jean-Prouvé
✆ 04 66 40 73 31
www.bistronome-nimes.com

Lundi-samedi midi. Réservation recommandée. Privatisation possible. Menus 17/20 €. Plat du jour en semaine : 11 €.

Le bistronome : un endroit devenu le lieu à la mode sur Nîmes. C'est une clientèle d'habitués qui vient se délecter sur des tables hautes, façon comptoir. L'équipe est jeune et dynamique. Les viandes proviennent du regroupement des paysans Languedoc Lozère Viande. D'octobre à avril, la maison vous offre son panel de soirées à thème, pour décompresser, discuter, boire l'apéritif, prendre un digestif, et apprécier des concerts jusqu'à 1h du matin. Les fromages, les cafés, les rhums et les cigares sont de grande qualité dans ce lieu propice à l'échange.

LE BRACONNIER €€

37, Grand-Rue
GARONS
✆ 04 66 70 19 95
Mercredi-samedi midi/soir. Dimanche midi. Menus de 15 à 27 €. Pièce de bœuf 22/35 €. Verre au vin. Résa recommandée.

Le Braconnier existe depuis 1974. C'est, une belle adresse à essayer si l'on veut se retrouver au restaurant comme en Aveyron. La table d'Yves Ruffinato est rustique et traditionnelle comme on les aime, et le bois crépite dans la cheminée l'hiver. Dans l'assiette : des pièces de bœuf servies avec des frites maison et de la salade tout simplement. Également civet de lièvre, chevreuil ou biche, tripous d'Auvergne, charcuterie de terroir, aligot en hiver et un choix de pizzas excellentes, de bons desserts et une carte de vins de pays, de caves particulières.

BRASSERIE LE PALACE €€

6, boulevard de la Libération
✆ 04 66 29 43 60
www.le-palace-nimes.fr
Lundi au samedi 6h30-19h30. Restauration à midi seulement. Menu unique 14,50 €. Carte 15 €. Plat du jour 10 €. Terrasse.

Une institution depuis 1870. Ce bar-tabac-restaurant avec vue sur la grande esplanade, à côté des Arènes, a subi un relooking. Le rez-de-chaussée est dédié à la restauration. La salle de 40 places peut être privatisée. On déguste des menus du jour confectionnés avec des produits frais. On retrouve : la blanquette de veau, le pot-au-feu, l'onglet accompagné d'un risotto au fromage et de tomates provençales, mais aussi seiches en persillade, entrecôte à la plancha, salade chèvre chaud, magret de canard, tarte Tatin, tarte au citron, cafés gourmands variés.

LA CAMARGUE €€

3, place du Marché
✆ 04 66 21 67 86
Ouvert tous les jours le midi et le soir. Carte : 30 € environ. Formule : 16,90 €. Vin au verre. Terrasse.

Sur cette place du marché, tous les restaurants sont au soleil sauf un, la Camargue. Aussi, la terrasse est chauffée mais de belles salles en pierre vous attendent, avec leurs 2 belles cheminées. Moules aillées et persillées à la chapelure et beurre léger, brochettes de lottes et de noix de Saint-Jacques accompagnées de riz camarguais et de petits légumes parfumés au raz el hanout, panna cotta aux spéculoos et d'autres desserts, tous faits maison. Déjeuner typiquement régional et traditionnel avec une pointe d'exotisme. La spécialité est le taureau de Camargue.

LE CARRÉ D'ART €€

2, rue Gaston-Boissier
✆ 04 66 67 52 40
www.restaurant-lecarredart.fr
Formule à partir de 16 €. Carte. Réservation conseillée.

Voisin de la célèbre Maison Carrée, Thierry Tartamella oeuvre ici depuis plus de 30 ans. Dans sa très chic maison de maître, il dispose d'un jardin intérieur où l'on peut dîner sous le cèdre centenaire, au milieu des bambous et des palmiers. Mais peut-être préférerez-vous l'ambiance XIXe siècle de la salle ? A la carte, une cuisine méridionale raffinée, évoluant au fil des saisons et des envies créatives du chef. Une belle carte des vins soulignant l'excellence des crus du terroir et un cadre dont le charme romantique ajoute à la finesse de la table.

CARRÉ JAZZ €€

25, rue de l'Horloge
✆ 04 66 64 84 99
www.carrejazz.fr
Ouvert du lundi au dimanche, de 10h à 1h du matin, 7/7 jours, dimanche et jours fériés. Formule à 14,50 €. Carte.

C'est à deux pas de la Maison Carrée et des arènes de Nîmes que vous trouverez cette adresse gourmande. A la fois bar à vins, tapas et restaurant, le Carré Jazz est le rendez-vous festif par excellence ! A table, les assiettes proposées varient sur les thèmes du foie gras, de la charcuterie cévenole et des spécialités méditerranéennes. Les produits sont frais et locaux ce qui permet au chef de faire varier l'ardoise en fonction de ses inspirations et de la saisonnalité. Notez que le Carré Jazz propose près de 130 whiskys du monde entier à déguster.

LE CHAPON FIN €€

3, rue du Château-Fadaise
✆ 04 66 67 34 73
www.chaponfin-restaurant-nimes.com
Formules à partir de 15 €. Menus à partir de 26,50 €.

Le Chapon Fin est l'un des incontournables nîmois. Christophe et Sandra Ciantar sont les propriétaires depuis 15 ans. Le chef revisite les plats classiques du terroir avec un coup de patte artistique admirable. Les plats varient en fonction du marché, des saisons et de l'inspiration du chef. Pour notre plus grand plaisir, il développe une cuisine raffinée et créative, et rend hommage à l'ancienne propriétaire des lieux, Angélique l'Alsacienne, en proposant à la carte pas moins de 4 choucroutes, dont la Royale pour laquelle le jarret est d'un fondant incomparable !

LE CHEF RAPHAEL €€

25, rue de l'Hôtel-Dieu
✆ 04 66 21 62 55
www.lechefraphael.fr
Mercredi au dimanche 12h-14h + jeudi-samedi 19h-21h. Réservation. Privatisation. Menus 17/27 € midi. 21/32 € soir.

C'est à l'ombre des Arènes de Nîmes que le Chef Raphael officie, loin du tumulte des grands boulevards. Ici, pas de plats « signature », le chef aime expérimenter, découvrir... soupe de butternut, mousse de Cabécou, tartare de tomates séchées et brisures de jambon cru, burger du montagnard... Les plats n'ont rien de très original, mais ne vous laissez pas distraire par les titres simplistes, tout est revisité avec goût. On apprécie le cadre à la fois sophistiqué et convivial des lieux ainsi que les expositions temporaires qui s'y déroulent.

L'IMPRÉVU €€

6, place d'Assas
✆ 04 66 38 99 59
www.l-imprevu.com
Ouvert du jeudi au lundi le midi et le soir ; le mardi midi. Menu enfant : 8 €. Menu du jour de 18 € à 21 €.

Sur la lumineuse place d'Assas, L'Imprévu est un petit paradis de verdure jonché de plantes, que ce soit sur la terrasse ou dans le patio d'été. Les plats concoctés par le chef sont servis en salle avec prévenance. Un trio associé pour une cuisine grand Sud, toujours revisitée, parfumée, assaisonnée avec originalité et décorée avec attention. La carte de saison fait alterner les saveurs du Midi, du terroir, de la mer et de la terre. Restaurant spécialisé dans la cuisine des pâtes, pizzas, viandes, poissons, carpaccios et salades.

L'ESCALE DES SAVEURS €€

Place des Esclafidous
✆ 04 66 36 25 80
www.escale-des-saveurs.fr/
Ouvert du mardi au samedi le midi et le soir. Menus de 24 € à 29 €. Carte : 25 € environ. Menu enfant : 12 €. Terrasse.

En plein cœur de l'écusson de Nîmes, la place des Esclafidous est un lieu où, à l'écart des boulevards, règne une sérénité troublante. Isabelle et Serge Bertolotti y ont posé leur valise et riches de leur voyage à travers le monde, ont fait le pari de conjuguer cuisine méditerranéenne et créole. C'est ainsi que l'on peut trouver sur leur carte le colombo, la dorade mahi-mahi, les acras et boudins antillais ou encore le féroce d'avocat. Tout un programme ! Avec le fromage des Cévennes goûtez la confiture d'olives. Bonne dégustation !

LE CIEL DE NÎMES €€

16, place de la Maison carrée
✆ 04 66 36 71 70
www.cieldenimes.fr
Du mardi au dimanche de 10h à 18h + vendredi et samedi le soir. Réservation impérative. Terrasse. Animations.

Au dernier étage du Carré d'Art, avec une vue à 360° sur la Maison carrée et les toits de Nîmes. La terrasse du restaurant est comme perchée sur le micocoulier que l'architecte du Carré d'art, Norman Forster, a bien voulu préserver. A midi la cuisine moderne est présentée de manière graphique. Les recettes méditerranéennes sont réinventées. Le café gourmand, ou liégeois, parachève au dessert ce trio des délices (entrée, plat, dessert). L'après-midi, le restaurant devient salon de thé et, le soir, le Ciel de Nîmes s'illumine des lumières de la ville.

LE FANFARON €€

6, place de la Révolution
✆ 04 66 67 64 68
www.lefanfaron.fr
Lundi/mardi/mercredi : midi. Jeudi/vendredi/samedi : midi et soir. Fermé 3 semaines en août. De 11 € à 24 €. Terrasse.

Pas de chichi pour ce petit restaurant fort plaisant situé sur la place de la Révolution, tenu par un couple ayant comme credo l'accueil et la cuisine traditionnelle du marché. Il est difficile de trouver une place passé 12h30. Le chef patron Lilian concocte la véritable cuisine du marché : cuisse de lapin aux pruneaux et sa polenta crémeuse, brochette de noix de Saint-Jacques, risotto aux agrumes, ou pavé de veau aux morilles. Il faut goûter aux endives roquefort et noix, à la brochette de gambas et à la terrine de chocolat aux spéculoos.

MERCADANTE €€

4, boulevard Gambetta
✆ 04 66 23 01 41
http ://mercadante.free.fr
Mardi/samedi 12h-13h20. Soir/22h. Août fermé. Réservation. Menu, formule (+vin), carte : 10/20 €. Terrasse. À emporter.

Les frères Fabio et Salvo Mercadante, ont donné leur nom à leur restaurant depuis 2009. Les *antipasti* méritent le détour : *sardes Beccafico* (filets de sardines aux pignons et raisins secs), *caponata* (aubergines aux olives et aux câpres) *grigliata di verdure* (grillades de légumes frais). Les produits siciliens sont relevés : *anellettis* au four (pâtes sauce bolognaise), spaghettis noirs à l'encre de seiche, veau pané et légumes grillés. Les desserts sont simples : dôme glacé de ricotta au chocolat noir. Bonne sélection de vins siciliens et italiens.

LE MOGADOR €€

2, place du Marché
© 09 86 40 17 80
www.lemogador-restaurant-nimes.fr
Basse saison : 8h-18h. Haute saison : mardi à dimanche 8h-23h. Plat du jour ou formule de 10 à 25 €. Vin au verre.

Nathalie et Lionel AMAT cette Brasserie Restaurant Viande face à la fontaine aux crocodiles. La cuisine est traditionnelle familiale française. Vous choisissez votre viande, on vous coupe et pèse le morceau choisi devant vous. On sert du Charolais affiné ou du Black Angus grillé avec deux accompagnements au choix. Côté Brasserie Traditionnelle, tout est fait maison. Au menu un choix varié de 7 plats ou 7 desserts (crème brûlée Tonga, pain perdu, café gourmand..) différents. L'après-midi, le restaurant se transforme en salon de thé.

PALOSANTO €€

29, rue du Grand-Couvent
© 04 66 67 87 59
Du lundi au samedi : 12h-14h + vendredi et samedi 19h-21h. De 15 à 32 €. Formule texture 30 €. Formule expression 25 €.

Si le Palosanto a vu le jour seulement en 2017, il est déjà solidement ancré dans le paysage gastronomique de Nîmes. Le chef et propriétaire, Angel Placa, originaire d'Argentine est formé aux cuisines du monde. Chaque jour, il propose une cuisine artistique et raffinée, avec des produits régionaux (souvent bio). Le menu du midi change chaque jour, et propose un rapport qualité-prix imbattable. Nous avons notamment eu la chance de goûter un fantastique médaillon de porc... Un délice ! Un petit conseil : pensez à réserver, car les places sont « chères ».

LA PIAZZETTA €€

2A, place du Chapitre
© 04 66 84 93 15
restaurant-lapiazzetta.com/
Fermé du 24/12 au 02/01. Lundi au samedi : midi & soir. 20 € environ. Résa conseillée. Vin au verre. Groupes. Terrasse.

Le restaurant contemporain, espace cubique à étages, très aérien, bénéficie d'une vue plongeante sur l'historique place du Chapître, à côté de l'agréable bruit d'une fontaine. La terrasse et les salles de restauration sont vastes. Les pizzas sont classiques, bien calibrées, et bien garnies. Idem pour les pâtes fraîches ou les raviolis. L'option farandole d'antipasti ne vous décevra pas : légumes grillés, petits pâtés à la viande, rouleaux de poisson et autres sardinades. Excellente panna cotta, vins italiens, et le beaumes-de-venise, au pichet.

LA PIE QUI COUETTE €€

Rue des Halles
© 04 66 23 59 04
Ouvert à l'année, tous les jours à midi. Réservation conseillée. De 20 à 60 €. Vin au verre.

Au milieu des Halles de Nîmes, la Pie qui Couette (nom donné en hommage au grand-père d'Emmanuel) a aménagé son nid douillet et convivial. Chaque midi, vous pouvez déguster au comptoir des tapas préparées avec les produits des Halles. Bonne humeur et partage, autour d'un plat qui émoustille les papilles. Au comptoir, dans les Halles, on se régale des assiettes proposées à l'ardoise, merveilleusement associées à un verre de vin. Le dicton de la pie est le suivant : « un verre de vin c'est bon pour la santé. Le reste de la bouteille c'est bon pour le moral ! »

LE RELAIS DU CANARD €€

740, route de Beaucaire
REDESSAN
© 06 61 77 06 76
Lundi à vendredi à midi. Vendredi soir. Sinon réservation. Carte ou formule : 19/25 €. Vin au verre. Terrasse. Parking.

Ancien relais de poste (fresque sur le mur datant de 1879 et représentant une calèche), situé sur la route nationale entre Beaucaire et Nîmes. Le Relais du Canard est une brasserie-restaurant avec parking pour une clientèle amateur de cuisine familiale et méditerranéenne traditionnelle, (poulet basquaise, aïoli, bœuf à l'anchois, rouille, gardiane.. Le restaurant vibre au rythme des événements du village en proposant des menus spéciaux et des plats typiques. Sur réservation, location de salle. Accueil, cuisine et détente, résument bien l'esprit du lieu.

RESTAURANT DU GOLF €€

1075, chemin du Golf
© 04 66 84 70 61
Tous les jours à midi. Le soir sur réservation. Carte : 28 €. Formule : 17 €. Verre au vin. Terrasse. Animations. Golf.

Entre *green* et chêne, vous tomberez sur ce splendide Restaurant du Golf. Depuis déjà 8 ans, Olivier Couderc tient cet élégant établissement. Aucun besoin d'être un passionné de golf pour vous installer dans la vaste terrasse au panorama saisissant ou la salle tout confort pour déjeuner. Les recettes traditionnelles et locales varient en fonction de la saison. Presque tout est fait maison (cuisse de canard confite avec gratin dauphinois, truite saumonée et beignets d'aubergine, wok de canard avec pennes et petits légumes, gâteau aux marrons.

RESTAURANT NICOLAS €€

1, rue Poise
✆ 04 66 67 50 47
Mardi au vendredi 12h-14h. Samedi 19h30-21h45. de 16/28 €. Vin au verre. Terrasse. Qualité Sud de France, et Tourisme.

Nicolas est une institution à Nîmes ! C'est le charme de la déco façon brasserie ancienne, et de la cuisine régionale familiale... (bourride à la lotte, soupe de poisson, feuilleté à la brandade de morue, moules à l'ail du chef avec oignons des Cévennes, morue et son ailloli maison, entrecôte grillée et sa poêlée de légumes, tête de veau ravigote, et gardianne de taureau). Pour une vraie tranche d'authenticité gardoise, c'est chez Nicolas qu'il faut venir où la tradition est bien gardée et où on perpétue le tout fait maison à la mode de chez nous depuis 1932.

TEXTURES COMPTOIRS ET OBJETS €€

8, rue Racine
✆ 04 66 23 73 46
Tout fait maison. 10h-20h sauf dimanche : Brunch, Déjeuner, Goûter, Apéro. Plat 11 €. Pâtisserie 4 €. Boutique d'art.

Ce restaurant/boutique situé près du Carré d'Art en centre-ville fait suite à un cabinet de curiosités bien connu des Nîmois. M. et Mme Durieu proposent de 10h et 20h : brunch, déjeuner, ou apéro. La cuisine maison est élaborée avec des produits d'Ardèche (truites), des Vosges (viande et le gibier). Pâtisseries maison. Vous pourrez vous installer à l'intérieur dans un espace lumineux, ou en terrasse, et faire l'acquisition d'objets de la table de tous les horizons. Plats à emporter.

WINE BAR LE CHEVAL BLANC €€

1, place des Arènes
✆ 04 66 76 19 59
www.winebar-lechevalblanc.com
Mardi au samedi, midi/soir. Réservation conseillée. Menus 23/30 €. Formule Entrée/plat/verre vin : 15 €. Patio/terrasse.

Fils de viticulteurs et vigneron lui-même, Michel Hermet a été séduit dès son plus jeune âge par les arts de la table ce qui l'amène aux portes du Cheval Blanc, (enseigne 5 fois centenaire) face aux arènes. La carte est saisonnière, mais sont proposés à l'année les grands classiques du patrimoine français (pavé de bœuf de l'Aubrac, œufs en meurette, brandade du chef...) Pour les connaisseurs, 250 références des plus grandes appellations françaises pour une carte des vins exceptionnelle ! Une vingtaine de grands crus peuvent être servis au verre.

C-UNIK €€€

152, rue Claude-Nicolas-Ledoux
✆ 04 66 70 68 25
www.c-suites.fr
19h à 1h à l'année. 10 à 50€. Résa recommandée. Bar à huîtres (4 variétés), vin au verre, tapas. Groupes. Terrasse.

L'endroit est tout simplement « unique », bâti dans les sous-sols d'un hôtel 4 étoiles. C'est un bar à grands crus, un bar à tapas, et un bar à huîtres (4 variétés). L'ambiance est cosy et chic, et la décoration raffinée. A l'ardoise : pluma ibérique, accras, légumes oubliés, chuletas d'agneau, homard ou côte de boeuf. Côté cave, vous sélectionnerez votre nectar dans l'écrin des vins du Languedoc/Roussillon sur les conseils avisés des sommeliers. Les amateurs de cigares s'installeront devant la cheminée du fumoir pour savourer un vieux rhum.

JÉRÔME NUTILE €€€

351, chemin Bas-du-Mas-de-Boudan
✆ 04 66 40 65 65
www.jerome-nutile.com
Menus à partir de 105 €. Carte. Réservation impérative.

C'est ici l'une des meilleures tables étoilées du département. Mais Jérôme Nutile est surtout un enfant du pays qui a réalisé le rêve d'une vie en ouvrant cette table gastronomique à Nîmes. Sacré Meilleur ouvrier de France, le chef propose une cuisine « haute-couture », contemporaine et raffinée, sublimant chacun des produits. Le menu s'aligne sur les saisons, et les intitulés romancés de la carte soulignent le festival de saveurs et d'émotions gustatives dépeintes dans les assiettes. Une identité culinaire affinée avec justesse pour notre plus grand plaisir.

LE NOCTURNE €€€

29 bis, rue Benoît-Malon
✆ 04 66 67 20 28
www.restaurant-le-nocturne.com
Mercredi au samedi 19h-1h. Réservation conseillée. Plat : 17/30 €. Carte : 50 €. Vin au verre. Accueil mobilité réduite.

Le Nocturne est réputé chez les couche-tard, les gourmets, les romantiques. Le cadre est feutré, la lumière tamisée. La cuisine du Sud-Ouest est mise en valeur avec justesse. La carte des viandes (pavé de magret de canard au chèvre et miel, escalope de foie gras poêlée aux pommes, confit de canard et échalotes confites au balsamique, risotto aux morilles et escalopes de foie gras). Mais aussi : poissons et fruits de mer (brochettes de Saint-Jacques sauce citron gingembre, gambas à l'armagnac...). Une carte raffinée, à tester sans complexes.

RESTAURANT ALEXANDRE €€€

2, rue Xavier-Tronc - **GARONS**
✆ 04 66 70 08 99
www.michelkayser.com
Restaurant 2 étoiles. Mercredi au dimanche : midi. Juillet/août mardi au samedi midi et soir. 64€/205€. Résa conseillée.

Avec 2 étoiles au Michelin, le chef Michel Kayser (chevalier de l'ordre du mérite) compose menus comme des symphonies de saveurs, qui emportent le convive dans une succession d'émotions poétiques : poitrine de caille confite et cuisse farcie au foie gras de canard, filet de taureau de manade, pommes de terre « Cantal » aux olives noires, chausson aux deux céleris, câpres et anchois sauce « Terre de Camargue ». Et c'est dans un cadre verdoyant orchestré avec passion que l'on découvre le talent de ce chef qui est une institution, reconnue a u niveau national.

RESTAURANT LE M - MAS MERLET €€€

903, Chemin du mas de sorbier
✆ 04 66 06 07 63
domainemerlet.com
Dimanche au vendredi midi. Vendredi-samedi soir. Privatisation. Menus/formules : 20/40€ ; Menu enfant. Parking. Parc.

Prés de Nîmes sur un domaine arboré de 8 hectares, le Mas Merlet, bâtisse du XVIIIe siècle sert d'écrin au Restaurant le M. Tout respire le bon goût. L'atmosphère est soignée et allie le charme de la pierre et une décoration contemporaine et le chef propose une cuisine, moderne et authentique. Sélection rigoureuse des fournisseurs locaux, et intransigeance sur la qualité.. La carte des vins, une propose une large sélection également locale. Privatisation possible.

SKAB €€€

7, rue de la République ✆ 04 66 21 94 30
www.restaurant-skab.fr
Du mardi au samedi. Pour le déjeuner de 12h à 13h15. Pour le dîner de 19h30 à 21h. Menus à partir de 40 €.

Le Skab est l'une des plus belles tables gastronomiques de Nîmes. La cuisine est orchestrée par Damien Sanchez, Nîmois de naissance, qui a à cœur de mettre en avant sa ville et sa région tel un Etoilé au guide Michelin. Une cuisine inventive à basc dc produits saisonniers régionaux s'accorde avec un décor volontairement sobre et élégant. Une discrétion parfaite qui attise la curiosité de la carte. Vous vous régalerez d'une cuisine à multiples facettes où la mise en scène des ingrédients est à l'honneur. Une symphonie gracieuse que l'on vous recommande chaudement.

BARBEROUSSE

9, rue Auguste
www.barberousse.com/ville/nimes
A l'année : 18h à 1h du mardi au jeudi et 2h le. vendredi et samedi. Restauration : 8 à 21€. Grand choix de Rhums.

Le Barberousse est le rendez-vous nocturne des amateurs de rhum. A l'escale flibustière dans ce fameux vaisseau pirate, partez à l'abordage d'une cinquantaine de parfums servis en shooters : ananas, banane, coco, fraise, goyage, litchi, kiwi, myrtille, vanille-cannelle, sapin, ou encore réglisse, au verre ou à la bouteille, il y en a pour tous les goûts jusqu'à une heure avancée de la nuit. Le bar fait aussi les traditionnels planteurs, spécialités des Antilles. Une adresse à fréquenter avec modération, mais qui change des terrasses débordantes.

LE CAFÉ OLIVE

22, boulevard Victor-Hugo
✆ 04 66 67 89 10
9h à 1h. Plat : 10€. Formules (Entrée+Plat ou Plat+Dessert) : 13€. Tapas : 5€. Terrasse. Handicapés. Animations.

Au Café Olive, il fait bon venir boire un verre, prendre un thé, déjeuner, dîner, écouter de la musique et même parfois assister à des concerts. Une grande salle sous poutres, un étage tout aussi spacieux aux fauteuils moelleux. A l'entrée, la presse et ses nouvelles fraîches accompagnent le café du matin. A midi : salades copieuses et inventives, tartares et carpaccios de boeuf, brochettes de boeuf, volaille ou poisson et légumes, tapas, fondants au chocolat ou à la chataîgne. Le soir, l'ambiance devient festive, spécialement lors des soirées rock.

LES FÉES CAFÉ

7, rue Saint-Antoine
✆ 04 66 06 20 22
Mardi-samedi : 9h-18h. Menus-formules 9 €/20 €. Samedi-1er dim : brunch. Accessible PMR. A emporter. Privatisation.

Un conte de fées pour deux amies, Alicia et Marie-Neige, qui ont ouvert ce café littéraire (signatures, rencontres d'auteurs, animations pour enfants...). Le lieu est calme, sobre et convivial, on peut venir y travailler, échanger, et se régaler. Dans la vitrine réfrigérée : tartes, desserts et pâtisseries. Le menu change chaque semaine selon les produits frais disponibles. Idem pour les plats à l'ardoise (soupes, tartes salées, salades, viande). Plusieurs options : sans gluten, végétalien, végétarien, carnivore, sans lactose, et les assiettes sont copieuses !

GARD Ô VIN

3, place du Marché
✆ 09 52 15 79 74
Midi-Jeudi au Samedi : 11/15h. Dîner-Mardi au Samedi : 17/0h.Vin au verre. Plancha-Menus : 11/16€. Terrasse. Accès H.

Gard ô vin, c'est l'histoire de deux femmes - Rosanna, italienne et Marie, française -, épicuriennes mues par un goût commun pour le vin et la bonne cuisine. Vous pourrez découvrir une large gamme de vins et des plats qui rappellent la péninsule cisalpine : burrata - mozzarella artisanale, charcuteries et fromages italiens (fromage de brebis de Toscane à la truffe) ! L'objectif des deux amies est de faire connaître les produits typiques des différentes régions d'Italie. Les desserts : tiramisu et panna cottà maison. De la bonne cuisine italienne !

MAISON VILLARET

13, rue Madeleine
✆ 04 66 67 41 79
maison-villaret.com
Ouvert du lundi au samedi de 7h à 19h30 ; le dimanche de 8h à 19h30.

Les Croquants Villaret ont depuis longtemps bâti l'excellente réputation de cette maison de tradition installée à Nîmes depuis 1775. Une spécialité familiale qui demeure un dessert de choix ! Les pains spéciaux, du pavé à la farine de blé intégrale au pain blanc croustillant en passant par un délicieux pain de mie, les viennoiseries gourmandes, et les alléchantes pâtisseries attirent de nombreux clients qui savent ce qui est bon ! Et dès que les premiers soleils font leur apparition, ne manquez pas de goûter aux glaces artisanales à déguster dans le salon de thé.

LONDON TAVERNE

24, boulevard Amiral-Courbet
✆ 04 66 67 34 59
8h.30 à 1h00, Pâtes 6/7€. Pizzas : 7€. Salades 7/13€. Vegan. Animations. Concerts. Billard 1€. Location de salles.

Anciennement nommé « Le Bureau ». Le Pub London propose : petit-déjeuner, déjeuner ou dîner. Pas moins de dix bières à la pression dans une agréable ambiance feutrée. Le service est courtois, le lieu cosy, le service tardif. Un incontournable point de chute jusqu'à plus de 1h du matin, sur les grands boulevards nîmois avec sa salle de concert pour les soirées festives, et son billard au 1er étage.. Des rencontres sont ponctuellement programmées au London Taverne, attirant un public étudiant. C'est également un lieu de réunion de l'Union Taurine Nîmoise.

O'FLAHERTY'S

21, boulevard Amiral-Courbet
✆ 04 66 67 22 63
www.pub-oflahertys.com
Du lundi au mercredi, 11h-1h, jeudi et vendredi, 11h-2h, samedi, 17h-2h, dimanche, 17h-1h.

Tout à fait canonique dans son total look en bois, son personnel imperturbable derrière son comptoir, ses fameux sous-bocks, le O'Flaherty's est bien le pub le plus irlandais au cœur de Nîmes ! Le pub, qui possède une des meilleures cartes de whiskys en ville, offre un large choix de bières pression et fait aussi restaurant en proposant une douzaine de formules repas. Plusieurs fois par mois, c'est musique celtique, jazz, pop rock selon la programmation. Bref un pub où il fait bon vivre, dans une ambiance chaleureuse et décontractée.

LA MAISON DE L'AMANDE

Chemin de la Courbade - **GARONS**
✆ 04 66 70 67 36
www.maisondelamande.fr
Ouvert du mardi au samedi de 10h à 12h et de 14h à 19h. Ouvert toute l'année. Livraison possible. Boutique en ligne.

Cette maison est la seule coopérative de producteurs d'amandes de France qui produit, transforme et commercialise ses fruits pour les confiseurs, nougatiers, chocolatiers... On y trouve une gamme exceptionnelle d'amandes aux chocolats, de calissons, de dragées, pâtes d'amande, pâtes de fruits et biscuits. Osez l'amandise, la spécialité maison faite d'amandes grillées aromatisées aux herbes et les calissons en robe de fruits ou chocolat. Mais encore ? Les amandes salées aromatisées au colombo, à la tomate vanille, au chèvre banon, aux trois algues ou aux épices...

LE PETIT MOKA

5, place aux Herbes
✆ 04 66 67 70 70
www.le-petit-moka.fr
Ouvert du lundi au samedi 8h30/19h. Petit déjeuner, déjeuner, crêperie. Accès fauteuils roulants.

Comme tout bon bar de quartier, le Petit Moka ouvre tôt. Tous les matinaux apprécient cette première étape autour d'un pur arabica venus des quatre coins du monde. Dans ce bar, salon de thé-restaurant, plus de 70 thés au choix sont proposés, mais aussi, tisanes et chocolats à l'ancienne. A midi, des formules crêpes/salades, salades/repas ou même raclette l'hiver. Mention spéciale pour le tajine du mercredi, le service continu et la presse quotidienne et magazines à disposition. Belle terrasse chauffée, ouvrant sur la place aux Herbes.

LE VICTOR HUGO

36, boulevard Victor-Hugo ✆ 04 66 21 20 90
www.levictorhugo.tv
Lundi au samedi jusqu'à 2h, et 1h le dimanche). Déjeuner, Tapas le soir. Burger/Salades/repas/ Tapas : 9 €. Bar musical.

On aimerait que les soirées DJ durent plus longtemps ! Le son des enceintes et les voix de joyeux fêtards débordent jusque dans la rue grâce au mix en fin de semaine. Le jeudi, les étudiants sont aux manettes. Le vendredi, les *afterwork* dès 18h. Le samedi, à 19h, mise en musique des deux espaces. Electro-house ou disco pop comme dans une vraie discothèque, sous la surveillance de 2 cerbères à l'entrée. A midi burgers maison (produits des halles) et salades repas. Le soir, tapas : bâtonnets de gouda, camembert pané, « wings » de poulet, pommes frites.

ARTISANS DU MONDE

5, rue Jean-Reboul
✆ 04 66 21 83 72
www.artisansdumonde.org
Produits issus du commerce équitable. Mardi, mercredi et jeudi 9h30-13h/15h-19h, vend et samedi 9h30-19h.

En achetant chez Artisans du Monde, le consommateur citoyen s'inscrit dans un acte responsable. Tout objet, textile ou produit alimentaire (thé, café, cacao, chocolat, miel, épices), sera payé au juste prix, et une rétribution décente doit revenir aux acteurs économiques (petits producteurs). De l'écharpe du Bangladesh au maracas du Kenya, du sucre de canne non raffiné du Pérou à la théière du Népal en passant par le quinoa de Bolivie ou le dernier livre sur l'écologie en papier recyclé. Il s'agit là d'un commerce soucieux de l'équité et de la justice sociale.

BIOCOOP LA MARIGOULE

42, rue du Forez
✆ 04 66 84 92 82
www.biocoop.fr
Ouvert du lundi au samedi : 9h à 19h30. Produits bio-équitables : alimentation/beauté/Santé/ hygiène. Chèque restaurant.

Appartenant au réseau français Biocoop : dédié aux écoproduits depuis 1986 pour le développement de l'agriculture biologique. Priorité aux approvisionnements locaux, fruits du travail des agriculteurs, maraîchers et éleveurs bio de la région. Fruits et légumes de variétés anciennes (panais, crosnes, topinambours), épicerie, produits frais, céréales en vrac, produits d'entretien, et cosmétiques. Mais aussi des ouvrages sur l'habitat vert, et les énergies renouvelables. Le savoir-faire traditionnel, et le futur propre à la portée de toutes les bourses.

BRANDADE DE NÎMES RAYMOND-GEOFFROY

✆ 04 66 60 59 39
www.brandadedenimes.com
Conserves, Sauces, Pâtes à tartiner, soupes de poisson, Tapenades. 2 €/11 €. Inscrit au patrimoine culinaire français.

A Nîmes depuis 1879, et inscrit au Patrimoine Culinaire Français, la maison Raymond Geoffroy garantit la qualité et le goût de cette brandade de morue, qui est confectionnée avec des filets de morue effeuillés à la main et mélangés à de l'huile d'olive, pour obtenir des produits d'exception. Mais aussi tapenade noire fruitée, tapenade verte légère et délicate, caviar d'aubergines, et de tomates séchées. Attention fierté locale et excellente réputation non usurpée !

CHEZ BRUNO ET ENCAR

Allée du Safran - étal 36 (centre des Halles)
✆ 04 66 87 28 21
www.leshallesdenimes.com
Boucherie charcuterie ouverte du lundi au dimanche de 6h à 13h30.

Au cœur des Halles de Nîmes, Bruno et Encar se sont imposés dans la charcuterie gardoise. Très exigeants sur la qualité des matières premières, venues de Lozère ou de l'Aveyron, leurs charcuteries artisanales sont parmi les plus prisées. Attachés aux traditions locales, c'est chez eux que vous trouverez : les délicieux « petits nîmois » pâtés en croûte labellisés « Militant du goût », le foie gras frais ou aux deux poivres les saucisses et merguez fabriquées à partir des viandes Label rouge, et les saucissons secs en provenance directe des producteurs.

CAVE ET BISTROT LE PIAN

20 bis, rue Bourdaloue
✆ 04 66 26 37 30
bylepian.fr
Ouvert du mercredi au dimanche de 11h à 14h30 et de 18h30 à 0h. La cave est ouverte du jeudi au samedi de 9h30 à 22h.

Situé dans l'écusson de Nîmes, à 150 m des arènes, Le Pian vous propose quelque 500 m^2 entièrement voûtés, en pierres sèches, dédiés aux plaisirs du vin et des alcools. Ce sont plus de 800 références en vins et champagnes sans oublier quelques cognacs, et plus de 150 whiskies qui sont proposées avec passion aux clients toujours ravis d'une telle visite. Philippe et Arnaud seront à votre entière disposition afin de vous renseigner sur des produits ou sur l'association de mets et vins ou mets et whiskies. Bonne visite et bonne dégustation !

CHÂTEAU DE LA TUILERIE

237, chemin de la Tuilerie
✆ 04 66 70 07 52
www.chateautuilerie.com
Boutique ouverte du mardi au vendredi de 9h30 à 12h30 et de 14h à 18h ; le samedi de 9h à 17h.

Propriété familiale depuis 1955, le Château de la Tuilerie est situé sur la partie géologique la plus ancienne de l'appellation Costières de Nîmes. Le vignoble s'étend sur 59 hectares cernés par les contreforts mauves des Cévennes à l'ouest et la mer Méditerranée au sud. Le Château de la Tuilerie est considéré comme l'une des références de l'appellation Costières de Nîmes, offrant des vins tout en finesse et élégance. Ce chai mêle raffinement au confort d'une cave moderne. Des vins à découvrir in situ, ou à la carte des meilleures tables gardoises.

CRÈMERIE CLAUDE ET NADINE

Rue des Halles
✆ 04 66 76 07 90
Ouvert du mardi au dimanche. Ouvert le dimanche.

L'une des meilleures fromageries de Nîmes ! Claude et Nadine ont misé sur la diversité, l'originalité et la qualité. Vous trouverez ainsi une sélection rigoureuse parmi les terroirs de nos régions (Gard, Aveyron, Lozère) et du pays dans son ensemble. La spécialité de la maison ? Des fromages introuvables tels que des vieux comté, du vieux Salers ou d'autres vieux fromages étrangers comme le Gouda. En plus, les prix sont attractifs et les patrons très sympathiques.

CRÈMERIE DES GREFFES

5, rue des Halles
✆ 04 66 21 22 49
Ouvert tous les jours, sauf le lundi.

C'est un des étals les plus courtisés des halles, et pour cause. Depuis 30 ans, la famille Ribière s'est forgé une belle réputation chez les gourmets de Nîmes et de ses environs. C'est Magaly qui aujourd'hui tient le flambeau de cette lignée familiale. Un savoir-faire et une rigueur irréprochables dans les méthodes de préparation qui n'est pas sans souligner la qualité des produits mis en vente. Le Petit Futé a eu un vrai coup de cœur, ou de gourmandise, pour le Gardian, un fromage frais délicieusement épicé et parfumé aux herbes. Laissez vos papilles décider !

DOMAINE DE DONADILLE

Avenue Yves Cazeaux - **RODILHAN**
✆ 04 66 20 67 68
domaine-de-donadille.educagri.fr
Jeudi-vendredi : 14h-18h. Caveau de dégustations commentées, vente (huiles/vins). Expos. Parking. Accueil handicapés.

Sur un sol de gress, (sable mêlé aux galets), qui caractérise le sol des Costières de Nîmes, le domaine de Donadille se situe dans l'enceinte du lycée agricole de Rodilhan, spécialisé dans la formation aux métiers de l'agriculture. Lucile, responsable du caveau, saura vous conseiller et vous parler des produits mis en vente, et des sarabandes de saveurs à y découvrir durant la dégustation. L'olive est aussi à l'honneur avec son huile qui a une double appellation AOP huile d'olive de Nîmes et Agriculture Biologique. Des expositions sont également proposées.

DOMAINE DE LA PATIENCE

61 bis, Route Nationale - **BEZOUCE**
✆ 04 66 75 95 94
www.domainedelapatience.com
Du lundi au samedi 9h/12h-14h/18h. Vins Costières de Nîmes, et Côteaux du Pont du Gard. Dégustations. Huiles. Tapenades.

Depuis 20 ans Christophe Aguilar est à la tête du domaine de la Patience (qui existe depuis 1930). Ce vigneron, passionné, amoureux de ses terres et engagé, a progressivement transformé le vignoble. Aujourd'hui, il est fier de cultiver 80 ha de vignes biologiques. Il vous expliquera sa démarche, sa vision sur le vin biologique et sur le marché du vin. N'hésitez pas et rendez-vous au caveau du domaine. On vous y fera déguster des vins, et vous pourrez aussi découvrir d'autres produits du terroir local. La cuvée Nemausa offre un excellent rapport qualité/prix !

L'ÉTAL BIO

5, rue des Halles
✆ 04 66 21 49 63
www.etal-bio.com
Etal dans les halles. Livraisons paniers « bio » à 22 €. Du lundi au dimanche de 6h à 13h.

Etal, très vaste, situé près de l'entrée principale des Halles, où l'accueil est très sympathique. Christophe Clément propose : des fruits, des légumes, et des produits bio complémentaires (sucre roux, huiles, céréales, sel, compotes, confitures, épices, soupes, épis de maïs cuits). Courges et légumes oubliés, type panais, renaissent ici et permettent de nouveaux accords de saveurs. L'étal bio propose toute l'année quatre ou cinq variétés de pommes, pour les compotes des plus petits et autant de sortes de salades. Le reste varie selon les saisons.

LES HALLES

5, rue des Halles
✆ 04 66 76 70 59
www.leshallesdenimes.com
Ouvert du lundi au samedi de 7h à 13h ; le dimanche et les jours fériés de 7h à 13h30.

Ici bat le cœur de la ville, chaque matin et tous les jours de la semaine. À Nîmes, ces halles ont été bâties en 1884 et relookées par Jean-Michel Wilmotte, architecte, urbaniste et designer. Que cherche t-on ici ? En plus de la convivialité, du relationnel, il y a les produits frais, labellisés Militants du goût ou AOC gardoise, les fruits et légumes de saison, les viandes de l'Aubrac, les poissons de la criée du matin, les fromages cévenols, le pain et les desserts. Sans oublier les produits exotiques, bio ou tendance. Ces halles sont incontournables !

L'INSTANT BIÈRES

2, rue Racine
✆ 09 83 08 60 60
Ouvert du lundi au mercredi de 10h à 19h30 et du jeudi au samedi de 10h à 20h30.

Cette cave à bière n'est pas bien vieille mais elle fait déjà référence. Située entre la place Questel et le Carré d'Art, dans le centre de Nîmes, dans un décor élégant - moulures et menuiseries fastueuses - les vendeurs passionnés proposent 500 références de bières. Il y en a pour tous les goûts. D'ailleurs, chaque mois - le deuxième mardi en principe - des ateliers de dégustation sont organisés. L'endroit est aussi la boutique idéale pour un cadeau : des coffrets, déjà prêts ou composés à la demande. Verres et fûts peuvent se louer pour vos soirées..

MAS DE LA BARBEN

Route de Sauve ✆ 04 66 81 15 88
www.masdelabarben.com
Propriété viticole, ouverte du lundi au vendredi de 9h à 12h, et de 14h à 18h30. Le samedi de 9h30 à 12h30.

Sur un terroir de prédilection, à Nîmes, Marcel Hermann cultive 45 ha de vieilles vignes. Vendangés avec art (petits rendements de 15 hl à 40 hl/ha), ces vieux cépages donnent des vins très typés aux noms évocateurs : les AOC Lauzières rouge, les Sabines AOC rouge, élevés en barrique. La cuvée Calice issue d'un très vieux grenache à très petit rendement, et un élevage long, est une pure merveille haut de gamme. N'hésitez pas à découvrir la cuvée entrée de gamme « À l'improviste » pour des blancs, des rosés et des rouges d'un très bon rapport qualité-prix.

LE MAS DES AGRICULTEURS

581, Rue Michel Debré
✆ 04 48 76 02 10
lemasdesagriculteurs.fr
Lundi-samedi : 8h30 à 19h. Dimanche - 9h à 12h30. Produits 100 % gardois. 3000 agriculteurs partenaires impliqués.

Au sud de Nîmes, sur 960 m² dans l'enceinte de la Chambre d'Agriculture du Gard, des produits 100 % gardois sans intermédiaire vous sont proposés. 150 producteurs actionnaires et plus de 3 000 agriculteurs partenaires sont impliqués ! Le concept ? Garantir une rémunération juste au producteur et un niveau de prix cohérent pour les consommateurs. L'accent est mis sur la qualité des produits et la saisonnalité de la production. Ici, vous trouverez le vrai goût des fruits et légumes et une sélection de qualité de produits du terroir.

MOULIN DES OMBRES

Route de Redessan - **MEYNES** ✆ 04 66 57 51 52
www.chateaudemontfrin.com
Vente sur place, en ligne, en boutiques. Lundi au vendredi 9h/12h-14h/18h. Avril à septembre samedi après-midi.

Au château de Montfrin édifié sur ce monticule de terre et de roches qui domine le village, se réalise une huile sur le mode « agriculture biologique » (label AB depuis 2010). 120 000 oliviers sont plantés sur cette colline qui autrefois était le refuge des animaux fuyant les crues récurrentes d'un gardon intrépide. Regroupés en union oléicole, les producteurs du site proposent 3 huiles. Le Moulin des ombres (huile phare du domaine), le Château de Montfrin (assemblage à prédominance « arquebine ») et le Petit château (assemblage à prédominance « petit ribier »).

LES OLIVES DANIEL - ATELIERS DU MOULIN

Allée du Safran
✆ 04 66 21 99 70
www.lesateliersdumoulin.fr
Ouvert tous les jours et les jours fériés de 7h à 13h.

Quatre générations de confiseurs se sont succédé pour vous proposer des olives de production locale. Maître artisan confiseur d'olives, Daniel est le garant des traditions et du savoir-faire liés aux produits nîmois qu'il propose ici avec passion. L'huile du Gard est particulièrement soignée et toutes les olives proviennent des Ateliers du Moulin. D'ailleurs, le contrôle du goût est systématique afin qu'il conserve toutes ses caractéristiques. Bonne dégustation !

AU PALAIS DU FROMAGE

46, allée du Cumin
✆ 04 66 29 14 35
7/7 aux Halles de Nîmes de 7h à 13h.

Christine, Normande d'origine, s'est plongée dans l'univers des fromages, et naturellement les produits de sa région natale occupent les premières places de son étal comme les fromages affinés au lait cru tels le camembert au lait cru moulé à la louche. Elle présente une belle gamme de fromages pressés, et un large choix de fromages de chèvre de la région venus directement du producteur. Souriante, donnant des conseils et intarissable sur l'origine de ses fromages, Christine fait goûter ses produits aux gourmets avides de découvertes savoureuses.

LES VIGNERONS D'ELEINS

Chemin du Mas de Vinson
MOULÉZAN
✆ 04 66 77 81 02
Basse saison : lundi-vendredi 10h-12h et 15h-17h30. Haute saison lundi-vendredi 10h-12h et 15h-17h30 ; le samedi 9h-12h.

Créée en 1923, la cave de Moulézan a absorbé la Cave de Crespian en 2002. Aujourd'hui encore, les deux sites de production fonctionnent. La cave des Vignerons d'Eleins exploite un domaine viticole de près de 560 hectares sur les communes de Moulézan, Montmirat, Crespian, Cannes et Clairan, Saint-Théodorit, Montagnac, Aigremont et Savignargues. Les viticulteurs travaillent dans le plus grand respect de la terre et de l'environnement pour élaborer avec passion des vins de qualité à forte personnalité, révélateur du terroir. Bonne dégustation !

SYNDICAT DES AOP OLIVE ET HUILE D'OLIVE DE NÎMES

1120, route de Saint-Gilles
✆ 04 66 04 50 34
www.aoc-olive-nimes.fr
Qualité Sud de France.

C'est en 1997 que le syndicat des oléiculteurs du Gard a déposé la demande de reconnaissance en AOC pour l'olive de Nîmes et l'huile d'olive de Nîmes obtenues respectivement en 2004 et 2006. Désormais AOP, ces appellations autour de l'olive picholine certifient une grande partie du département ainsi que des communes de l'Hérault. L'huile d'olive de Nîmes se démarque par ses arômes herbacés et sa puissance. L'olive de Nîmes offre, quant à elle, un craquant très apprécié des gourmets.

LES VIGNERONS DE SAINT-DÉZERY

28, route de Saint-Chaptes - **SAINT-DÉZÉRY**
✆ 04 66 81 21 31
www.cave-saintd.fr
Ouvert du lundi au samedi de 9h à 12h et de 14h à 18h. Dernière visite à 17h30.

Construite en 1928, la cave de Saint-Dézery est située à un carrefour stratégique entre Nîmes, Alès, Uzès et Anduze. Elle est connue pour la création de la gamme « Saint D », issue d'une agriculture raisonnée, d'une sélection rigoureuse du vignoble, des vinifications soignées et de 42 vignerons qui décident de bousculer doucement mais sûrement l'image des coopératives. Une image un peu en disgrâce, malgré le très beau travail de certaines. Bonne dégustation !

TRAITEUR MONTGRAND

Les halles de Nîmes
✆ 04 66 67 39 77
traiteur-montgrand.eatbu.com
Ouvert 7Jours/7 même les jours fériés jusqu'à 14h.

Aurore Greenaway a repris le flambeau de Maïté, sa maman, figure emblématique des halles de Nîmes. Dans son étal, idéalement situé à l'entrée des halles, vous trouverez des produits de qualité, réalisés de façon artisanale. Ici la cuisine traditionnelle se conjugue avec amour du bon goût. La maison vous propose des plats préparés, et un service traiteur. Aurore a hérité du savoir-faire de sa maman. Pour pouvoir répondre à un désir d'exigence, la maison possède depuis quelques années un atelier de préparation des plats cuisinés.

BLEU MARINE LOISIRS

120, route de Nîmes
✆ 04 66 38 94 98
www.bleumarineloisirs.com
mardi-samedi 9h30-12h et 14h-19h. Cours d'essai/découverte subaquatique : 28 € et 35 €.

Sur près de 300 m^2, ce magasin unique en son genre à Nîmes s'est spécialisé dans les articles de plongée (chasse sous-marine, apnée) et marques de sportwear (Mares, Scuba, Beuchat, Aqualung...). Détendeurs, bouteilles, ordinateurs de plongée, compas, couteaux, bref tout le matériel indispensable aux sorties en mer se trouve ici. Un suivi après-vente est assuré par l'atelier d'entretien agréé et certifié. Le magasin possède aussi un centre de gonflage air/nitrox. Mais le must, c'est bien la fosse de 5 m de profondeur où l'on pratique la plongée.

GOLF DE NÎMES CAMPAGNE

1360, chemin du Mas de Campagne
✆ 04 66 70 17 37
www.golfnimescampagne.fr
Ouvert tous les jours, horaires variables en fonction des saisons.

En bordure du plateau des Costières, à la limite de la cité nîmoise, trône une grande bâtisse blanche, autrefois propriété de la duchesse d'Uzès. C'est le camp de base du golf de Campagne, et nul doute qu'il est l'un des plus beaux de France. Il offre un parcours très original, dépendant des caprices du mistral, qui peut s'avérer violent lorsqu'il se met en colère. Un restaurant au premier étage de l'édifice historique, avec vaste terrasse, dévoile une vue panoramique exaltante. De plus, le club est doté d'un pitch and putt de six trous face au club-house.

PISCICULTURE DE MEYNES

Route de Bézouce - **MEYNES**
✆ 06 80 85 89 22
www.etang-peche-truite-meynes.com
Haute saison : ouvert tous les jours. Basse saison : ouvert de 7h à 18h de septembre à fin juin. Fermeture le jeudi.

Le plaisir de se retrouver dans un cadre naturel et de pêcher sans permis, sans limite de prises, c'est possible, ici à l'étang de pêche de Meynes. Un double étang d'une superficie de 7 000 m² vous accueille pour pratiquer une pêche familiale et conviviale. Les aménagements autour de l'étang permettent de passer une excellente journée de détente. Des barbecues sont mis à la disposition des pêcheurs. Et si vous souhaitez devenir, le temps d'une journée privilégiée, les rois du bassin, vous pouvez le privatiser. Un devis vous sera établi sur demande.

HIPPODROME DES COURBIERS

Route de Beaucaire
✆ 04 66 26 55 87
www.hippodrome-nimes.fr
Ouvert le week-end. Entrée 5€. Gratuit pour les enfants de moins de 16 ans. Restauration.

Aux portes de la Camargue, l'hippodrome des Courbiers organise des compétitions de courses, de trots, de plat et steeple-chase. Une dizaine de manifestations se déroulent au printemps et à l'automne. Pour les enfants : spectacles équestres, baptêmes de poneys, structures gonflables, clowns, tombolas. Les passionnés d'équitation ou les promeneurs du dimanche connaissent bien ce site. Parfois, des centaines de personnes s'enthousiasment autour des paddocks. Les turfistes peuvent parier sur leur cheval favori. Ambiance champêtre et familiale garantie.

JIVE CLUB

14, rue du Moulin-Vedel
✆ 04 48 27 00 05
www.jive-club.com
Ouvert le mercredi de 21h30 à 0h ; du jeudi au samedi de 21h30 à 2h ; le dimanche de 14h30 à 18h30.

Voici un lieu de danse original pour le moins et qui manquait vraiment sur Nîmes. Le Jive Club n'est en effet pas une discothèque à proprement parler mais un lieu de danse où vous pourrez vous amuser entre amis ou avec votre conjoint(e). En effet, la semaine et le dimanche après-midi, il est réservé aux danses de couple comme notamment le tango. De fait, ce n'est que le week-end qu'à partir de 22h qu'il bascule en discothèque généraliste, plutôt orientée vers une clientèle de quadras. Surprenant et très original ! Allez-y nombreux !

PAINTBALL PRO

Route de Générac
✆ 06 98 61 01 01
www.paintball-pro.fr
Tarifs joueurs équipés : adhésion année 150 €, semestre 90 € Accès à la journée 5 € avec achats de billes sur place.

Le paintball est un sport d'opposition où deux équipes de 5, 7 ou 10 joueurs se disputent la possession d'un drapeau. C'est un principe simple, basé sur le plus populaire sport collectif : Le football (ou le ballon à été remplacé ici, par un drapeau). Et le lien s'arrête là, puisque les joueurs sont équipés d'un marqueur (appelé également lanceur) propulsant au moyen d'un gaz comprimé inoffensif (air comprimé, CO2), des billes de gélatine biodégradable. Elles permettent ainsi d'éliminer de la partie les joueurs de l'équipe adverse.

BOUILLARGUES

A 5 kilomètres de Nîmes, le village de Bouillargues fait face à celui de Garons et connaît lui aussi un développement massif qui n'enlève rien à son cachet. En effet, il est constitué d'un ensemble de superbes maisons de villages datant des temps paysans triomphants, du superbe parc qui ennoblit son centre-ville, des domaines des Costières installés sur son territoire et surtout d'une équipe féminine de handball qui évolue depuis des années au plus haut niveau national et européen en fournissant régulièrement des compétitrices à la brillante équipe nationale de la spécialité.

CAISSARGUES

Un minuscule centre-ville, de nombreux lotissements (les villas en kit qui bordent la route de Saint-Gilles sont à leur manière une sorte de curiosité) et autres zones d'activités, le village de Caissargues bénéficie de la plus privilégiée des situations, proche de tout. Avec sa propre entrée sur l'autoroute, son voisinage avec les zones les plus actives de Nîmes (ZAC des Abeilles, stade des Costières, Ville-Active) et la route des Cévennes, plus le passage du chemin des Canaux qui vous emmène tout droit en Petite Camargue, on ne peut en effet faire mieux. Sans compter une feria qui se déroule le même week-end que celle de Nîmes !

LE REPAIRE €

7, avenue de la Dame
✆ 04 66 21 68 82
www.lerepaire.metro.bar

Lundi au vendredi : 7h à 15h. Petits déjeuners-déjeuners. Repas de 11 à 21€. Terrasse. A emporter. Mobilité réduite.

A cinq minutes de la sortie d'autoroute Nîmes centre, au rond point de l'échangeur, prendre la route de Saint-Gilles, le restaurant est là ! Le parking est accessible à tous les véhicules. Le détour vaut la peine pour de copieux petits déjeuners tôt le matin, ou : pizzas variées, crêpes, plats régionaux, faux filet et frites maison, couscous, paellas.. pour votre pause déjeuner sur place ou à emporter. Ici tout est maison. C'est une adresse que l'on se donne entre copains qui travaillent à proximité ou sont de passage avant de reprendre l'autoroute.

COSTIÈRES DE NÎMES

4, rue de l'Hostellerie
✆ 04 66 36 96 20 - www.costieres-nimes.org

Costières de Nîmes AOC (Appellation d'Origine Contrôlée) en rouge, rosé, blanc : de 4,50 à 400 € la bouteille. Ferme à 18h.

Déroulant ses coteaux autour de Nîmes et au cœur de la Petite Camargue, les vins AOC (depuis 1989) des Costières de Nîmes se sont forgé une belle réputation au sein du patrimoine viticole français avec actuellement plus d'une centaine de caves coopératives ou particulières. Les rouges sont élégants et aromatiques, les rosés longs en bouche et fruités, les blancs ont des notes d'agrumes. Grecs et Romains sont à l'origine de cette viticulture, et plus tard les moines reprennent la vigne. Après la Seconde guerre mondiale, les caves coopératives se multiplient.

LANGLADE

Langlade est un petit village de 2 000 habitants situé dans le sud de la France plus précisément dans le Gard. Langlade est un village de la Vaunage, les vallées de Nages, situé à 12 km de Nîmes. Langlade organise traditionnellement (hors Covid-19) deux fêtes votives par an au printemps et en été (Abrivado, course camarguaise, ...), fêtes typique du sud de la France, en plus du traditionnel feu d'artifice du 13 juillet. La gare de Langlade est située sur ce qui fut la ligne « Nîmes-Le Vigan-Tournemire-Roquefort » malheureusement la gare n'est plus desservie par la SNCF donc l'accès au village ne peut être fait qu'en voiture ou en bus.

MAS DES BRESSADES

Le Grand Pagnol
✆ 04 66 01 66 00
www.masdesbressades.com
Basse saison : ouvert du lundi au vendredi de 8h à 12h et de 13h à 17h. Haute saison : du lundi au vendredi de 8h à 12h.

Manduel, qui possède d'autres domaines à découvrir, a néanmoins trouvé son maître. Il faut dire que la famille Marès s'y entend en production viticole. Cyril est passé par les Etats-Unis et le Chili mais n'a pas perdu son attachement au terroir qui l'a vu naître. Et son savoir façonne des petits bijoux dans une gamme resserrée qui concentre les arômes. La cuvée tradition est présente en trois couleurs, faite de syrah et grenache pour le rouge, de roussanne, grenache blanc et viognier pour le blanc ou de grenache, syrah et cinsault pour le rosé.

MANDUEL

Manduel se situe au Sud Est de Nîmes, proche de la Provence. 87 % du sol est occupé par de la viticulture et de l'arboriculture. C'est en 1849 que le chemin de fer arrive sur Manduel. En 1926, se crée la cave coopérative viticole et le vin produit à l' appellation AOC Costières de Nîmes comme sur la propriété privée de Campuget bien connue dans la région qui possède sa propre cave. Vous pourrez admirer la borne milliaire d'Antonin le Pieux, sur la voie Domitienne, classée monument historique. Depuis 2020, l'imposante nouvelle gare TGV Nîmes/Pont du Gard est en service, avec accès en 8 minutes par navettes sur la gare centrale de Nîmes.

CHATEAU DE CAMPUGET

Campuget ✆ 04 66 20 20 15
www.campuget.com
Vignobles et Découvertes. Ouvert du lundi au samedi de 9h à 12h et de 14h à 18h.

Depuis 1941, les vignerons du château de Campuget s'attachent à produire de grands vins, tout en respectant un terroir et une identité forte qui mettent à l'honneur syrah et grenache. Résultat : ce Costières de Nîmes se retrouve dans les plus grands restaurants étoilés du monde. Aujourd'hui, le domaine se laisse visiter et vous pourrez découvrir son histoire.

En avril, ne manquez pas les Floralies de Campuget, une manifestation au sein du domaine qui fait la part belle aux plantes, mais qui permet surtout de découvrir le domaine d'une autre manière.

MARGUERITTES

Située dans la proche périphérie de Nîmes, au nord-est, Marguerittes est une agréable cité mêlant traditions camarguaises, avec ses arènes et ses courses taurines, et dynamisme contemporain avec ses commerces et son marché. Traversé par le Vistre et son affluent, le territoire est riche en sources, dont un circuit thématique permet la découverte ainsi que les fontaines et lavoirs qui ponctuent les terres marguerittoises. Son emplacement non loin de la capitale gardoise fait de Marguerittes un agréable lieu de villégiature, point de départ idéal pour sillonner la campagne environnante et découvrir le patrimoine camarguais. Suivez le guide !

ARENES

Chemin De Rodilhan
✆ 04 66 75 41 43

Comme bien d'autres, la vie des arènes de Marguerittes a commencé par un plan de charrettes au sein duquel on faisait courir les taureaux. Ici, c'est à côté du lavoir, qui a été intégré à l'édifice en dur, que furent construites les arènes en plusieurs étapes. Incontournables de la vie festives des gens du sud, les arènes accueillent indifféremment courses camarguaises et courses espagnoles. Très actives en période estivale, les arènes sont un lieux à fréquenter pour mieux s'imprégner de la fougue et de la passion qui animent les lieux et le public !

MAISON DE LA GARRIGUE ET DES TERROIRS DE L'OLIVIER

32, avenue Magellan
✆ 04 66 20 54 78

Ouvert les 1er dimanches de chaque mois de 14h à 17h30, sauf juillet et août. Du mardi au vendredi de 9h-12h/14h-17h30.

C'est à la Maison de la Garrigue que vous apprendrez tout sur la protection de l'environnement, sur l'histoire de l'olivier, la fabrication des huiles d'olive et leurs goûts. Ce musée est entièrement dédié à cet arbre fétiche du pourtour méditerranéen. Des animations ludiques et éducatives, des ateliers, des dégustations sont proposés à tous, petits et grands. Venez découvrir cette maison bioclimatique avec son mur accumulateur et ses puits provençaux.

L'ÂNE RIT

15, chemin du Moulin-à-Vent
✆ 04 66 75 19 99
www.laneritgard.com

A partir de 13 € la balade. Sur réservation. Formules anniversaire pour les enfants.

Etablie en pleine garrigue, cette ferme pédagogique asine, gérée par Myriam et Hervé Cordilhac, a la particularité de s'adresser à tous, personnes valides ou en situation de handicap. Les balades d'une à trois heures sur des circuits balisés sont libres ou accompagnées et offrent une singulière alternative à la découverte de l'animal et de ce noble terroir. C'est par amour pour sa région, pour ses ânes, pour son patrimoine et surtout par sa générosité qu'Hervé Cordilhac soumet ses ateliers pédagogiques dont les effets bénéfiques se révèlent indéniables.

LA CAIMIA €

41, avenue de Provence
✆ 04 66 57 52 71

Ouvert du lundi au samedi le midi et le soir. Tacos à partir de 6, 50 Euros.

Avec sa jolie terrasse ombragée et son intérieur tout aussi sympathique, La Caimia, c'est un peu le rendez-vous de toutes les classes sociales. Ouvert depuis 9 ans, l'établissement se distingue par une ambiance conviviale et agréable et ici tout le monde parle à tout le monde ! Mais en plus de l'ambiance, la nourriture est délicieuse. On y déguste les meilleurs kebabs de la régions, mais également des tacos maison, au poulet et au bœuf, avec une variété de sauces impressionnantes. Et le tout pour un excellent rapport qualité-prix !

L'OLIVADO €€

76, allée Louis-Blériot
✆ 04 66 59 53 07
www.olivado.fr

Ouvert les midis du lundi au vendredi, et les vendredis et samedis soir sur réservation. Formule à partir de 13,70 €.

Gil Fermet, passionné de cuisine, et Solange, son épouse, vous accueillent à l'Olivado dans une ambiance agréable. Leur cuisine aux accents du Sud est généreuse, traditionnelle et de qualité, se composant de produits frais et régionaux. En formule, plat du jour ou à la carte, les mets flattent les palais. Le restaurant organise les weekends des soirées à thème : Paella, moules frites à volonté, pot-au-feu à volonté, couscous… à chaque fois un menu spécial, de l'ambiance pour prendre le temps de passer une bonne soirée en famille ou entre amis !

LA TABLE GOURMANDE €€

12, avenue Ferdinand-Pertus ✆ 04 66 75 18 18
www.restaurant-latablegourmande.fr

Ouvert tous les jours midi et soir sauf le dimanche et le lundi soir et le samedi midi. Menus de 27 € à 37 €.

Jérôme Gonthier, le chef en cuisine, et Virginie sa femme, en salle, forme un couple plein de ressources et d'idées. Leur Table Gourmande appartient au réseau de qualité des restaurateurs gardois. Le restaurant semi-gastronomique arbore un côté rustique avec ses murs en pierres apparentes. Les produits de marché proviennent de producteurs locaux. Dans les assiettes, une cuisine traditionnelle, des impressions sucrées-salées : Tatin de foie gras de canard à la mangue, lasagne de brandade de morue à l'aubergine et courgettes, filets de rougets au sésame, épices.

L'ARÈNE DES BIÈRES

542, Avenue Clément Ader
✆ 04 66 06 07 69
www.larenedesbieres.com

Mardi, mercredi et samedi de 10h à 19h, Jeudi et vendredi de 10h à 19h30. Boutique en ligne.

Benoît et Cécile n'hésitent pas à se déplacer pour dénicher la bière rare et remplir les 100 m² et les 300 références de leur boutique. Si vous ne savez pas laquelle choisir, laissez vos hôtes vous guider et vous conseiller. Vous goûterez une des sélections du moment, accompagnée de tapas, et aurez le loisir d'assister à une dégustation thématique sous forme d'atelier. Non seulement vous trouverez votre bonheur, mais vous ferez également celui de vos proches grâce aux coffrets cadeaux qui vous sont proposés. C'est le paradis de la bière !

LA FERME BEAUREGARD

Route de Redessan - D3
✆ 06 25 04 56 48
www.lafermebeauregard.fr
mercredi et vendredi, 8h-13h/15h-19h, samedi matin, 8h-13h.

Dans la plaine des Costières de Marguerittes, l'entreprise, familiale, s'étend sur 6 hectares. On élève ici volailles et porcs, tous en plein air et la production est traitée à la ferme. Saucissons, pâtés, chipolatas, boudins, jambons sont tous affinés dans le séchoir de la ferme. Quant aux plats cuisinés, ils sont disponibles en bocaux ou en barquette. Les produits sont excellents, et sont régulièrement récompensés au concours « Gard gourmand, Militant du Goût ». N'hésitez pas à faire vos courses directement à la boutique de la ferme ou via la boutique en ligne.

MARCHÉS

✆ 04 66 02 11 00
www.marguerittes.fr/marche-du-terroi
Ouvert le samedi de 7h à 12h. Fête votive : le dernier week-end de juillet.

Voici le joli marché de Marguerittes (un petit village dans le sud de la France, près de Nîmes) qui est à découvrir le samedi de 7h à 12h. Vous trouverez tous ses étals avenue Ferdinand Pertus, avenue de Paris et avenue de Provence. La bonne humeur règne et on arrive toujours à faire de bonnes affaires. Dans tous les cas, on ne repart pas les mains vides. Des marchés à thèmes sont également organisés ici pour le plus grand plaisir des badauds. Vous pourrez trouver des produits vendus par des producteurs locaux. Bonne visite !

SAINT-CHAPTES

Le village de Saint-Chaptes est un petit village situé dans le sud de la France, plus précisément dans le département du Gard.
Saint-Chaptes est une commune de la communauté d'agglomération de Nîmes Métropole et ancien chef-lieu de canton situé à environ 20 km du centre de Nîmes par la route, 14 km de la ville d'Uzès et 27 km d'Alès.
Au cours de la Révolution française, la commune porte provisoirement le nom de Beauregard. La population de la commune de Saint-Chaptes est composée de 1844 habitants appelés les Saint-Chaptois et Saint-Chaptoises. De nombreuses manifestations locales sont organisées sur le territoire tout au long de l'année.

GALLARGUES-LE-MONTUEUX

Surtout connu des vacanciers pour être la sortie d'autoroute qui vous conduira vers la mer, Gallargues-le-Montueux, petit village de caractère, mérite pourtant le détour. La place du village en dit long sur la beauté cachée de ce havre de paix où vous déambulerez dans de menues ruelles, à la découverte de son patrimoine historique, de ses monuments classés et de ses traditions camarguaises. De plus, vous y trouverez tous les services dignes d'une petite ville et même une galerie d'art contemporain. De nombreux « étrangers » y ont établi leur résidence secondaire à quelques kilomètres de la plage mais aussi pour la beauté de ces maisons de maître.

CIRCUIT VTT LE CASTELAS

UCHAUD
Gratuit.

Le circuit VTT du Castelas sera parfait pour ceux qui ne pratiquent pas ce sport très régulièrement. Bien que d'un dénivelé de 500 mètres environ, il ne fait que 28 kilomètres, ce qui, avec un tout petit peu d'entrainement, est faisable en 2 ou 3 heures. Partant des arènes d'Uchaud, il traverse de très jolis paysages typiques tels que le Bois de Bernis ou le Valat de Tres Patas. Seul petit bémol : la signalisation est quasi inexistante et un GPS, plus que conseillé, est carrément nécessaire. Faites attention et venez bien bien équipé ! Bonne descente !

LES JASSES DE CAMARGUE*** €€

Route d'Aimargues ✆ 04 66 80 64 00
www.jassesdecamargue.com
Ouvert à l'année. Chambre à partir de 74 €. Petit-déjeuner, 9,80 €. Piscine. Jardin. Hammam. Sauna. Animaux acceptés.

Les Jasses de Camargue, c'est un véritable domaine hôtelier et résidentiel. Sa situation en fait un lieu idéal pour séjourner une nuit, une semaine, voire un mois ou plus ! Vous serez conquis par le charme de ce domaine installé au cœur d'un immense parc de 8 hectares entre Camargue, Cévennes et Provence. Confort et modernité pour les chambres spacieuses et parfaitement agencées. Tous les éléments sont réunis pour une détente immédiate : spa, piscine et massages (sur réservation).

LE MAS DE MOURGUES*** €€

Le Mas de Mourgues - **GALLICIAN**
✆ 04 66 73 30 88
www.masdemourgues.com

Fermé du 16 octobre au 14 mars. Exposition : mi-ombragé. Emplacements. Tentes. Mobil-homes. Jeux pour enfants.

Ce beau camping familial, logé au sein d'un vaste terrain arboré, dispose d'une localisation formidable pour les touristes qui souhaitent découvrir de manière un peu plus sauvage la Camargue. Situé entre Sommières, le Grau-du-Roi, Nîmes, et de tous les villages alentours, il offre de nombreuses possibilités d'activités et de balades. Vous y trouverez tout le confort nécessaire pour des vacances reposantes et les enfants auront le plaisir de goûter à l'eau de la piscine et de jouer sur les quelques attractions du camping. Bonnes vacances !

LES AMANDIERS**** €€€

Rue des Stades
✆ 04 66 35 28 02
www.camping-lesamandiers.fr

Ouvert du 1er avril au 26 septembre 2021. Location à partir de 24 € la nuit.

Presque adossés aux majestueux contreforts des Cévennes, entre Montpellier et Nîmes, Les Amandiers proposent la location de mobil-homes et de caravanes dans leur camping idéalement situés pour un séjour dans le sud de la France. Une agréable piscine à débordement avec spa et bains bouillonnants agrémenteront votre retraite estivale, et une panoplie de services vous faciliteront la vie. Détente et farniente sous le soleil du midi, quoi demander de plus ? Une sympathique adresse pour les juillettistes et les aoutiens désireux d'oublier tout !

MAS DU NOTAIRE €€

Gallician - **GALLICIAN** ✆ 04 66 35 03 00
www.masdunotaire.com

7 chambres. De 300 € à 1 200 € la semaine selon saison. Superficies de 45 à 165 m². Chèque Vacances. Wifi.

Le groupe Rambier, spécialisé dans les transactions immobilières possède maintenant le mas du Notaire. Outre la partie vignoble qu'on peut visiter, on vous expliquera tout sur la vinification et vous pourrez acheter du vin du domaine, les logements vous accueilleront pour un séjour au cœur même de la petite Camargue, avec son soleil, sa nature et ses fêtes. La demeure respire l'authentique mas provençal. Parefeuilles, poutres apparentes et pierre de Beaucaire sont omniprésents. Les appartements, du petit studio à la vaste maison indépendante, décorés avec goût.

LE CAFE DU PONT €€

344, route des Etangs
GALLICIAN
✆ 04 66 73 57 87

Bistrot de pays. Fermé le mercredi. Menus de 13 € à 22 €. Carte : 25 € environ. Terrasse.

Après une balade sur les rives du canal du Rhône à Sète, dans le sud de la France, une halte s'impose autour d'un verre et plus... En effet, au Café du Pont, la cuisine proposée est simple et de qualité. Les spécialités camarguaises sont à la carte, qu'il s'agisse de l'agriade saint-gilloise ou de la gardianne. Ce café affiche les labels qualité Sud de la France et Café de pays, reflet de la convivialité qui règne dans cet établissement. Situé à Gallician, les propriétaires de ce café vous attendent nombreux ! Bonne dégustation !

LE CLOS DE L'ÉCUREUIL €€

131, Grand-Rue
AIGUES-VIVES
✆ 04 66 35 41 78

Ouvert du mardi au samedi le midi et le soir ; le dimanche midi. Réservation recommandée. Menu unique à 28,80 €.

Près de la source Perrier à Vergèze, dans le village pentu d'Aigues-Vives, se niche un petit restaurant dont la carte varie au fil des saisons et des marchés car ici on met un point d'honneur à servir des produits frais et locaux. Bercés en hiver par les flammes de la cheminée, régalez-vous d'un fondant de bœuf confit tandis que les asperges viennent sublimer les assiettes printanières. Un grand relooking a d'ailleurs eu lieu cet hiver rendant la pièce plus moderne et confortable, tout en conservant le cachet des murs en pierre et de son côté traditionnel.

LA CROQ'AU SEL €€

Impasse Hôpital-Saint-Jacques
✆ 04 66 35 05 98

Ouvert du mardi au dimanche. Formule à partir de 18 €.

Une adresse bucolique, parsemée du charme indéniable de la Camargue ! Un cadre chaleureux avec une agréable terrasse et cette salle voûtée qui donne un caractère authentique aux lieux. Un accueille parfait souligne la passion de vos hôtes pour le partage des saveurs et le plaisir de recevoir. Nos papilles se régalent d'une cuisine aux accents du Sud, fraîche et colorée, avec des produits de saison qui fanfaronnent sur la carte. Les poissons y ont une place prépondérante, mais les viandes grillées ne sont pas en reste. Une table à convoiter lors de votre passage.

L'ARENA €€

3, rue des Arènes
UCHAUD
✆ 04 66 71 25 81
Tous les jours le soir ; du dimanche au vendredi le midi. Carte : 24 € environ. Vin au verre. Vente à emporter. Pizza.

Ne vous y méprenez pas… et poussez la porte de l'Aréna à Uchaud. Anthony vous tendra la main et vous accueillera avec sa gentillesse légendaire. La salle est certes petite mais ce restaurant aux tables recouvertes des traditionnelles nappes à carreaux fait tous les jours le plein… et il n'est pas rare que les conversations se croisent d'une table à une autre. Marine sera aux petits soins pour votre plus grand plaisir et elle vous apportera des assiettes aussi copieuses que délicieuses. Ici, les habitués parlent de leur « cantine ».

LA STORIA IMPORTANTE €€

1A, rue du Petit-Paris
✆ 04 66 35 40 21
Du lundi au vendredi le midi et le soir ; le samedi soir. Carte : 28 € environ. Vin au verre.

Juché tout en haut du joli village de Gallargues, ce petit restaurant aux parfums d'Italie offre un superbe panorama aux clients chanceux qui viennent s'y régaler. Il y a deux ans l'adresse a changé de main, le style a été revu et les prix ont été révisés. Des modifications très bien vues accompagnées d'une superbe qualité et de pizzas bien garnies. Dans la cuisine, tous les produits travaillés sont frais et on place la barre haute afin de satisfaire toutes les envies. A la carte, on se régale de plats méditerranéens traditionnels tels que l'escalope milanaise.

L'ORCHIDEA €€

9, place du Condoulié
✆ 04 66 73 34 07
Du lundi au samedi le midi et le soir. Réservation recommandée. Menus de 22 € à 34 €. Menu enfant : 12 €.

Implanté en plein cœur du village de Gallargues-le-Montueux, sur la Grand-Place, le restaurant Orchidea est assurément l'une des bonnes adresses du coin. L'ancienne remise a été rénovée avec goût, trois niveaux sont aménagés de manière à créer des ambiances feutrées. Un patio, avec un mur végétal, une décoration simple et de bon ton. L'environnement est très agréable et l'accueil sympathique. Le chef Philippe Matthieu veille à la qualité des produits de saison pour sa cuisine créative et savoureuse. Bonne dégustation et bon appétit !

DOMAINE DE PICHERAL

308, rue des Airettes
MUS
✆ 06 67 09 83 15
Découverte du domaine sur rendez-vous.

Le domaine de « Picheral » est situé au Mus, petit village du sud de la France. La diversité des cépages (merlot, cabernet sauvignon, marselan, syrah, muscat) élevés dans ce domaine est à l'origine de cette gamme de vins certifiée AB. Avec une cuvée rosé grenache, disponible à la bouteille ou en bag in box, une cuvée Evidence élevée en fût de chêne, pour les rouges, ou se laissant tenter par des vins plus démonstratifs et colorés, vous ne manquerez pas de dénicher le cru indispensable à l'accompagnement de vos repas habituels ou inopinés.

RISTORANTE LA TOSCANE €€

159, rue de la Mairie - **CODOGNAN**
✆ 04 66 77 60 74
www.latoscanepizza.fr
Ouvert du mardi au vendredi le midi ; du mardi au dimanche le soir. Carte : 25 € environ. Formule : 13 €.

Aujourd'hui appelé le Ristorante La Toscane, l'établissement n'a rien perdu. Spécialisé dans l'art de la pizza, le restaurant est une valeur sûre quand il s'agit de discuter de cette belle spécialité italienne. D'ailleurs l'équipe jouit d'une excellente réputation puisqu'elle a remporté en 2010 le Championnat du monde de Pizza avec la pizza bio à Rimini et qu'elle satisfait ses clients depuis une quinzaine d'années. C'est aussi la seule pizzeria du Gard à être équipée d'un *giotto*, c'est-à-dire un four rotatif de chez Cuppone, une marque d'excellence.

LA LAUPIO

219, route des Etangs
GALLICIAN
✆ 04 66 93 70 07
Ouvert tous les jours de 10h à 12h30 et de 15h30 à 20h. Ouvert le dimanche. Boutique en ligne.

Une halte s'impose si vous recherchez d'authentiques produits du terroir camarguais. Pour les puristes, retrouvez les incontournables avec le sel de Camargue, le riz de Camargue, le saucisson de taureau AOC de Camargue, la Camarguaise, la bière des gardians, mais aussi et surtout le divin nougat artisanal de la nougaterie des Fumades, le miel du rucher des garrigues gardoises, les confitures du Cailar... la liste est longue. Mais la Laupio est avant tout une cave à vins qui propose exclusivement des vins des domaines de Gallician, des Costières de Nîmes, etc.

MAS DU NOTAIRE

Gallician
GALLICIAN
✆ 04 66 35 03 00
www.masdunotaire.com
Ouvert du lundi au samedi de 9h à 12h30 et de 14h30 à 18h30

Ici vous ne paraphez pas pour investir une maison. Vous signez pour un moment de plaisir partagé autant du côté du palais que pour un hébergement dans un cadre rêvé. Le Mas du Notaire propose cinq vins produits avec grand soin. Pays du vin par excellence, le pays de Vauvert n'en finit pas d'emplir vos verres, d'extraire le sang de la terre par ses vignes qui jalonnent le paysage camarguais. Gorgés de soleil et de sucre, les raisins de la Petite Camargue, syrah, grenache ou cinsault, permettent un vin bien spécifique, unique en bouche.

AIMARGUES

Charmant village que l'on aperçoit de la route conduisant à la mer. Du fond de l'horizon, pointe d'abord le clocher de son église, puis ses constructions adjacentes, entre pins et cyprès, quand émerge une envie de s'arrêter pour une pause/pose photo, souvenir des villages pittoresques du Midi que l'on aime à regarder. Aimargues est un passage obligé donc, sur la route des vacances. Le centre du village est lui d'une grande tranquillité, typique des villages de Petite Camargue, avec ses ruelles ombragées. Tranquillité qui s'atténue quelque peu à l'approche de la célèbre fête votive de l'été, où musique et taureaux se mêlent dans un délire coloré.

BEAUVOISIN

Ce petit village de 3 523 habitants situé entre Vauvert et Générac, plus largement entre Montpellier et Nîmes, est une commune chargée d'histoire. Initialement dénommé Tovana (ou Tufona), l'on a de traces du lieu « seulement » à partir de 820. C'est en 973 que cette terre devient Bello Vicidum, suite à un changement de « propriétaire ». Beauvoisin fut aussi le spectateur d'une émeute lors de la révolte des Camisards en 1704, où ceux-ci incendient l'église après avoir investi les lieux (attaque symbolique vu le conflit qui opposait les protestants des Cévennes aux troupes royales de Louis XIV défendant l'édit de Nantes de 1685 et les persécutions). Le temple semi-circulaire, construit par Charles Durand en 1834, sur les ruines de l'église, est classé monument historique depuis le 20 janvier 2012. La tradition des aubades et des empègues (dessin réalisé au pochoir) remonte à l'époque des conscrits. Ils récoltaient de l'argent en faisant le tour des maisons avant de partir pour l'armée et remerciaient les donateurs par un dessin au pochoir dans l'encadrement de la porte. Cette tradition perdure en petite Camargue. La plus ancienne empègue retrouvée date de 1894 et se trouve à Beauvoisin. Aujourd'hui, on y visite le hameau de Franquevaux, le château construit en 1067, et l'on se régale de vin et de spécialités camarguaises.

Le Café Français, place Baroncelli Javon à Marsillargues.

VERGÈZE

Meurtrie au début du XVIIIe siècle lors de la Guerre des Cévennes qui opposa les Camisards protestants aux troupes royales catholiques de Louis XIV, Vergèze connut dans les siècles suivants une activité agricole, tournée vers l'économie de la vigne. Aujourd'hui, ce riche passé vinicole se lit dans l'architecture du village. Mais c'est surtout l'entreprise Perrier qui dynamise aujourd'hui la ville de Vergèze avec l'exploitation industrielle de la source naturelle d'eau minérale Perrier, où vous ne manquerez pas de visiter le musée. Vergèze est un village paisible où l'on est toujours séduit par la beauté des lieux et le charme de son passé.

SOURCE ET MUSÉE PERRIER ★

Les Bouillens ✆ 04 66 87 61 01

www.perrier.com

Du lundi au vendredi 9h30-12h30 et 13H30-17h. Adulte 5 €, enfant 3 €. Visite guidée de la source sur réservation.

La source Perrier voit, chaque année, près d'un milliard de ses prestigieuses petites bouteilles vertes quitter ses chaînes de production à destination du monde entier. Cette eau minérale gazeuse française est issue de la Source de Boulliens : initialement exploitée en établissement thermal, c'est en 1898 que Louis Perrier transforma les thermes en société des eaux minérales boissons et produits hygiéniques de Vergèze. Elle prendra l'appellation Perrier en 1903. Le musée dévoile l'histoire de cette boisson, et la visite de la résurgence se fait sur réservation.

SAINT-HIPPOLYTE-DU-FORT

Saint-Hippolyte-du-Fort, traversée par le Vidourle, est une petite ville du Gard située sur le versant sud au pied des Cévennes. La bourgade fut très prospère dès le XVIIIe siècle grâce à l'industrie de la soie, dont l'histoire est retracée dans le Musée de la Soie, situé dans les anciennes Casernes construites sous Louis XIV. On peut également voir dans la ville un nombre impressionnant de fontaines anciennes et de cadrans solaires, ainsi que quelques belles façades des XVIIe et XVIIIe siècles, avec portes et balcons ouvragés. N'hésitez pas à flâner dans les rues à la recherche des traces du passé et profiter de l'ambiance de ce village du sud.

FERME ÉQUESTRE DE LA FAUGUIÈRE

La Fauguière

SAINT-NAZAIRE-DES-GARDIES

✆ 06 80 05 89 41

www.fermeequestre-lafauguiere-gard.com

Bienvenue à la Ferme. Location de voitures hippomobiles.

C'est un saut dans le temps que la Ferme équestre de la Fauguière vous propose. Dans cette grande exploitation de Saint-Nazaire-des-Gardies, Patrick Viala a décidé de perpétuer la tradition de la culture par cheval de trait. En effet, dans ce domaine de 100 hectares, il utilise des chevaux de trait (Comtois et Bretons) nés ou élevés sur la ferme pour ses activités agritouristiques de transports hippomobiles et de traction animale. Bonne visite ! !

MUSÉE DE LA SOIE ★

Place du 8-Mai-1945

✆ 04 30 67 26 94

www.museedelasoie-cevennes.com

Fermé de janvier à mi-février, et le 25 décembre. Adulte 6 €, Enfants 4,50 €.

Ce musée, à la fois naturaliste et manufacturier, dévoile les étapes de la transformation de la soie, du ver à soie à l'étoffe, en soulignant le caractère artisanal de la production. Un espace découverte dédié aux enfants met à disposition de petits métiers à tisser et des vers à soie à observer de près qu'il est permis de toucher. Pour compléter votre visite, ne manquez pas de vous balader sur les sentiers du Carré de Soie : 4 sentiers d'interprétation racontant l'histoire de la soie en Cévennes sur 4 communes de la Communauté de communes du Piémont Cévenol.

OFFICE DE TOURISME DU PIÉMONT CÉVENOL

Les Casernes

✆ 04 66 77 91 65

www.piemont-cevenol-tourisme.com

Ouvert toute l'année, horaires variables en fonction des saisons.

Les offices de tourisme de Quissac, Saint-Hippolyte-du-Fort et Sauve se sont regroupés pour créer l'Office de Tourisme Intercommunal du Piémont Cévenol. Vous aurez accès à toutes les informations concernant les hébergements, le couvert et les lieux emblématiques de cette région à découvrir en famille, entre amis, à pied, à vélo le long des voies vertes ou encore à cheval. L'office de tourisme propose aussi l'agenda des manifestations qui ponctuent la vie du territoire toute l'année.

LES ASPHODELES €€

3, rue Capdeville
✆ 04 66 51 00 54
www.lesasphodeles.com
Ouvert toute l'année. Chambre à partir de 70 €. Table d'hôtes à partir de 25 € sur réservation.

Des chambres décorées avec goût, aux couleurs chaleureuses et à la végétation vivace dans une bâtisse du XVIIIe siècle, au pied des Cévennes. C'est ce que propose Corine, peintre et herboriste diplômée de l'école des plantes de Paris. Une profession qu'elle pratique également sur place, en organisant des stages et ateliers pour apprendre à reconnaître les plantes utiles sur les sites naturels remarquables allant du mont Aigoual aux Saintes-Maries-de-la-Mer ou en initiant à la confection d'herbiers et de papier végétal. Une échappée de bien-être très apaisante !

DOMAINE DE LA CARRIÈRE €€

Route de Ganges - **SUMÈNE**
✆ 04 67 65 54 30
www.domainedelacarriere.com
Chambre double de 85 € à 105 € ; suite de 115 € à 145 €. Petit-déjeuner inclus.

Au cœur des Cévennes du Sud, entre Méditerranée et garrigues, cinq chambres d'hôtes de charme vous attendent, dont 2 suites. La maison, bâtie en 1839, rassemble tout le confort moderne dans un décor méridional authentique. Autour s'étendent 10 hectares de terrain entre rivière, forêt de chênes, piscine et espaces de détente en plein air. Les étages de la bâtisse, logée au creux de la vallée, offrent une vue panoramique sur les gorges verdoyantes du Rieutord. Faites le choix de ce lieu exceptionnel pour avoir le sentiment de vivre en communion avec la nature.

LES GORGES DE L'HÉRAULT*** €€

Route Pont d'Hérault - **SUMÈNE**
✆ + 33 4 67 82 42 23
www.camping-lesgorgesdelherault.com
Emplacement + véhicule + 2 personnes de 18 € à 24 €. Bungalows pour 3 à 6 personnes de 300 € à 750 € la semaine.

Le camping Les Gorges de l'Hérault se situe le long du fleuve l'Hérault. Emplacements pour tentes ou caravanes, mobil-homes, bungalows. Vous trouverez ici de nombreuses activités sportives de plein air, comme la natation, la pétanque, le ping-pong, la randonnée, le vélo, les plages privées du camping, la grotte des demoiselles, les cascades de la Vis. De plus, le camping situé sur les contreforts des Cévennes, vous permet de visiter de nombreux sites à moins d'une heure.

EL GUSANILLO CONCEPT €€

8 Place 8 Mai 1945
✆ 04 66 77 99 68
www.el-gusanillo-concept.fr
Ouvert du mardi au samedi le midi et le soir. Menus de 15,80 € à 23 €. Carte : 25 € environ. Menu enfant : 8,50 €.

El Gusanillo, c'est-à-dire le ver à soie en espagnol, ne pouvait être ailleurs qu'à deux pas du musée de la soie. Mais ce n'est pas son seul charme. Deux fours à bois, l'un intérieur, l'autre extérieur, délivrent des pizzas abondantes en ingrédients et cuites à point. La terrasse est à elle seule un enchantement, abritée l'été par des kilomètres de lierre rafraîchissant. Mais surtout, le chef Fabien n'a pas oublié qu'il fut second de cuisine à l'Amourier, restaurant concurrent, à l'époque où celui-ci s'apparentait à une véritable étape gastronomique.

CAVE DE L'ORMARINE - LES TERRASSES CÉVENOLES

Route de Nîmes
✆ 04 66 77 21 30
www.cave-ormarine.com
Vignobles et Découvertes. Ouvert du lundi au samedi de 9h à 12h et de 14h à 18h.

La cave des Terrasses Cévenoles, à Saint-Hippolyte-du-Fort, fait partie d'un regroupement de cinq caves formant la Cave de l'Ormarine (Pinet, Vias, Cournonterral, Villeveyrac). Sa zone d'apport est très étendue des Cévennes à la Méditerranée. Ne soyez donc pas étonnés si vous trouvez dans ce caveau des vins qui n'ont aucun rapport avec le terroir local : Picpoul de Pinet, Collines de la Moure, Côtes de Thau... Cela sera pour vous l'occasion de déguster des vins inhabituels !

DOMAINE DE LA GRAND'TERRE

48, Faubourg de Mandiargues
✆ 04 66 53 24 37
www.lagrandterre.fr
Vignobles et Découvertes. Ouvert du lundi au samedi de 9h à 12h et de 15h à 19h.

Le domaine est situé aux pieds des Cévennes, dans un environnement naturel propice à la culture de la vigne et à la production de vin de grande qualité. Propriété de la famille Fesquet depuis plus d'un siècle, le domaine élabore des vins des Cévennes et du Languedoc avec beaucoup de caractère. En 2006, l'héritier de la famille et actuel propriétaire en date, Émilien a décidé de créer sa propre cave particulière afin d'avoir davantage de contrôle sur la conception de son vin.

ENTRE THYM ET CHÂTAIGNE

Le village
✆ 04 66 77 21 68
Du mardi au samedi de 9h à 12h30 et de 15h à 19h. Ouvert également le lundi en juillet et août et pendant les vacances.

Au centre de Saint-Hippolyte-du-Fort, cette boutique propose une très belle gamme de produits issus de ce pays qui oscille entre plaine et montagnes, entre thym et châtaigne. « Entre Thym et Châtaigne » est un lieu de vente directe. Une vingtaine de producteurs rassemblés autour d'un projet commun : vendre leur production directement au consommateur. Chacun d'entre eux tient la boutique à tour de rôle et une partie de l'argent récolté est mise dans une cagnotte de secours, au cas où l'activité de l'un des membres serait en danger.

MAS DES CABRETTES

D35
SAINT-NAZAIRE-DES-GARDIES
✆ 04 66 77 37 18
Vignobles et Découvertes. Basse saison ouvert du lundi au samedi de 9h à 20h. Haute saison tous les jours de 9h à 20h.

En 1936, le grand-père descendit du haut des Cévennes avec son troupeau de chèvres à la recherche d'un mas. Il arriva à Saint-Nazaire-des-Gardies et vit un gros chêne centenaire à proximité du Mas des Cabrières. Il décida de s'y arrêter et quand il se réveilla, ses chèvres avaient envahi une vigne et refusèrent de reprendre la route avec la chaleur de l'été. Il s'avança vers le mas, où le propriétaire lui offrit un verre de vin et lui proposa de lui vendre le lieu. Depuis ce jour, la famille Pitot travaille les vignes de génération en génération.

MAS MOURIÈS

500, chemin du Mas-Mouriès - **VIC-LE-FESQ**
✆ 04 66 77 87 13
www.mas-mouries.com
Ouvert tous les jours de 9h à 19h. Le dimanche sur rendez-vous.

Le Mas Mouriès se situe dans l'est de la zone d'appellation AOP Languedoc et AOP Languedoc Sommières, à 23 km au nord-ouest de Nîmes, sur la route des Cévennes (D999 Nîmes-Le Vigan). A partir de Sommières, suivre la direction d'Alès (N110) pendant 11 km, puis direction Quissac. Le domaine est implanté sur un site très ancien avec une villa romaine découverte lors des travaux des plantations des vignes. Les 20 hectares du domaine familial remontent en terrasses du bord du fleuve Vidourle sur les flancs de la colline, exposés au sud et protégés du mistral.

DURFORT-ET-SAINT-MARTIN-DE-SOSSENAC

Sur la route qui mène d'Anduze à Saint-Hippolyte-du-Fort, vous traversez Durfort. Impossible de manquer le village ou bien vos amortisseurs rendront l'âme tant les ralentisseurs ressemblent ici à des collines... Laissez-vous alors le temps de pénétrer dans le village, monté sur une butte. Méconnue, Durfort est une cité médiévale comme il n'en existe plus beaucoup, aux ruelles plus étroites que sa grande sœur Sauve. Elle possède les charmes des grandes inconnues mais abonde de surprises. Comme un donjon, vestige du château comtal du XIIe siècle. Comme la façade sud du château, remaniée à la Renaissance, et qui a conservé sa tour d'angle ronde. Reste aussi un morceau de l'une des quatre portes qui gardaient la forteresse, au XIVe siècle. Et surtout le vestige d'une fontaine de l'époque carolingienne, bâtie en 838. A un kilomètre, Saint-Martin-de-Sossenac a conservé les restes de son église romane du XIe siècle ainsi que ceux du château de Vibrac. Deux splendeurs à ne pas manquer, sur une petite route qui vous conduit dans les forêts de chênes verts. Village minier au XXe siècle, Durfort reste célèbre auprès des naturalistes pour une très bonne raison : c'est sur son territoire qu'a été découvert le squelette quasi intact du mammouth qui enrichit aujourd'hui la visite du Muséum d'Histoire naturelle de Paris.

QUISSAC

Entre mer et Cévennes, garrigue et vignes, Quissac est un village pittoresque pour lequel la présence du Vidourle est source de vie et de richesses. En parcourant ses rives, vous découvrirez de charmants villages avec des églises romanes, d'anciennes magnaneries, des moulins, des norias et des tanneries. Le Vidourle, fleuve troglodyte, renferme de nombreux mystères à découvrir lors de randonnées pédestres ou à vélo, notamment sur la voie verte allant de Quissac à Sauve. Blottie au pied du massif du Coutach, Quissac offre également un magnifique plan d'eau de plus de 30 hectares, paradis des pêcheurs et des amateurs de nature préservée.

SAINT-BONNET-DE-SALENDRINQUE

Au centre d'un vaste cirque de montagnes et de verdure, dans le Gard, le village de Saint-Bonnet-de-Salendrinque, du haut de son promontoire, surveille depuis longtemps le Val d'Emeraude, et le passage séculaire entre Cévennes et plaine du Languedoc. Il abrite en son coeur un magnifique lavoir, typique des petits villages du sud de la France.
Le village de Saint-Bonnet-de-Salendrinque a été renommé, durant la révolution, Mont-Bonnet.
Ce village est aussi connu pour abriter le célèbre château du Castellas, monument du XVIIième siècle qui permettait de surveiller les voies de Saint-Hippolyte-du-Fort qui se trouve à la lisière des Cévennes.

LES JARDINS DE CHIRON €€€

4, chemin des Garennes
✆ 04 66 77 19 78
https ://lesjardinsdechiron.com/
Ouvert toute l'année. Formule nuit 2 personnes à partir de 149 € (entrée au spa inclus).

Envie de faire une pause dans votre quotidien stressant ? Nous avons trouvé l'adresse idéale pour vous ressourcer en toute quiétude : les Jardins de Chiron. Aux portes du pittoresque village de Sauve, Corine et Jacques vous accueillent dans leur domaine où vous serez tout de suite captivé par la sérénité ambiante. Vous aurez le choix entre une nuit en lodge ou dans une suite familiale : pour chacun, une terrasse privative mettra en scène les petits-déjeuners et vos flâneries dans les transats, tandis que la piscine et le spa occuperont le reste de vos journées.

SAUVE

Les remparts et monuments massifs du village ancien ont malheureusement disparu, mais il reste des vestiges de la vie religieuse et une architecture civile intéressante de ce petit bourg accroché à la roche. Découvrez ses maisons alignées le long de la Vidourle, les courbes harmonieuses ou tortueuses des ruelles médiévales. Explorez les porches et les cours d'entrée. Le paysage devient édifiant au niveau du plateau où un mystérieux bois et un défilé de rochers dolomitiques intriguent. Plus agricole, le Conservatoire de la Fourche vous fera découvrir la particularité de cet artisanat local et toute la solidité des fourches en micocoulier.

LE COMPTOIR DE L'EVESQUE €€

Domaine de l'Evesque ✆ 06 45 50 83 75
www.comptoirdelevesque.fr
Ouvert du mercredi au dimanche midi. Menus et carte.

Vincent et Sophie vous accueillent dans l'ancienne ferme-auberge que tenait déjà la maman de Vincent. De retour dans la région de son enfance après plusieurs années à l'étranger, le chef a remis au goût du jour les plats qui ont fait la renommée de cet établissement qu'était alors la Pousaranque. Redécouvrez une cuisine de terroir, familiale, dans une agréable salle baignée de lumière, ou l'été sur la terrasse, à l'ombre des mûriers platanes. L'accueil y est chaleureux et vous aurez envie de vous attarder en reprenant un peu de dessert !

Sauve.

ROULEZ BOLIDES

Avenue Rhin-et-Danube
✆ 06 08 34 16 28
www.roulezbolidesauve.fr

Vélo à partir de 2 €, Rollers à partir de 4 €, Rosalie à partir de 8 € l'heure. Réservation obligatoire.

Avec *Roulez Bolides* envisagez la balade autrement ! Au départ de l'ancienne gare de Sauve, et à destination de Quissac, empruntez la voie verte (ancienne voie de chemin de fer entièrement goudronnée et sécurisée) pour effectuer un parcours atypique en Rosalie (petit véhicule à pédales), en tandem, en vélo ou en roller, pour une dizaine de kilomètres aller-retour de plaisir. Sur la terrasse ombragée, vous pourrez récupérer en savourant une crêpe ou une glace. Pensez à venir fêter l'anniversaire de votre enfants, ses camarades seront ravis !

SOMMIÈRES ★

Sommières, ville médiévale construite sur les berges du Vidourle, a le charme de ces petites bourgades du Sud. Du pont romain du Ier siècle, il ne reste que les 7 arches qui traversent le Vidourle. Les vestiges médiévaux se retrouvent dans les ruelles, les places et les arcades où la fraîcheur est agréable en été. Sommières est connue ici pour les débordements du Vidourle, mais sans lui la ville n'existerait pas. On s'y baigne, on y fait du canoë ou on y pêche. Sommières est aussi renommée pour sa « Terre de Sommières », connue dans le monde entier pour ses vertus détachantes. A cela ajoutons les petits artisans, les bonnes tables et les festivités !

LE CHÂTEAU DE SOMMIÈRES

11, chemin du Château-Fort
✆ 04 66 53 78 32
www.chateau-sommieres.fr

Ouvert de début juillet à mi septembre. Adulte 3 €, visite commentée 5 €.

Cette forteresse remonte au XIe siècle, et les parties les mieux conservées datent des XIIe et XIIIe siècles. C'est le cas de la tour Bermond, une tour romane qui culmine à 25 m de hauteur. Après deux siècles de dégradation, la tour fut inscrite à l'inventaire des Monuments historiques en 1926, mais cela ne protégea pas l'ensemble des vestiges et il fallut 50 ans de plus pour que la cité prenne conscience de la richesse de son patrimoine et de son attrait touristique. Après plusieurs années de travaux, l'ensemble fut inscrit aux Monuments historiques en 2010.

COUVENT DES URSULINES

49, rue Taillade
✆ 04 66 51 19 70

Ouvert toute l'année. Gratuit.

Construit au pied du château, cet ancien couvent possède une façade monumentale remarquable. Hôpital militaire pendant la guerre de 1914-1918, le bâtiment est racheté par la commune en 1977. Devenu centre d'art et de culture, l'ensemble historique est renommé Espace Lawrence Durrell en 1990, à titre d'hommage à l'écrivain britannique qui habitait Sommières. Dans les salles du couvent, des expositions permanentes rappellent la mémoire de l'amoureux du pays qui avait élu domicile à Sommières, ainsi que le parcours artistique de Jacqueline Salmon et de Jacques Bollo.

LA MAISON DU BOUTIS LES CORDELLES ★

9, place Général-Charles-de-Gaulle - **CALVISSON**
✆ 04 66 01 63 75
www.la-maison-du-boutis.fr

Basse saison : ouvert du vendredi au dimanche. Haute saison : du jeudi au dimanche. Adulte : 3 €.

Art du piquage décoratif, le boutis a ses terres d'origine entre Tarascon et Calvisson. Le musée du Boutis gardois, inscrit au Patrimoine culturel immatériel français abrite une collection d'œuvres du XVIIIe et XXe siècle fierté du patrimoine local, relancé notamment par les ateliers Souleïado. Ces beaux édredons confectionnés à la main étaient au nombre des pièces indispensables du trousseau d'une jeune mariée. Tout au long de l'année, démonstrations, stages et initiations.

PLACE DES DOCTEURS DAX

Accès libre toute l'année.

C'est une place de marché très originale avec des arches à arcades romanes qui soutiennent les habitations à l'étage, celles-ci cherchant à se protéger des crues du Vidourle. L'été, les terrasses des cafés et restaurants sont vivantes et bigarrées. L'on peut y prendre du bon temps, en quête de sérénité et assister au spectacle des festivités costumées, où troubadours et bateleurs convergent. On y danse aux Hivernales, le festival des musiques occitanes que la ville organise chaque année en janvier. On y flane l'été à la fraîche de ces maisons serrées.

PONT TIBÈRE ★

Accès libre toute l'année.

Cet ouvrage monumental est le deuxième viaduc romain le plus long construit en Europe. Il a été décidé à Rome, il y a bientôt 2 000 ans, c'est dire l'importance stratégique de Sommières : ce pont permettait de relier Toulouse à Nîmes, et par extension, à Marseille. C'est d'ailleurs le Vidourle qui, historiquement, marquait la frontière entre influences languedociennes et provençales. La longueur du pont est de 189 mètres. La pierre utilisée en fait un ouvrage toujours solide et majestueux malgré les différentes restaurations qui lui ont retiré son âme antique.

VOIE VERTE DE LA VAUNAGE

Voie verte de la Vaunage

Entre Caveirac et Sommières, une agréable voie verte suit le tracé de l'ancien réseau ferré, qui est aujourd'hui complètement désaffecté par les trains pour le plus grand bonheur des randonneurs non motorisés. Que vous soyez à vélo, en rollers, à pied ou en poussette, la voie est à vous. Les personnes à mobilité réduite circulant avec des véhicules mécaniques sont autorisées à l'emprunter. A travers des champs d'oliviers, des pinèdes et des vergers mais aussi des villages, la route, plutôt plate dans l'ensemble, serpente tranquillement jusqu'à Sommières.

VINOPANORAMA

32, route de la Cave - **CALVISSON**

✆ 04 66 01 77 93

www.oenopole-calvisson.com

Basse saison lundi à samedi 10h-12h30 et 14h30-19h. Haute saison lundi à samedi 9h-12h30 et 15h30-19h et dimanche matin.

L'oenopole de Calvisson propose un voyage ludique et pédagogique au pays du vin. Il permet ainsi à tous, à travers différentes activités, de découvrir l'histoire du vin, et de s'initier, sous la conduite d'un sommelier, à sa dégustation. Il s'agit ainsi d'un magnifique espace d'interprétation du vin, créé à partir de découvertes archéologiques (d'amphores notamment) réalisées dans les environs. Enfin, vous pourrez vous balader dans le jardin ampélographiques afin de découvrir des cépages emblématiques de la région. Bonne visite !

LE GRAND JARDIN** €

5, rue des Narcisses - **AUJARGUES**

✆ 04 66 80 45 62

Ouvert toute l'année. En basse saison, l'hôtel est fermé du dimanche soir au lundi 16h30. De 59 € à 95 €. Demi-pension.

Le Grand Jardin se trouve à 3 kilomètres au sud-est de Sommières, à Aujargues. Vous aurez les avantages du service hôtelier avec ceux de la pleine campagne. Un décor chic et mignon, mais qui ne fleure par le grand luxe pour autant : après une soirée au restaurant La Table du marché et en rentrant sous un somptueux clair de lune, vos vacances rimeront avec magnificience. L'hôtel déploie un éventail de dix chambres très peu onéreuses au regard des autres résidences hôtelières du coin. Ce petit hôtel peut être le point de départ pour visiter une région fascinante.

Pont Tibère.

LA BISTOURE €€

1, rue Antonin-Paris
✆ 04 66 80 08 72
www.labistoure.fr

Chambre double 68 €. Meublé de tourisme à partir de 450 € la semaine pour 4 personnes.

Au coeur de la cité médiévale, La Bistoure vous accueille à l'entrée du centre historique. C'est l'originalité de la décoration qui a retenu notre attention. Les chambres sont toutes différentes et les ambiances personnalisées. Très lumineuses, elles seront un havre de paix où vous ressourcer. Un meublé peut aussi se louer à la semaine, avec chambre et grand séjour orné d'une magnifique voûte en pierre. Beaucoup de goût pour qui aime découvrir des lieux moins conventionnels. En rez-de-chaussée, le restaurant tenu par vos hôtes, est une agréable pause gourmande.

DOMAINE SAINTE OCTIME €€

Route de Sommières
SARDAN
✆ 04 66 53 55 33
www.domaine-sainte-octime.com

Gite à partir de 130 € la nuit pour 10 personnes maximum.

Le Domaine Sainte Octime est une exploitation viticole qui propose également la location de gîte et de chambres d'hôte pour une nuit ou plus. Chaque chambre dispose d'un lit double, de deux lits simples, d'une salle d'eau avec douche, lavabo et WC. Une cuisine aménagée et équipée est à votre disposition (frigo/congel, plaques cuisson vitrocéramique, four, bouilloire, micro-ondes, cafetière à filtre, grille-pain). Entouré de vignes, au son des grillons, vous aurez le plaisir de privatiser ou de partager un grand gîte tout équipé.

LE MAS DE REILHE**** €€

Chemin du Mas-de-Reilhe - **CRESPIAN**
✆ 04 66 77 82 12
www.camping-mas-de-reilhe.fr

Emplacement + véhicule + 2 personnes de 17 € à 28 €. Emplacement + véhicule + 2 personnes de 20,90 € à 31,90 €.

Quand vous passez le panneau d'entrée dans Crespian, le camping se trouve sur la droite en descendant. Vous passez le petit portail et les vacances commencent. Le mas de Reilhe est un camping quatre étoiles de 66 emplacements avec mobil-homes, chalets, et bungalows de toile. Il s'étale sur trois hectares ombragés, aménagés en terrasses au sein d'une superbe pinède. La piscine, chauffée, est équipée de pataugeoires pour les enfants. Chaque terrain pour les caravanes est bien délimité et séparé par des haies assez haute pour garantir votre intimité.

LE MAS DE ROUX €€

Domaine de Roux - **BRAGASSARGUES**
✆ 06 30 15 60 81
www.lemasderoux.com

Ouvert toute l'année. 3 gîtes. Gite de 420 à 1 700 €. Séminaires. Réceptions et mariages. Restauration.

C'est au cœur d'un paysage verdoyant, à quelques minutes de Sommières, que le Mas de Roux se dresse. Dissimulée dans un écrin de verdure, cette bâtisse tout en pierre et en charme accueille les clients pour des séjours plus ou moins long. L'ambiance y est conviviale, les sourires sont de sortie et les hôtes n'hésitent pas à venir partager un repas pour vous fournir d'excellentes explications sur les balades et les activités à faire dans la région. On apprécie en particulier le calme ambiant, la sérénité des lieux et les services impeccables. Un réel plaisir !

CAMPING DU DOMAINE DE MASSEREAU***** €€€

1803, route d'Aubais ✆ 04 66 53 11 20
www.massereau.com

Emplacement + véhicule + 2 personnes à partir de 11,60 €. Ouvert du 03/04/2021 au 07/11/2021. Réservation conseillée.

Le Camping du Domaine de Massereau est implanté au cœur de son vignoble et à proximité du parc aventure. Idéal pour se ressourcer entre amis ou en famille, ce camping est réputé pour son calme et sa quiétude. Situé au cœur du triangle Camargue, Cévennes et Méditerranée, le premier camping 5 étoiles de France propose des hébergements et des emplacements de camping situés sur des parcelles ultra spacieuses, et plein d'activités (location de stand up paddle, kart, visite du vignoble...)

O FIL DE L'EAU €

9, quai Cléon-Griolet
✆ 04 48 68 14 29
www.ofildeleau-sommieres.fr

Fermé du 3 janvier au 3 février. Plat du jour : 12 euros. Ouvert toute l'année.

Situé face au Vidourle, on peut profiter de sa belle terrasse même l'hiver car elle est fermée, ainsi que de son intérieur refait il y a peu. Ici, le maître mot est le poisson. Parillada aux trois poissons, risotto de fruits de mer, ici la plupart des plats concoctés avec amour par Eric Véjux vous mettront les papilles en émoi par leur qualité et surtout leur fraîcheur (les arrivages se font tous les jours du mardi au samedi. Un gage de qualité, mais aussi de variété car les plats se font en fonction des poissons livrés et de l'humeur du jour.

LES KORRIGANS DU VIDOURLE €€

2, faubourg du Pont
✆ 04 66 51 61 74
www.leskorrigansduvidourle.com
Ouvert toute l'année. Du mardi au samedi. Réservation conseillée.

Ce que l'on remarque et qui fait immédiatement envie, chez les Korrigans, c'est cette terrasse surplombant le Vidourle. On a qu'une idée, s'y installer et en profiter. Et grand bien nous en fasse puisqu'on tombera sur une authentique crêperie bretonne. Au menu, une quinzaine de crêpes garnies de produits de qualité et faites à partir d'une farine tout droit venue de Bretagne, à l'instar des boissons typiquement bretonnes tels le cidre et même le Breizh Cola !

RISTORANTE SANSAVINO €€

9, place du Dr-Dax
✆ 04 66 80 09 85
Basse saison : jeudi au lundi le midi et le soir. Haute saison : vendredi au lundi et le mercredi le midi et le soir.

Avec un nom comme celui-ci on se sent vite envahir par des parfums d'Italie. « Sansavino » est un petit village en Italie, c'est le lieu de naissance de Gino, le grand-père du chef Philippe, et il a souhaité rendre hommage à ce grand homme en nommant son restaurant ainsi. Dans ce restaurant aux saveurs de la Grande Botte et aux influences particulièrement méditerranéennes, on sert une cuisine authentique et savoureuse. Mais ce n'est pas tout ! En effet l'établissement est locavore, c'est-à-dire que les différents produits qu'il sert à ses clients sont du coin.

LOU CALÉOU NEXT €€

21 et 23, place de la Libération
✆ 04 66 53 16 05
www.le-patio-by-lou-caleou.com
Du mardi au samedi le midi et le soir. Réservation recommandée. Menus de 48 € à 61 €. Formule du midi : 14,90 €.

Cette adresse a tout pour plaire : un service rapide, un personnel souriant et une cuisine excellente ! C'est un rendez-vous Sommièrois à ne pas manquer, surtout si vous avez quelque chose à fêter. La présentation est finement exécutée et sublime un plat déjà bien sous tout rapport, les saveurs s'entremêlent pour une assiette pleine de goût et le palais des clients n'a aucun mal à trouver satisfaction. A la carte : salade d'andouillette, terrine maison, filet de bœuf, cabillaud... Le chef connait son métier et accorde les saveurs à la perfection.

CHEZ TIBÈRE €€

1, rue Compane
✆ 04 66 51 32 72
brasserie-chez-tibere.business.site
Ouvert du mardi au samedi.

Le long du Vidourle, la grande terrasse est déjà très accueillante, surtout aux premières chaleurs estivales. Le restaurant, tenu par Thierry et Frédéric Michel, offre une décoration un brin industrielle, et côté cuisine, on se régale de mets traditionnels, authentiques, réalisés avec des produits frais de saison. Les plats sont travaillés avec rigueur, et affichent une quantité suffisante pour les bons appétits. Les pâtisseries maison sont réputées, et on se laisse volontiers séduire par le tiramisu ou la tarte aux noix de pécan. Une adresse très sympathique.

LE NULLE PART AILLEURS €€

11, rue Paulin Capmal
✆ 09 51 30 48 36
Ouvert du mardi au samedi. Réservation conseillée. Menu à l'ardoise et formule à 34 €.

Bienvenue au cœur des rues pavées du centre, sous les arcades, agréables en été, et profitant d'un cadre unique, que l'on ne trouve Nulle Part Ailleurs ! Stéphane et Patricia ont repris l'établissement à l'été 2020. Monsieur aux fourneaux et Madame en salle. La cuisine du chef se veut raffinée, goûteuse et inventive, faisant preuve de créativité pour nous présenter des plats rehaussés de saveurs subtiles. La carte des vins propose de belles références locales, parfait pour un accord mets et vins. Une bien belle table que l'on recommande !

LE VAUNAGEOL €€

12, avenue de Lattre-de-Tassigny
CALVISSON
✆ 04 66 01 41 76
www.restaurantlevaunageol.com
Ouvert du lundi au samedi le soir ; tous les jours le midi. Menus de 21 € à 26 €. Carte : 30 € environ.

À chaque saison... sa carte ! Laurent, le maître de cuisine, vous soumet une cuisine généreuse, préparée avec le plus grand soin. Parmi les incontournables du chef, on retrouve le filet de porcelet sauce chorizo, le tournedos de canard et sa gastrique à l'orange, le carpaccio de thon, le flan de crabe et son crémeux au curry. C'est authentique et goûteux, et le sourire de Corinne est la cerise sur le gâteau. Corinne et Laurent sont à votre écoute pour l'organisation de vos soirées et événements familiaux. L'étape gourmande idéale !

CHOCOLATERIE COURTIN

8, place de la République
✆ 04 66 35 32 04

Ouvert du mardi au samedi de 8h30 à 12h30 et de 15h à 19h.

Dans cette boutique de Sommières, qui embellit les rues par son parfum bien cacaoté, on achète des chocolats maison garantis sans conservateurs ou produits chimiques. Les créations se dévorent du regard et on apprécie les conseils avisés des spécialistes. On apprécie particulièrement la politique locale des lieux, en effet dans l'atelier attenant à la boutique les amandes et le miel utilisés proviennent exclusivement de producteurs de la région. Une raison de plus de passer au magasin ! Une excellente adresse à garder jalousement dans vos tablettes.

JAZZ CORNER CAFÉ

27, place de La Libération
✆ 04 66 35 42 83
www.parisjazzcorner.com

Ouvert du jeudi au samedi de 17h à 0h30. Boutique ouverte le vendredi de 15h à 19h, le samedi de 11h à 19h.

Tout est dit dans le nom de l'établissement. Ici, le jazz est roi ! En musique de fond, toujours. Surtout le week end, avec la venue des groupes jazz régionaux (entrée libre généralement). Si le lieu n'est ouvert que 3 jours par semaine, il préfère offrir de la qualité plutôt que de la quantité et le propriétaire, passionné de ce courant musical, a fait son choix (un choix que nous approuvons totalement, d'ailleurs). Mieux vaut swinger moins souvent mais mieux, pourrait-on dire... Ce qui ne vous empêchera bien sûr pas de boire un verre ou même de manger.

CAVEAU DE CALVISSON - VIGNERONS PROPRIÉTÉS ASSOCIÉS

Route de la Cave - **CALVISSON** ✆ 04 66 01 31 31
myvpa.fr

Ouvert du lundi au samedi de 10h à 12h30 et de 14h30 à 19h ; le dimanche de 9h à 12h30.

À l'origine, la cave résulte de la fusion des caves de Générac, Calvisson, Beauvoisin et Saint-Hilaire. Au cœur d'un vignoble « Rhône Méditerranée » de pas moins de 2 700 hectares, des vignerons engagés dans une démarche volontariste en matière de respect de l'environnement, et dans un même esprit d'excellence, vous accueillent pour partager leur univers et leur passion. Cette cave VPA est celle de la célébration des vins dans toutes les couleurs !

BOUCHERIE FLORENT SALLES

32, route de Saussines
✆ 04 66 80 47 87

Ouvert du mardi au samedi de 8h à 12h30 et de 15h à 19h30. Ouvert le dimanche matin.

Bouchers de père en fils chez les Salles, on est des amoureux du métier dans la famille. Florent Salles est un boucher charcutier hors pair. Il choisit ses bêtes sur pied. Ses fournisseurs lui réservent des animaux de boucherie de qualité, élevés en plein champ. Affilié aux compagnons du goût depuis plusieurs années, sa vitrine abonde toujours de produits qui vous mettent l'eau à la bouche, avec en prime quelques nouveautés. Il sélectionne avec soin ses produits et sait imaginer de nouvelles saveurs tout en respectant l'authenticité de l'ingrédient de base.

© ADRIENBRAGER

© ADRIENBRAGER

ENNES AMARGUE

u Général-Bruyère
4 66 71 21 15
vert tous les jours en haute saison, du mardi au dimanche en basse saison.

Éric Vidall a sélectionné avec soin ses produits régionaux : très bons vins, bière du Brasseur de Sommières, huiles d'olive, la fleur de sel, épices, moutardes aux saveurs locales, vinaigres de fruits, confitures artisanales, du miel du Prieuré, d'excellents chocolats de Miralies, croquants Villaret, tapenade, saucisson, brandade de morue, pélardons... Tous les produits typiques de la région sont là, de la Camargue aux confins des Cévennes, en passant par Aigues-Mortes et Nîmes.

DOMAINE DES SAUVAIRE

Mas de Reilhe - **CRESPIAN**
✆ 04 66 77 89 71
www.domaine-sauvaire.fr
Basse saison samedi de 10h à 18h, autres jours sur RDV. Haute saison Lundi, mardi, jeudi, vendredi 10h-12h et 15h-19h.

Le Domaine des Sauvaire est un lieu de goût, de saveurs, d'histoire. Les premières traces de l'existence de cette exploitation datent en effet de 1660, lors du mariage de Jean Sauvaire. Aujourd'hui, plus de trois siècles plus tard, ses héritiers font perdurer la tradition. Ce domaine, situé sur le Mas de Reilhe, a toujours eu une vocation agricole, des activités qui expliquent la présence de la bergerie voûtée et du relais de diligence. Des cultures qui s'expliquent par le climat relativement doux de la région et le bon ensoleillement.

DOMAINE DE ROUX

Château de Roux
BRAGASSARGUES
✆ 06 73 70 55 74
www.domainederoux.fr
Ouvert du lundi au samedi de 10h à 12h et de 17h à 19h. Ou sur rendez-vous.

Propriété de la même famille depuis plusieurs dizaines d'années, le Domaine de Roux s'étend sur une vingtaine d'hectares qui encerclent le château de Roux, construit au XVIIe siècle par l'ancêtre des actuels propriétaires. Il est situé à Bragassargues, un petit village du sud de la France. Grenache, syrah et roussanne sont les principaux cépages utilisés dans ce domaine qui élabore vins AOP Duché d'Uzès et vins IGP Cévennes. N'hésitez pas et rendez-vous au caveau pour une dégustation qui mêlera vigne et histoire. Bonne visite !

DOMAINE SAINTE OCTIME

Route de Sommières
SARDAN
✆ 04 66 53 55 33
www.domaine-sainte-octime.com
Ouvert toute l'année (il est préférable de téléphoner avant votre visite).

Voici une famille de vignerons, qui depuis le XVe siècle, a su transmettre de père en fils, sa passion et son authenticité du terroir gardois. Lionel Rampon est la 16ème génération à exploiter et vinifier en cave particulière les 25 hectares de vignes inscrits sur ces paysages cévenols. Les rendements maîtrisés ainsi que des nuits estivales fraîches permettent à la vigne d'y exprimer au mieux son potentiel aromatique. Mais le Domaine Sainte-Octime, c'est aussi la possibilité de louer un gîte et des chambres d'hôtes pour une nuit ou plus.

GONZALEZ NATHALIE - LE DOMAINE DU PRIEURÉ

78, rue du Prieuré - Hameau de Bizac
CALVISSON
✆ 06 22 61 20 17
Ouvert du mardi au jeudi de 9h30 à 12h. Sur le marché de Calvisson le dimanche.

Installé au hameau de Bizac, Nathalie Gonzalez a démarré en 2009. Cette agricultrice presse dans son moulin les olives issues des 2 ha d'arbres qu'elle possède. L'huile produite est réalisée avec de la picholine (en fruité vert) ; les lucques, quant à elles, servent pour les olives de table. Vous trouverez également à la boutique les produits issus de ses 200 ruches : du miel (de châtaignier, de lavande, de garrigue...) ainsi que du pain d'épices, des guimauves, des biscuits.

MARCHÉ FERMIER DE SOMMIÈRES

Centre-ville

Le samedi matin, toute l'année.

Tous les samedis matin, la ville de Sommières honore avec passion une tradition commerciale qui a su perdurer au fil des siècles : le marché. Incontournable de la semaine, passants et résidents déambulent et glanent les merveilles du coin. Toute l'année, poissonniers, maraîchers, bouchers, agriculteurs, viticulteurs, oléiculteurs, ostréiculteurs ou bien apiculteurs présentent avec ardeur leurs productions artisanales. Dégustations et partages font le jeu de ce rituel hebdomadaire.

KAYAK TRIBU

Route de Montpellier

✆ 06 26 61 26 08

www.kayak-tribu.com/fr

D'avril à octobre.

Situé à Sommières, petit village typique du sud de la France, plus précisément dans le Gard, Kayak Tribu propose des kayaks de 1 à 3 passagers mais aussi des paddles pour naviguer sur le Vidourle et dans les magnifiques gorges de l'Hérault. Accessibles à partir de 5 ans, les activités comportent plusieurs parcours allant d'1 (pour le paddle) à 14 km. Gilets de sauvetage désinfectés après chaque utilisateur, containers étanches et matériel sont fournis. Pour des raisons de sécurité, les activités sont interdites aux futures mamans. Bonnes vacances !

LA PETITE LIBRAIRIE

7, rue Général Bruyère

✆ 04 66 95 09 97

www.librairie-sommieres.com

Ouvert du mardi au vendredi de 9h à 12h30 et de 15h à 19h ; le samedi de 9h à 13h et de 15h à 19h.

Cette jolie « petite librairie » située à Sommières, un joli village typique du Gard, a ouvert ses portes en novembre 2018. Trois femmes sont à l'origine de ce projet audacieux qui fait la part belle aux nouveautés littéraires adultes, à la littérature jeunesse, aux polars et à la BD, sans oublier des rayons dédiés aux livres pratiques et aux livres de voyage. Les trois femmes proposent également un espace pour les enfants et des rencontres y seront organisées fréquemment afin de pouvoir réunir petits et grands. Bonne lecture !

CONGENIÈS

Congénies est une commune située dans la Vaunage (combe creusée par l'érosion) à 20 km de Nîmes. Sur la plaine fertile, il y a essentiellement des vignes et des céréales. Le village compte outre des communautés catholique et protestante importantes, un groupe de Quakers qui se réunissent dans la maison d'assemblée jouxtant leur cimetière aux tombes anonymes.

Quelques curiosités ; Le menhir Peyra Plantada : la Fontaine de la Bourse (borne Fontaine) lieu de réunion animé qui servait aux réunions pour le débat sur le cours du vin. 110 capitelles s'étalent sur la région. Il existe également un parcours du sentier d'interprétation botanique.

LES VIGNERONS DU SOMMIÉROIS

2, rue de l'Arnède ✆ 04 66 80 03 31

www.vin-vds.com

Du lundi au samedi 9h-12h30 et 15h-19h. Le dimanche matin en juillet et août. Réseau Sud de France.

Cette cave produit et vend les récoltes d'un domaine viticole de 700 hectares étendus sur les communes de Sommières, Salinelles, Aspères, Campagne, Garrigues, Lecques et Fontanes. La visite et la dégustation vous permettront de vous rendre compte du travail des viticulteurs qui travaillent sur ce vignoble tout en respectant la terre et la nature. Le vignoble est d'ailleurs dans sa totalité conduit en agriculture raisonnée, et une partie est en conversion biologique. Passionnant !

BOUCLE PÉDESTRE AU DÉPART DE CONGÉNIES

5, quai Frédéric-Gaussorgues

✆ 04 66 80 99 30

www.ot-sommieres.fr

Familles, cette promenade est pour vous et vos enfants : courte, facile et rapide, elle est accessible dès cinq ans ! À Congénies, quittez le quartier du Fort et dirigez-vous vers le Chemin creux via la rue du Temple. Bientôt se dressera devant vous le panneau de départ du circuit « Garrigue Gourmande » ; cet itinéraire n'est pas le vôtre mais sa première partie lui est commune : suivez donc le balisage jaune.

- **Tarif :** gratuit.
- **Durée :** 1h.
- **Difficulté :** facile.

CORCONNE

Entre Quissac et Sommières, le petit village de Corconne se blottit sous les contreforts du massif de Coutach dans un décor naturel exceptionnel. Comme pour la plupart des villages de la vallée du Vidourle, le caractère médiéval des habitations, les ruelles en pente, la pierre blanche des carrières et les toits d'argile soulignent l'authenticité des lieux. Ruines du château et chapelle votive au sommet de la falaise, ruines de la fortification à l'entrée du village, lavoir et Pont du Hasard, autant d'étapes ponctuant la découverte de Corconne. Le terroir est aussi ancré dans les traditions viticoles et oléicoles que l'on vous encouragent à découvrir.

© M.STUDIO - STOCK.ADOBE.COM

Corconne.

LA CHAPELLE

Pour atteindre cet antique édifice, il vous faudra chausser de bonnes chaussures et ne pas hésiter à crapahuter ! Edifiée au XIIe siècle sur les vestiges d'un ancien château fort, la chapelle, nichée au cœur de la forêt de Coutach, en aplomb de roches calcaires, fut reconstruite en 1870. De sa terrasse au charme certain qui surplombe le village de Corconne s'offre un très large panorama sur toute la plaine et les campagnes environnantes du célèbre Pic Saint-Loup. L'endroit, le calme et la vue se prêtent parfaitement à une pause bien méritée !

PONT DU HASARD

Accessible toute l'année. Bien se chausser pour atteindre les lieux.

Partons à l'assaut (c'est bien cela quand on est sur place !) du chemin de randonnée qui débute derrière la mairie du village, et empruntons le chemin qui sillonne entre les deux imposantes falaises qui dominent Corconne. Nous arrivons rapidement sur un raidillon très caillouteux au milieu d'une généreuse végétation : grimpons encore, escaladons les rochers pour enfin arriver au pied du Pont de Hasard. Ce site géologique très particulier forme une arche naturelle reliant, en fin de gorge, les deux falaises qui surplombent le village.

JUNAS

Junas mérite un arrêt. Les carrières de Bon Temps furent ouvertes par les Gallo-Romains dans une combe, petite dépression qui les abrite. Haut lieu de balades mystiques, ces fractures à ciel ouvert dans la roche, ces pans de rochers lisses comme autant de parois vertigineuses et ces pierres levées qui émergent de la garrigue sont propices à la rêverie. Ne pas trop rêver tout de même car les dénivelés et les précipices sont fréquents. Cette ancienne carrière aux ruines majestueuses est aujourd'hui admirablement mise en valeur par le jazz. Chaque été, en juillet, le festival Jazz à Junas met la note bleue internationale au diapason de ce théâtre naturel. Acoustique idéale.

VILLEVIEILLE

Au bord du Vidourle, Villevieille possède notamment un magnifique château, souvent considéré comme l'un des plus beaux du Gard. Village gardois situé en bordure du fleuve Vidourle, Villevieille est située à 25 km de Nîmes. Villevieille est l'une des 79 communes membres du Schéma de cohérence territoriale (SCOT) du sud du Gard et fait également partie des 51 communes du Pays Vidourle-Camargue. Le château de Villevieille du XIe siècle, remanié au XIIIe siècle, au XIVe siècle et au XVIIIe siècle a été classé monument historique le 2 juillet 1971. Le village est donc un village typique du sud de la France. À visiter !

LITTORAL MÉDITERRANÉE / CAMARGUE

La biodiversité de la Camargue gardoise ouverte sur le littoral (200 espèces d'oiseaux répertoriées) lui a valu le label Grand Site de France en 2014. Dans les marais, les étangs, les marais salants (la récolte du sel perdure depuis l'Antiquité), les flamants roses s'immobilisent sur une patte et les pique-bœufs en équilibre sur les crinières des chevaux les soulagent des mouches et moustiques pour le plus grand bonheur des photographes. D'Aigues-Mortes où Saint Louis est parti pour les croisades, le canal établit une jonction avec la Méditerranée. La plage sauvage de l'Espiguette, le centre de découverte du Scamandre, mais aussi le port de pêche du Grau-du-Roi et ses plages sur 18 km, et enfin Port-Camargue et ses marinas construites en 1968 sur les marais, qui est le premier port de plaisance d'Europe avec 4 600 anneaux. A pied, à cheval, à vélo, vous pourrez également vous promener sur 130 km de sentiers aménagés.

Littoral Méditerranée / Camargue
5 Km
Congénies
Solorgues
Bernis
Aubord
Boisseron
Aigues-Vives
Codognan
Saint-Drézéry
Saint-Christol
Villetelle
VESTRIC-ET-CANDIAC
GÉNÉRAC
BELLEGARDE
Restinclières
Sussargues
Saint-Geniès-des-Mourgues
VAUVERT
LE CAILAR
SAINT-GILLES
FOURQUES
Arles
Pont-de-Crau
Raphèle-les-Arles
Saint-Etienne-du-Grès
Fontvieille
P.N.R. des Alpilles
Réserve Naturelle de l'Ilon
Lunel-Viel
Lunel
Saint-Brès
Lansargues
Saint-Just
Saint-Aunès
Mauguio
Candillargues
SAINT-LAURENT-D'AIGOUZE
Réserve Naturelle de Scamandre
Réserve Naturelle Régionale de Mahistre et Musette
La Grande-Motte
Pérols
Carnon-Plage
AIGUES-MORTES
LE GRAU-DU-ROI
Golfe d'Aigues-Mortes
Mar Mediterrània
P.N.R. de Camargue
Étang de Vaccarès
Réserve Naturelle Camargue
Réserve Naturelle Nationale de Camargue
Réserve Naturelle de la Tour du Valat
Réserve de Biosphère de Camargue (Zone Centrale)
Réserve Naturelle des Marais du Vigueirat
D1
D107
D12
E15
E80
D14
D197
D6572
D6113
D38
D15
D35
D570 N
A54
D179
D572 N
D33
D33 B
N113
D37
D570
D36 B
D779
D61
D24
E15
A709
D58
D202
D62
D36
VC15
C134
D85 A

PAGES

AIGUES-MORTES ★★

Vieille ville fortifiée peuplée de 8 000 habitants, Aigues-Mortes, dont le nom latin signifie « eaux mortes », affiche un prestigieux patrimoine. Enchâssée comme un joyau de pierre au cœur de la Petite Camargue dans un univers de marais salants et de lagunes, entre terre et eau, la cité médiévale ne manque ni de charisme ni de caractère. Celle que l'on surnomme parfois « la petite Carcassonne », a été érigée en cinquante ans, au XIIIe siècle, à l'instigation du roi Louis IX qui entendait créer sur la Méditerranée une ville doublée d'un port duquel les croisés pourraient embarquer pour la Terre Sainte. Plus de 700 années plus tard, cette cité fortifiée a conservé en très bon état ses remparts et sa tour de Constance, pour le plus grand bonheur de ses habitants et des visiteurs. Directement reliée à la pleine mer par un canal de 6 km qui conduit les amoureux de promenades en péniche (ou bien à pied ou à vélo) jusqu'au Grau-du-Roi, Aigues-Mortes est devenue un centre touristique actif et dynamique, notamment au moment des fêtes médiévales de la Saint-Louis, le troisième week-end du mois d'août. La cité, riche de son passé historique, de la qualité de son environnement naturel, de son industrie de marais salants fait aujourd'hui partie du 14e Grand Site de France. Les paysages de la Camargue gardoise et la belle qualité de son gîte et de son couvert, accueillent chaque année près d'un million de touristes.

CHAPELLE DES CAPUCINS

Place Saint-Louis
✆ 04 66 53 38 60

Ouvert du lundi au vendredi de 9h à 12h et de 13h30 à 17h30. Gratuit. Galerie d'art.

Achevée en 1677, la chapelle des Capucins a connu un destin éclectique depuis la Révolution (dispersion des Ordres religieux). Elle fut, comme bien d'autres établissements du genre en France, transformée tour à tour en entrepôt, en halle aux poissons et en marché couvert. Rénovée en 2017, elle constitue aujourd'hui un très beau lieu d'expression artistique à tendance contemporaine au cœur de splendides volumes. De l'art contemporain donc, mais aussi de la photo, de la sculpture, des estampes, certains travaux proviennent même des élèves des Beaux-Arts de Nîmes.

CHAPELLE DES PENITENTS GRIS ★

2, rue Rouget-de-l'Isle
✆ 04 66 53 67 65

Gratuit.

Édifiée aux environs de 1400 sur l'emplacement d'un ancien couvent de moines Cordeliers offert par Louis IX (alias Saint Louis) aux habitants d'Aigues-Mortes en 1248, la chapelle abrite un magnifique retable en stuc et un autel en marbre de Carrare qui date de 1838. Ces moines Cordeliers sont à l'origine de la création de la Confrérie des pénitents gris.

Une fois par an, un concert de musique classique y est organisé : l'acoustique y est remarquable !

ÉGLISE NOTRE-DAME-DES-SABLONS ★

Grand-rue Jean-Jaurès

Eglise ouverte toute l'année. Entrée libre en dehors des offices religieux. Facilement accessible, en centre-ville.

Nommée ainsi parce que des marécages entouraient la ville, cette église gothique est le monument le plus ancien de la ville (XIIIe siècle). Dernier témoignage de l'embarquement de Saint Louis pour les croisades, elle fut saccagée à plusieurs reprises et redevint église en 1804. Inscrite aux monuments historiques depuis 1991, l'autel est également classé. Claude Viallat, artiste bien connu dans la région, a posé 31 vitraux lumineux en collaboration avec Bernard Dhonneur, maître verrier.

GRAND SITE DE FRANCE - CAMARGUE GARDOISE

Route du Môle ✆ 04 66 77 24 72
www.camarguegardoise.com

Ouvert du mardi au dimanche, horaires variables en fonction des saisons. Fermé d'octobre à janvier.

En devenant le 14e Grand Site de France, la Camargue gardoise intègre le cercle très prestigieux des paysages les plus fréquentés mais aussi les mieux valorisés de France. La Maison du Grand Site, ouverte en 2014, invite à aborder de façon sensible le rôle des Hommes dans la fabrication et le maintien des paysages de Camargue gardoise. Au travers d'un sentier de découverte, d'une exposition, et de nombreuses animations, redécouvrez ce territoire et ses traditions sous un jour nouveau !

Aigues-Mortes et la tour de Constance.

MANADE JULLIAN

« Le Môle »
✆ 06 22 64 72 64
www.manadejullian.com
Visite de la manade en calèche à partir de 19 €. Prestations du mardi au dimanche sur réservation.

La Manade Jullian, c'est 150 taureaux répartis sur 35 hectares s'étirant entre le Grau-du-Roi et Aigues-Mortes, près de l'étang de la Marette. Vous serez accueilli par les gardians à cheval et vous découvrirez l'élevage de chevaux et de taureaux camarguais. Vous assisterez à la présentation et au travail des gardians, au tri et à la sélection des bêtes qui iront dans les arènes. Pénétrez dans ce monde fascinant des gardians de Camargue, une culture très ancrée dans cette partie du Gard, au travers de balades à cheval ou en calèche.

PARC DE LOISIRS « LES P'TITS BOUTS »

488, rue du Vidourle ✆ 06 40 05 13 80
www.lesptitsbouts.site
10h30 à 19h. De 1 à 12 ans. Réservations – mardi, jeudi, samedi. Accès libre mercredi, vendredi dimanche. Entrée 4,90 €.

4 m² de jeux de plein air pour les petits de 1 à 12 ans. Les activités sont nombreuses : espace Baby, espace pour moins de 4 ans, jeux gonflables, piscine à balles, karting à pédales, pêche aux canards, tyrolienne, baby-foot, trampoline, fort apaches, toboggans aquatiques... Des formules « anniversaire » sont proposées (gâteaux, bonbons, boissons crêperie). Les enfants sont heureux et en redemandent. Vous pourrez profiter d'une pause en vous restaurant au snack. Parking gratuit.

PLACE SAINT-LOUIS ★

Place Saint-Louis
Accès libre toute l'année.

Cœur battant et touristique de la cité, la place Saint-Louis est au centre d'Aigues-Mortes, juste en face de la Porte de la Gardette, son entrée principale. Une statue du roi éponyme trône en son centre, œuvre réalisée par James Pradier en 1849. L'agréable place ombragée de platanes est un lieu de souvenir, de partage et de farniente. Les terrasses animent et colorent la place de cafés et de restaurants. Et si les bonnes adresses sont nombreuses, restez prudents face aux attrapes touristes...préférez alors les petites tables cachées dans les ruelles !

SALIN D'AIGUES MORTES ★★

Route du Grau-du-Roi
✆ 04 66 73 40 24
www.visitesalinsdecamargue.com
Fermé de novembre à mars. Plusieurs possibilités de visites, tarifs complets en ligne.

Au bord des remparts d'Aigues-Mortes, sur 9 000 hectares, le Salin offre un paysage magique. Vous embarquerez à bord d'un petit train qui vous mènera à travers les tables salantes où vous découvrirez le travail du saunier, les secrets de la cristallisation du sel, et vous profiterez également de ce paysage envoûtant où flamants roses, hérons et goélands se partagent la vedette. Le Salin d'Aigues-Mortes se découvre aussi en VTT, à pied en compagnie d'une guide naturaliste et en 4x4. Un espace d'exposition et une boutique sont à la disposition des visiteurs.

TOURS ET REMPARTS D'AIGUES-MORTES ★★★

✆ 04 66 53 61 55
www.aigues-mortes-monument.fr
Ouvert toute l'année. Fermé le 1er janvier, 1er mai, 1er novembre, 11 novembre, 25 décembre. Adulte 8 €, enfant 6,50 €.

Classée aux Monuments historiques, l'enceinte longue de plus de 1634 m et flanquée de 20 tours offre de splendides points de vue sur la ville. Architecture militaire du XIIIe siècle, le chemin de ronde permet aujourd'hui encore de parcourir des yeux les salins et la plaine camarguaise. Les tours abritent des expositions permanentes sur St Louis & la Méditerranée, l'architecture & les décors, l'histoire protestante. Une véritable plongée dans le temps !

OFFICE DE TOURISME D'AIGUES-MORTES

Place Saint-Louis
✆ 04 66 53 73 00
www.ot-aiguesmortes.com
Ouvert toute l'année. Fermé le 25 décembre et le 1er janvier.

Vous souhaitez parfaire votre séjour à Aigues-Mortes ? Le personnel de l'office de tourisme de la cité est là pour vous guider et rendre votre séjour exceptionnel. Labellisé « Ambassadeur du patrimoine », « Qualité Sud de France » et « Vacances Vertes », l'office de tourisme privilégie l'écotourisme. Obtenez ici toutes les informations sur les manades, les safaris, les balades en calèche, à cheval, les croisières sur le canal, et surtout sur l'agenda souvent très riche de la ville.

BATEAU L'IRIS

Port d'Aigues-Mortes
© 06 07 25 96 84
www.croisiereencamargue.com
Croisières d'avril à octobre. A partir de 9 € pour les adultes et à partir de 5 € pour les enfants.

D'avril à octobre, embarquez pour un circuit inoubliable sur les canaux en bateau promenade. Vous découvrirez le port d'Aigues-Mortes en longeant les remparts d'où le roi Saint-Louis est parti en croisade, passerez devant les Salins du Midi, les étangs aux flamants roses, au milieu de la faune et de la flore camarguaise. Ces croisières sont commentées par un guide du pays expérimenté. En été, vivez les croisières au coucher du soleil avec dégustation de produits régionaux au son des guitares gitanes. Petit conseil, pensez à l'antimoustique et à la crème solaire.

CROISIÈRE DE CAMARGUE - PÉNICHES ISLES DE STEL

12, avenue de la Tour-de-Constance
© 04 66 53 60 70
www.croisiere-de-camargue.com
Embarquement 20 min avant le départ. Promenades à partir de 10 € adulte et 5 € enfant.

Une manière originale de découvrir la Camargue au rythme de l'eau en péniche avec cette escapade sur le canal du Rhône à Sète, à la rencontre des traditions camarguaises. Grâce aux commentaires d'un(e) enfant du pays vous apprendrez à connaître la faune et la flore que vous ne manquerez pas de croiser. La péniche s'arrête un moment dans une manade de taureaux où vous serez accueillis par des gardians à cheval et assisterez à une démonstration de leur travail au cœur du marais.

LA MAISON DES GUIDES DE CAMARGUE

154, rue du château de Montcalm - **MONTCALM**
© 06 12 44 73 52
www.maisonduguide.camargue.fr
2 observatoires. 150 espèces d'oiseaux. Circuits sur sites protégés. Adulte : 20€. 12/18 ans : 10€. - 12 ans : gratuit.

Des guides proposent de partager leur amour de la Camargue sur les plus beaux sites protégés. Ces guides vous transmettront leur savoir avec passion. Plusieurs thèmes : « Paysages et oiseaux en Camargue en vélo », « Nature et tradition : découverte d'un grand domaine camarguais », « Découverte des milieux camarguais en 4x4 ». Encadrés par des naturalistes, photographes professionnels, conférenciers, écrivains, ornithologues (Mr. Espuche), vous reviendrez envoûtés par la Camargue.

LE PETIT TRAIN D'AIGUES-MORTES

© 04 66 51 46 79
www.petittrain-aiguesmortes.fr
Du 1er avril au 30 septembre et vacances de la Toussaint. Adulte : 5 €. Enfant : 3 €.

Offrez-vous vingt-cinq minutes d'une agréable balade qui plaira aux petits comme aux grands. Circulant au cœur de la vieille ville, le petit train fait aussi une incursion par-delà les remparts, vous donnant une vue d'ensemble sur la magnificence des lieux. Les commentaires sur l'histoire de la ville ne manquent pas. On vous parle de Saint Louis, des croisades, des guerres de religion. L'histoire passionnante de cette vieille cité pleine de charme n'aura plus aucun secret pour vous.

Les remparts d'Aigues-Mortes.

GARE SNCF D'AIGUES-MORTES

Route de Nîmes
✆ 08 00 88 60 91

Ouverte du lundi au vendredi 6h30 à 12h15 et de 12h45 à 19h, guichet ouvert du lundi au vendredi de 9h-12h et 13h40-18h.

La gare d'Aigues-Mortes est une gare desservie par les Trains Express Régionaux (TER) de l'Occitanie. Il s'agit de la ligne reliant Nîmes au Grau-du-Roi. A 35 km de Nîmes et à 30 km de Montpellier, la ligne dessert les villes et villages des Costières jusqu'au terminus du Grau-du-Roi. Elle est également utilisée pour le transport du sel. Une manière d'envisager le tourisme sans contrainte, sans bouchon, en période estivale... le bien-être absolu !

HÔTEL DES 4 VENTS** €€

939, route de Nîmes ✆ 04 66 53 68 10
www.aigues-mortes-hotel.com

Ouvert toute l'année. 29 chambres. Studio / appartement de 59 € à 149 €. Petit déjeuner : 9,90 €. Restauration.

L'Hôtel des Quatre Vents, c'est vingt-neuf chambres abritées et ombragées par une jolie pinède. Les chambres sont de véritables petites maisonnettes individuelles dans une résidence idéale pour des vacances en famille ou en couple. De 2 à 5 personnes, l'hôtel offre des locations avec salle de bains, salon de jardin, terrasses privées et un standing tout confort. Car l'hôtel est situé non loin des remparts et des plages du Grau-du-Roi, du Pic Saint-Loup ou des Cévennes pour les amateurs de randonnée, de Nîmes, d'Avignon et de Montpellier pour les urbains.

FARNIENTE €€

10, rue des Travailleurs
✆ 06 87 43 92 50

Ouvert toute l'année. 4 chambres. Chambre double de 70 € à 76 € ; chambre triple de 85 € à 88 €.

Nichée à deux pas des remparts, cette chambre d'hôtes est une bulle ensoleillée, faite de calme et de douceur. Grâce à son décor typique de la région, elle permet à ses occupants de s'immerger totalement dans la culture locale. Animée par une propriétaire passionnée, l'établissement est un cadre de choix pour découvrir les environs, sa nature et son patrimoine. Cette mordue de photographie et de culture sera d'ailleurs d'excellent conseil en matière de restaurants, loisirs et visites. Elle propose elle-même des excursions photo sur réservation.

HÔTEL LE MAS DES SABLES*** €€

Route de Saint Laurent d'Aigouze
✆ 04 66 53 79 73 - www.lemasdessables.com

Ouvert d'avril à octobre. Chambres à partir de 65 €. Appartement à partir de 425 €. Formule à partir de 18 €.

Au cœur d'un parc de 7 hectares planté d'essences méditerranéennes, ce lieu enchanteur de repos (âme de la Petite Camargue) n'est selon la formule consacrée par Baudelaire, « que luxe, calme et volupté ». La piscine immense et les chambres spacieuses et modernes avec leurs jardinets privatifs, participent à cette ambiance d'élégant farniente, loin des plages et de ses foules. Le petit déjeuner est à déguster dans le jardinet de votre chambre ou en buffet sur la terrasse ombragée.

HÔTEL CANAL*** €€

440, route de Nîmes
✆ 04 66 80 50 04
www.hotel-canal.fr

Fermé en janvier et décembre. Chambres à partir de 89 €.

L'hôtel Canal est situé à quelques minutes des remparts de la ville, sur les rives du canal. Baies vitrées, acier, couleurs vives, palmiers et autres végétaux confèrent un charme extrêmement moderne à cet établissement de qualité qui vous ouvrira ses portes avec autant de style que de gentillesse. Les chambres, calmes, sobres et élégantes, sont toutes climatisées, insonorisées et chacune bénéficie d'une télé à écran plat. Atout de charme, le bassin-piscine panoramique qui, à l'étage, vous permettra de vous rafraîchir dans un cadre fort agréable.

MAS DES CYGNES €€

L'Abbé
✆ 04 66 53 88 70
www.masdescygnes.com

Ouvert toute l'année. De 450 € à 790 € la semaine.

Le Mas des Cygnes, entouré de vignes, possède un agréable jardin avec piscine, et propose trois gîtes colorés et soignés pouvant accueillir de 2 à 6 personnes. Implanté plein sud, on y savoure un soleil qui brille intensément toute l'année, et dans son prolongement, un étang où s'ébattent canards, cygnes et foulques. Ajoutez à cela le chant des cigales de mi-juin à fin août et tout le charme de la Camargue est au rendez-vous, surtout si vous en découvrez les senteurs et saveurs dans les restaurants tout proches d'Aigues-Mortes.

OLIVERAIE DE PAUL €€

295, Chemin du Trouchaud
✆ 06 03 95 06 25
www.oliveraiedepaul.com
Ouvert toute l'année. T1 à T3 : 490/1 100 € la semaine. A partir de 98 €/nuit. Petit déj : 9/12 €. Piscine. Jardin. Jeux.

Lydie et Jean-Charles Laroche vous proposent dans une propriété de 15 hectares : 6 appartements tout équipés avec terrasse et barbecue, permettant d'accueillir 2 à 4 personnes. La majeure partie de la propriété se compose d'oliveraies et vous pourrez acheter cette huile artisanale. Vous pourrez également profiter d'une piscine couverte, un tennis, une salle de sport et un boulodrome. Il y a tant de choses à faire du mont Ventoux aux longues plages du Gard et de l'Hérault en passant par les Cévennes et la Camargue, à partir de ce cadre enchanteur.

LA PETITE CAMARGUE***** €€

Quartier le Mole
✆ 04 66 53 98 98
www.yellohvillage-petite-camargue.com
Ouvert du 9 avril au 13 septembre 2021. Réservation recommandée. Tarifs complets en ligne.

Le groupe hôtelier de plein air, Yelloh Village ne laisse rien au hasard ! Près de 400 locations de mobil-homes, 128 emplacements de 80 à 100 m² chacun, une myriade d'activités estivales, une pléiade de services et de distractions, 1 000 m² de piscines, ainsi que des terrains de sport : le camping La Petite Camargue est le nec plus ultra de sa catégorie à Aigues-Mortes. Les cottages, bien protégés, permettent de vivre des vacances reposantes, au soleil du Midi et à l'ombre des lauriers roses. Une valeur sûre pour des vacances en famille !

LES ARCADES*** €€€

23, boulevard Gambetta
✆ 04 66 53 81 13
www.hotel-aigues-mortes-piscine.com
Ouvert toute l'année. Accueil 24h/24. 9 chambres. Chambre double de 95 € à 100 € ; chambre triple de 125 € à 145 €.

Une invitation à un voyage prolongé à l'abri des remparts, à quelques mètres de la place Saint-Louis, c'est bien sûr aux Arcades que vous trouverez refuge. Sur un boulevard Gambetta refait à neuf il y a quelques années, l'établissement Les Arcades est une institution de la vie aigues-mortaise, notamment pour son cadre Renaissance qui cache bien des joyaux. Il est vrai que ce bâtiment assis sur ses belles arcades en a vu des saisons et des passants. Riche lieu de souvenirs, il constitue un point cardinal des hébergements aigues-mortais.

L'HOSTELLERIE DES REMPARTS*** €€€

6, place Anatole-France ✆ 04 66 53 82 77
www.remparts-aiguesmortes.fr
Ouvert toute l'année. 14 chambres. Parking inclus. Chambre double à partir de 210 €. American Express, Chèque Vacances.

Au pied de la tour de Constance, en plein cœur des remparts historiques de la ville, la bâtisse colorée vieille de quatre siècles était autrefois une garnison de chevaliers. Elle offre un cadre spacieux pour une décontraction de charme sous les pierres et poutres apparentes qui rappellent aux visiteurs l'architecture de l'époque. Sur terrasse ombragée, on peut apprécier les chaleurs estivales en dégustant les excellentes saveurs de la mer toute proche, grâce au restaurant attenant.

HÔTEL SAINT-LOUIS*** €€€

10, rue Amiral Courbet
✆ 04 66 53 72 68
www.lesaintlouis.fr
Chambres à partir de 98 €.

Situé au pied de la tour de Constance, cet hôtel-restaurant est l'un des plus anciens établissements de la ville. Cette belle maison de maître du XVIIIe siècle s'habille d'une identité toute provençale. Eclairages luminescents, dalles et peintures claires, intérieur soigné en pierre de taille, pins et palmiers... vous êtes bien en Méditerranée. Côté chambres, l'hôtel offre des pièces spacieuses et reposantes. Côté cour, vous dînerez dans un adorable patio typiquement méditerranéen dont le charme ne manquera pas de vous séduire. Un établissement agréable à vivre.

LE MAS DE LA MONTILLE €€€

Route des Saintes-Maries-de-la-Mer
✆ 06 18 92 63 63
www.masdelamontille.com
Gîtes de France. Ouvert toute l'année. Chambre double 140 € ; suite 250 €. Petit déjeuner inclus. Restauration.

Le Mas de la Montille possède un cadre exceptionnel et offre des prestations de qualité entre Aigues-Mortes et les Saintes, à quelques encablures de la Grande Bleue. Dans un chaleureux cadre, cette résidence temporaire et lieu de villégiature est un bon compromis entre les hôtels des zones urbaines et les campings de campagne. Le site est classé Gîte de France et n'a pas usurpé l'obtention de son label. Le cadre est tout simplement charmant. Puis l'on peut se prélasser ou bien parader dans des préaux sur un divan ou un sofa qui rappellent une atmosphère exotique.

VILLA MAZARIN••••• €€€

35, boulevard Gambetta
✆ 04 66 73 90 48
www.villamazarin.com
Ouvert toute l'année. Chambres à partir de 98 €.

Une bâtisse d'exception, un jardin dont on ne peut soupçonner l'existence de l'extérieur, propice au repos et au dépaysement, sur lequel veillent trois platanes centenaires, une vue sur les tuiles orange d'Aigues-Mortes, des chambres plus que confortables, avec piscine, bain bouillonnant, hammam. Pas de doutes, le client vient ici pour passer une nuit, un week-end, une semaine ou un mois de haute gamme. La qualité et la beauté sont toujours présentes. Le décor est lumineux, spacieux, il est idéal pour les amateurs de mondanités et de confort luxueux.

AROMATIK €€

9, rue Alsace-Lorraine ✆ 06 24 65 05 95
https ://aromatik-restaurant.fr/
12h-14h/19h30-21h30. 7j/7 de juillet à Septembre. Fermé mercredi et jeudi d'octobre à juin. A partir de 24 €.

Dans une petite rue près de l'Église Notre-Dame des Sablons se trouve l'Aromatik, restaurant bistronomique où fusionnent la générosité de l'esprit bistrot avec l'élégance d'une cuisine gastronomique. Saisonnalité et qualité des produits sont au rendez-vous. Les plats se mijotent avec passion et aromates. Le chef Mike s'ingénue quotidiennement pour offrir à ses hôtes des mets raffinés, tout en finesse, afin de sublimer les saveurs et faire vibrer nos papilles. Une cuisine méditerranéenne revisitée, avec une mention spéciale pour le tataki de taureau de Camargue.

CHEZ COCO €

19, rue Jean-Jaurès
✆ 04 66 53 91 83
www.chez-coco.com
Ouvert toute l'année. Tous les jours et les jours fériés. Carte : 16 € environ. Vin au verre. Terrasse.

Bonne franquette assurée ! L'établissement se définit en tout cas, et on est d'accord, comme un authentique bistrot aigues-mortais. Coco, la patronne, a l'accent et le caractère bien trempé. Il ne faudra pas se formaliser sur sa joute verbale parfois mordante et prendre avec humour ses moqueries souvent grinçantes. C'est qu'elle en voit passer du monde Coco, dans son petit restaurant qui ne désemplit jamais ! Heureusement qu'elle a aussi un bout de terrasse pour qui voudrait goûter une part de sa tarte aux fraises qui fait la belle dans la vitrine du restaurant.

BANARAS €€

5 bis, rue Emile-Jamais
✆ 04 66 80 95 15
Fermé de début novembre au 15 décembre. Ouvert du mardi au dimanche le midi et le soir. Menus de 11,90 € à 21,90 €.

A proximité de la place Saint-Louis, ce coquet restaurant, aux spécialités du nord de l'Inde, ne pourra que vous séduire. Mais lorsque le patron vous guidera pour choisir l'un des plats subtilement relevés dans sa généreuse carte, vous ne pourrez qu'adopter ce lieu magique. Les adeptes de la cuisine indienne ne seront pas déçus et retrouveront sûrement leurs plats préférés (agneau tikka masala, agneau shahi korma, poulet tandoori, poulet korma, crevettes, poissons, oignon bhaji, nan au fromage, nan garlic pour ne citer que les plus traditionnels).

LA TABLE DE PACO €

12, rue Marceau
✆ 04 66 53 69 11
www.latabledepaco.com
Ouvert du jeudi au mardi le soir ; du vendredi au mardi le midi. Réservation recommandée. Menus de 27 € à 39 €.

A l'écart des rues principales d'Aigues-Mortes, village typique du sud de la France, la « Table de Paco » y gagne en tranquillité et vous accueille dans un restaurant où la décoration rappelle les traditionnelles cabanes de gardians. Amateurs de bonne chère et carnivores, vous voici à l'endroit idéal pour déguster des viandes savoureuses grillées et des accompagnements soignés et goûteux. La cuisine locale n'est pas en reste et la gardianne de taureau est évidemment à l'honneur. Un détour gourmand, arrosé d'excellents vins, évident !

LE BISTROT PAIOU €€

1, rue du 4-Septembre
✆ 04 66 71 44 95
Réservation recommandée. horaires variables en fonction des saisons. Prix moyen 18 €.

Dans la cité des croisades, le Bistrot Paioù est un incontournable. Dans une ambiance bistrot conviviale, le chef élabore avec grâce et justesse des plats qui sont le reflet de son inspiration et des produits glanés sur le marché. Mention spéciale pour le carpaccio de taureau ! Soucieux de vous faire passer une agréable escapade bistronomique sans pour autant assaisonner la note à la sortie, le chef module sa carte au quotidien. Les vins proviennent uniquement de la région et sont sélectionnés en partie par les caves de Notre-Dame.

BOEM €€

253, avenue du Pont-de-Provence
✆ 04 34 28 42 30
Haute saison, tous les jours sauf samedi midi. Du mercredi au dimanche sauf samedi midi, basse saison. Dès 24 € le menu.

Chez Boem, la cuisine méditerranéenne a des parfums d'Asie. Il flotte, dans ce cadre magique en bord du canal, comme un air de plage balinaise. 2 bouddhas gardent les petits salons privés, et les mariages de teck, de couleurs vives et de bois flottés donnent au décor une gaieté toute méridionale. David Blasco, en cuisine, crée une alliance subtile entre les produits asiatiques et ceux du terroir qui donnent des mets extrêmement savoureux La carte change tous les jours, il est donc difficile de prévoir quel prochain délice naîtra de l'imagination du chef !

CABARET ÉQUESTRE DE CAMARGUE €€

1745, Route de l'Espiguette ✆ 04 66 80 40 42
cabarets-equestres.fr
Basse saison : ouvert de 19h30 à 22h30. Haute saison : le mercredi et le vendredi de 19h30 à 22h30.

Le Cabaret Équestre propose des spectacles inspirés du folklore local camarguais, mais aussi espagnol. Entre dunes et roubines, où vivent les chevaux et les taureaux camarguais, quelques baraques, une piste en bois, il n'en faut pas plus pour que le soir venu, la féerie de la Camargue vous envoûte. Le spectacle vous fait revivre l'épopée des cavaliers camarguais, des humbles habitants des marais aux chevaliers du Roi Saint Louis, des gardians aux magnificences des fêtes gitanes.

LE CAFÉ DU COMMERCE €€

11, place Saint-Louis
✆ 04 66 53 71 71
www.cafeducommerce-aiguesmortes.com
Menus à partir de 16,80 €. Carte. Ouvert 7j/7 en juillet août.

Le Café du Commerce est une véritable institution à Aigues-Mortes. L'entreprise familiale est en place de père en fils depuis 1974 et chacun sait qu'ici on peut manger du poisson et des coquillages extra-frais. Une grande et belle terrasse, et à l'entrée, une barque de pêcheur présente les arrivages du jour : bulots, pointus, palourdes... La carte affiche de nombreuses spécialités, telles Aïoli maison, la parilla de poissons, la bourride du pêcheur ou encore pour les amateurs de viande, la gardianne de taureau. Très belle terrasse.

LA CAMARGUE €€

19, rue de la République
✆ 04 66 53 86 88
www.lacamargueaiguesmortes.fr
Ouvert toute l'année. Réservation recommandée. Menu unique à 25 € (Entrée + Plat + Dessert). Vin au verre.

La Camargue s'affiche comme étant le plus beau et le plus ancien restaurant d'Aigues-Mortes. Fondé en 1965 par Roger Chaumier et Jean Lafont, le lieu étonne par ses contrastes. L'intérieur ressemble à la salle à manger d'un vieux corps de ferme, et l'on se croirait dans une taverne au fin fond d'un paysage du Larzac. Malgré un aspect rustique, la décoration est très soignée. En dehors, c'est un charmant patio entretenu dans le style camarguais. Votre repas sera constitué de poissons, de viandes locales, proposés sur une carte pour le moins alléchante.

CASA TORO LUNA €€

1, place Saint-Louis
✆ 04 66 53 68 75
Ouvert tous les jours de février à novembre. Menus de 14,90 € à 25 €.

Chez Casa Toro Luna, traditions et folklore se conjuguent et nous transportent au cœur de la Camargue. Goûtez au tataki de taureau cru snacké aux graines de sésame à la sauce vierge, ou bien à viande de taureau grillée à la plancha. Les inconditionnels de la mer pourront goûter le loup entier, toujours grillé à la plancha, ou à la fameuse rouille de poulpe. Les spécialités camarguaises sont bien présentes à l'image de la gardiane, des moules à l'aigues-mortaise et bien d'autres. La terrasse installée sur la place Saint-Louis est agréable aux beaux jours.

LE DIT VIN €€

6, rue du 4-Septembre
✆ 04 66 53 52 76
www.restoleditvin.com
Formule du midi à partir de 15 €. Menu à 38 €.

Le restaurant le Dit Vin est le coeur d'une vieille bâtisse aux poutres apparentes et aux murs enduits de blanc ou d'ocre. La terrasse et la véranda offrent des espaces ensoleillés et frais, agréables en toute saison. Côté cuisine, le chef Johan marie imagination et fraîcheur des produits pour donner naissance à une cuisine fine et inventive, exaltant la saisonnalité des mets. Ajoutez à cela une cave capable de ravir tous les palais et vous passerez assurément un délicieux moment. L'accueil chaleureux et attentionné donne au lieu son côté « divin » !

LE GALION €€

24, rue Pasteur
✆ 04 66 53 86 41
ot-aiguesmortes.com/le-galion
Ouvert du mardi au samedi le soir ; du mercredi au dimanche le midi. Menus de 25 € à 30 €. Menu enfant : 9,50 €.

Dans ce restaurant situé au coeur du centre historique vous serez accueillis avec prévenance pour déjeuner ou dîner en amoureux ou en famille. Vous pourrez profiter de l'agréable terrasse tout en découvrant votre repas. Au Galion, le cadre provençal est à l'honneur. L'ardoise du midi est attractive et vous serez conseillé pour déguster des vins locaux et des crus bio riches en saveur. Les amateurs de viandes et de poissons trouveront ici satisfaction, avec une petite préférence pour les palourdes à la provençale ou la spécialité : la seiche à la plancha...

AU LOUIS IX €€

2A, rue Baudin
✆ 04 66 35 25 98
Toute l'année du mardi au dimanche midi. Menus à partir de 17,50 €.

Une cuisine méditerranéenne, haute en couleur et aux saveurs ensoleillées d'épices suaves, c'est dans ce charmant établissement situé place de la Viguerie, que vous goûterez aux spécialités méridionales. Le chef, inspiré par le rythme des saisons et les couleurs du marché, sublime au quotidien la gastronomie locale. A ce titre, le Louis IX fait partie de la confrérie des restaurateurs du métier du Gard. On se régale d'ailleurs d'une seiche en persillade, risotto à l'encre de seiche et aïoli, ou d'une bouillabaisse de filets de poissons frais. Très bonne adresse.

LE GOÉLAND €€

11, rue Amiral-Courbet
✆ 04 66 53 94 43
Basse saison lundi-mercredi-vendredi-samedi midi-soir ; le dimanche midi. Haute saison : tous les jours midi-soir.

Un pizzaïolo qui connaît son affaire. Un endroit où l'on mange correctement avec un petit budget, les pizzas cuites au feu de bois sont généreusement garnies et les plats sont copieux et bien présentés. Les grillades au feu de bois sont également à conseiller. Les entrecôtes et magrets accompagnés de frites sont irrésistibles. Et on adore la salade vénitienne ! Le service est agréable, ce qui ne gâche rien. Bien placé dans une rue proche du port d'Aigues-Mortes, vous ne manquerez pas de passer devant le Goéland si vous parcourez les rues commerçantes.

L'OUSTAU CAMARGUAIS €€

2, rue Alsace-Lorraine
✆ 04 66 53 79 69
www.oustau.info
Fermé de janvier à mars. Ouvert tous les jours le midi et le soir. Menus de 28,50 € à 39,50 €. Formule midi : 16,50€

Ce restaurant de l'antre d'Aigues-Mortes est une table conviviale où on est toujours content de s'attabler. Ce plaisir, il vient d'abord de l'accueil tout sourire de l'équipe et de la patronne, puis la carte finit de nous convaincre. Au programme : des produits du terroir méditerranéen ! On entamé le repas avec une délicieuse soupe de poisson, bien balancée et équilibrée, avant de poursuivre avec un délicieux tournedos de taureau. On s'y sent bien, à l'aise, alors on ne s'étonne pas de découvrir qu'*oustau* signifie « maison » en provençal...

L'ATELIER DE NICOLAS €€

28, rue Alsace-Lorraine
✆ 04 34 28 04 84
www.restaurant-latelierdenicolas.fr
Panier du marché à partir de 18 €. Menu à partir de 34 €.

L'Atelier de Nicolas, c'est une cuisine traditionnelle mais très instinctive, relevée d'une pointe d'exotisme, dans une ambiance bistrot au style industriel, où tout est cuisiné par le chef Nicolas. On épluche, on taille les légumes, on poche, on déglace, on blanchit, on poêle, on écaille, on dresse... Bref, on cuisine du frais, du local, du bio, et on est fier de ces produits de première qualité ! Goûtez les lasagnes de taureaux AOP de Camargue : elles ont valu à l'établissement la médaille de bronze au Concours Gard Gourmand Militant du Goût millésime 2019.

LA PINÈDE €€

486, route d'Arles
✆ 04 66 93 52 07
Ouvert du mardi au dimanche le midi ; du mardi au samedi le soir. Menu unique à 28 €. Carte : 32 €. Menu enfant : 10 €.

Yann est tombé amoureux de la Petite Camargue et c'est naturellement qu'il a posé ses valises à Aigues-Mortes. La Pinède est située sur la route des Saintes-Maries-de-la-Mer au croisement de Saint-Laurent-d'Aigouze, à la croisée de la tour charbonnière, du canal et de la voie verte. Le restaurant a été complètement relooké et ce passionné de cuisine élabore tous les jours ses menus en fonction de la saison et du marché. Les producteurs locaux viennent le livrer directement et il mijote ses menus comme on bichonne une toile. Le tout maison bien évidemment.

RESTAURANT DES VOYAGEURS €€

8, place Saint-Louis ✆ 04 66 53 60 77
www.restaurantdesvoyageurs.com

Ouvert tous les jours le midi et le soir. Menus de 12,90 € à 32,50 €. Carte : 30 € environ. Menu enfant : 8,90 €.

Situé à l'abri des remparts d'Aigues-Mortes, sur la charmante et renommée place Saint-Louis, ce restaurant est un monument de la cité. En effet, le Restaurant des Voyageurs a été le premier établissement de la ville à accueillir les pèlerins de passage et les vacanciers. Une histoire longue de délices et de convivialité qui a contribué à la richesse de l'établissement. Aujourd'hui encore l'adresse régale les troupes grâce à une cuisine méditerranéenne composée de produits frais. Vous passerez un pur moment de gourmandise. Bon appétit !

NI VU NI CONNU €€€

Rue du Port
✆ 07 71 94 30 29

Ouvert du mercredi au dimanche. Plateaux de fruits de mer de 49 € à 98 €, plateaux à composer de 2,50 € à 24 €.

Voici un restaurant/bar à coquillages et fruits de mer comme il en fallait sur la Méditerranée Camarguaise. M. Perez a souhaité faire connaître aux locaux et aux touristes les bons produits de la région. Or des restaurants à coquillages en Camargue, il n'y en avait presque pas. Une rareté qui se traduit par des prix exorbitants. Spécificité de M. Perez ? Il n'y a aucun intermédiaire entre le pêcheur et le cuisinier : on savoure au soleil et sur un bateau les moules, les huîtres, les palourdes ainsi que les tapas directement pêchées par le Chef.

BOUCHERIE TRAITEUR EL TORO

5, rue Pasteur
✆ 04 66 53 70 23

Ouvert du lundi au samedi de 7h30 à 12h30 et de 15h30 à 19h30 ; le dimanche de 7h30 à 13h.

Près de la place Saint-Louis, la Boucherie Traiteur El Toro est tenue par Valérie et Renaud, qui font preuve d'un grand professionnalisme. Soucieux du savoir-faire, leurs étals proposent des viandes de qualité labellisées françaises telles que le taureau AOP de Camargue, le veau du Sud-Ouest et l'agneau de Provence. Ici tout est fait maison ! Les saucisses, les terrines, les pâtés, sans oublier les délicieux plats frais cuisinés tous les jours, et les goûteuses spécialités régionales.

CAVEAU LES REMPARTS

Route du Grau-du-Roi
✆ 04 66 53 80 55
www.caveaulessablons.fr

Ouvert du lundi au samedi, horaires variables selon les saisons.

Le Caveau se trouve au cœur de l'appellation des « Vin des Sables ». Vous pourrez y déguster les vins des sables, et notamment en figure de proue, le fameux gris de gris élaboré par les vignerons de la cave Sabledoc (une entité née de la fusion des caves des Sablons, Saint-Louis et du Môle). En outre, le caveau permet aussi de découvrir d'autres produits du terroir camarguais : fleur de sel, riz, huile d'olive. Un véritable temple pour qui veut en savoir plus sur les Vins des Sables et plus généralement sur l'identité camarguaise !

DOMAINE DU PETIT CHAUMONT

Domaine du Petit Chaumont
✆ 04 66 53 60 63
www.petitchaumont.com

Ouvert du lundi au samedi, horaires variables selon les saisons.

Le domaine du Petit-Chaumont ce sont 120 hectares dans l'Aire des Sables face au lac du Ponant. Dans un esprit de respect de la nature, Brigitte et Nathalie ont misé sur l'agriculture biologique, un label AB obtenu en 2011. Leur savoir-faire, tant dans la culture de la vigne que dans la manipulation du raisin, leur permet de produire des vins gorgés de sucre et de soleil, de fins breuvages de qualité et de prestige, avec la gamme Nef Saint Louis, la série Déco et les cuvées Prestige.

DOMAINE ROYAL DE JARRAS

Route du Grau-du-Roi
✆ 04 66 51 17 00
www.domainedejarras.com

Trois visites par jour d'avril à fin septembre.

Jarras est un vignoble des sables chargé d'histoire. Ce domaine produit un vin unique, élaboré à partir de vignes plantées dans les sables de Camargue. Il vous propose des gris tendres, des crus pâles en couleur qui révèlent toute leur finesse... C'est l'un des plus beaux domaines viticoles et il abrite une faune et une flore incroyables. Vous découvrirez ce magnifique domaine au cours d'une visite à bord d'un petit train. Cette visite guidée se poursuit avec la visite des chais historiques et se termine sur une dégustation des crus du domaine.

DOMAINE TERRES DE SABLE

Terres de sable
✆ 04 66 53 76 00
Basse saison : ouvert du lundi au vendredi de 9h à 17h. Haute saison : du lundi au samedi de 9h à 17h.

Véritable îlot de nature camarguaise étendu sur 39 hectares, le domaine Grand Corbière a récemment changé de nom et se nomme désormais Domaine Terres de Sable. Mais il s'affiche toujours comme un haut lieu de production du vin des sables. Ce domaine mythique a été repris en 2019 par la famille Leygue, passionnée en la matière, qui rêvait en effet de posséder son propre domaine. C'est grâce à un sol très fertile, fait de sables siliceux, de calcaire et grâce à un micro-climat marin, que le raisin peut mûrir dans ce milieu naturel unique en France.

UN ÉTÉ EN CAMARGUE

6, rue de la République
✆ 04 66 71 98 31
www.ete-en-camargue.com/fr
Ouvert du lundi au samedi de 10h à 12h30 et de 14h30 à 17h. Réservation par téléphone.

Dans les remparts d'Aigues-Mortes la médiévale, cette échoppe regorge de délicieux parfums camarguais. Un mélange de saveurs, d'épices et de salaisons vient chatouiller vos narines. On trouve ainsi du sel de Camargue, des herbes aromatiques, des huiles d'olive, l'incontournable tapenade et beaucoup d'autres produits d'épicerie fine. Sans oublier le pastis bleu, la liqueur camarguaise ou le Lou Gardian, élixirs locaux incontournables pour un apéritif réussi. Bref, il y a tout ce qu'il faut pour concocter soi-même un repas digne du terroir.

OLIVERAIE DE PAUL

295, Chemin du Trouchaud
✆ 06 03 95 06 25
www.oliveraiedepaul.com
Du lundi au samedi. Vente sur place et Boutique en ligne sur site internet : www.sudcorner.com/29 oliveraie-de-paul.

Sur 12 hectares, Lydie et Jean-Charles Laroche cultivent l'art de l'olive et fabriquent leur huile grâce à un mélange d'oliviers centenaires hérités des générations antérieures et de jeunes pousses plantées il y a vingt ans. Depuis 2008, le couple a acquis un pressoir et procède lui-même à la trituration, réduisant au maximum le temps entre la récolte et le pressage. En mariant picholine, lucques et arbequine, leur huile, allant du fruité vert au fruité mûr, développe des notes d'amandes, de fleur de genêt et d'artichaut, tout en ayant une faible ardence.

VINS DES SABLES DE CAMARGUE

Route d'Arles
✆ 04 66 53 99 57
www.vin-sable-camargue.com
Ouvert du lundi au vendredi de 9h à 12h et de 14h à 17h. Vente en direct.

Les vins des sables sont connus et appréciés depuis le XIVe siècle. De nombreuses générations de vignerons se sont efforcées d'élaborer, dans cette tradition séculaire, un vin original à l'arôme subtil dans lequel se reflète l'image de la côte sablonneuse sur laquelle il a été conçu. Les sables siliceux et calcaires qui composent le sol et le micro-climat marin constituent un milieu naturel, unique en France, favorable à la production de vins de grande qualité d'expression maritime.

CÉVENNES HÉLICOPTÈRE

Départementale D62 ✆ 04 66 85 49 03
www.cevenneshelicoptere.com
Ouvert toute l'année. Haute saison : le mercredi et le samedi. Ou toute l'année sur rendez-vous. 40 € à 90 €/personnes

Survoler la Camargue ou les Cévennes en hélicoptère, c'est se forger des souvenirs inoubliables. C'est découvrir les régions d'une façon étonnante, voir les entrelacs des vallées cévenoles, un pays rude et beau sculpté par les cultures en terrasses et dominé par la présence des massifs montagneux. Le survol du cordon littoral et de la Camargue vous subjuguera tout autant par les lagunages multiples qui le font passer du gris au bleu en passant par le vert, le marais salant rose, la longue plage de sable fin et les étendues où s'ébattent taureaux et chevaux.

PORT DU ROY

36 Avenue de la Mont Joye
✆ 04 66 77 98 33
Village Lacustre, pour les adeptes de la navigation. Capitainerie : du lundi au vendredi 9h/12h et 14h : 18h.

Le port de plaisance d'Aigues-Mortes, est situé au croisement du Canal d'Aigues-Mortes à Sète et du Chenal du Grau du Roi. Il possède 35 places visiteurs, eau, électricité, toilettes et douches. L'ensemble résidentiel est de qualité avec ses Marinas pour les adeptes de la navigation fluviale et maritime. Aigues-mortes et ses remparts du 13e siècle jouxtent le port. Vous pourrez admirer au loin, les jeux de couleurs sur les marais, et séjourner dans ce lieu unique, grâce à un grand éventail d'accueils : campings, locations, hôtels modestes ou de luxe.

SAINT-LAURENT-D'AIGOUZE

Entre Aimargues et Aigues Mortes, entre des terres cultivées au Nord, et de grands espaces naturels au Sud composés d'étangs et de marais. Les paysages sont grandioses, et l'été le soleil joue avec les reflets des étangs. Haut lieu de la course camarguaise, (30 par an), c'est au mois d'août, le week-end suivant le 15, que commence l'une des fêtes votives les plus réputées de la région. Le berceau des traditions camarguaises,(Courses, abrivados, bandidos, ferrades, manifestations folkloriques..) c'est bien ici à Saint-Laurent-d'Aigouze. Mais il ne faut pas oublier les amateurs de vélos, ou de marche qui peuvent utiliser la « voie verte ».

SAFARI CAMARGUE LABROUSSE

Chemin du Poissonnier
✆ 06 19 11 40 03
www.safaricamarguelabrousse.com
Sur réservation, départ d'Aigues Mortes ou Grau du Roi en 4X4. 3h30 pour 3 circuits à choisir.

Licencié depuis trente ans à la Fédération Française de la Course Camarguaise en tant que raseteur, Denis Labrousse partagera avec vous son savoir et son amour pour ces territoires uniques. On dit de ce professionnel qu'il est le numéro 1 du safari en Camargue. A ses côtés en 4X4 vous découvrirez la Petite Camargue et ses traditions, les chevaux, les taureaux. Il vous racontera mille anecdotes sur les courses camarguaises, les abrivados, les bandidos, les encierros, les fêtes votives.

GITES ET ROULOTTES DU GRAND PUITS €€

RD58
✆ 04 66 73 51 58
www.roulotte-camargue.fr
A partir de 650 € la semaine pour 4. Roulottes : 110 € la nuit.

Monique Vila vous accueille toute l'année avec deux gîtes et deux roulottes (4 personnes) sur un terrain de 40 ha enchâssé dans les vignes. Pas de style particulier, mais l'ambiance est cosy et le confort au rendez-vous. Dès le mois de mai, la piscine est ouverte est les pensionnaires en profitent. Proche des plus belles balades et visites, à proximité des plages du littoral, le Grand Puits possède de véritables atouts. Et qui n'a pas rêvé de dormir une nuit en roulotte ?

LE GRAU-DU-ROI ★

Entre la Provence et le Bas-Languedoc, à l'extrémité sud d'une terre qui borde la Petite Camargue, Le Grau-du-Roi est un fabuleux mélange de traditions méditerranéennes au terroir pittoresque et d'échanges culturels impulsés par les affluences touristiques. Le Grau-du-Roi est l'unique débouché marin du Gard, merveilleux petit port de pêche qui a conservé un visage enchanteur et authentique. Le Grau-du-Roi, pour les Gardois, les Vauclusiens, certains Montpelliérains et même certains Lyonnais, est synonyme de dimanche en famille ou entre amis au bord de l'eau. Une ville de bord de mer qui se laisse conter à toutes les saisons. On réserve ?

ARÈNES

3, Route d'Aigues-Mortes – Quai Colbert
✆ 04 66 51 12 12
www.arenesdugrauduroi.com
Ouverture selon l'organisation des manifestations, courses, concerts, spectacles. Programme complet en ligne.

Voici de belles arènes où le taureau est roi. En saison, une riche programmation est proposée aux Gardois et aux touristes curieux de découvrir les coutumes locales. Lors des courses camarguaises, on y admire l'été des taureaux qui peuvent se révéler dangereux pour ceux qui méconnaissent la puissance de la bête, même si cette dernière a les cornes « emboulées ». Les raseteurs font le show, mais attention, c'est un vrai sport qui demande une réelle maîtrise des gestes et aucune appréhension face à la bête. Sensations garanties !

BABYLAND

Avenue du Palais-de-la-Mer
✆ 04 66 53 30 03
www.babylandparc.com
Février à juin et de septembre-novembre 14h-19h le mercredi, le week-end, les jours fériés et les vacances scolaires.

Enfin un parc d'attractions réservé aux tout-petits ! Ici, pas de risques, tout est aménagé à leur taille et pour leur sécurité. Vu de l'extérieur, il ne paie pas de mine, mais à l'intérieur, il regorge d'animations amusantes : des pataugeoires, des manèges en pagaille, des trampolines, des motos, des autos électriques, etc. Mais l'attraction la plus attractive du parc est la rivière « duo rate ». Voilà un gros manège, à la manière d'un Watter Chute, qui éclabousse pour offrir encore plus de délire dans l'eau. En plus, il est unique en France.

LUNA PARK - AMIGOLAND

201, route de l'Espiguette
✆ 04 66 51 71 54
Ouvert tous les jours dès 20h30 en juillet et août.

Cet espace est le temple du jeu et de l'amusement par excellence ! Incontournable si vous passez vos vacances dans la région en compagnie de vos enfants, ce grand parc d'attractions a des allures de foire du Trône : un grand huit pour les sensations fortes, des motos folles dans un tube de la mort pour les apprentis-pilotes de course, mais aussi des jeux d'eau et plus classiquement des flippers et des jeux vidéo. Luna Park Amigoland a aussi l'avantage de fermer très tard et de disposer d'un vaste parking gratuit et surveillé.

PLAGE DE L'ESPIGUETTE ★

Route de l'Espiguette
www.letsgrau.com
Avril à octobre parking des Baronnets payant. Journée : 7€/voiture. camping-car/15€. Demi-journée/abonnement possibles.

Cette plage de sable fin, à l'orée de la Petite Camargue, forme l'extrémité d'un immense banc de sable. Elle fait partie du Grand Site de la Camargue gardoise. Ce paradis est l'une des plus belles et des plus sauvages plages de Méditerranée. Mais attention, une centaine de mètres de dunes à parcourir, avant de pouvoir prétendre aux 10 km de sable fin qui longent la mer. A l'ouest du rivage, vous atteindrez la partie réservée au naturisme. Il est judicieux de prévoir dans son sac un spray antimoustiques, surtout si posez votre serviette à proximité des dunes.

MARCHÉ BIO ET DES PRODUCTEURS

Avenue Maréchal Juin
Marché bio local, tous les vendredis de 8h à 12h. Front de mer. Rive gauche.

Le vendredi matin, les producteurs des environs du Grau-du-Roi s'installent en front de mer pour le marché hebdomadaire. Du poisson à l'huile d'olive en passant par le vin ou le fromage, il est réservé aux producteurs des exploitations voisines souvent « bio ». Les produits sont frais, 100 % locaux. De très nombreux restaurateurs viennent y chercher les bases des plats colorés et parfumés qu'il proposent sur leurs cartes. Et puis il y a cette ambiance des marchés de la Méditerranée ! !

SEAQUARIUM ★★

Avenue du Palais-de-la-Mer
✆ 04 66 51 57 57
www.seaquarium.fr
Haute saison ouvert tous les jours de 9h30 à 23h30. Adulte : 15 €. Enfant de 5 à 15 ans : 11 €.

Le Seaquarium du Grau-du-Roi s'étend sur 2 400 m^2 et regroupe plus de 200 espèces de poissons de Méditerranée et tropicaux, des requins, des tortues, des phoques et des otaries. Le requinarium à lui seul se déploie sur 1 000 m^2 et deux niveaux. On peut y voir évoluer 25 espèces de requins dans mille mètres cubes d'eau de mer. Avec un bassin géant qui accueille les mammifères marins, le tunnel aux requins, l'amphithéâtre panoramique, l'observatoire sous-marin et une muséographie diverse, complète et moderne, vous voici plongés dans l'univers marin.

Le Grau-du-Roi.

SITE CLASSÉ DE L'ESPIGUETTE

Ouvert toute l'année. Gratuit. En été parking payant.

Grand Site de France, la Camargue gardoise s'attache à concilier l'accueil d'un grand nombre de visiteurs et la préservation de l'esprit des lieux. Au sein de cet espace classé, il est un joyau remarquable : le site de l'Espiguette avec des formations littorales uniques sur la côte méditerranéenne française. Sur près de 10 km de long et 2 km de large, s'étend une succession de dunes d'âge variable, allant des dunes vives proches de l'actuel littoral aux dunes fossiles situées sur d'anciens cordons et dont la plupart a été nivelée pour permettre leur mise en culture. Les dunes de l'Espiguette constituent sans aucun doute l'un des plus beaux écosystèmes dunaires de Méditerranée septentrionale. Il s'agit d'un habitat naturel refuge d'espèces végétales et animales spécifiques à ce milieu sableux difficile, très sec et salé. On observe des dunes mobiles non végétalisées de type saharien (barkanes), des dunes blanches à oyats ou des dunes à genévrier de Phénicie en allant vers le massif des Baronnets. La montée du niveau de la mer malmène ces fragiles édifices naturels. Des programmes de consolidation ou de reconstitution sont menés notamment à l'aide de barrages de piquets de bois qui piègent le sable, les « ganivelles » que l'on retrouve sur l'ensemble du littoral de Camargue et du Golfe du Lion. On trouve aussi des dunes boisées au niveau du Phare de l'Espiguette avec des pins pignons à la limite occidentale de leur aire de répartition.

OFFICE DE TOURISME DU GRAU-DU-ROI

Villa Parry
✆ 04 66 51 67 70
www.letsgrau.com
Ouvert tous les jours toute l'année.

L'Office de tourisme met à disposition tout ce qu'il faut savoir à propos de la vie sociale locale : l'hébergement, les sorties, les loisirs, les foires, les loisirs et les salons ou autres manifestations culturelles de Grau-du-Roi et des contrées environnantes. Terre de festivals, de gourmandises et d'animations en tout genre, la ville se prêtera à toutes sortes d'aventures et de découvertes, autant ne pas les louper et vous renseigner à l'office dès votre arrivée.

CAMARGUE AUTREMENT

1745, route de l'Espiguette
✆ 04 30 08 52 91
www.camargue-autrement.com
Qualité Sud de France. Ouvert toute l'année. Sur réservation. Chèque Vacances. Visite guidée.

La Camargue Autrement c'est la Camargue version safari ! Vous sillonnerez le territoire hors des sentiers battus en 4x4 à toit ouvert, à la découverte de paysages et d'une faune sauvage pour faire le plein de sensations fortes. Au programme, des escales chez les producteurs locaux pour des dégustations. A noter que, dans une optique de sauvegarde de l'environnement, Camargue Autrement compense ses émissions de CO_2 auprès d'un programme solidaire. Partez donc en safari en 4x4 au pays des chevaux, des taureaux et des flamants roses sans culpabilité.

CATAMARAN PICARDIE

Embarquement : Quai Colbert ✆ 06 32 37 87 03
www.catamaran-picardie.com
Circuits pêche le matin, visite des ports, visite des côtes à la voile, visite des marinas de Port Camargue.

S'offrir une balade en mer ou une partie de pêche sur un catamaran aux équipements exceptionnels, c'est possible. Tout est réuni pour vous apporter bien-être et détente au cours d'une sortie à la voile ou à moteur selon la météo du moment. Tous les matins, le *Picardie* vous emmène pour une partie de pêche. En fin de matinée, une visite des ports, de la Grande Motte et des marinas de Port Camargue, est également au programme. L'après-midi est dédié aux visites des côtes. Des croisières plus longues, à thèmes, avec escales, font partie des excursions du catamaran.

ESCAPADES GUIDÉES

381, avenue du Palais-de-la-Mer
✆ 06 78 03 87 07
www.escapades-guidees.com
Tous les jours et les jours fériés. Gratuit jusqu'à 5 ans. Adulte : 11 €. Demi-tarif pour les 6-14 ans.

Soizic Michel est une guide interprète nationale. Elle propose de vous faire découvrir les richesses de notre patrimoine régional et ses joyaux culturels. Vous pourrez participer à des visites programmées ou proposer votre propre programme et avoir un guide pour vous seuls, en couple, en famille, en association ou en groupe. Les visites durent de 1 heure à 2h30 selon le circuit. Vous découvrirez Aigues-Mortes, depuis sa fondation par Saint Louis, le Grau-du-Roi, petit village pittoresque de pêcheur devenu un des plus grands ports de plaisance d'Europe.

PHIL LE GUIDE - CAMARGUE CÉVENNES PASSION

310, rue Folco-de-Baroncellli
✆ 06 07 75 38 94
Visites 7j/7, week-ends et jours fériés. Réservation en ligne. Tarifs complets sur le site.

Ce Guide-Transport Naturaliste et Culturel Indépendant du Pays vous transmettra sa passion pour l'authenticité et la diversité de la Camargue. Phil vous fera partager de manière divertissante un voyage dans ce territoire agrémenté de surprises et de haltes gourmandes, au son d'une musique traditionnelle, à la découverte de personnalités et villages historiques. Ceci à bord d'un véhicule tout terrain de qualité dont le toit ouvrable offre une vue panoramique hors des sentiers battus.

PORT DE PLAISANCE DE PORT-CAMARGUE

3, avenue du Centurion
✆ 04 66 51 10 45
Capitainerie ouverte toute l'année, tous les jours. Tarif escale à partir de 8 €/jr.

Port-Camargue, premier port de plaisance d'Europe, peut accueillir près de 5 000 bateaux en place à l'année, dont 2 761 en port public et 2 239 en marinas, ainsi que 200 places exclusivement réservées à l'escale. Faire une étape à Port-Camargue est simple, après avoir signalé votre entrée dans le port par VHF, les boscos vous guideront dès votre arrivée jusqu'à votre place. Une formidable étape ensoleillée où tout est prévu sur place pour que votre escale soit rayonnante.

PIERROT LE CAMARGUAIS

Centre commercial Port Royal ✆ 06 82 23 00 54
www.pierrot-le-camarguais.fr
La 1/2 journée : 39 €/adulte, 25 €/enfant. Journée et soirée camarguaise : 37 €, tous les jeudis soir en saison.

Derrière le surnom de Pierrot le Camarguais se cache un passionné de la région et de son histoire, Pierre Guiraud. Depuis près de quarante ans, cette figure locale parcourt la Camargue sauvage et permet aux visiteurs de découvrir cet univers enchanteur de manière amusante et passionnante. Il les embarque sur trois circuits de plus ou moins courtes durées (2h30, demi-journée et journée) à bord de son 4x4 à ciel ouvert. Cet aménagement permet de contempler toutes les richesses de la flore et de la faune environnantes tout en restant confortablement installé.

BON SÉJOUR** €€

1730, route de l'Espiguette
✆ 04 66 51 47 11
camping-bonsejour.fr
Emplacement + véhicule + 2 personnes de 13 € à 31 €. Mobil-homes pour 2 à 4 personnes de 220 € à 400 € la semaine.

Du confort, des animations et un séjour agréable : voilà ce qui vous attend. En plus, ce camping est situé au bord du lac Salonique, à deux pas de la mer et des plages de l'Espiguette. C'est pourquoi le camping Bon Séjour est certainement l'un des campings des plus compétitifs. Au Bon Séjour, on mettra tout en œuvre pour vous faire passer des vacances inoubliables. En juillet et en août, de nombreuses activités sont proposées aux estivants. Vous trouverez sur place un bar, un restaurant et un magasin d'alimentation générale.

GARE SNCF DU GRAU DU ROI PORT CAMARGUE

Avenue de la Gare
✆ 08 00 88 60 91
Basse saison lundi au vendredi de 10h-12h45 et de 13h45-18h. Haute saison tous les jours de 10h-12h45 et de 13h45-18h.

Le train est une manière de se faciliter les vacances et de rejoindre la Petite Camargue. Cette année, les plages, le Grau-du-Roi, les remparts d'Aigues-Mortes vous ouvrent leur univers pour une somme modique. La gare dispose d'un guichet ouvert tous les jours pendant la saison d'été (de mai à septembre). La station est fermée le samedi, le dimanche et les jours fériés. Il y a un parc à vélos et un parking à la disposition des usagers de la gare.

HÔTEL LE SPINAKER**** €€

Point du Môle
✆ 04 66 53 36 37
19 chambres, 11 suites. Mob. réduite 115/177€. Standard 130/190€. Junior 185/270€. Prestige 220/325€. Petit-dej 22€

Véronika et Patrick THIERRY, vous accueillent depuis 2016 au Spinaker, hôtel 4 étoiles qui s'impose fièrement dans les marinas de Port Camargue. La rénovation est superbe, grâce à Véronika (architecte d'intérieur) et Patrick (promoteur en gestion des travaux). Un bar à huîtres flottant (PIER 21), 30 chambres décorées avec raffinement, un bar longe (The DECK) et sa carte de 60 rhums, soirées musicales. Piscine, Spa, Sauna. Une cuisine directement ouverte sur le restaurant. Nul besoin d'aller au bout du monde, cet endroit magique vous transportera ailleurs.

HÔTEL LES ACACIAS** €€

21, rue de l'Égalité ✆ 04 66 51 40 86
www.hotel-les-acacias.fr

Chambre double de 66 € à 101 € ; chambre triple de 84 € à 122 €. Petit déjeuner buffet : 11 €. Lit supplémentaire.

Vieux de plus de cinquante ans cet établissement est aujourd'hui complètement rénové. L' hôtel classé en deux étoiles, propose des chambres modernes climatisées et confortables. Certaines d'entre elles bénéficient d'un balcon donnant sur une rue paisible. Cela vous donnera sans nul doute l'impression d'être dans un village balnéaire alors que vous êtes dans une cité très fréquentée. Vous apprécierez certainement la proximité du port, des commerces, et de la plage à 80 mètres tout en bénéficiant d'un environnement calme garant d'un sommeil réparateur.

LE SOLEIL** €€

2070, route de l'Espiguette
✆ 04 66 51 50 07
www.camping-soleil.com

Emplacement + véhicule + 2 personnes de 13 € à 23 €. 34 mobil-homes pour 4 à 6 personnes de 200 € à 550 € la semaine.

Quoi de plus confortable, après une journée prolifique en visites touristiques, que de se prélasser à l'ombre des pins et des peupliers, de profiter sur une terrasse du crépuscule à la nuit tombée ? En effet, vous serez au bon endroit au camping Le Soleil situé au Grau-du-Roi dans le sud de la France... En famille, avec un minimum de confort, à deux pas (ou à peine plus) du sable fin de l'Espiguette. Soleil, sable, mer : un vrai dépaysement, près de la Méditerranée, même pour les Graulens et autres Gardois ! Bonnes vacances !

L'ESPIGUETTE*** €€€

Route des Plages
✆ 04 66 51 43 92
www.campingespiguette.fr

Ouvert du 27 mars au 31 octobre 2021. Tarifs complets en ligne. Emplacement à partir de 12 €.

Le camping de l'Espiguette, ce sont 42 ha aménagés en un vrai petit village estival. Les superbes plages de l'Espiguette sont directement accessibles à pied ou en navettes gratuites. Tout est organisé pour que vous puissiez passer les meilleures vacances possibles : commerces, infrastructures ludiques adaptées aux grands et aux tout-petits. Terrain de boule, Baby Beach, espace de jeux aquatiques pour toute la famille. Enfin, sachez que le site est ombragé et la sécurité très bien assurée (précieux !). Bref l'endroit idéal pour des vacances de rêve.

OUSTAU CAMARGUEN*** €€€

3, route des Marines
✆ 04 66 51 51 65
www.oustaucamarguen.com

Ouvert de fin mars à début novembre. Chambres à partir de 88 €.

Flottant entre terre et mer sous un ciel azur, Oustau Camarguen est le cadre rêvé pour recharger ses batteries. Proche du port de plaisance, et à 800 m de la plage, vous plongerez dans les bras de Morphée dans l'une des chambres proposées par l'établissement. Un petit-déjeuner savouré à l'ombre des oliviers et des pins parasols égayera votre matinée. Hammam, bain à bulles, piscine ou plage satisferont les amateurs de farniente. Côté restaurant, la maison propose une carte et des menus aussi variés que soignés, réalisés avec des produits frais de la région.

SPLENDID HÔTEL CAMARGUE*** €€€

21, boulevard Maréchal-Juin ✆ 04 66 51 41 29
www.splendid-camargue.com

Ouvert toute l'année. 51 chambres à partir de 70 €. Petit déj 12 €. Labels Sud de France et Tourisme & Handicap. Parking.

En petite Camargue, le Splendid Hôtel Camargue est situé en bord de plage. Ses 51 chambres lumineuses et spacieuses offrent tout le confort moderne. Connu pour son excellent emplacement, les chambres sont avec vue sur front de mer ou sur les toits du Grau-du-Roi, les Salins du Midi et au loin la ville d'Aigues-Mortes. L'établissement est le lieu idéal pour des vacances en famille ou des séminaires. L'accueil et le service sont irréprochables et rendront votre séjour bien agréable.

L'IMPRÉVU €

1291, avenue de La-Camargue
✆ 06 74 75 92 49

Ouvert tous les jours le midi et le soir. Plat du jour (le midi) : 9,90 €. Menu midi 13 €. Menu soir 14,50 €.

Petit restaurant-pizzeria au bord de l'avenue de Camargue repris il y a quelques années par Olivier Q. Dumas, un Marseillais qui a eu un vrai coup de cœur pour la région, l'Imprévu propose des tarifs attractifs et des plats simples, mais de bonne facture : brochette de bœuf, filet de lieu noir, île flottante, brownie, mousse au chocolat, tarte aux pommes... En entrée, on appréciera le buffet Tatin. Le choix à midi est un peu restreint (2 à 4 plats), mais toujours très bon et c'est ça l'essentiel ! Tout est à l'ardoise, que ce soit la carte ou le menu.

L'ENCIERRO €€

46, rue des Combattants
✆ 04 66 88 39 96
lencierro.com
Haute saison : tous les jours le midi et le soir. Réservation recommandée. Menus de 14,50 € à 30,90 €.

© ADRIENBRAGER

Installé à deux pas du littoral, cet excellent restaurant est spécialisé dans le terroir et plus précisément dans la viande de taureau AOP camarguaise. Elle se découvre grillée à la plancha, en tartare, en saucisse, en pavé ou encore sous forme de gardiane, préparation récompensée d'une médaille d'or Militant du Goût en 2020. Ces recettes sont accompagnées de frites maison, de riz camarguais ou de la ratatouille réalisée par Audrey. La carte réserve également une belle place au poisson, d'ailleurs la plancha de la mer est la deuxième spécialité de l'adresse.

LA TABLE DES GARDIANS €

2, place de la République
✆ 06 08 24 90 99
Ouvert tous les jours jusqu'à fin septembre. Ouverture mi-avril. Formule entrée-plat ou plat-dessert à 14,90 €.

Certes il s'agit d'un autre restaurant place de la République ou place du marché, peut-être. Mais cette fois, c'est un professionnel du taureau qui propose de la viande de la Manade à l'assiette. Jean-Luc Chatelier, gardian du Mas de la Comtesse connaît le Taureau élevé dans sa région. Il achète la bête entière dans les manades et les emmène directement à l'abattoir. Son souci, ne pas avoir d'intermédiaire et être sûr d'avoir dans l'assiette la pièce qu'il a choisie. Pouvoir partager son amour des produits du terroir avec l'aide de sa femme.

TRAITEUR LE PAPAYOU €

Centre commercial Port Royal
✆ 06 36 20 07 99
Ouvert tous les jours et les jours fériés. Accueil des groupes. Chaises bébé. Terrasse. Vente à emporter.

David Pasteur concrétise un projet personnel et professionnel lui tenant à cœur : Un traiteur pas comme les autres, le Papayou. Dans la tradition et le savoir-vivre d'une cuisine qui réside dans les spécialités de poissons et de fruits de mer. Vous profiterez de l'ombre, à quelques mètres du soleil de bord de mer pour déguster un plateau d'huîtres accompagné de vin blanc pour un moment convivial. Une ambiance simple sur place avec une vingtaine de couverts et la possibilité de déguster des moules-frites maison aux sauces multiples.

L'AQUARIUM €€

Quai Colbert
✆ 04 66 51 91 98
Ouvert tous les jours le midi et le soir. Réservation recommandée. Carte : 30 € environ. Spécialités de fruits de mer.

Qu'il est apaisant de se restaurer en regardant les bateaux des pêcheurs locaux rentrer au port paisiblement ! Grâce au ponton qui offre une vue directe sur le port, vous aurez déjà les mille parfums de la Méditerranée qui viendront éveiller votre appétit. Une fois sur place, L'Aquarium se chargera de vous régaler de superbes plateaux de coquillages dont le contenu évolue en fonction de la saison et des arrivages. Un conseil futé, réservez une table où venez très tôt, car la terrasse est prise d'assaut par les habitués, parfois venus de très loin.

BAMBOO BEACH €€

Boulevard du Docteur-Jean-Bastide
✆ 04 66 53 04 12
www.bamboobeach.fr
En saison, de 9h à 1h du matin. Transat à la journée dès 12 €. Restaurant ouvert du 1er avril au 30 septembre.

Sur la plage du Boucanet, la paillotte Bamboo Beach ouvre ses portes début avril et les referme fin septembre. Réputée pour ses soirées endiablées en juillet et août, vous serez conquis par la qualité de ses prestations. Réservez votre transat et lézardez au soleil, puis entre deux baignades, dégustez un cocktail, profitez du restaurant pour grignoter un bout : vous garderez alors en souvenir les planchas de poissons frais ou les parilladas de seiches ! Vous pourrez aussi faire une séance de paddle, et voguer sur les flots avant de revenir sur le sable chaud.

LE CAPRISKA €€

1160, boulevard du Boucanet ✆ 04 66 53 42 88
www.restaurant-lecapriska.com
Basse saison du jeudi au mardi le midi ; du jeudi au samedi le soir. Haute saison tous les jours le midi et le soir.

On trouvera bien peu de choses négatives à reprocher à ce restaurant. La carte propose un large éventail de choix dans les entrées, les plats et les desserts. Carole et son mari Gaël, présents au Grau depuis plus de dix ans, offrent une cuisine raffinée et artisanale optimisée pour vos papilles. Leurs assiettes, faisant remonter de délicieux effluves méridionaux tant de la mer que de la terre, sont exclusivement dressées à base de produits frais. Spécialisé dans le poisson, le homard, la Saint Jacques et le foie gras, on attend son assiette avec impatience.

LE COMPTOIR DES VOILES €€

3, quai Bougainville
✆ 04 66 51 66 67
Hors saison, ouvert tous les jours le midi et du jeudi au dimanche soir. Menu enfant : 8,50 €. Menu à 18 €

C'est une cuisine du marché essentiellement tournée vers la mer que nous propose Clément Vassallo. Ce cuisinier s'est fait les griffes dans quelques grandes tables comme le Jardin des sens à Montpellier, ou le restaurant Antoine à Paris, avant de monter en juin 2016 ce restaurant face au plus grand port de la Méditerranée. Les suggestions ou la carte se font à l'ardoise afin de s'adapter à l'arrivage des produits du marché. Les grands classiques de la mer sont proposés, la dorade de Méditerranée, la seiche, la friture, les sardines et bien d'autres...

LE DAUPHIN €€

48, quai du Général-de-Gaulle
✆ 04 66 53 91 44
www.restaurantledauphin.fr
Menu à partir de 24 €. Fermé de décembre à février.

Ce joli restaurant sur le port régale ses convives des poissons tout juste remontés des filets par le père, chalutier du Grau-du-Roi. Et c'est à cet endroit précis que l'on cultive un savoir-faire culinaire depuis des générations. Le fils, aux commandes en cuisine, travaille le menu du jour selon les arrivages offerts par la mer. Poulpe à la plancha, marinade de muge de mer, tranche de thonine, les saveurs méditerranéennes sont à l'honneur et on apprécie ! Une sympathique adresse à ne manquer sous aucun prétexte lors de votre passage au Grau-du-Roi.

AUX DÉLICES DE LA MER €€

Rond-Point du Trident
✆ 04 66 51 35 05
Tous les jours le midi et le soir. Octobre à février : fermé du lundi au mercredi. Réservation recommandée.

C'est toujours un privilège que de s'installer ici. Ce restaurateur s'approvisionne tous les matins à la criée du Grau-du-Roi, c'est dire si la fraîcheur est garantie. La carte suit donc les fluctuations de la pêche et propose les poissons de saison, uniquement des poissons de Méditerranée bien entendu, avec toujours en premier prix les sardines et ce jusqu'au plus onéreux et plus rares turbots, une des spécialités de la maison qui accommode cette chair blanche et fragile d'un beurre d'échalote et de coquillages grillés. Bon appétit !

LE BISTROT DU PORT €€

13, quai Pérouse
✆ 04 66 53 09 03
Suggestions à l'ardoise. Midi et soir. Prix moyen à la carte, 25 €.

© ADRIENBRAGER

Installé sur le quai, ce restaurant propose une cuisine typique méditerranéenne tournée vers les produits de la mer. Si vous êtes amateur de poisson, vous dégusterez la parillada royale ou la cassolette de poisson en bouillabaisse. Côté viande, vous goûterez à la gardiane ou à la côte de taureau. Pour faire simple, il y en a pour tous les goûts et l'excellence est au rendez-vous. Aux beaux jours prenez place sur la terrasse ombragée, bercée par le cliquetis des gréements. Hors saison vous profiterez de la véranda chauffée avec vue sur le port.

L'ASSIETTE AMOUREUSE €€

11, rue Victor-Granier
✆ 04 66 53 88 46
Ouvert du 1er avril au 30 septembre tous les jours à midi sauf le mercredi. Ouvert midi et soir juin, juillet et août.

Babeth et Jean François ont l'assiette amoureuse et des cœurs partout dans leur petit restaurant près de la place du marché. Ils aiment particulièrement travailler les légumes frais ; la viande et le poisson sont un prétexte pour mettre en valeur les végétaux qu'ils cuisinent de 4 à 5 manières différentes. Leur talent est tel que vous allez être étonnés de la farandole de légumes qu'ils proposent. A découvrir : poisson pêché le matin même par un chalut graulen accompagné de jeunes pousses d'épinard, de riz de Camargue, d'aubergines avec son petit coulis de tomate.

MAISON MÉDITERRANÉENNE DES VINS

Domaine de l'Espiguette ✆ 04 66 53 07 52
www.maisondesvins-lespiguette.com
Magasin ouvert 7/7 jours, sauf du 1er au 15 janvier, le 1er mai et le 25 décembre.

Sur cette route du bout du monde qui mène à l'une des plus belles plages sablonneuses de la Méditerranée, la Maison Méditerranéenne des Vins vous offre un éventail très large parmi les 15 000 produits dont 3 000 références uniquement en vin. Ici, les cavistes sauront vous conseiller parmi les centaines de références de l'arc méditerranéen, La maison ce sont aussi tous les autres produits du terroir tels les huiles d'olive délicates et fruitées, miels, fleur de sel, riz de Camargue...

LE PATIO DE LA MER €€

794-830, Rue Folco de Baroncelli
✆ 04 66 51 79 30
www.patiodelamer.com
Basse saison : du mardi au dimanche 9h30-18h. Haute saison : tous les jours de 9h30 à 1h. Menus de 18,90 € à 29,50 €.

Dans le Seaquarium, on est surpris par le patio exotique où règne une ambiance estivale et zen avec son mur d'eau. L'équipe a su se diversifier pour développer son activité : avec le bar musical, les cocktails et les variétés de glaces, il y en a pour tous les goûts. Dans une salle tamisée aux couleurs chaudes, le chef Julien Stéphani déploie son art de la cuisine méditerranéenne. En entrée, foie gras poêlé ou salade variée, en plat principal, bar entier, tartare de thon, pavé de morue royale en aïoli, ou seiche à la plancha sont à l'honneur.

LE PROVENÇAL €€

45, rue des Anciens-Combattants
✆ 04 66 51 41 68
Ouvert toute l'année. Menu du chef à 18,90 € comprenant entrée, plat, dessert. Menu gourmand 30,90 €.

Le Provençal c'est aussi une bonne adresse au Grau du Roi. Arrêtez-vous pour une pause déjeuner ou réservez un diner. On se sent très rapidement comme à la maison. Et si vous choisissez de vous attabler dans le patio vous serez transportés loin du tumulte et retrouverez l'esprit du Sud. Il règne dans ce lieu apaisant une atmosphère empreinte de zénitude. Les pierres apparentes créent le charme et participent au romantisme des lieux. Le restaurant propose une cuisine exigeante conjuguant la tradition provençale et la modernité.

AU PETIT BONHEUR €€

6, avenue Frédéric-Mistral
✆ 04 66 58 00 57
Basse saison : ouvert du mardi au dimanche le midi et le soir. Haute saison : tous les jours le midi et le soir.

Au bout de la promenade de palmiers sur la surface gazonnée de la rue Frédéric Mistral, le long du golfe azuré graulen, se niche un petit restaurant à la décoration claire et moderne avec une vue imprenable sur la grande bleue. Vous vous installerez confortablement dans la petite salle largement ouverte par de grandes baies. Le long de la terrasse, les quelques tables avec vue sur la mer sont très prisées. Vous vous régalerez avec la spécialité du chef qui propose une symphonie de poissons frais et de coquillages. Bon appétit !

RESTAURANT LE SPINAKER €€

Voie de la pointe du Môle
✆ 04 66 53 36 37
www.spinaker.com
Avril à décembre. Réservation conseillée. Bar à huitres 18€/6p, tapas. Carpaccio St Jacques 26€, Menu 55€, enfant 19€.

Depuis 2019, Damiens Cousseau est aux commandes d'une cuisine inventive et raffinée, comme sur le pont d'un bateau, sans voiture, sans bruit. Vous pourrez déguster des huîtres sur le bar flottant, des tapas, des carpaccios de St-Jacques, des plateaux de fruits de mer, sans oublier les menus plus classiques et enfants. Des soirées à thèmes, ou musicales rythmeront vos soirées. Vous pourrez commander des assiettes apéritives, et déguster l'un des très nombreux rhums proposés sur la carte, installés sur de confortables transats au bord de la piscine.

RESTORO €€

520, avenue du Palais-de-la-Mer

✆ 04 66 51 02 56

Ouvert le lundi midi et du mercredi au dimanche midi et soir.

Ce restaurant situé au Grau-du-Roi, dans le sud de la France, bénéficie d'un emplacement de choix, à l'angle de deux rues et en face du Seaquarium. Tout est à la carte, à des prix raisonnables, et les tapas règnent en maître. Mais la spécialité de la maison Restoro, ce sont les moules pêchées au port avec un kilo présenté dans un plat creux en forme de grosse moule accompagné de bonnes frites. L'après-midi l'endroit devient glacier. Ce restaurant ne désemplit pas, c'est une référence du Sud ! Bonne dégustation et bon appétit !

GLACES MAISON

5, boulevard du Maréchal-Juin

✆ 06 85 26 98 29

Durant la haute saison ouvert tous les jours de 10h à 23h30.

Vue sur mer, prix attractifs et parfums enivrants, cet établissement mérite son succès. Décrite comme « le meilleur glacier du Grau-du-Roi », la boutique est tenue par Guillaume Thevenin depuis 4 ans. Pour lui un seul mot d'ordre : faire du bon avec de l'excellent. Il réalise une quarantaine de glaces maison, à l'aide de produits naturels (vanille Bourbon, pistaches de Sicile, chocolat Valrhona...), qui sont fabriquées dans l'atelier attenant à la boutique et certains incontournables comme la coco, la chocolat ou la myrtille restent à l'affiche toute l'année.

LE SAINT-PIERRE €€

Quai Christian-Gozioso

✆ 04 66 53 20 90

Menu à partir de 22 €. Carte. Plateaux de fruits de mer.

Face au port de pêche et aux chalutiers harcelés par les mouettes, le Saint-Pierre attire par ses jolies couleurs blanches et bleues. Christophe Perrier est à la barre et mène sa barque tout en nuances, avec en toile de fond, la préservation des saveurs des produits ultra frais qu'il aime à travailler. Le plateau de fruits de mer est bien évidemment un incontournable, mais les spécialités de poisson varient au gré des saisons et des arrivages de la pêche. La faveur de la carte est à la mer bien entendu. C'est Byzance à la table, et on apprécie !

RÔTISSERIE PROVENÇALE

8, avenue Jean-Lasserre

✆ 04 66 51 53 27

www.larotisserieprovencale.com

Basse saison : ouvert tous les jours de 7h à 12h30 et de 16h à 19h30. Haute saison : tous les jours de 7h à 20h.

Installée au centre commercial 2000 de Port-Camargue, la Rôtisserie Provençale est née en même temps que le centre commercial en 1975. M. Guillaumon, le propriétaire, était apprenti chez ses parents. Aujourd'hui, sa réputation est faite par la qualité de ses viandes en provenance de l'Aubrac ; ces viandes présentent une qualité, une traçabilité et un contrôle à toutes les étapes. Des pratiques naturelles et authentiques doublées d'un contrôle précis permettent de procurer à la « fleur d'Aubrac » la chair la plus fine et la plus goûteuse des viandes rouges.

LE FRIAND II

Centre Commercial Port-Royal

✆ 04 66 51 54 01

En semaine : ouvert de 6h30 à 13h et de 15h à 20h. Le week-end : non-stop de 6h30 à 20h.

A la Réunion, le grand-père vendait des petits sablés, puis il acheta une boulangerie-pâtisserie. En 1977, le Friand de la Grande Motte était né, avec un développement rapide. En 1990 Jean-Yves, un de ses deux fils, monte le Friand II au Grau-du-Roi. Il décède accidentellement et c'est sa fille Émilie, après un apprentissage intensif, qui reprend l'affaire en 2006. Émilie a hérité de son grand-père et de son père la rigueur, le travail et la même exigence. Tout est fabriqué sur place : macarons, chocolats, pains de toutes sortes, et un éventail de fougasses.

ABRIVADO RANCH

1655, route de l'Espiguette

✆ 04 66 53 01 00

Ouvert toute l'année, et tous les jours. Balades à cheval : 20 €/1h. 35 €/2h. Sunset balade 40 €.

60 chevaux, dans ce centre pour vous accompagner lors de balades entre plage et marais. Outre son activité d'école de monte et de poney club à l'année, ce centre propose : Terres de Camargue : balade de 1 heure avec 3 départs dans la journée. Plages et dunes : tous les jours à 9h et 17h et matinées sportives (cavaliers maîtrisant les 3 allures) le samedi à 8h30. Si vous êtes un cavalier expérimenté, préférez le printemps ou l'automne, car vous ferez des randonnées plus sportives, dans une nature renaissante ou aux couleurs fauves de l'arrière-saison.

AVENTURE MINI-GOLF

675, avenue du Palais-de-la-Mer
✆ 04 66 51 44 29
www.aventureminigolf.com
Fermé en janvier. Juillet-août de 10h à minuit. Le reste de l'année, les après-midi. Adulte 9 €, enfant 7 €.

Si vous rêvez d'un moment de détente en famille ou avec des amis dans un lieu paradisiaque, c'est à l'Aventure Mini-golf qu'il faut aller. Les trois parcours de 18 trous vous feront découvrir un jardin tropical de 6 000 m². Les parcours se déroulent dans des ambiances différentes : l'un est vallonné, l'autre grimpe sur les hauteurs d'où vous avez une vue panoramique jusqu'à la mer. L'été, vous profiterez des coins ombragés et de l'eau qui vous rafraîchira, mais c'est le soir que les paysages éclairés donneront l'impression d'être dans un monde merveilleux.

ECOLE DE LA MER

Avenue du Centurion
✆ 04 66 51 47 92
Secrétariat d'avril à octobre de 9h à 12h et de 13h30 à 17h. Ouvert tous les jours en juillet et août.

Avis aux amateurs et professionnels de voile, de kitesurf, de paddle… L'école de la mer, immense vaisseau blanc inauguré en 2018 pour répondre au mieux aux besoins des stagiaires. L'association depuis plus de 20 ans met à la disposition de tous les apprentis navigateurs, riders ou experts du matériel adapté.

Le village sportif est attenant à la base nautique. Il fait face à la cale de mise à l'eau des catamarans et optimist, au ponton UCPA pour rejoindre en bateau les spots de kitesurf, et se situe à 200 mètres de la Plage-Nord et à proximité des commerces.

L'ÉCURIE DES DUNES

1745, route de l'Espiguette
✆ 04 66 53 09 28
www.ecuriedesdunes.com
Ouvert toute l'année. 19 € la promenade d'une heure ; 10 € pour les enfants en selle biplace ; jusqu'à 60 € la matinée.

L'écurie des Dunes est avant tout un centre équestre agréé par la Fédération française d'équitation. Vous pouvez y prendre des cours à l'année ou suivre des stages de monte pendant les vacances, ou encore inscrire vos enfants à des stages de poney club. Mais l'écurie des Dunes, c'est aussi un centre bien placé sur la route de l'Espiguette, entouré de campings et de centres de vacances. Alors pourquoi, pendant vos vacances, ne pas en profiter pour aller visiter l'écurie des Dunes et y découvrir un centre équestre typique de la région.

THALAZUR PORT-CAMARGUE

Route des Marines
✆ 04 66 73 60 60
http ://port-camargue.thalazur.fr/
Formule à partir de 99 €/pers. Chambre hôtel à partir de 99 €. Soin en thalasso à partir de 46 €.

C'est dans un cadre préservé, entre dunes et jardins, que se trouve l'institut de thalassothérapie Thalazur Port-Camargue. Pour une semaine ou un week-end, vous aurez le choix entre plusieurs cures : une remise en forme avec des jets sous-marin, des bains hydromassants, de la pressothérapie ; une cure minceur avec des soins individuels d'hydrothérapie, des enveloppements, des soins remodelant, etc, le tout encadré par des professionnels pour une grande sérénité. Appréciez aussi un séjour à l'hôtel Les Bains de Camargue : luxe et volupté en Méditerranée.

VOILE MED

Rue de l'Altier
✆ 06 20 80 08 72
www.voilemed.com
Fermé de novembre à mars. Sorties en mer à partir de 50 €/pers.

Allez hop moussaillons ! Vous allez, pendant quelques heures, pouvoir vivre votre rêve de navigateur. Au départ de Port-Camargue vous pourrez participer à des sorties de quelques heures à une journée. L'été vous pourrez assister au coucher de soleil depuis le bateau. Avec Voile Med, skippez un grand catamaran, participez aux manœuvres à bord, offrez-vous une croisière en voilier, et vivez des heures intenses de sensations de liberté sur les flots de la belle bleue. En famille ou entre amis, de fabuleux moment à partager au départ du Grau-du-Roi.

WINDSURF PARK

Base nautique du Ponant
✆ 06 07 54 37 80
Fermé de novembre à avril. Cours dès 6 ans.

Pour découvrir Le Grau-du-Roi sous un autre angle que la terre ferme, direction la base nautique du Ponant pour voir la baie d'un Grau flamboyant et vivant, la terre vue de la mer et des voies fluviales. Le leitmotiv du Windsurf Park c'est détente, expérience et partage. Vous pouvez louer catamaran, kayak de mer, windsurf, stand up paddle pour une heure ou plus et découvrir en famille les multiples plaisirs de l'eau (à partir de 6 ans). Des moniteurs diplômés d'Etat vous encadreront et vous initieront aux joies de la glisse sur l'eau.

CASINO FLAMINGO

100, route de l'Espiguette
✆ 04 66 53 40 95
Ouvert toute l'année. Du dimanche au jeudi 10h-3h, le vendredi et le samedi 10h-4h. Les veilles de jours fériés 10h-4h.

Le Casino Flamingo est un complexe hors du commun qui associe un bar, un restaurant, un casino avec une salle de 175 machines à sous régulièrement renouvelées, un espace grand jeu, une poker room, une salle de gala et un patio. Le casino organise régulièrement des soirées cabaret avec repas pour un prix très accessible. Que vous soyez de passage ou en vacances, vous trouverez ici un divertissement qui vous comblera. L'établissement dispose d'espaces et de prestations adaptés aux manifestations événementielles pour les particuliers comme pour les entreprises.

VAUVERT ★

Sises entre la Petite Camargue et les marais, Vauvert possède un coté sauvage très attirant. Ce coin de verdure offre une parenthèse de calme propice aux vacanciers qui souhaitent découvrir la Camargue à leur rythme. La ville connut son heure de gloire au Moyen-Age grâce à un sanctuaire dédié à Notre-Dame. De nos jours, c'est à Saint-Mamet, coopérative de fruits en conserve bien connue, que Vauvert doit sa renommée économique, ainsi qu'à son vin des Costières. Soulignons l'importance des traditions taurines et la richesse de la Réserve Naturelle du Scamandre, formidable témoin de la biodiversité camarguaise. Une jolie étape gardoise !

CENTRE DE DÉCOUVERTE DU SCAMANDRE ★

Route des Iscles ✆ 04 66 73 52 05
www.camarguegardoise.com
Mardi au samedi 9h-18h. Point info fermé entre 12h30/13h30. Visites guidées 6€ - enfant 3€. Label Tourisme & handicap.

Bordée par l'étang du Scamandre, la réserve naturelle régionale du même nom s'étend sur 215 ha. Vous aurez l'occasion d'observer les divers milieux naturels camarguais : étangs, roselières, prairies humides, lagunes, sansouïres et massifs dunaires, mais aussi tous les oiseaux protégés qui vivent là. Plusieurs parcours sont aménagés de manière à vous faire découvrir cette nature fragile. Des expositions permanentes permettent de mieux comprendre la richesse et la diversité de ce site.

TABLE D'ORIENTATION DE VAUVERT

Le Castellas
Accès libre toute l'année.

Au sommet de la colline du Castellas, sur le promontoire de la ville, la table d'orientation offre une vue imprenable sur les alentours. Sur tous les points cardinaux, les multiples sites aident à comprendre la situation intéressante de Vauvert : au sud, la vue s'étend jusqu'à la mer, tandis que vers le nord, on aperçoit la barrière des Cévennes avec le mont Aigoual. Par temps clair il arrive même qu'on distingue la silhouette des Pyrénées. Un lieu privilégié que l'on apprécie !

OFFICE DE TOURISME DE VAUVERT ET PETITE CAMARGUE

Place Ernest-Renan ✆ 04 66 88 28 52
coeurdepetitecamargue.fr
Ouvert le lundi et le samedi de 9h à 12h30 ; du mardi au vendredi de 9h à 12h30 et de 13h30 à 17h30.

L'office de Tourisme se situe dans une petite maison qui tranche avec le paysage urbain. On peut y trouver des adresses, des sites à visiter et se renseigner sur tout événement culturel en prévision de l'été. Porte d'entrée de la Camargue gardoise, le personnel de l'office de tourisme vous renseignera sur tous les moyens de profiter de cette nature. À pied, à cheval, en calèche, vous visiterez les manades, les domaines viticoles et tout ce qui donne son identité à ce pays unique.

DOMAINE DE SYLVEREAL

D58 Le Sablas
✆ 06 84 49 90 34
www.domaine-de-sylvereal.fr
Visites sur rendez-vous toute l'année ou les week-ends et jours fériés de mai à début septembre.

Ce domaine camarguais, à la fois manade et rizière, est une merveilleuse représentation de la région. De manière régulière et sur réservation, ses exploitants organisent des visites guidées en petit train ou en 4x4 afin de découvrir les activités caractéristiques de la Camargue. Adapté à toute la famille, ce moment permet d'en apprendre un peu plus sur les traditions locales et l'emblème du pays, le taureau. Ne manquez pas de faire un tour dans leur boutique où vous pourrez repartir avec des terrines de taureau ou du miel des marais, issus de leurs productions.

LE BARJONAUTE

282, rue Carnot
✆ 06 03 53 65 64
www.lebarjonaute.com
Ouvert toute l'année (en fonction de la météo). Location 1/2 journée : à partir de 30 € ; guidage à partir de 30 €.

Jean-Jacques Courrée est un globe-trotter qui a parcouru les grands espaces en voiture, à vélo et en voilier. Installé à Vauvert, il souhaite vous faire partager sa passion des barjomobiles ! Ces drôles d'engins ressemblent à des tricycles couchés que l'on conduit allongé sur le dos. Ces étranges vélos sont à louer à la demi-journée, et pour les plus courageux, à la journée ou pour plusieurs jours. Le Barjonaute vous propose des locations de trikes, version anglaise de ces barjomobiles. Vous pourrez louer sacoches et remorque pour vos randonnée de plusieurs jours.

AUTOUR D'UN OLIVIER €€

286, rue Victor-Hugo
✆ 06 86 96 65 48
www.autourdunolivier.com
Chambre double de 65 € à 80 €. Studio / appartement de 450 € à 490 € la semaine.

Comme son nom l'indique, cette belle demeure en plein cœur du village de Vauvert est construite autour d'un olivier plusieurs fois centenaire ! Si l'arbre est ancien, le gîte est moderne et dispose de tout le confort. Pour les pèlerins le propriétaire propose de transporter les bagages jusqu'à la prochaine halte. Pour les autres, il est tout autant aux petits soins, prêt à vous combler. Vous profiterez d'une terrasse privative pour boire un verre à la belle étoile, du cadre enchanteur du jardin avec sa piscine qui scintille au soleil...

CAMPING MAS DES MOURGUES*** €€

Gallician
✆ 04 66 73 30 88
www.masdemourgues.com
Emplacement, tente ou caravane, voiture et 2 personnes : de 15 à 35 €. Location de mobil-home à partir de 53 € la nuit.

Equidistant d'Arles et de Montpellier, dans un agréable cadre verdoyant entouré d'oliviers, de conifères et d'eucalyptus, le camping du Mas de Mourgues trois étoiles est un lieu idéal pour des vacances en famille, partagées en toute simplicité. Les deux hectares du camping conviendront pour les parties de pétanque ou les plongeons dans la piscine, petits et grands apprécieront la tranquillité du lieu, à deux pas des plages et de la belle Camargue.

CAMPING MONTE CRISTO*** €€

639, chemin des Canaux
www.campingmontecristo.com
Emplacement + véhicule + 2 personnes de 12 à 21 €. Mobil-home de 250 à 820 €. Forfait emplacement de 10 à 17 €.

Voici un camping bien placé sur la route des vacances, bien que courtes pour le Nîmois qui file droit chemin vers la plage pour se vider la tête après une journée de boulot. Le chemin des Canaux est en effet ce passage plus tout à fait secret qui relie la capitale gardoise au littoral. Vous serez donc là à mi-chemin entre la ville et la mer, ce qui est loin d'être un désagrément, d'autant que les prestations fournies par ce trois étoiles sont à tout moment susceptibles de pouvoir vous tirer de l'ennui. Location de mobil-homes et de caravanes, etc.

Vignoble et chapelle de Vauvert.

DOMAINE DE BAGATELLE €€

RN 6522
✆ 06 22 02 92 67
www.location-salle-bagatelle.com
Chambre double à partir de 80 €. Garde d'enfants. Séminaires. Réceptions et mariages.

Ce domaine, spécialisé dans la location de sa salle de réception dans le cadre d'événements familiaux et professionnels, propose également une jolie chambre d'hôtes dans un cadre exceptionnel, non loin des étangs et des vignes. Vous y trouverez tout le confort et toutes les commodités nécessaires, avec un service attentionné de vos hôtes. Ils proposent d'ailleurs également un gite indépendant. Que l'on vienne en famille faire la fête ou en couple pour se ressourcer ou profiter de la région, on est toujours merveilleusement reçus.

HOTEL LE LYS D'OR €€

399, rue de la République
✆ 04 66 88 20 65
www.hotel-vauvert.com
Chambre double de 65 € à 105 €. Petit déjeuner buffet 8 €. Lit supplémentaire 15 €. Chambre familiale de 85 € à 105 €.

En plein centre de la commune de Vauvert, le Lys d'Or est un hôtel élégant disposant de douze chambres spacieuses aux couleurs pastel. L'hôtel a été redécoré en 2013 et le résultat est concluant : entrée rénovée, porte et portail refaits, cour embellie... Les couloirs menant aux chambres sont éclairés par une lumière douce, rendant plus intime ce lieu déjà apaisant. Vauvert étant dans sur les routes du pèlerinage de Saint-Jacques-de-Compostelle, il arrive que l'hôtel accueille des pèlerins, d'où la nécessité de réserver votre séjour.

HÔTEL-RESTAURANT LA CEINTURE** €€

Route Saintes-Maries-de-la-Mer
✆ 04 66 73 50 57
www.laceinture.com
Chambres doubles à partir de 49 €. Chambres doubles avec baignoire à partir de 55 €. Chambres triples à partir de 65 €.

Changement de direction pour l'hôtel-restaurant La Ceinture ! Cette institution de Vauvert -créée en 1957 tout de même ! - vient d'être repris par Thierry Felix, le fameux éleveur de taureaux camarguais. Situé à quelques minutes d'Aigues-Mortes, cet établissement bon marché est le lieu idéal pour qui veut découvrir la région à moindre frais. En plus de proposer des chambres équipées, un parking et un accès wifi, La Ceinture possède un restaurant de charme.

MAS DE SYLVÉRÉAL €€

Route d'Aigues-Mortes
✆ 04 66 51 83 88
https ://masdesylvereal.com/
A partir de 60 € la nuit.

Entre Aigues-Mortes et Les Saintes-Maries-de-la-Mer, le Mas de Sylvéréal vous offre le luxe de pouvoir passer une ou plusieurs nuitées en pleine Camargue, dans un mas en pierre typiquement provençal. En dehors, le mas est décoré d'un jardin soigné planté de pins et d'agaves, avec une petite fontaine au centre de la cour extérieure : pas de doute, nous sommes au pays du soleil ! Côté nuit, vous logerez dans des chambres intimes et colorées aux traditions gardoises. Le restaurant vous donnera quant à lui un avant-goût de la gastronomie locale. A découvrir !

PENICHE CLAIR DE LUNE €€€

400, route des étangs
✆ 06 86 27 81 66
www.penicheclairdelune.fr/
De mars à octobre. A partir de 600 €/cabine pour un week-end (petits-déjeuners et repas inclus).

De très belles cabines aménagées en chambres d'hôtes pour des croisières à la carte sur le canal du Rhône à Sète et le canal du Midi. De mars à octobre, vous découvrirez l'Hérault et le sud Gard selon les saisons. Des étangs de Sète à Beaucaire, la péniche sillonnera les étendues fluviales de la Camargue. Les richesses de la faune et de la flore vous raviront et la douceur de vivre s'installera à vos côtés lors de ce séjour au fil de l'eau. Une idée de séjour originale, à partager en couple ou en famille pour de très bons souvenirs de plaisance.

L'INDOCHINE €

17, rue des Capitaines
✆ 04 66 88 49 13
Ouvert toute l'année. Du lundi au samedi le midi et le soir. Carte : 20 €. Chèque Restaurant. Vente à emporter.

Ce petit restaurant asiatique vous fera découvrir une cuisine familiale traditionnelle vietnamienne, chinoise, thaïe pour le déjeuner ou le dîner. Vous pourrez déguster sur place ou emporter les plats classiques de la cuisine asiatique de qualité, pour un prix modique. La soupe aux raviolis semble être particulièrement appréciée, ainsi que les nems frits minute. Vous retrouverez toutes les autres spécialités connues ; porc au caramel, salade Bo Bun, crevettes sauce piquante, riz cantonnais. L'ambiance est chaleureuse, et le dépaysement à portée de fourchette !

PIZZA NICO €

26, rue des Casernes ✆ 04 66 53 43 10
www.pizza-nico.fr
Du mardi au samedi de 10h à 13h et de 18h à 22h ; le dimanche de 18h à 22h. Réservation impérative.

Pizza Nico est une petite pizzeria qui a pignon sur rue, dans le centre de Vauvert. La maison vous prépare des pizzas en trois tailles différentes. Elle propose même des pizzas sucrées, comme au temps où la focaccia et la schiacciata faisaient toute la symbolique culinaire des napolitains. La carte affiche une gamme de 32 pizzas salées et 3 pizzas sucrées. Devant l'impossible réalisation de cette pulsion gourmande, l'on n'en choisira qu'une : la tomate, thon oignons, poivrons, fromage, olives, que l'on tassera avec une pizza banane, poire, Nutella et amandes.

LE ROMARIN €

116, avenue Maurice-Privat
✆ 04 66 88 44 82
Ouvert du lundi au samedi le midi. Le dimanche et le soir sur réservation. Réservation recommandée. Menu unique à 16 €.

Bordé par la fourchette qui dispatche les automobilistes entre Arles, Nîmes et Montpellier, Le Romarin n'a pas l'air d'un camarguais à la fine saveur. Et pourtant, l'on est surpris de savoir que le chef distille avec aisance et qualité son art de la table. Une cuisine régionale à la hauteur de tous les budgets et les clients ne sont pas déçus d'avoir en plus de la bonne cuisine et un accueil sympathique. Bon cadre, sur une jolie terrasse surélevée, un restaurant camarguais qui donne envie d'y retourner pour se rassasier et goûter de tous les mets !

CAFÉ DU CENTRE « CHEZ LE CHAT » €€

59, rue Saint-Sébastien
✆ 04 66 51 77 82
Basse saison : lundi au vendredi le midi et le soir. Haute saison : tous les jours le midi et le soir. Carte : 25 €.

S'installer au Café du Centre de Vauvert c'est prendre place dans une jolie table gourmande aussi confortable qu'à la maison. À la fois conviviale et sympathique, l'adresse est en passe de devenir l'un des grands QG de la ville. En salle, le patron célèbre la gourmandise et la générosité d'une belle assiette en vantant à ses clients les bienfaits de son cheptel de taureau, tandis qu'en cuisine Sandrine prépare une carte bien ficelée.

LA FERME DE L'AUSSELON €€

75, rue de l'Ausselon
✆ 06 03 99 79 01
Ouvert du mercredi au dimanche, 12h-22h.

Une vraie pépite d'authenticité pour ce restaurant tenu par deux passionnés de gastronomie et des produits de leur terroir. Du 100 % local et français, du frais et de la saisonnalité dans les assiettes généreusement garnies de produits venus des fermes du coin. Et on aime ça ! Des plats simples et bons, avec de belles grillades (poissons, viandes et légumes) issues de la cuisson au brasero qui apporte un goût authentique aux plats et révèle toutes ses saveurs. Et pour les afterworks, craquez pour les « Casse-Croûte et Glouglou », un vrai bonheur !

LE FIACRE €€

26, rue Broussan
✆ 04 66 71 46 24
Ouvert du mardi au dimanche midi. Prix moyen à la carte 25 €.

N'en déplaise aux amateurs de modernité, le Fiacre affiche fièrement son esprit traditionnel, temps dans sa salle quelque peu hors du temps, que dans sa cuisine traditionnelle et authentique. Qu'à cela ne tienne, on apprécie ! Les mets sont travaillés avec des produits de saison et donnent à nos papilles toutes les saveurs qu'il se doit, avec caractère et précision. A la carte se côtoient les filets de rouget et les gambas grillées flambées au Pastis, ou encore le rognon de veau sauce Madère et le tournedos Rossini. Une cuisine de goût, assurément !

LE MADISSON €€

10, rue de la République
✆ 04 66 88 77 32
Du mardi au vendredi le midi et le soir ; le samedi soir. Menus de 12,50 € à 22,90 €. Menu enfant : 8 €.

C'est une fort agréable salle de restaurant, avec une partie sous une tonnelle en canisse, qui filtre les ardeurs du soleil. On y déguste essentiellement des pizzas, qu'il est possible d'emporter ! Spécialité de la maison : les pizzas au feu de bois dont la Madisson, composée de tomates, mozzarella et de jambon cru. On y trouve aussi des viandes, des pâtes, des gratins et des poissons. En guise de mise en bouche, un menu affaire à 16 euros propose une salade de gésiers ou une salade mixte, ou encore une pizza au fromage. Bon appétit !

LES DELICES DE CAMARGUE

298, rue de la République ✆ 04 66 88 27 33

Ouvert tous les jours et les jours fériés de 5h45 à 19h15. Snacking et salon de thé. Ouvert le dimanche.

Au cœur névralgique du centre-ville de Vauvert se tient une boulangerie-pâtisserie pas comme les autres. Ici, en plus des classiques, le maître des fourneaux concocte des pains spéciaux et des viennoiseries sucrées qui ont de quoi faire saliver tous les gourmands. C'est aussi là que vous découvrirez la véritable fougasse d'Aigues-Mortes, spécialité camarguaise à base de brioche et de fleur d'oranger. En la dégustant, offrez-vous un petit thé pour finaliser votre encas et profiter pleinement de votre moment détente. Bonne dégustation !

DOMAINE CABANIS

Mas Madagascar

✆ 04 66 88 78 33

Vignobles et Découvertes. Ouvert du mardi au samedi de 10h à 18h.

Voici un domaine biologique en plein cœur des Costières de Nîmes. Dix-sept hectares de vignes, exposés plein sud, donnent une grande maturité au fruit et produisent des vins AOP très représentatifs de la région. Jean-Paul Cabanis est un pionnier de la viticulture biologique dans la région puisqu'il conduit son domaine ainsi depuis 30 ans. Et ce n'est pas sa seule force ! Un sentier d'interprétation sur la biodiversité est ouvert au public à partir du caveau. Une très bonne idée pour découvrir le vignoble et ses particularités...

CHATEAU ROUBAUD

Vignobles Molinier

✆ 33 4 66 73 30 64

www.chateau-roubaud.fr

Vignobles et Découvertes. Ouvert du lundi au vendredi de 9h à 12h et de 14h à 17h30. Samedi matin sur rdv uniquement.

Les vignobles Molinier-Château Roubaud se trouvent en plein dans l'aire des Costières de Nîmes à Vauvert. Une vinification traditionnelle associée aux techniques les plus modernes de l'œnologie garantissent aux vins élaborés sur le domaine une typicité et un caractère qui font leur renommée internationale. Le domaine, souvent récompensé, propose visites et dégustations, l'idéal pour en savoir plus sur ces grands vins... Venez donc découvrir des vins typiques du pays afin de vous faire voyager à travers les saveurs du Sud.

DOMAINE DU PETIT PIN - LE CAVEAU DU CHÊNE

Route d'Aigues-Mortes

✆ 04 66 73 51 67

www.domainedupetitpin.fr/

Du lundi au dimanche, 9h30-12h30/14h-19h.

A 10 km d'Aigues-Mortes, vous ne pourrez pas manquer le Caveau du Chêne sur cette route des vins des Sables. Il est niché dans un ancien chai resté en l'état, spacieux avec ses vieux foudres, un véritable petit musée à la gloire de la vigne. A la fraîche, vous pourrez déguster les vins du domaine du Petit Pin : des vins IGP Sable de Camargue Bio, rouge, rosé gris et blanc. Ces vins sont issus de vignes cultivées sur d'anciens cordons littoraux, déjà connus et appréciés au XIVe siècle.

LE CLOS DES AMÉRICAINS

Chemin des Salines

✆ 04 66 88 85 61

www.clos-des-americains.com

Ouvert en semaine. Le week-end sur rendez-vous.

Le Clos des Américains revient de loin, car après avoir été dévasté au XIXe siècle par le phylloxéra, l'essentiel des domaines viticoles fut sauvé en introduisant des porte-greffes américains, plus résistants. Le Clos des Américains tire son nom de cet événement. Aujourd'hui, les vins de Bruno François et Pierre Villebrun, sont finement composés de syrah, de grenache et de cinsault. Quiétude et charme du sud au milieu des vignes rythmeront votre passage entre Nîmes, Arles et Montpellier, entre Cévennes et Méditerranée, au soleil sous le chant des cigales.

DOMAINE DU VISTRE

Mas du Vistre

✆ 04 66 88 80 58

www.domaineduvistre.com

Vignobles et Découvertes. Qualité Sud de France. Ouvert du lundi au samedi de 9h à 12h et de 14h à 18h30.

Le Domaine du Vistre est la propriété (viticole bien sûr) des Dupret, viticulteurs depuis six générations. Peu à peu, la famille a orienté son vignoble vers des cépages qualitatifs afin de créer des vins de grande qualité en plein cœur de l'appellation Costières de Nîmes. En outre, le domaine est très engagé pour l'environnement et même certifié ISO 14001 depuis plusieurs années. Outre un respect de l'environnement, les vignerons mettent un point d'honneur à être transparent et à faire connaître leurs méthodes et leur travail.

LES MAÎTRES VIGNERONS COSTIÈRES GARRIGUES

152, rue de l'Ausselon ✆ 04 66 88 20 31
www.lesmaitresvignerons.com

Basse saison : lundi au samedi de 9h à 12h et de 15h à 18h. Haute saison : lundi au samedi de 9h à 12h et de 16h à 19h.

Avant 2010, il y avait deux caves : celle de Vauvert et celle de Gallargues-le-Montueux. Les deux ont fusionné pour ne faire qu'une seule et même entité. Cependant, chacune des deux caves a gardé une identité propre et celle de Vauvert, qui existe depuis 1939, propose un Costières de très grande qualité, quand la cave de Gallargues, qui existe depuis 1929, est davantage tournée vers le vin de pays d'Oc.

- **Autre adresse à Gallargues-le-Montueux ;** 45 Route de Lunel ; ✆ 04 66 35 09 91

CABANE DU DALADEL

RD 58 Mas du Daladel
✆ 06 20 78 03 74

Ouvert du 1er avril au 30 octobre. Sur réservation

Toute l'équipe de la Cabane du Daladel vous accueille dans un site protégé, sauvage et privé, au cœur de la Camargue : le domaine de Listel. Des sorties d'une heure avec marais, étang et découverte de la faune et de la flore (débutants et famille avec enfants), de deux heures avec marais, étang, visite d'une manade de taureaux, galop et coucher de soleil en été, de trois heures avec matinée cavalière, rassemblement des chevaux en liberté, promenade sportive (pour les confirmés), promenade en calèche d'une heure, visite d'une manade de taureaux.. Que du bonheur !

LE MAS DU TRIDENT

931, route d'Aimargues
✆ 04 66 88 20 19

8h30-12h30/14h-19h, et le dimanche matin.

Une histoire de famille avec René Bouet, grand-père et berger passionné : ses parents fabriquaient déjà le fromage devenu la signature de l'entreprise, le Trident, fromage frais avec une feuille de laurier. Louis et sa compagne Salomé, 6e génération, ont aujourd'hui rejoint leurs parents à la tête de la fromagerie. Désireux d'apporter un élan nouveau, les voilà qui ouvrent en novembre 2020 une boutique resplendissante de modernité, à côté de l'atelier de fabrication, où une centaine de producteurs se retrouvent sur les étals. La Tomme de Camargue est à découvrir !

SENTIER DU BUTOR À VAUVERT

✆ 04 66 88 28 52
coeurdepetitecamargue.fr

Accès libre.

Ce court sentier d'interprétation vous emmène à la rencontre des butors étoilés, de la même famille que l'aigrette ou le héron. Calme et discrétion seront de rigueur si vous souhaitez apercevoir quelques spécimens ! Ici et là, des cabanes et plateformes invitent les plus curieux à se cacher pour mieux observer. La promenade est paisible et dépaysante, vous progressez sur un chemin sur pilotis surplombant étangs et marais.

- **Tarif :** gratuit.
- **Distance :** 1,5 km.
- **Durée :** 1h.
- **Difficulté :** facile.

MOULIN À HUILE DES BOUVIERS

RD 6572
✆ 06 80 73 84 10
www.moulindesbouviers.fr/

Ouvert du lundi au vendredi, 9h-17h ; pendant la récolte des olives, du lundi au samedi, 8h-18h.

Au Mas des Bouviers, Loïc Lossois est producteur et moulinier. 3 mois dans l'année, près de 1 700 apporteurs viennent lui confier la trituration de leur récolte d'olives. Les plantations à l'ancienne, avec de la picholine, côtoient des parcelles de variétés étrangères exploitées en haute densité. Cet « amoureux de la bouteillan », une des autres variétés du domaine, produit ainsi 3 types d'huile à chaque campagne. Des formations pour la taille et l'entretien des oliviers sont assurées.

VOIE VERTE VAUVERT-GALLICIAN

✆ 04 66 88 28 52
coeurdepetitecamargue.fr

Accès libre.

Sur ses 7 kilomètres de long, cette voie verte suit le canal du Bas-Rhône-Languedoc. Facile et sans dénivelé, elle vous permet de vous concentrer sur les paysages qui vous entourent ! Aujourd'hui, cette courte piste fait partie de la « boucle de découverte de la Camargue gardoise », un itinéraire de 17 kilomètres réalisable à pied comme à vélo sur de petites routes tranquilles. Bonne séance de sport !

- **Tarif :** gratuit.
- **Distance :** 7 km.
- **Difficulté :** facile.

SAINT-GILLES ★

Traversée par le canal du Rhône à Sète, entre le plateau des Costières et le Parc Naturel Régional de la Camargue, Saint-Gilles est le point de départ idéal pour découvrir la Camargue gardoise, Grand Site de France. La ville est aussi connue pour son abbatiale monumentale, parfait chef d'oeuvre de l'architecture romane, classée au titre du Patrimoine Mondial de l'Humanité par l'UNESCO en 1998. Haut lieu de pèlerinage de la chrétienté médiévale, Saint-Gilles fut aussi une cité portuaire importante du bassin méditerranéen. A ses richesses patrimoniales s'ajoutent aujourd'hui ses saveurs gastronomiques tels le riz de Camargue et la viande de taureau AOP.

CHÂTEAU D'ESPEYRAN

Chemin d'Espeyran © 04 66 87 30 09
http ://chateaudespeyran.fr/
Le domaine est ouvert ponctuellement dans l'année : se renseigner à l'Office de Tourisme. Groupes sur réservation

Situé à Saint-Gilles, la mission et fonction principale du château d'Espeyran est d'être un centre des archives nationales. Construite au XIXe siècle, sur l'ancienne résidence d'été des abbés de Saint-Gilles, cette bâtisse incarne le style néo-Renaissance du Second Empire. Ceinturé par un parc de 13 hectares, le château abrite une grande réserve archéologique. Connu pour être l'une des plus belles demeures de Camargue, le château se visite notamment pendant les journées européennes du patrimoine. De nombreuses animations et expositions ponctuent la vie du château.

MUSÉE DE LA MAISON ROMANE ★

Place de la Maison-Romane
© 04 66 87 40 42
Ouvert les mardis, jeudis et vendredis de 14h à 17h30. 2 €.

Aménagé au cœur du centre ancien, ce musée est abrité dans une demeure romane exceptionnellement bien conservée. Consacré à l'archéologie, à l'ornithologie et à l'ethnographie, il s'étend sur plusieurs niveaux. Des sculptures romanes de l'ancienne abbaye à la collection d'oiseaux de Camargue, en passant par la collection d'ethnographie régionale, le musée de la maison romane est une étape historique et culturelle à inscrire dans la découverte de Saint-Gilles.

ABBATIALE DE SAINT-GILLES ★★

Place de la République
© 04 34 03 57 90
www.openimestourisme.com/
Visite guidée à partir de 22 €/2 personnes, sur réservation.

A l'entrée de la Camargue, dans le village de Saint-Gilles, se dresse l'abbatiale du même nom, dont la magnifique façade est classée au Patrimoine mondial de l'UNESCO au titre des chemins de St-Jacques de Compostelle depuis 1998. C'est un chef-d'œuvre du XIIe de l'art roman antique, médiéval, et oriental, avec ses scènes de l'ancien et du nouveau testament, les statues d'apôtres, un bestiaire fabuleux, et une frise relatant la passion du Christ. Édifiée au XIIe siècle sur le site d'un monastère du VIIe dédié à St-Pierre, St-Paul puis plus tard à St-Gilles ermite local qui avait distribué tous ses biens aux pauvres, et dont les reliques sont entreposées dans l'abbatiale. C'était le quatrième lieu de pèlerinage du monde chrétien après Rome, Jérusalem et Saint-Jacques-de-Compostelle. Cette façade était un véritable livre de pierre à destination des fidèles souvent illettrés de l'époque. Les guerres de religion et les saccages de la Révolution ont mis à mal l'édifice. Il a cependant conservé sa façade sculptée, sa crypte monumentale et son escalier à vis (forme hélicoïdale).

La crypte, véritable église basse, renferme le tombeau de Saint-Gilles. Elle est exceptionnelle par ses dimensions et par la qualité de ses voûtes. Elle donne accès aux vestiges du cloître, jadis au cœur de l'ancien monastère, dont les fouilles sont étonnantes. Son étude demeure encore aujourd'hui une étape incontournable du tour de France de l'apprentissage des Compagnons tailleurs de pierre.

© ABBATIALE DE SAINT-GILLES

PARC DU CHATEAU D'ESPEYRAN

Chateau d'Espeyran

Entrée libre. Accès handicapés.

Classé monument historique au même titre que le château qu'il entoure, le grand parc de 13 hectares est un étonnant mélange de végétation méditerranéenne. Arbres de Judée y côtoient chênes blancs et verts, cèdres centenaires et sophoras, etc. Il offre également de vastes espaces de gazon et plusieurs allées bordées de part en part de bosquets. Un lieu à la fois verdoyant mais épuré donc, où il fait bon se promener ou prendre un peu de frais à l'ombre de ses arbres séculaires.

AÉROPORT NÎMES-ALÈS-CAMARGUE-CÉVENNES

Route de Saint-Gilles

✆ 04 66 70 49 49

www.aeroport-nimes.fr

Ouvert du lundi au dimanche, jours fériés, de 7h30 à 20h.

L'aéroport Nîmes-Alès-Camargue-Cévennes propose des vols réguliers à destination de Londres, Bruxelles, Fez et Marrakech, desservis par la compagnie aérienne Ryanair. Cet aéroport est situé à proximité de l'autoroute A54 et à 15 minutes de Nîmes par le biais de la navette. Aux « arrivées » se trouvent toutes les sociétés de location de voitures dont le parc est situé juste en face du bâtiment. Parking couvert à proximité immédiate de l'aérogare, avec 10 minutes gratuites.

PORT DE PLAISANCE DE SAINT-GILLES

38, quai du Canal

✆ 06 71 22 88 54

www.saint-gilles.fr/port-de-plaisance

Ouvert du lundi au vendredi. Tarifs complets en ligne. Astreinte week-end : 06 70 11 74 73

Saint-Gilles, ancienne cité portuaire grecque du nom d'Héraclé, connut un véritable essor lors du creusement d'un canal reliant le port de Sète au Rhône. Les siècles qui ont suivi ont été rythmés par de nombreux travaux. Parmi les changements majeurs récents, on compte le réaménagement du quai du port en port de plaisance en 1985. Une modification illustrée par l'installation de nombreux équipements. Actuellement, le port de plaisance compte 89 anneaux limités à un gabarit de 38 m.

DOMAINE DU PRIEURÉ D'ESTAGEL €€

6125, chemin des Loubes

✆ 04 66 63 51 21

www.domaineduprieure-estagel.com

Ouvert toute l'année. Chambre de 158 à 208 €. Séminaires. Réceptions et mariages. Concerts.

Le domaine du Prieuré d'Estagel dévoile une ancienne dépendance de l'Abbaye de Saint-Gilles datant du IXe siècle et dont le portail peut être admiré au musée du Louvre. Quatre chambres d'hôtes dont trois suites avec lits king size, salles de bains indépendantes et équipements variés. Une piscine, un terrain de pétanque, un espace Club Piano, un fumoir et sa cave à cigares sont les éléments essentiels pour un week-end de rêve.On peut organiser ici de grandes réceptions.

DOMAINE SAINTE-COLOMBE €€

9001, route de Générac ✆ 04 66 81 81 81

www.domaine-sainte-colombe.com

Demi-pension : 36 €. Petit déjeuner 15 €. Les cabanes-lodges de 1 200 à 1 760 €/semaine. Mas de 3 900 à 6 900 €.

C'est au plus près de la nature sur 120 hectares que cette maison atypique se dresse. Le Domaine de Sainte Colombe a traversé les siècles pour devenir aujourd'hui un havre de tranquillité pour le plus grand bonheur de ses visiteurs qui peuvent dormir dans une ancienne bergerie rénové en mas, dans une villa contemporaine, dans un ancien presbytère composé de 5 belles chambres ou encore dans de superbes cabanons de toile. Piscine à débordement, minibar, randonnée à dos d'un des chevaux de Camargue du domaine, bref, un paradis bercé par le chant des cigales.

HÔTEL-RESTAURANT LE COURS*** €€

10, avenue François-de-Grifeuille

✆ 04 66 87 31 93

www.hotel-le-cours.com

Chambre double à partir de 80 €. American Express, Diners Club. Animaux acceptés. Restauration. menus dès 20,50 €.

Cet hôtel-restaurant qui se transmet au sein d'une même famille depuis 1950 se love derrière une allée de platanes, juste assez éloigné de la route principale pour assurer à ses pensionnaires le calme tant recherché. Les chambres sont claires et bien entretenues. Au rez-de-chaussée, deux salles côté restaurant pour une cuisine du terroir, spécialisée dans les poissons et les viandes, où l'on retiendra la côte de taureau de Camargue. Bonnes vacances !

L'ATELIER DES HALLES €€

19 bis, rue Victor-Hugo
✆ 04 66 08 19 40
atelierdeshalles.fr

Ouvert du mardi au samedi, horaires variables en fonction des saisons. Menu à 35 €. Menu du jour à 17 €. Tapas dès 5 €.

Julien Salem et son épouse Anaïs sont les chefs d'orchestre de l'Atelier des Halles. Situé dans un cadre historique donnant sur les halles et sur l'Abbatiale, le restaurant propose une cuisine de bistrot à tendance gastronomique, conçue uniquement à base de produits du terroir. À la carte, d'ailleurs, ne s'affichent que des producteurs locaux ! On trouve au menu de grands classiques revisités, des plats plus originaux ainsi qu'une belle sélection de tapas. Et, comme Madame est œnologue, le vin devrait tout à fait vous satisfaire. Une très bonne adresse.

LA RESTANQUE €€

62, quai du Canal
✆ 04 66 87 37 97

Ouvert du jeudi au mardi le midi et le soir. Menus de 20 à 27 €. Menu enfant : 9 €. Formule du midi : 13,50 €.

Ce restaurant familial de Saint-Gilles repose sur les bords du canal. Il sert midi et soir des plats traditionnels et des pizzas sur sa charmante terrasse ombragée ou en salle climatisée. Des spécialités incontournables ont été conservées à la carte telles que la queue de taureau à la Sévillanne, aigrillade St Gilloise, le croustillant nîmois, etc. En dessert, la grande spécialité des lieux est le fondant au chocolat de Sylvie, un réel délice ! Les assiettes sont réalisées à partir de produits du marché et sont copieuses comme il faut.

CHÂTEAU L'ERMITAGE

1301, Chemin d'Auzan
✆ 04 66 87 04 49
www.chateau-ermitage.com

Visite sur rdv. Ouvert toute l'année, horaires variables en fonction des saisons.

Au Château l'Ermitage, on allie vigne, œnotourisme et art. Tout d'abord, il s'agit d'un domaine historique. En effet, on trouve des traces de vignes datant du XIIe siècle (l'Ermitage offrait du vin aux pèlerins sur la route de Compostelle). La première cave, quant à elle, date du XVIIIe siècle. C'est aujourd'hui la troisième génération de la famille Castillon qui tient les rênes du domaine, en s'attachant à produire un excellent Costières de Nîmes dans les trois couleurs et à partager la passion de la vigne avec les visiteurs intéressés.

LES DÉLICES DU SCAMANDRE

11951, route des Iscles
✆ 06 61 72 19 31
lesdelicesduscamandre.fr

boutique à la ferme ouverte toute l'année, tous les jours, de 9h à 20h.

Ambassadeurs du Patrimoine Biodiversité et Paysages, Olivier et Anne-Marie Riboulet partagent un réel amour pour la Camargue Gardoise. Face à la tour du Bramasset, aussi appelée la Tour des Cigognes, se trouve la boutique de la ferme : viande AOP Taureau de Camargue, saucissons et saucisses, viande séchée, riz bio, plats préparés, tous sans produit chimique. Ce couple vous transmettra aussi sa passion au cours d'une journée, matinée ou soirée de découverte de la nature : visite de l'élevage et découverte de ce patrimoine chargé de culture et de traditions.

DOMAINE DES CLÉMENT

Mas de la Courbade
✆ 04 66 70 18 15
www.domainedesclement.fr

Ouvert tous les jours. Prendre rendez vous.

Au pays des galets roulés mêlés de sable jaunes et d'argiles rouges, le domaine des Clément, depuis 4 générations, produit et vinifie dans l'appellation des Costières de Nîmes, des vins rouges et rosés de belle expression. Dirigeant le domaine familial, Benoîte Guigon Boucoiran a amélioré la qualité des vins produits en créant des cuvées à la manière d'un expert en œnologie. Chaque vin possède plus que jamais une réelle typicité, qui n'est pas seulement une déclinaison en gamme d'un premier vin. Bonne visite et bonne dégustation !

OLIVERAIE JEANJEAN

2373, chemin des Loubes
✆ 04 66 87 42 43
http ://www.oliveraie-jeanjean.com

Ouvert du lundi au samedi de 9h à 12h et de 14h à 18h. Vente par correspondance. Visites libres gratuites.

Depuis 1998, Carole et Fabien Jeanjean s'attachent à produire une huile de qualité biologique ainsi que des tapenades. Leur produit phare est bien sûr l'huile AOP de Nîmes, mais on trouve également des huiles issues d'aglandau, d'arbequine ou de bouteillan ainsi que des huiles aromatiques pour le moins originales : testez absolument celle au thym et à l'ail ainsi que celle aux cèpes et au basilic ! Un savoir-faire récompensé par trois médailles au Concours Général Agricole de Paris de 2018 pour les cuvées Marcel, Hugo et les Capitelles.

GÉNÉRAC

Situé au cœur du terroir viticole des Costières de Nîmes, Générac a traversé l'histoire et en a gardé quelques vestiges (conflits religieux, réformes protestantes). Mais c'est bien le développement du vignoble des Costières qui sera à l'origine de l'essor du village. Considérés comme d'inconditionnels râleurs qui défendent avec ferveur leurs traditions, Généracois et Généracoises sont souvent appelés Li Racanel. Légèrement situé sur les hauteurs du village, un château, plus ancienne construction de la localité, veille sur les 4 000 habitants de la commune. C'est Raymont IV, comte de Toulouse, qui ordonna son édification. Au cours des siècles, le château verra se succéder bon nombre de propriétaires, dont le comte de Toulouse, les Templiers, l'abbaye de Franquevaux, le prieuré de Saint-Gilles. A la fin du XVIe siècle, les calvinistes occupent militairement le château. En 1685, avec la révocation de l'édit de Nantes, le domaine est transmis à l'abbé de Saint-Gilles qui récupère son bien au titre de Grand Commandeur de l'Ordre de Saint-Jean de Jérusalem. C'est en 1988 que la mairie acquiert des parcelles du château. En 1993, l'édifice est inscrit à l'inventaire supplémentaire des Monuments historiques. La campagne généracoise est propice à toutes sortes de randonnées, tant les paysages, mélange de vignobles et de fruitières, offrent aux marcheurs une diversité de paysages superbes. Le musée de la Tonnellerie, situé dans l'une des ailes du château, est aussi incontournable. Générac, entouré par les vignobles des Costières, est en passe d'obtenir le label Vignobles et Découvertes. En arrivant de Nîmes, de magnifiques lavoirs, construits à partir de 1810, n'attendent plus que les « bugadières » (lessiveuses) viennent laver leur linge. Ils ont été utilisés jusqu'en 1970, puis fermés, puis réhabilités par la commune pour le plus grand plaisir des touristes mais surtout pour la plus grande fierté des Généracois. Enfin, c'est au moment de la célébration de la fête nationale que sont organisées de très belles fêtes votives. Le village est alors en liesse ! Taureaux et chevaux ravissent une population qui se laisse emporter par ces traditions uniques en France.

MUSÉE DE LA TONNELLERIE

Place Hôtel-de-Ville
✆ 04 66 01 31 14
Lundi et samedi : 10h à 12h. Mardi et mercredi 10h/12h et 15h/19h. Vendredi 9h30/12h et 15h/19h. Visite guidée sur RV.

La commune de Générac au cœur du territoire des Costières de Nîmes a été pendant des siècles un centre majeur de la tonnellerie. L'activité dépendait directement du vignoble local. On fabriquait des foudres, des fûts, des quartauts, les feuillettes, des muids, jusqu'en 1954. En 1995, pour la fête de la Souche, un hommage est rendu à ces orfèvres du bois et du fer avec l'inauguration du Musée dans une des ailes du Château, avec une grande diversité des outils exposés et utilisés pour la fabrication de ces fûts. Les visites guidées se font sur rendez-vous.

LE CAILAR

Placer ce village en chef-lieu de la zone de la Petite Camargue, c'est un peu gonflé alors que la grande sœur voisine de Vauvert se réclame, elle, capitale de cet espace qui ne manque pas de prétendants au poste. Mais une fois que vous aurez mis les pieds dans ce village, vous comprendrez que tout ici est authenticité. Des célèbres manades au centre d'art contemporain en passant par la fête votive, tout semble démesuré pour un si petit ensemble ! Doté d'une signalétique unique en France, réalisée par l'artiste François Boisrond, Le Cailar se laisse apprivoiser et s'apprécie avec toutes ses singularités et la prédominance des traditions camarguaises.

LES CALÈCHES DE CAMARGUE

Pré des Mauves ✆ 06 86 67 82 80
www.lescalechesdecamargue.com
Ouvert toute l'année. Tarifs variables selon formules. Sur réservation uniquement. Visite guidée. Animations.

Au cœur de la Petite Camargue, vous êtes sur le territoire des taureaux de manade. Et si ce taureau, si sauvage et joueur, craint les chevaux pour leur intelligence, la vôtre ne suffira pas à arrêter sa course. Donc mieux vaut rester assis sur les sièges de la calèche, pour découvrir en toute tranquillité ce plat pays, entre prairies ensoleillées et drailles ombragées, tout en passant vaillamment au milieu des troupeaux. Vous comprendrez une partie de l'harmonieuse rudesse des lieux et tomberez sous le charme des zones humides qui apparaissent dans ce paysage.

CAMARGUE AUTREFOIS

Quartier la Galine
✆ 06 27 89 25 63
www.caleches-camargue.fr

Gratuit jusqu'à 3 ans. Formules de 20 à 45€ pour les adultes, 10 à 22,50€ pour les enfants. Visite guidée. Animations.

Venez découvrir la Camargue gardoise en calèche au rythme du pas du cheval. Au total, cette entreprise propose trois formules. La première - la formule balade de 10h à 12h - invite les curieux à la découverte de la faune et de la flore, entre vigne et pâturage. En second, la formule journée de 10h à 16h vous emmènera dans des manades, au milieu des chevaux et des taureaux. Vous vous reposerez, enfin, autour d'un traditionnel repas camarguais. La dernière, la formule soirée, vous fera vivre un début de soirée en Camargue. Bonne balade !

TOUR DE LA MADONE

Chemin de la Tour
www.bellegarde.fr

Accès libre toute l'année.

Au sommet de la colline de Bellegarde, les ruines du château dévoilent un sublime panorama sur la ville et la plaine du Rhône, offrant par temps clair une visibilité jusqu'au massif de la sainte Baume dans le Var. Dernier vestige du château du XIIe siècle, cet ancien donjon féodal impose encore aujourd'hui son caractère défensif. La statue de la Vierge à l'Enfant, Notre-Dame de Bellegarde, fut installée au sommet de la tour en 1875. Un théâtre de verdure accueille des spectacles de plein air, et notamment le festival de l'Humour en juin.

LE TAMARIS €€

13, rue Victor-Hugo
✆ 04 66 88 07 91
www.restaurantletamaris.com

Ouvert du mercredi au dimanche en fonction des saisons. Menu à partir de 16 €. Carte.

Dans ce charmant restaurant en pierres apparentes, c'est tout l'univers de la Camargue qui brille de par sa splendeur et ses saveurs. Ici, on prend place pour déguster les recettes emblématiques de la région, de la gardiane de taureau aux grillades à la saint-gilloise, en passant par la rouille du Grau-du-Roi (oui, les plages ne sont qu'à quelques encablures) et les anguilles en persillade. Les pizzas et les salades repas sont aussi à la carte. On mange avec d'autant plus de plaisir que les prix savent rester très abordables. Une adresse à garder précieusement.

UN MAS EN PROVENCE, DE LA PLANTE AU PARFUM

Avenue du Félibrige ✆ 04 66 01 09 00
https ://mas-provence.fr/

Visites guidées, des vacances de Pâques aux vacances de la Toussaint. Adulte, 4,80 €. Gratuit pour les moins de 18 ans.

C'est dans un authentique mas provençal que vous découvrirez la culture biologique des plantes à parfums. En pleine Provence gardoise, vivez une expérience ludique et sensorielle. Sur près de trois hectares, la visite guidée vous mènera au détour d'un chemin parfumé, aux plantes aromatiques cultivées sur le domaine, à leurs transformations en huiles essentielles et à l'élaboration de produits finis en cosmétiques et parfumerie certifiés bio. De jolis souvenirs à trouver en boutique.

BELLEGARDE

Installée entre la Costière et la plaine de Camargue, la Tour de la Madone signale aux alentours la présence de la coquette ville de Bellegarde. Si ses sources, ses fontaines, ses lacs et canaux, son port de plaisance et son remarquable aqueduc antique font toute l'originalité de cette bourgade, les traditions et les manifestations culturelles qui s'égrènent durant l'année font aussi son attractivité. A son statut de ville d'eau, la commune peut ajouter la richesse et la variété de son terroir avec pas moins de 5 appellations : riz, taureau de Camargue, huile d'olive de Nîmes, vins des Costières, Clairette de Bellegarde, AOP unique sur Bellegarde.

LE CAFÉ DES FLEURS €

13, rue de l'Hôtel-de-Ville
✆ 04 66 01 11 37

Carte : 15 €. Plat du jour : 10,40 €. Menu à 14,40 comprenant entrée + plat + fromage ou dessert + 1/4 de vin + café.

C'est un bar comme il en existe tant en Provence et en Camargue. Un lieu de rendez-vous entre copains où on se retrouve le dimanche matin pour faire ses jeux. Il sort des cuisines de ce bar des assiettes colorées et nous avons été surpris en goûtant la marmite du pêcheur façon bouillabaisse ou les grillades saint-gilloises. C'est bon, convivial, chaleureux. On peut également faire une pause à midi et manger une des nombreuses salades-repas ou un tartare. Parfois, c'est la blanquette qui s'impose comme plat du jour ; une cuisine familiale comme à la maison.

CAFÉ DE L'UNION €€

1, rue de la Republique

✆ 04 66 01 10 58

www.cafedelunion30.com

Ouvert toute l'année. Ouvert uniquement le midi. Formule du midi : 13,90 € (entrée + plat + fromage ou dessert).

Ce café restaurant familial du centre de Bellegarde continue depuis neuf générations, de rayonner au centre de ce village gardois typique. A la croisée des chemins allant de Nîmes à Arles et de Beaucaire à Saint Gilles, cet authentique café est dominé par une cour romaine en ruines du XIe siècle. Paul et Julie ont relooké ce lieu plein de charme. L'endroit est cosy, soft, on se sent comme à la maison. La réputation de ce restaurant n'est plus à faire, il fait partie d'un incontournable de Bellegarde. Les plats savoureux et gourmands sortent des cuisines.

LA BOUCHERIE GRÉGOIRE

1 bis, rue du Pré

✆ 04 66 03 83 45

Ouvert du mardi au samedi de 7h à 12h30 et de 16h à 19h30. Le dimanche ouvert de 8h à 13h. Fermé le lundi.

Laurent Grégoire a offert une seconde jeunesse à cette boucherie de Bellegarde. Après avoir fait ses armes à Bouillargues, il voulait créer une véritable boucherie traditionnelle. Artisan boucher, il cultivait patiemment l'ambition de réhabiliter le contact d'antan avec la clientèle. Ici, on soigne le client, sourire et bonne humeur sont les devises de ce commerce. La Boucherie Grégoire travaille uniquement des viandes françaises. Le veau, le porc proviennent de Langogne en Lozère, et l'on y trouve la génisse limousine âgée de moins de trente mois.

COMPTOIR MÉDITERRANÉEN

Chemin de la Vaque Haute

✆ 04 66 67 40 56

www.comptoir-mediterraneen.com

Lundi 15h30-19h, mardi au samedi 9h-12h30/15h-20h, dimanche 9h30-12h30.

Entre Provence et Midi, à l'entrée de Bellegarde, le Comptoir méditerranéen est un de ces lieux où les gourmets ne savent plus où regarder tellement il y a de bonnes choses à dévorer des yeux. Manuel Serment est un épicurien, amateur de produits régionaux ; vous trouverez chez lui une large gamme de produits de la Camargue, de la Provence ou du Languedoc. Le choix de vins vous permet de faire le tour de la Méditerranée. Un vaste choix d'huiles d'olives fruitées, de la charcuterie, des fromages et un bel espace épicerie fine.

DOMAINE DU HAUT BROUSSAN

Avenue des Lacs

✆ 04 66 01 12 67

www.moulin-hautbroussan.com

Ouvert tous les jours, horaires variables selon les saisons.

A cinq kilomètres de Bellegarde, le Domaine du Haut Broussan est un domaine oléicole de 9 hectares d'oliviers travaillés avec amour, ferveur et respect par Murielle et Florian Monnier. Une fois à maturité, ces olives donneront une huile fruitée et dorée, que l'on retrouve d'ailleurs dans le restaurant qui domine le lac. Au milieu des 3 000 oliviers, la table de ce restaurant se veut authentique et simple. Tout est frais. Florian s'occupe des grillades et Murielle compose de généreuses salades servies avec une tapenade maison qui marque les esprits.

FOURQUES

Au IIe siècle, entre la voie Domitienne et Beaucaire, Fourques (du nom « fourche ») entre le Grand et le Petit Rhône qui forment le delta de Camargue. Le pont fixe date de 1808, précédemment on traversait le Petit Rhône grâce à un bac. Vous pourrez visiter : l'église et son mobilier classé à l'inventaire des Monuments historiques. Les Lices : promenade créée en 1885 en reculant la digue pour les inondations. Le Pomerium : lieu déclaré sacré par Romulus. Le Rhônomètre : colonne témoin de la montée des eaux. Les animations annuelles : fête votive, fête de la Maïo, festival de marionnettes, foire aux chevaux, et biennale des artistes.

LA TABLE D'ANAIS €€

15, rue de la République

✆ 04 66 49 66 90

Ouvert du mercredi au dimanche le soir. Carte ; 25€ environ. Vin au verre.

Dans une ruelle de Fourques, la Table d'Anaïs est un restaurant- pizzeria à la devanture teintée de vert où tout est fait maison. Pizzas, plats italiens, paninis, snacking servis dans une belle salle, décorée avec goût et chic. L'ambiance est décontractée. La carte est simple mais bonne. Vous pouvez vous délecter d'une pizza, d'un filet de bœuf, du pavé cuit à l'huile, d'un magret de canard, au miel. A la carte, optez pour les filets de rougets aux agrumes ou la salade de Saint-Jacques qui jouxte les côtes d'agneau. Les desserts à base de fruits sont légers.

VESTRIC-ET-CANDIAC

Ces deux territoires du Gard ont été réunis en 1808 après plusieurs siècles de séparation. Ils appartenaient ensemble à la viguerie et au diocèse de Nîmes au XVIe siècle ce qui explique leur histoire commune et la proximité des deux populations. Aujourd'hui Vestric-et-Candiac s'étend sur 1092 hectares et compte 1 285 habitants répartis au cœur du village et dans les pavillons situés à sa périphérie. Riche au plan architectural, il possède deux magnifiques châteaux. L'un d'eux, dans le centre du village, est apparu au XVIe siècle. A l'époque il était entouré de remparts et comportait certainement un pigeonnier. A l'image de tous les villages de notre région, Vestric-et-Candiac, possède aussi, en son centre, un temple protestant d'une taille harmonieuse datant du XIXe siècle. Le village est au centre de nombreuses festivités. Chaque année, le dernier mercredi de juillet, le village s'anime durant quatre jours à l'occasion de la fête votive. Avec la course camarguaise, chevaux et taureaux sont au cœur des festivités, et cela est très apprécié des Vestriçois. Un accueil chaleureux est réservé aux touristes désirant visiter ce superbe village et à ceux qui souhaiteraient ne plus en partir !

MOULIN DE BEAUFORT

Chemin des Canaux
✆ 06 20 86 58 21
www.moulindebeaufort.com

Du lundi au vendredi de 10h/12h et 15h/18h. Vente sur place. Téléphoner avant, car l'oliveraie s'étale sur 5 hectares.

Le moulin de Beaufort produit de l'huile d'olive depuis 2003. Les olives sont récoltées à la main. Les différentes variétés (grossannes, lucques, bouteillans, négrettes, picholines) assemblées donnent toute sa spécificité à l'huile. D'autres producteurs peuvent apporter leurs olives (minimum 50 kg) et repartir avec leur propre production. Les noyaux broyés libèrent une substance anti-oxydante assurant la conservation de l'huile non filtrée et issue d'une 1ère pression à froid. Livraisons à domicile ou par la poste possibles, ainsi qu'étiquettes personnalisées.

LE SANGAR VESTRICOIS

D135
✆ 04 66 88 20 39

Ouvert tous les jours et les jours fériés de 7h à 18h. Entrée 10 €. 90 € - 5 prises par personne - 2 cannes/pers.

Avis aux pêcheurs et aux amoureux de la nature : un étang sur la D135, dans la commune de Vestric-et-Candiac, vous accueille tous les jours. Des tables, bancs et barbecues sont à votre disposition sous l'ombrage des arbres bordant l'étang. Vous aurez peut-être l'occasion de faire de belles prises (truites, carpes, brochets et sandres). Le nombre de pièces est limité à cinq par pêcheur. Les appâts sont vendus sur place. Voilà une agréable façon de partager un moment entre fervents pêcheurs ou simplement en famille avec les enfants.

L'Uzège-Pont du Gard s'étend sur 48 communes réparties entre le pays d'Uzès, et du Pont du Gard. Cette région, au carrefour d'Alès, Avignon, Bagnols-sur-Cèze et Nîmes vit de l'agriculture, de l'industrie (pharmaceutique, alimentaire, et fabrication de caoutchouc et plastiques) et du tourisme. Chaque année, « Avril en balade » propose des circuits avec guides allant de 1 à 15 km, afin de découvrir les coins secrets de l'Uzège, mais aussi tous les villages qui ont chacun une particularité intéressante : le Pont du Gard, classé par l'Unesco. Uzès, label Art et Histoire. Saint-Quentin-la-Poterie ; label Métiers d'Art. Lussan ; label Village de Caractère, avec ses Concluses, marmites et falaises sur 6 km. Belvezet entouré de ses garrigues. Sanilhac, ses ruches et sa miellerie. Les tunnels de Sernhac qui acheminaient l'eau de l'aqueduc d'Uzès à Nîmes. Enfin les caves des vignerons de Bourdic, avec possibilité de dégustations.

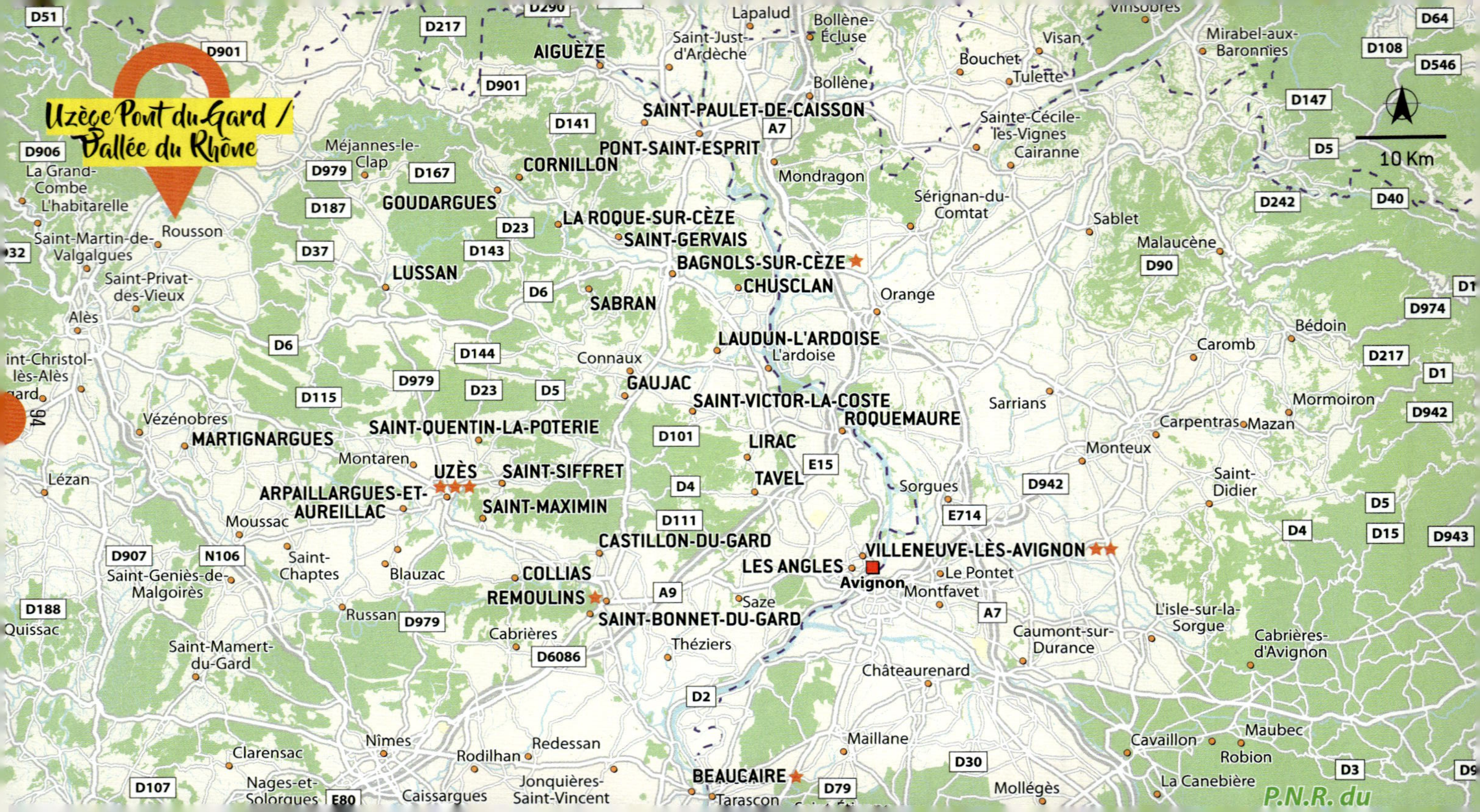
Uzège Pont du Gard / Vallée du Rhône
10 Km
AIGUÈZE
SAINT-PAULET-DE-CAISSON
PONT-SAINT-ESPRIT
CORNILLON
GOUDARGUES
LA ROQUE-SUR-CÈZE
SAINT-GERVAIS
BAGNOLS-SUR-CÈZE
CHUSCLAN
LUSSAN
SABRAN
LAUDUN-L'ARDOISE
GAUJAC
SAINT-VICTOR-LA-COSTE
ROQUEMAURE
SAINT-QUENTIN-LA-POTERIE
MARTIGNARGUES
LIRAC
TAVEL
UZÈS
SAINT-SIFFRET
ARPAILLARGUES-ET-AUREILLAC
SAINT-MAXIMIN
CASTILLON-DU-GARD
VILLENEUVE-LÈS-AVIGNON
LES ANGLES
Avignon
COLLIAS
REMOULINS
SAINT-BONNET-DU-GARD
BEAUCAIRE
Lapalud
Saint-Just-d'Ardèche
Bollène-Écluse
Bollène
Mondragon
Visan
Bouchet
Tulette
Sainte-Cécile-les-Vignes
Cairanne
Sérignan-du-Comtat
Mirabel-aux-Baronnies
Sablet
Malaucène
Orange
L'ardoise
Connaux
Bédoin
Caromb
Mormoiron
Sarrians
Carpentras
Mazan
Monteux
Saint-Didier
Sorgues
Le Pontet
Montfavet
Saze
Théziers
Caumont-sur-Durance
L'isle-sur-la-Sorgue
Cabrières-d'Avignon
Châteaurenard
Maillane
Cavaillon
Maubec
Robion
La Canebière
Mollégès
Tarascon
Méjannes-le-Clap
La Grand-Combe
L'habitarelle
Rousson
Saint-Martin-de-Valgalgues
Saint-Privat-des-Vieux
Alès
Vézénobres
Lézan
Montaren
Moussac
Saint-Chaptes
Blauzac
Saint-Geniès-de-Malgoirès
Russan
Cabrières
Quissac
Saint-Mamert-du-Gard
Nîmes
Clarensac
Rodilhan
Redessan
Nages-et-Solorgues
Caissargues
Jonquières-Saint-Vincent
P.N.R. du
D51
D901
D217
D906
D979
D167
D141
A7
D187
D23
D143
D37
D6
D144
D979
D23
D5
D115
D101
E15
D4
D111
E714
D942
D907
N106
A9
D188
D979
D6086
D2
A7
D107
E80
D79
D30
D3
D64
D108
D546
D147
D5
D40
D242
D90
D974
D217
D1
D942
D5
D15
D4
D943

LUSSAN

Perché sur un piton rocheux, Lussan est une cité médiévale entourée de remparts et dominant la garrigue. Classé Village de Caractère, il est aussi l'un des Plus Beaux Villages de France. Ses ruelles étroites et ses maisons de pierre soulignent son riche passé. Les remparts et le chemin de ronde offrent un magnifique panorama sur les Cévennes et le Mont Ventoux. Profitez d'une journée ensoleillée pour découvrir le menhir de la Lèque, « la Pierre plantée », haut de 5,6 mètres, l'un des plus hauts du Languedoc. Les somptueuses gorges des Concluses, creusées dans le calcaire par l'Aiguillon, sont elles aussi à voir en arpentant un petit sentier balisé.

LES BUIS DE LUSSAN

Rue de La Ritournelle

Ouvert aux visites en mai, juin, septembre et octobre.

Situé sur les remparts, il offre une vue imprenable sur les alentours. Malgré une végétation typiquement languedocienne, il présente la très grande originalité d'avoir été conçu « à la Japonaise », selon les règles du Niwaki, l'art de la taille des essences florales japonais. En effet, sur les 400 M2 du lieu, les végétaux sont agencés et taillés de façon à privilégier une ambiance épurée de transparence et de points de vues surprenants dans un style paysager peu courant dans les pays occidentaux, donc. Un petit morceau de Japon en plein cœur du Gard très étonnant !

LES CONCLUSES DE LUSSAN ★★

D643

Accès libre toute l'année.

Ce sont les plus pittoresques gorges de l'Aiguillon, petit affluent de la Cèze. Les Concluses offrent un ensemble de falaises et de marmites géantes extraordinaire. Des gorges pittoresques creusées dans la roche calcaire par deux ruisseaux qui ont provoqué une érosion sur plus de six kilomètres. Ce spectacle 100 % naturel est à voir à quelques kilomètres de Lussan, village de caractère perché à hauteur de collines. L'accès à pied aux Concluses est assez raide et le dénivelé sur près d'un kilomètre peut surprendre. Prévoir de l'eau et de bonnes chaussures !

DOMAINE D'AUDABIAC €

Hameau d'Audabiac

✆ 04 66 72 70 70

www.gite-chambre-gard.fr

Ouvert toute l'année. Semaine de 2700 € à 3500 €. Week-end à 1050 €.

Bienvenue au Domaine d'Audabiac, perchée sur une colline et bénéficiant d'une belle vue sur la vallée du hameau d'Audabiac, d'origine Gallo-romaine. Un bâtiment, séparé de la Bastide par une cour et appelé « Magnanerie » (bâtiment dédié dans temps à l'élevage des vers à soie), a été aménagé en très grand gîte comprenant 7 chambres, 7 douches/WC et pouvant accueillir jusqu'à 20 personnes. La cuisine est au rez-de-chaussée quant aux chambres et salons, ils sont aux 1er et 2ème étages. La très grande piscine est accessible mais sécurisée pour les enfants.

L'AUBERGE DES MARRONNIERS €€

Place des Marronniers ✆ 04 30 67 29 46

www.auberge-desmarronniers-lussan.fr

Chambre double de 75 € à 85 € ; chambre triple de 105 € à 115 €. Petit déjeuner : 8 €. Restauration menus de 20 € à 26 €

Gérée par une équipe chaleureuse, elle vous accueille dans une belle bâtisse du XVIe siècle qui s'ouvre sur un intérieur contemporain et un petit salon avec fauteuils Art déco et spots de cinéma. Les chambres sont aménagées avec goût et charme. Le chef propose des recettes simples et savoureuses, menus alléchants : pintade rôtie, sauce aux cèpes, pièce du boucher et son beurre vigneron, pélardon chaud sur pomme rôtie au miel de châtaignier, terrine d'effiloché de bœuf au foie gras.

LES BUIS DE LUSSAN €€

Rue de la Ritournelle

✆ 04 66 72 88 93

Chambres double à partir de 90 €.

Situées sur les remparts de Lussan, blotties dans un ancien mas de village, les chambres des Buis de Lussan s'ouvrent à vous pour une parenthèse de charme et d'authenticité au cœur d'un paysage de garrigue et d'essences méditerranéennes. Une maison constituée de bâtiments qui s'épanouissent autour d'un jardin luxuriant d'où le bassin de rafraîchissement structure les regards et apaise les sens. Harmonie, détente et relaxation sont les maîtres-mots de ces lieux qui, le soir venu, sont baignés des rayons du soleil couchant sur les Monts Ventoux et Bouquet.

Le village de Lussan.

LA TABLE D'AZOR €€

Mas d'Azor
✆ 04 66 37 27 95
Basse saison : mardi au dimanche le midi ; le mercredi soir. Haute saison : mardi au dimanche le midi et le soir.

Au pied de Lussan, village situé aux alentours d'Uzès dans le Gard, dans un cadre rustique, La Table d'Azor a revu toute sa carte il y a quelques mois passant d'un restaurant gastronomique copieux préparant des produits de la ferme à un restaurant plus classique. Si vous pouvez opter pour une formule burger ou une formule salade, nous vous recommandons chaudement le cheesecake salé en entrée et le magret de canard aux airelles. L'accueil y est, en outre, très chaleureux et les grandes tables n'y sont pas rares. À recommander !

L'ARTISAN SAVONNIER

ZAE du Grand Lussan

Issus de la gamme spéciale du Laboratoire Gravier, les produits d'entretien de l'artisan savonnier sont certifiés label Ecocert, concentrés, efficaces et à prix très abordables. Laissez-vous porter par ces senteurs fraîches et provençales qui vous rappelleront le sud et ses senteurs... On aime surtout l'assouplissant pour le linge et le liquide vaisselle aux huiles essentielles, doux pour les mains mais qui respectent les normes écologiques.

L'artisan savonnier est situé à Lussan dans le Gard, petit village typique à quelques kilomètres d'Uzès.

LES CÉRAMIQUES DE LUSSAN

Route de St Ambroix ✆ 04 66 72 90 92
www.ceramique-de-lussan.fr
Ouvert d'avril à fin octobre, et en décembre veilles de fêtes.

Les pintades d'Adrien Caillard ont la cote. Depuis qu'il a pris la succession de sa maman qui travaillait seule, il peut compter sur ses 10 salariés qui, inlassablement, donnent vie à toutes sortes d'animaux avec une prédilection pour les volailles dont les fameuses pintades. Ces charmantes bestioles peuvent même rester en extérieur puisqu'un modèle non gélif existe pour agrémenter vos parterres ! Un bestiaire artisanal et coloré que vous pourrez retrouver dans les boutiques d'Uzès et de Nîmes. Un très beau souvenir du savoir-faire local !

PONT-SAINT-ESPRIT

Trait d'union entre les régions Occitanie, Provence-Alpes-Côte-d'Azur et Auvergne-Rhône-Alpes, Pont-Saint-Esprit est la cité gardoise ainsi nommée pour la démesure de son pont. Une construction gigantesque, vingt arches sur 919 mètres, qui selon la légende, n'aurait pas abouti sans l'aide du Saint-Esprit. Située sur la rive droite du Rhône, la ville se mire dans les eaux vives du fleuve. Le charme du centre piétonnier ainsi que son riche patrimoine historique imposent de faire une étape à Pont-Saint-Esprit, sans oublier de s'arrêter sur le point de vue panoramique, l'élégante silhouette de la ville, le puissant Rhône à ses pieds et le pont dantesque.

MUSÉE D'ART SACRÉ DU GARD ★

2, rue Saint-Jacques
✆ 04 66 39 17 61
www.musees.gard.fr
Ouvert toute l'année. Fermé le lundi et les jours fériés. Gratuit.

Ce musée d'art sacré, unique en son genre dans la région, est un des points forts de Pont-Saint-Esprit. Aménagé dans la maison des Chevaliers, immeuble du XIIe siècle, il présente, dans une dimension muséographique très réussie, des salles d'apparat, des fresques des XIVe et XVe siècles ainsi qu'une superbe collection d'orfèvrerie religieuse. On passe d'une époque ou d'une civilisation à l'autre sans chronologie avec, pour fil conducteur, l'expression artistique du sacré.

DOMAINE DE LA BAUME €€

1377, chemin des Îles
✆ 04 66 33 01 33
www.la-baume.com
À partit 85 € la nuit pour deux personnes. A partir de 780 € la semaine en appartement pour quatre personnes.

Le domaine de la baume est grande bâtisse qui vous imprègne du charme et de la quiétude qu'inspire la région du sud plus particulièrement de l'Uzège. Des appartements de bonne tenue pouvant accueillir de 2 à 6 personnes composent ici l'offre hôtelière, une piscine et un petit ensemble sportif comprenant un tennis, badminton, ping-pong et terrain de pétanque qui peuvent être utilisés. Une table d'hôtes propose également petits déjeuners et dîners. L'idéal pour se reposer durant une étape sur les routes du sud. Venez vite et nombreux !

DOMAINE DE LAMARTINE €€

636, chemin de Lamartine ✆ 04 66 79 20 24
www.domaine-lamartine.com

Chambre simple 75€. Chambre double 80€. Gîte la noria : 700€ semaine, Gîte ramona 700€ semaine, Gîte la bergerie 22.50€

Les hôtes du domaine de la Martine vous accueillent dans leur demeure de style Charles X, gîte rural et chambres d'hôtes de charme. À l'intérieur, quatre chambres colorées et piquées dans un style XIXe siècle ouvrent leurs portes à leurs oiseaux de passage, qui viennent se reposer dans cet écrin de verdure reposant. Les chambre « Grand-Mère », « Antoinette », « La Tante » et « La Tour », les gîtes « La Bergerie » et « La Noria » n'attendent que vous.

Côté extérieur, une piscine (avec pataugeoire) et un énorme jardin autorisent une détente douce et pleine.

HÔTEL LE MAS DE L'OLIVIER** €€

138, avenue Général-de-Gaulle
✆ 04 66 89 12 38
www.mas-olivier.com

Chambre à partir de 60 €. Menu à partir de 20 €.

Dans le Gard provençal, Le Mas des Oliviers se veut très accueillant. Les 28 chambres, à la décoration personnalisée, climatisées et de bon standing offrent toutes le confort moderne. Pour les repas ou la détente en plein air, on profite de la terrasse puis du parc de six hectares ou encore de l'agréable piscine. Un cadre verdoyant et un calme très appréciables en vacances ou le week-end. Le restaurant offre une cuisine créative aux accents du sud. Une bonne adresse.

MAISONS BULLES €€

246, chemin Notre Dame des Roses
✆ 06 43 12 96 10

De 110 € à 170 € la nuit selon saison et jour. Possibilité de séance de yoga et de massage.

Une étape étoilée pour aventuriers en quête de nuits insolites en Maison Bulle, sur les hauteurs de la cité provençale de Pont-Saint-Esprit, en plein cœur de la colline de Saint-Pancrace, tout proche des gorges de l'Ardèche. Un séjour au paradis pour les amateurs de panoramas bucoliques et de toiles au grand air. Vous avez le choix entre les dômes : bulle de savon géante, goutte de pluie ou de rosée, igloo ou vaisseau spatial, trois types d'architecture et trois thèmes variés. À la belle saison, vous profitez de la piscine circulaire et du spa.

SPIRIT COFFEE €

1, rue du 15 août 1944
✆ 04 66 89 30 16

Basse saison : Du mardi au jeudi 8h30 18h ; vendredi, Samedi 8h30 à 22h. Haute saison : Du lundi au samedi 10h à 22h.

Ouvert à l'automne 2016, l'établissement a été complètement refait. En effet, Céline, la propriétaire du lieu est passionnée de rockabilly et de *pin up* et a donc donné une réelle ambiance à ce lieu : l'Amérique des années 50-60. On y découvre des tacos et des burgers de grande qualité. Tous les produits proposés par le restaurant peuvent êtres mangés sur place ou à emporter. Certains s'étonneront de trouver des soupes maisons à la carte mais ce qui devrait les surprendre davantage c'est que les marmites se vident à une vitesse folle !

Pont-Saint-Esprit.

VÉRO €

, rue du Général de Gaulle

04 66 39 44 53

www.restochezvero.fr

Ouvert toute l'année, horaires et jours variables en fonction des saisons. Moules-frites à partir de 14,50 €.

Ce restaurant et friterie à l'entrée de Pont-Saint-Esprit est tenu par Dominique et Maria Cibois. Ensemble ils s'appliquent à faire connaître leur cuisine à base de produits frais, élaborée dans la tradition du fait maison. Les frites maison, produit phare du restaurant, sont des patates épluchées et coupées puis cuites dans la graisse de bœuf, dans un bain à 140 °C, puis cuisson à 180 °C. Les moules sont elles servies à toutes les sauces. En résumé, nous vous conseillons d'aller savourer de bonnes moules frites maison accompagnées d'une bière bien fraîche.

LE BISTROT €€

7, avenue Gaston Doumergue

✆ 04 66 50 46 91

Ouvert le lundi midi ; du mardi au samedi le midi et le soir. Carte : 25 € environ. Vin au verre. Terrasse. Animations.

Dans un décor de pub anglais, vous pouvez venir vous restaurer ou boire une bière le temps d'une pause. La Brasserie propose des assiettes généreuses et la viande est charolaise. Le soir le Bistrot est connu pour ses soirées musicales et ses animations. Une fête, un anniversaire, un enterrement de vie de jeune fille, un moment de détente, on pense le Bistrot à Pont Saint-Esprit. C'est le cœur de la ville qui vibre tous les soirs dans une ambiance chaleureuse.La joie, la gaieté, la bonne humeur sont les qualités premières du Bistrot.

LA GUINGUETTE DE VALMONT €€

Chemin des Sources ✆ 09 70 38 60 69

www.guinguette-valmont.fr

Ouvert de fin avril à fin septembre, 7j/7 midi et soir. Réservation conseillée. Formule à partir de 16,50 €.

La Guinguette de Valmont est installée dans le parc d'une jolie propriété de Pont-Saint-Esprit, aux portes de la Provence, entre montagne et mer. Créée dans l'esprit des guinguettes, l'adresse allie le charme de la campagne aux plaisirs d'un dîner dans un écrin de verdure baigné de lumière. Le chef concocte une cuisine élaborée à partir de produits frais. C'est local et entièrement fait maison. La carte du restaurant est courte pour plus de fraîcheur et l'ardoise affiche les propositions issues du retour du marché. Les lieux sont vite animés par des concerts.

RESTAURANT LE PHARO €€

49, passage des Fleurs

✆ 04 66 50 39 91

www.restaurantlepharo.com

Le lundi et du mercredi au samedi et dimanche le midi et le soir. Carte : 45 €. Formule du midi : 11,90 €

Après avoir tenu le « David » pendant 5 ans à Aiguèze, M. Prudent souhaitait ouvrir sa propre adresse. Il a donc décidé de parier sur les spécialités de la mer dans ce coin si terrien, en effet, il y avait tout ce qu'il fallait pour les passionnés de viande dans le coin mais pas grand-chose pour les amoureux des produits iodés. Les produits servis sont bien frais et varient en fonction de l'arrivage de la journée. Bien sûr les viandards auront toujours une solution de secours telle que la gardiane de taureau servi en parallèle.

HUILERIE ÉMILE NOËL

Rue du Dr-Samuel-Hahnemann

✆ 04 66 90 73 28

www.emilenoel.com

Ouvert mardi, mercredi, vendredi et samedi de 9h à 12h et de 14h30 à 18h30 ; le jeudi de 9h à 12h et de 14h30 à 18h15

Cette entreprise familiale était d'abord spécialisée dans la production d'huile d'olive. Puis après le terrible gel de 1956, Emile Noël s'est tourné avec succès vers la trituration d'oléagineux. Grâce à une méthode artisanale et traditionnelle, avec une extraction lente et douce, les huiles de l'entreprise, certifiées bio, sont connues à travers le monde et compte de nombreux adeptes. Aujourd'hui, l'huilerie Emile Noël renoue avec la tradition oléicole grâce à l'acquisition de 300 d'oliviers en Espagne. L'huilerie a fêté son siècle d'existence en 2020.

MARCHÉ DE PONT-SAINT-ESPRIT

Le samedi de 7h à 13h.

Le marché de Pont-Saint-Esprit est l'un des marchés les plus prisés de la région. D'abord pour le lieu et surtout pour la fraîcheur et la qualité des produits proposés. Les amateurs de bon poisson viennent s'y ravitailler de tous les environs. Et on y trouve un peu de tout, des vêtements aux légumes en passant par les fromages ou la viande. À ne pas rater si vous passez dans le coin le Samedi matin. Un rendez-vous incontournable de l'été pour toute la famille !

OENOCAVE

1161, avenue du Général-de-Gaulle
✆ 04 66 39 54 61
Ouvert du mardi au samedi de 9h à 12h15 et de 15h à 19h15.

Ici la qualité prime, la convivialité est de mise. La devise des propriétaires : « Le vin c'est avant tout un échange émotionnel et de convivialité ». ils vous conseilleront dans vos choix car « l'important c'est l'accord des mets ». Un choix extraordinaire, plus de 100 whiskies et 80 rhums. Pour vos manifestations vous pourrez louer des tireuses à bière et vous procurer la bière en fut. Il y en a pour tous les gouts, tous les palais ; vous trouverez le cadeau idéal pour emmener en soirée ou la bouteille qui enchantera vos convives.

BAGNOLS-SUR-CÈZE ★

Cité industrielle sur la route du Rhône, Bagnols-sur-Cèze est située sur le fameux couloir rhodanien, au nord-est du département, entre Cévennes et Provence. Le riche passé de Bagnols-sur-Cèze a forgé au fil des siècles un patrimoine architectural remarquable comme l'ancienne place du marché ou la tour de l'horologe ; le musée Albert-André vaut vraiment le détour ainsi que le périmètre des bons vignobles régionaux (Lirac, Chusclun, Laudun, Saint-Gervais). Ne manquez pas de découvrir, au hasard des ruelles historiques de la cité, quelques curiosités inattendues La ville est aujourd'hui pourvue de nombreux équipements culturels qui font son dynamisme..

MOBY PARC

SAINT-ETIENNE-DES-SORTS ✆ 06 26 31 77 73
www.mobyparc.fr
Adulte 8 €. Enfant 6 € et 12 €. Tarifs complet en ligne. 7j/7 en juillet août, mercredi et le weekend en juin.

Bienvenue dans ce Parc-aqualudique gonflable pour toute la famille, situé à Laudun-l'Ardoise. Un espace aqualudique de 6 000 m² en pleine garrigue, dans un parc de 10 000 m². Tous les espaces ludiques sont adaptés aux âges des enfants. Tout est prévu pour une journée fabuleuse, autant pour les enfants que pour les parents pour qui tout a été prévu pour qu'ils se détendent. Les animations sont proposées par des animateurs diplômés, la surveillance est assurée tout au long de la journée. Ne manquez pas la discomousse ! Un espace restauration saura combler tous les appétits !

MUSÉE ALBERT-ANDRÉ ★

Place Mallet
✆ 04 66 50 50 56
Ouvert tous les jours sauf lundi et jours fériés. 10h-12h/14h-18h. Fermé en février. Gratuit. Visite guidée 3 €.

Installé au 2e étage de l'hôtel de ville et surplombant la charmante place Mallet, ce musée est un pur ravissement pour les yeux. Huit salles à la fois classiques et intimistes présentent des toiles de Marquet, Valadon, Matisse, Bonnard, Signac. Un cabinet de dessins et de lithographies de Cézanne, Picasso, Valtat ou Desnoyer, des œuvres figuratives des années 1950 complètent ce panorama de la peinture moderne et forment avec la collection de faïences françaises et l'ancienne pharmacie de l'hôpital un prisme lumineux qui éblouira tout amateur d'art.

MUSÉE D'ARCHÉOLOGIE LÉON-ALÈGRE ★

24, avenue Paul-Langevin
✆ 04 66 89 74 00
Fermé en février. Ouvert le mardi, jeudi et le vendredi de 10h à 12h et de 14h à 18h. Gratuit. Visites guidées pour 3 €.

Les deux salles du musée de l'archéologie Léon-Alègre rendent hommage à Léon Alègre. Ils retracent l'histoire de la région depuis l'âge de fer à l'antiquité gallo-romaine. La société archéologique de Bagnols met d'ailleurs un point d'honneur à y déposer précieusement chaque nouvelle trouvaille, objets du quotidien, poteries, bijoux, statuettes, etc.

On peut donc y découvrir la vie des différentes civilisations qui ont occupé la région au fil des siècles.

PLACE AUGUSTE MALLET

En quelques années, la ville de Bagnols sur Cèze est passée de quelques milliers d'âmes à 18 000 habitants, elle est devenue la troisième ville du département et la capitale du Gard Rhodanien. Située au cœur de la ville, la vaste place Auguste Mallet dallée bordée de voûtes en ogives et cerclées d'hôtels particuliers datant du XVe au XVIIIe siècle propose une vue magnifique aux amateurs de vieilles pierres et de bâtisses anciennes. Au milieu de la place trône une immense croix de fer forgé datant de 1750.

LE VISIATOME DE MARCOULE ★★

CEA de Marcoule ✆ 04 66 39 78 78
www.visiatome.fr
Ouvert toute l'année. Adulte 4 €.

Le Visiatome est un outil pédagogique du Commissariat à l'Energie Atomique et aux Energies Alternatives. Entièrement consacré aux enjeux énergétiques, à la radioactivité, à l'énergie nucléaire et au devenir des déchets radioactifs, c'est un espace de découverte unique en France : il présente sur 600 m^2 une exposition permanente illustrant les technologies, les recherches développées dans le domaine de l'énergie nucléaire. Par l'échange des connaissances et la diffusion de la culture scientifique, le Visiatome est une sortie ludique et pédagogique !

OFFICE DE TOURISME - PROVENCE OCCITANE

1717, Route d'Avignon
✆ 04 66 89 54 61
www.provenceoccitane.com
Ouvert toute l'année, horaires variables en fonction des saisons.

Un passage à l'office de tourisme est recommandé pour faire le plein de brochures sur la ville, connaître les charmants villages aux alentours et découvrir la jolie campagne toute proche. Vous y trouverez d'attrayantes cartes touristiques sur la route des vins des Côtes-du-Rhône et quantité d'idées pour séjourner dans cette partie secrète de la Provence occitane. Ne manquez pas de faire le circuit touristique de la ville et de découvrir le patrimoine bagnolais.

BHB HOTEL €€

4, rue André Sautel
✆ 04 66 39 91 28
www.bhbhotel.fr
Ouvert toute l'année. Chambre double de 90 € à 160 €. Chambre individuelle à 80 €. Wifi gratuit. Restauration.

Atmosphère provençale contemporaine assurée pour cet hôtel BHB surprenant et rénové avec beaucoup de classe et d'élégance. Du bonheur pour se reposer avant de partir à la découverte de la région. On profite également de la terrasse intérieure pour savourer le charme des lieux et des nombreuses prestations (pressing, room-service...) pour se détendre. C'est l'occasion de profiter du tout confort, du soin et de l'esthétique à des prix réduits (à condition d'être au moins deux personnes). Une adresse à découvrir avec grand intérêt.

DOMAINE DE GRESSAC €€

Quartier Clapeyret - **VERFEUIL**
✆ 04 66 72 90 36
www.gressac.com
A partir de 140 € la nuit pour deux personnes ; séjour minimum 7 nuits en haute saison, minimum 2 nuits en basse saison.

Le domaine s'étend sur 115 hectares dans la zone protégée Natura 2000 et se trouve être un des plus vieux domaines viticoles de France encore en exploitation. C'est un endroit sauvage et calme entouré de nature verdoyante. Le domaine a su se doter d'un élevage de chevaux de pure race espagnole. Cinq gîtes de standing ont été rénovés avec passion, d'une capacité de 2 à 7 personnes. Ils ont été bâtis avec des matériaux nobles et anciens où la pierre se conjugue au bois pour retrouver l'âme d'antan. Une salle à manger est à disposition des hôtes.

LE SAINT-GEORGES** €€

210, avenue Roger Salengro
✆ 04 66 89 53 65
Chambre double de 47 € à 67 € ; chambre triple 70 €. Restauration (du lundi au jeudi soir de 19h30 à 20h15).

L'établissement de Sabine et Dominique est situé dans le centre de Bagnols-sur-Cèze. Les chambres sont correctes, bien entretenues et équipées de douche, WC, télévision et wi-fi gratuit. Des chambres familiales sont également proposées et peuvent accueillir des familles de 3 à 5 personnes. Un appartement est proposé à la location. Il se compose de 3 chambres, d'un salon, d'une cuisine équipée et d'une salle de bain. Le restaurant est réservé aux clients de l'hôtel, on y sert une cuisine traditionnelle concoctée au gré des envies.

LE VIEUX VERGER*** €€

Avenue des Platanes - **CONNAUX**
✆ 04 66 82 91 62
www.campinglevieuxverger.com
Emplacement + véhicule + 2 personnes de 15,60 € à 19,90 €. Tarifs weekend : de 109 € à 499 €. Réservation nécessaire.

Pour profiter de votre séjour sous tente, en mobil-home ou en chalet sur un terrain ombragé, tous les goûts seront satisfaits dans ce camping du Vieux Verger situé à Connaux. C'est dans ce cadre paradisiaque du Gard Provençal, à quelques minutes du célèbre Pont du Gard aux alentours d'Uzès, que Corinne et Dominique vous accueillent pour vous garantir un bon moment convivial, chaleureux et de détente. Prélassez-vous dans la piscine ou bien arpentez les rues du village de Connaux... Vous n'aurez qu'une seule envie : y revenir l'année suivante !

CHÂTEAU DE VARENNE*** €€€

91, place Saint-Jean - **SAUVETERRE**
✆ 04 66 82 59 45
www.chateaudevarenne.com
Petit déjeuner : 20 € (9 €/3 à 12 ans). Chambre de 150 € à 320 €. Possibilité de location pour mariages, congrès.

Cet hôtel de charme installé dans un château construit en 1738 est niché dans un parc de 3 ha. L'hôtel s'articule sur deux étages autour de l'escalier principal en fer forgé. Ouvrant sur la verdure, les chambres – certaines magnifiquement parquetées, d'autres sublimées par une moquette ultra-moelleuse – sont décorées de tissus imprimés. Les salles de bains ont été réalisées par l'orfèvre avignonnais en la matière, Hydropolis. Pour les petits déjeuners, vous aurez le choix entre un agréable salon décoré de fresques bucoliques ou une terrasse fleurie.

CHÂTEAU VAL DE CÈZE*** €€€

69, rue Léon Fontaine
✆ 04 66 89 61 26
www.chateauvaldeceze.fr
Ouvert toute l'année. Chambres à partir de 80 €.

Le château Val de Cèze est l'ancien relais de chasse du seigneur du château de Paniscoule. Pour une nuit ou pour un séjour, c'est le lieu idéal pour poser vos valises dans l'un des vingt-deux pavillons aux chambres spacieuses et confortables, et ainsi profiter des nombreux sites touristiques des environs. Le restaurant est à l'image des lieux. La cuisine, dont les plats sont élaborés en fonction de la proposition du marché, est raffinée et délicieuse. Aux beaux jours, vous apprécierez de déjeuner à l'ombre des platanes centenaires.

LA GRIGNOTTE DES 5 CONTINENTS €

18, place Auguste-Mallet
✆ 04 66 89 14 53
www.lagrignottedes5continents.com
Basse saison : Du mardi au dimanche le midi, du jeudi au samedi le soir. Haute saison : tous les jours.

À la grignote des 5 continents, vous aurez la possibilité de choisir parmi un ensemble de plats du Suriname revisité à la Française ainsi que des assiettes du terroir local. Parmi les propositions : des bamis, poulet curry, mix de trois viandes,... La carte change très fréquemment afin de respecter la saisonnalité des produits et les envies de la cuisine. C'est un régal à chaque étape et on n'hésite pas à faire un brin de chemin pour y retourner encore et encore !

LA PERGOLA €

32, place du Platane - **SAINT-ETIENNE-DES-SORTS**
✆ 04 66 90 25 70
www.restaurantlapergola30.fr
Ouvert du lundi au samedi le midi. Ouvert les vendredis et samedis soir sur réservation. Réservation recommandée.

Diplômée d'une école d'hôtellerie, la cheffe du restaurant la Pergola a perfectionné son art sur de nombreux bateaux de croisière. Assistée par son fils Aurélien, Christèle est une cuisinière qui se décrit elle-même comme étant « opportuniste » puisqu'elle découvre le matin même ce qui sera annoncé à la carte, tous les produits qu'elle utilise sont locaux et de saison : on pense notamment aux escargots à l'anis de Saint-Alexandre de chez Mr Jacko, ou aux tripes à la bière venues de chez un producteur ardéchois. On y court tous !

AUBERGE DES CONCLUSES €€

Village - **VERFEUIL** ✆ 04 66 72 90 78
www.restaurantlesconcluses.fr
1er septembre-31 mars sauf le dimanche soir, le lundi et le mardi. 1er avril-31 août sauf le dimanche soir et le lundi.

Pour se restaurer, direction : l'Auberge des Concluses. Ici, on est amateur d'ambiance feutrée et de petites tables intimistes dans un lieu de caractère, de boiseries et de pierres apparentes. Vous serez accueilli par Françoise, chaleureuse et attentionnée. La cuisine de Dominique, toujours basée sur des produits régionaux, est centrée sur trois ingrédients principaux, la brandade, le fromage de chèvre et l'aubergine, qu'il décline à l'infini toujours en quête de nouvelles saveurs. Pour en être convaincu il vous suffira de goûter au Crespaou d'aubergine, un régal.

LE BERNON €€

Route nationale 86 - **CONNAUX**
✆ 04 66 82 00 32
www.lebernon.fr
Du mardi au samedi le midi et le soir ; le dimanche midi. Hôtel de 45 € à 65 € la nuit.

Les gérants ont pris le parti d'espacer les tables afin de vous conférer une intimité propice à déguster les créations du chef Teddy, déclinant une carte gourmande, attrayante et fluctuante au gré des saisons et du marché : le foie gras poêlé aux fruits de saison, la Saint-Jacques, les rognons de veau, le filet de bœuf aux morilles, les poissons du marché, le magret de canard Rossini, le plateau de fromages généreux agrémenté de 80 références de vins régionaux, et des pâtisseries maison... L'été, on se régale en terrasse ombragée par des platanes centenaires.

CLÉMENTINE €€

12, place Auguste-Mallet
✆ 04 66 89 42 26

Du lundi au vendredi. Formule à 11 € entrée et plat + verre de vin ou dessert du jour. Salades et crêpes à 8,90 €.

En quelques mois, Laetitia Marcano s'est déjà taillée une bonne réputation avec ses grandes assiettes originales dans lesquelles on y trouve une entrée et un plat accompagnés de légumes, féculent, viande ou poisson. Les produits sont frais, retour de marché et cuisinés le jour même sur place. L'après-midi, Clémentine joue au salon de thé avec des crêpes, des glaces à consommer sur place ou à emporter. Un limonadier nous rappelle notre enfance. De plus, ces mets succulents et gourmands sont servis par une équipe jeune et dynamique !

LAURET'S €€

3, rue Léon-Alègre
✆ 04 66 39 16 86

Fermé du 1er au 15 août. Du mardi au samedi de 11h à 14h et de 18h à 21h. Menus de 24,50 € à 31,50 €.

A une table ou directement au comptoir, vous prendrez le temps de choisir votre repas à l'ardoise au restaurant le Lauret's. Au menu terrine de foie gras maison, croustillant de brandade, rouille de seiches à la sétoise ainsi que le blanc-manger provençal... La qualité des produits est irréprochable et les assiettes sont bien copieuses. Au Lauret's on vient savourer une cuisine fine et élaborée à partir de produits du marché et de saison. Le poisson reste le produit phare de cet établissement. Une adresse appréciée des Bagnolais.

NOLITA €€

1585, route d'Avignon
✆ 04 66 33 71 21
www.restaurantnolita.fr

Ouvert du lundi au jeudi le midi ; du jeudi au samedi le soir. Menus de 22 € à 26 €. Carte : 30 € environ.

Un loft industriel et glamour, un concentré de la grosse pomme et de son quartier du North Little Italy. De splendides lustres de cristal descendent des poutres métalliques. Un éclairage industriel et des lustres dignes d'un palace. La terrasse est splendide, il manque seulement que toute la végétation mise en place prenne ses marques. La cuisine a l'accent de NY, de l'Italie et aussi d'ici, mais plus de 95 % sont des produits frais. Les animations musicales ou culinaires du jeudi sont prisées. Gageons qu'elles trouveront bientôt leur rythme de croisière..

LE P'TIT RESTO €€

14, avenue du Mistral
SAINT-ETIENNE-DES-SORTS
✆ 04 66 82 33 07

Ouvert tous les jours le midi et le soir. Carte : 28 € environ. Formule du midi : 13,50 €. Vin au verre. Terrasse.

Avec sa devanture en pierres, sa jolie terrasse ensoleillée et son décor cosy le restaurant « Le p'tit resto » est un détour obligé pour les gastronomes. L'établissement n'a de « petit » que le nom car c'est un grand restaurant, en effet, il se répartit sur deux salles chaleureuses, une au rez-de-chaussée, l'autre à l'étage, aux teintes grises et bois. En cuisine, Jérôme prépare chaque jour des petits plats issus du terroir, ils varient en fonction du marché car ici les produits sont frais et bien choisis. C'est un régal à chaque instant !

RESTAURANT L'INSTANT DES METS €€

344, route d'Avignon - **SAUVETERRE**
✆ 04 66 82 56 18 - www.linstantdesmets.fr

Du mercredi au dimanche le midi. Menu unique à 19 €. Formule : 24 € Accueil des groupes. Jardin. Piscine privée.

Au restaurant « L'instant des mets » situé à Sauveterre, la carte ne propose pas de chichis, en effet, elle va à l'essentiel et garantit des produits frais, de saison et des préparations maison faites par le chef. En saison estivale, la convivialité est le maitre-mot à l'Instant des Mets, en effet, on se retrouve à table sur les terrasses ombragées ou en bordure de piscine pour une plancha. Le service est parfait et la mise de table soignée. Une adresse qui vaut le détour !

LE BALLON ROUGE

181, allée du Quartier
✆ 04 66 89 75 62
www.le-ballon-rouge.fr

Ouvert du lundi au samedi de 9h à 19h.

La cave du « ballon rouge » située à Bagnols-sur-Cèze dans le sud de la France est parfaitement aménagée offre un large éventail de vins et spiritueux, du plus fameux au plus discret, et des raretés aussi dans cet espace où vous découvrirez un lieu aménagé pour la dégustation. Les sommeliers qui vous orienteront sont aguerris dans l'art de trouver le produit que le client désire. Nombreux accessoires, allant des verres et carafes aux outils les plus perfectionnés : les amateurs et connaisseurs trouveront certainement leur bonheur.

DOMAINE DE GRESSAC

Quartier Clapeyret - **VERFEUIL**

✆ 04 66 72 90 36

www.gressac.com

Vignobles et Découvertes. Ouvert tous les jours de 9h à 12h et de 15h à 18h. Bouteille à partir de 7,90 €.

Le domaine de Gressac s'est converti à l'agriculture biologique depuis 1970 sur une dizaine d'hectares dans la commune de Verfeuil, ce vignoble d'avant-garde, précurseur d'une agriculture responsable, est vendangé et trié à la main. De ce terroir argilo-calcaire, sauvage et exempt de traitement chimique, est issu un raisin naturel. Les rendements sont sciemment très faibles et ne dépassent jamais les 30 hl à l'hectare. Les vins sont certifiés biologiques par Ecocert et bénéficient de la mention AB. Ils sont en IGP Pays du Gard.

MARCHÉ DE BAGNOLS-SUR-CÈZE

Centre ville

Ouvert le mercredi de 7h à 13h.

Vêtements bon marché, quincaillerie, poisson, légumes, viande....etc, on trouve vraiment de tout chaque mercredi au grand marché de Bagnols ! Un marché exceptionnel puisqu'il couvre tout le centre ville ! Les habitants des communes avoisinantes ne le rateraient pas non plus pour un sou et les rues sont toujours bondées.Et quand il fait beau, il constitue un but de balade plein de vie et très agréable. Où, en plus, on peut faire de très bonnes affaires. Que demander de plus ?

DOMAINE LA ROMANCE

Chemin Saint-Roman ✆ 06 82 22 45 44

www.domainelaromance.com

Pâques-fin septembre, lundi-vendredi de 17h à 19h. octobre-Pâques. Mai, juin juillet : Mardis de la Romance,17h à 18h30

Au domaine de la romance, les vignerons ont noué une romance avec la terre, qu'ils cultivent avec amour et bienveillance : les vins du domaine sont d'ailleurs certifiés biologiques afin d'apporter une qualité supérieure aux vins. De votre côté, vous tomberez sous le charme de ce domaine de la romance ainsi que des propriétaires qui vous expliqueront et vous montreront avec passion leur travail, leurs vins, leurs produits, etc...

▸ **En guise d'hébergement,** deux gîtes de caractère avec piscine sont à votre disposition. Pensez à réserver !

TERRES D'AÏEUX

Route de Saint-André

SAINT-MARCEL-DE-CAREIRET

✆ 04 66 39 93 84

Du lundi au samedi de 9 h 15 à 12 h 15 et 15 h 00 à 19 h 00.

Ce terroir de moyenne altitude est niché au creux d'un canton au riche passé historique qui a su garder son caractère rural. Nous sommes dans le Gard, terre de contraste où la Camargue côtoie les Cévennes, l'Uzège et la vallée du Rhône. La cave se visite sur rendez-vous. Au cellier sont mis en vente des produits du terroir. Les miels, tapenades, huile d'olive et huile de pépin de raisin, amandes et bien d'autres s'affichent au milieu des bouteilles de vin. Il suffit de s'arrêter pour une dégustation et découvrir de bons vins AOC Côtes du Rhône.

ESPACE RABELAIS

place Mallet

✆ 04 66 89 73 85

Mercredi au samedi, 9h30-12h30/14h-18h. Ouvert les mardis de mai à septembre ; Juillet/ août : 10h-13h/15h-19h.

Voici le lieu de référence en matière d'oenotourisme, pour en savoir plus sur les Côtes du Rhône gardois. Il ravira tout le monde, des béotiens aux connaisseurs. Une exposition ludique et interactive faisant la part belle au numérique, répondra à vos interrogations. D'où vient le vin ? Comment est-il fabriqué ? Quels sont les cépages cultivés dans la région ? Quelles sont leurs spécificités ? Un quizz spécial est destiné aux enfants, pour qu'ils en apprennent, eux aussi, sur cette boisson « de grands ». Dégustations les mercredis sur le marché.

LA MOBA

400, avenue de La Roquette

✆ 09 73 29 68 03

www.lamoba.fr

Ouvert du jeudi au samedi de 18h à 1h. Tarifs en fonction des soirées. Programme complet sur le site web.

La jeunesse bagnolaise manquait cruellement d'un lieu dans lequel se défouler. C'est maintenant chose faite depuis le printemps 2017 avec La Moba. Ce charmant petit lieu d'une capacité de 350 personnes environ, monté par une douzaine de passionnés de musiques en tout genre, propose chaque week-end des soirées rock, des concerts, des soirées rap ou même techno selon l'humeur. L'entrée y est souvent modique et, pour les beaux jours, La Moba possède un grand patio où danser en plein air. La jeunesse locale peut donc enfin s'amuser !

AIGUÈZE

Classé parmi les Plus Beaux Villages de France depuis 2006, ce nid d'aigle fortifié doit sa notoriété autant à sa situation géographique exceptionnelle qu'à son environnement naturel et bâti. L'arrivée tranquille du cours d'eau dans lequel se mire le dernier village ardéchois, l'élégance tranquille de Saint-Martin-d'Ardèche offre à Aiguèze un panorama fantastique. Place forte médiévale, longtemps stratégique pour les échanges fluviaux, le village est aujourd'hui visité comme un musée. On y admire le clocher gothique, les donjons et la tour sarrasine, le château. Les façades d'élégantes maisons Renaissance sont à découvrir en arpentant les étroites rues pavées.

L'ANGEVIS €€

335, chemin Cantemerle
✆ 04 66 90 03 15
www.hotel-restaurant-angevis.fr
Chambre double 70 € la nuit.

L'hôtel restaurant L'Angevis accueille et régale ses hôtes du haut de la colline de Chusclan. Depuis sa terrasse, l'hôtel offre une vue panoramique sur la vallée. À l'intérieur, ce sont cinq chambres tout confort qui vous attendent (il faut donc réserver à l'avance) et un chef cuisinier qui décline une cuisine semi-gastronomique avec des produits frais, de saison et locaux, en son restaurant de cinquante couverts. En été, si vous trouvez que la mer est trop loin et que les rivières sont trop froides, plongez dans la piscine et écoutez les cigales craqueter !

CORNILLON

Du haut d'un piton rocheux, avec un splendide panorama sur la vallée de la Cèze, Cornillon est un vieux village inscrit à l'inventaire des sites protégés dont le plus important d'entre eux, Saint-Gély, est le point de départ des sentiers de randonnées autour de la colline et des bords de la Cèze. Les visiteurs pourront déambuler dans les petites rues moyenâgeuses du village où sont installés de nombreux artistes et artisans, et profiter des nombreuses animations (marchés, championnats de Trial et de VTT) tout au long de l'année. Le château du XIIIème (privé mais accessible aux touristes), accueille dans ses murs en ruine un théâtre de plein air.

MAISON SINNAE

Route d'Orsan ✆ 04 66 90 53 46
sinnae.fr
Ouvert de 9h-12h et de 14h-18h30 du 1er septembre au 30 avril et de 9h-12h30 et de 14h30 à 18h45 du 1er mai au 31 août.

La « Maison Sinnae » est le nouveau nom du renommé Laudun-Chusclan. Ce changement a eu lieu en 2019 pour un vignoble qui veut renouer avec son passé gallo-romain. En période estivale, l'arrêt dans cet espace bachique se justifie d'autant plus qu'on peut musarder alentour et parcourir le circuit œnotouristique récemment mis en place. Cette balade commentée permet de connaître l'historique des deux villages, dégustation à la clé. Notez également que cette cave dynamique organise chaque année en octobre, les Vendanges de l'histoire.

CHUSCLAN

Célèbre pour ses grands crus de vins, classés Côtes du Rhône villages (AOC), Chusclan est un joli village qui offre ses ruelles pittoresques, ses arceaux et ses places pavées aux visiteurs. Niché sur la rive droite du Rhône et la rive gauche de la Cèze, c'est aussi le point de départ de quelques balades pour découvrir les vestiges de son passé : les ruines du château de Gicon, la chapelle Sainte-Madeleine, la ferme des randonneurs, la dent de Marcoule, qui domine la vallée du Rhône avec, au loin, les dentelles du Montmirail et le mont Ventoux, côté Vaucluse. Les amateurs de nature pourront se promener dans les nombreux bois dominant le village.

DOMAINE LA NORIA €€

132, chemin des Horts
✆ 04 66 30 13 01
www.domainelanoria.com
Ouvert toute l'année. La nuit pour 2 personnes à partir de 65 €. Nuitée en gîte à partir de 80 €.

Situé en bordure de la Cèze, à l'entrée ouest du village et au milieu des vignes, le domaine de La Noria comprend un corps de ferme et une grande maison vigneronne entièrement rénovés. Ce bel ensemble avec jardin, terrasse et piscine propose quatre chambres d'hôtes et un gîte. Les chambres d'hôtes sont parfaitement décorées, bien aménagées et surtout très spacieuses. La salle commune climatisée permet de prendre le petit déjeuner, ou tout simplement de faire une pause. Le séjour à thème « Vignoble et Patrimoine en Provence Gardois » est une belle idée cadeau !

LA ROQUE-SUR-CÈZE

Si La Roque-sur-Cèze, à une demi-heure en voiture de Bagnols, est considéré comme un des plus beaux villages de la région, ce n'est pas pour rien. Perché en haut d'une colline, ce petit village médiéval aux ruelles escarpées et au point de vue à couper le souffle ravira les amateurs de vieilles pierres et d'authenticité avec ses maisons typiques en pierres apparentes légèrement biscornues et collées les unes aux autres de façon un peu anarchique mais très atypique. S'y balader est un vrai bonheur, d'autant plus que, même en haute saison, le hameau est relativement calme et peu fréquenté. En contrebas, la Cèze déroule ses méandres entre d'immenses rochers plats et blancs où il fait bon prendre le soleil, se détendre ou même pique-niquer. Ici, la rivière est également connue pour ses célèbres « marmites », des portions de la Cèze encerclées par les rochers. Des marmites où il est cependant formellement interdit de se baigner car l'eau y fait un effet siphon et risque d'entraîner les baigneurs vers le fond. Soyez cependant rassurés : les marmites ne couvrent pas toute la longueur de la rivière et il persiste de nombreux endroits où se baigner, ou faire du canoë. Quoi qu'il en soit, entre ruelles typiques toutes de géraniums fleuris et rivière rafraichissante, La Roque-sur-Cèze constitue un vrai petit bijou alliant charme et histoire, et il serait bien dommage de le rater si vous passez dans le coin ! Seul bémol : on ne peut visiter le château, qui est privé.

CASCADES DU SAUTADET

Route de La Roque-sur-Cèze

Accès libre. Parking payant en saison estivale.

Au lieu-dit les Cascades du Sautadet vous découvrez le formidable travail d'érosion de la pierre par la rivière. Site naturel grandiose, reste difficile d'accès pour les enfants. Prudence sur les rochers ! Suivez les consignes de sécurité des panneaux. La Cèze a creusé des cavités nommées « marmites des géants », composant sous l'eau tout un réseau de rochers vasques et de pics insoupçonnables de l'extérieur. Gare aux remous en amont, qui interdisent la baignade. En aval, il y a des bancs de sable et des plages, spécialement adaptés à la baignade.

CAMPING LES CASCADES**** €€€

Chemin des Cascades ✆ 04 66 82 72 97

www.campinglescascades.com

Du 23 avril au 26 septembre 2021. Tarifs complets en ligne.

Un havre de verdure vous est offert au camping des Cascades, avec des mobil-homes tout confort pour ceux qui rêvent de résidence en dur, bien-être et activités de loisirs pour agrémenter le tout. Ce site familial, dans un cadre naturel magnifique, le long des berges de la Cèze, offre un accès direct à la plage des bords de la rivière et propose de nombreuses activités. En cette année 2021, une nouvelle aire de jeux accueillera vos enfants, et l'espace aquatique vous réserve aussi des nouveautés ! Bref, tous les ingrédients pour des vacances en famille réussies.

Cascade du Sautadet.

LA VALLÉE VERTE***** €€€

Route de Donnat

✆ 04 66 79 08 89

www.la-vallee-verte.com

Ouvert du 24 avril au 25 septembre 2021. Tarifs complets en ligne.

La Vallée Verte, c'est le luxe et le confort en pleine nature. Pour profiter d'un séjour mémorable et découvrir le Gard Provençal, vous planterez votre tente sur des emplacements spacieux, nivelés en terrasse, offrant parfois des vues sensationnelles sur la garrigue, ou le choix d'une location aux équipements modernes. Une oasis de détente pour aller se rafraîchir dans la piscine et d'innombrables chemins de randonnées aux alentours. Venez vous sustenter au restaurant en vous régalant de plats faits maison. Un établissement 5 étoiles qui fait rêver.

LE MAS DU BÉLIER €€

Route de Saint-Laurent

✆ 04 66 82 21 39

Ouvert tous les jours en haute saison. Prix moyen à la carte 20 €.

Dorothée et Nicolas soignent cette table familiale : Dorothée met à l'honneur les produits locaux et Nicolas vous accueille avec naturel et prévenance. Une cuisine qui fleure bon les saveurs locales, le terroir gardois et les traditions réhaussées de créativité. Point besoin de tergiverser, tout est bon. Nos papilles sont charmées de l'entrée au dessert, et le reste de nos sens sont en plein ravissement de couleurs et d'effluves alléchantes. Les travaux de ce début d'année apportent un côté encore plus chaleureux au lieu, et la terrasse est une pure merveille.

GAUJAC

Gaujac peut s'enorgueillir de son riche passé historique remontant aux Gaulois. La tribu des Samnagenses s'installa en effet sur les hauteurs de Gaujac, dont l'oppidum devint le siège d'un grand sanctuaire en plein air. Des ces terrasses disposées en paliers et occupant près de douze hectares, se distinguent encore aujourd'hui les ruines de temples, thermes, portiques et fortifications, témoins de l'importance du lieu. Au pied de l'oppidum, vos balades vous mèneront vers la chapelle Saint-Saturnin, beau vestige du XIe siècle. Le château de Gaujac quant à lui impose ses façades du XVIIe, remaniées au XIXe siècle, et accueille de nombreuses expositions.

OPPIDUM SAINT-VINCENT

Colline Saint-Vincent

Accès libre toute l'année.

À l'ouest du village de Gaujac se trouve l'oppidum de Saint-Vincent, promontoire surélevé sur une colline culminant à 270 mètres d'altitude. Le site fut découvert en 1974 par les archéologues Jean Charmasson et Dominique Cannaud. Les fouilles attestent la présence gallo-romaine sur ce site depuis la fin du VIe siècle avant J.-C. À la croisée de trois courants de transit, la ville fortifiée devient une place forte et stratégique pour les échanges commerciaux entre la Méditerranée et le Nord à partir des années 80-70 avant J.-C. Nombreux vestiges en accès libre.

LE MAZET DES ANGES €

Les Mazets de Gaujac

✆ 04 66 33 60 68

Ouvert tous les jours midi et soir d'avril à septembre. Ardoise à partir de 10 €. Carte.

Gaujac est un petit village connu pour son oppidum et son complexe de résidence de vacances les Mazets de Gaujac. Le site est plein de charme dans un parc boisé et fleuri. C'est là, dans ce lieu, propice à la fête que Valérie Thomas a décidé de sublimer le restaurant-pizzeria-glacier. On vient pour ses pizzas qualifiées d'excellentes par les clients. Les menus maison changent tous les jours et l'on peut se restaurer sur place dans une ambiance chaleureuse et conviviale ou emporter son repas. Les après-midi le restaurant devient bar-glacier.

LA MAISON €€

Rue du Presbytère

✆ 04 66 39 33 08

www.lamaison.gaujac.com

Ouvert du lundi au samedi le soir et le lundi et le vendredi le midi. Formule déjeuner à 25€. Menu à 38 €.

La Maison est celle de Christine et Pierre, globe-trotteurs qui ont posé leurs valises dans ce petit village au milieu des vignes pour vous accueillir dans une maison vigneronne du XVIIe siècle, bâtie dans les remparts du village. La salle voûtée est d'une beauté à couper le souffle, la terrasse est agréable, et le déjeuner s'y prend dans une ambiance provençale. Christine, toujours très inspirée, invente une cuisine à la fois simple et créative, à base de produits frais et régionaux. Le tout accompagné d'un des vins que Pierre, sommelier, a sélectionné avec soin.

LES VIGNERONS DE GAUJAC

Les Picareles
✆ 04 66 82 00 84
Ouvert du lundi au samedi de 8h à 12h et de 14h à 18h.

La cave coopérative de Gaujac est une petite cave fondée en 1928. Le caveau de dégustation et de vente est à l'entrée du village. Ses vignerons coopérateurs cultivent aujourd'hui 180 hectares de vigne autour du village dans une zone qui est en limite de l'appellation Côtes-du-rhône, au pied de l'oppidum romain et baigné par le soleil du Gard donnent de grands vins aux bouquets subtils et fruités. Des vins authentiques, d'une grande diversité de vins rouges, rosés ou blancs, parfaits pour les petites comme pour les grandes occasions.

© ADRIENBRAGER

© ADRIENBRAGER

GOUDARGUES

Goudargues est l'un des plus beaux villages du Gard. Au cœur de la Vallée de la Cèze, la commune est une oasis de fraîcheur, de tranquillité et de calme. Il s'articule autour d'un canal bordé de platanes, qui constitue un lieu de promenade et de détente très agréable : ombragés, les restaurants et bars y sont nombreux. Le marché du mercredi matin foisonne de couleurs, de saveurs et d'effluves alléchantes. Les hameaux des environs regorgent de pépites qui vous accueilleront pour une nuit ou plus. Le charme du lieu vaut à Goudargues le surnom de « Petite Venise du Gard ». On est loin de la Cité des Doges, mais le village vaut vraiment le détour !

LIRAC

Joli village à l'ancien lavoir remarquable, Lirac se distingue par son fameux vignoble, l'un des meilleurs vins du Gard parmi les Côtes du Rhône. Son caractère bien trempé le rend quelque peu atypique. La renommée de ce vin est telle qu'une Appellation d'Origine Protégée (AOP) lui est reconnue depuis 1947. Lirac abrite également un site naturel nommé La Sainte Baume, de balme en provençal signifiant « grotte » : ancienne caverne calcaire, elle fut sans doute un refuge pendant les guerres de Religion. Au milieu du XVIIe siècle, la découverte d'une statuette de la Vierge par un berger fut considérée comme un « miracle » et la grotte devint un ermitage.

LA SAINTE BAUME ✝

✆ 04 66 50 40 88

L'histoire de la Sainte Baume débute en 1647, Joseph Queyranne, un habitant de Lirac, aurait trouvé dans cette grotte une image de la Vierge qui le guérit de l'épilepsie dont il souffrait. L'archevêque aurait alors donné l'ordre d'y construire une chapelle et Joseph aurait fait le vœu de vivre dans la grotte. En 1712, l'ermitage fut agrandi et on venait de toute la région demander à la Vierge la guérison des malades. L'ermitage est composé de la chapelle, d'une citerne, d'une salle voûtée et d'escaliers. Visite possible avec l'office de tourisme.

LA PETITE SARDINE €€

468, route de Saint Laurent
✆ 06 24 49 81 53
www.lapetitesardine.fr
Chambres à partir de 75 €.

Vous n'êtes pas en bord de mer, mais bel et bien au milieu des vignes, et c'est au son du chant mélodieux des cigales que vous serez accueillis dans un parc ombragé où se situe La Petite Sardine. Pour une nuit ou un long séjour, les chambres ici font preuve de sérénité, avec une décoration personnalisée toute en douceur. Climatisées pour affronter les chaleurs gardoises, elles offrent tout le confort moderne. A cela ajoutez un parc aux essences méditerranéennes, une piscine baignée par le soleil, des transats accueillants...le bonheur tout simplement !

MAS DE LA GALLINIÈRE

3242, Chemin de Tras-le-Puy
✆ 04 66 82 63 44
www.ferme-la-galliniere.com
Haute saison ouvert tous les jours de 10h à 19h. Entrée : 6 €.

Vous trouverez tout ce qu'une ferme pédagogique peut compter d'animaux plus ou moins domestiques. Ce sont près de 400 animaux de 80 espèces différentes. Entre veaux, vaches, cochons, couvées, sans oublier de saluer les moutons, chèvres et les drôles de paons. Tout est bien sûr prévu pour la découverte en famille du monde rural, jusqu'au tour de poney ou la balade en calèche, organisés pour les enfants, laissant aux parents le temps de se ravitailler en produits de la ferme. A noter qu'ils offrent le pain et le grain pour nourrir les animaux. Aire de pique-nique.

ODG LIRAC

Chemin des Chênes
✆ 04 66 50 25 45
www.vin-lirac.com
Ouvert toute l'année, horaires variables en fonction des saisons.

L'appellation Lirac s'étend sur 4 communes, Lirac, Saint-Géniès-de-Comolas, Saint-Laurent-des-Arbres et Roquemaure, ce qui représente à peine 750 hectares de vignes. Les coteaux de l'AOC Lirac sont plantés dans une terre à garrigue, baignée par le soleil, qui concentre les parfums dans les baies. Le terroir, mélange de sols calcaire, siliceux et sablonneux, donne à ces vins un côté puissant et fin. Des crus des côtes du Rhône à découvrir, avec une gamme de vins blancs, rosés ou rouges qui vous suivront tout au long du repas.

LE CLÉMENT V** €€

6, rue Pierre-Sémard
✆ 04 66 82 67 58
www.hotel-leclementv.fr
Chambre double à partir de 55 €. Petit déjeuner : 8,50 €.

Voici un bel établissement où Denis et Patricia vous accueillent dans des chambres et suites spacieuses, sans recherche décorative particulière, mais propres et confortables, et toutes parfaitement équipées. Mention spéciale pour le jardin, avec son bassin de carpes Koï et la piscine où vous pourrez vous délasser et nager en attendant l'heure du repas, avec une cuisine de plats traditionnels accompagnés de bons vins régionaux. L'adresse idéale pour partir à la découverte du terroir et de ses richesses patrimoniales sur la route des vins des côtes du Rhône.

ROQUEMAURE

La capitale des amoureux, due à la présence des reliques de Saint-Vincent dans la paroisse, fut autrefois l'un des domaines les plus importants du Languedoc. Du château, il ne reste que la tour circulaire dite « de la Reine » et une haute tour carrée, la tour des Princes de Soubise. L'orgue de la collégiale, construit par les frères Julien de Marseille en 1690, contient l'un des plus beaux ensembles de tuyaux du XVIIIe siècle. Berceau des Côtes du Rhône, dont la qualité des vins est connue depuis le 1er siècle, Roquemaure compte de nombreux domaines que l'on vous encourage à découvrir directement chez les vignerons où à l'une des bonnes tables du coin !

SABRAN

Petite commune très pittoresque de 3 564 ha, voisine de Bagnols-sur-Cèze, elle se compose de 8 hameaux : Donnat, Carmes, Colombier, Combe, Mégier, Cadignac, Charavel et Sabran. Les plus petits sont situés sur le plateau. Le hameau de Sabran est construit sur une proéminence qui domine tout le territoire et la basse vallée de la Cèze. Chaque hameau possède son charme particulier, son château, sa chapelle, son lavoir. Sabran est à la croisée de nombreux chemins de randonnées et son terroir viticole étendu (vins AOC) est au cœur de la route des Côtes du Rhône. Les besoins de consommation de la vie courante sont assurés par quelques marchands ambulants.

SAINT-GERVAIS

Petit village du Gard où l'activité humaine remonterait au IIe siècle avant Jésus-Christ - les premières populations du département, les Arécomiques, auraient été apportées par les Phéniciens au premier millénaire avant notre ère, Saint-Gervais a su garder son caractère rural. Une petite plage communale, le Gravas, réunit au plus fort de l'été les baigneurs. Quant aux amateurs de tourisme pédestre, de nombreuses balades s'offrent à eux, comme les sources de Foncirgues, le domaine de Naste, le domaine de Madières à Bayne, Bedosse et l'Isle. Cette commune au terroir particulier produit le Côtes du Rhône Villages Saint-Gervais.

TAVEL

Tavel est célèbre pour son vin rosé et pour sa pierre calcaire et siliceuse, une pierre marbrière pouvant être de couleur ivoire, bleu ou beige. Mais Tavel aussi est un village méridional surplombant le Rhône où il fait bon flâner à la découverte de son centre ancien. Eglise, fontaine, rue du temple, lavoir, jardinets et chemin de la Condamine, chapelle Saint-Ferréol, patron de Tavel, datée du Xe siècle... Autant de témoignages du riche passé de la ville. Pour découvrir le vignoble, rien de tel que d'emprunter la route des vignobles : il s'agit d'un parcours de 15 km vous permettant de découvrir les 3 terroirs qui composent le terroir de Tavel.

SAINT-PAULET-DE-CAISSON

Au carrefour du Gard, de l'Ardèche, la Drôme et le Vaucluse, St-Paulet-de-Caisson est un havre de paix. Le GR4 et le sentier botanique, long de 3,5 kms, permettent des balades en pleine nature. Dans cette commune rurale (coopérative viticole pour le vin Côte du Rhône), vous pourrez admirer entre autres, les 2 châteaux et l'église du XIXe, la chapelle romane St Agnès, l'oratoire gothique St Joseph, et enfin la fontaine St Paul qui distribue l'eau de la source de Champ-cauffé. Enfin, faut visiter, dans une forêt millénaire, la Chartreuse de Valbonne, ancien monastère de moines-ermites de 1203 avec ses tuiles vernissées de style bourguignon.

AUBERGE DE TAVEL*** €€€

Route Romaine
✆ 04 66 50 03 41
www.auberge-de-tavel.com
Ouvert toute l'année. Chambres à partir de 70 €. Menu à partir de 26,90 €.

Qui n'a jamais rêvé de dormir dans une école ? Même s'il ne reste que peu de choses de l'ambiance scolaire d'antan, ce mas, en pierres de taille, est une adresse de charme, une ancienne école de village transformée en logis de France, de caractère. Dix chambres toutes personnalisées dans le style provençal chromatique, avec plafonds de bois, murs en pierre, meubles en bois massif et boutis sur le lit. Le restaurant jouit aussi d'une bonne réputation avec les produits de saison qui colorent la carte de saveurs locales. Une adresse très agréable.

SAINT-VICTOR-LA-COSTE

Attention photo ! Le village bâti aux pieds de collines calcaires serpente tranquillement à travers champs et rocailles jusqu'au vieux castellas, propriété des barons de Sabran. Chaque élément du paysage est bien en place pour la carte postale : vignes en premier plan, structure médiévale des ruelles bordées de maisons claires couvertes de tuiles roses, quelques cyprès, les vestiges de l'ancien rempart, les clochers... le village provençal dans toute sa beauté robuste et authentique.

LE PHYSALIS RESTAURANT €

127, Rue Frédéric Mistral
✆ 04 66 50 29 53
www.restaurant-lephysalis.com
Du jeudi au lundi de 12h-13h30/19h30-21h. Fermé le mercredi et le mardi d'octobre à mars. Formule à partir de 12,50 €.

Ici, Monsieur est en cuisine et Madame est en salle. C'est au cœur de la ville, et depuis 6 ans, qu'Eric et Christine prônent une restauration de qualité, où la fraîcheur des produits est reine, où la saisonnalité est respectée, et où les saveurs locales n'en finissent pas d'enrichir la carte du Physalis. La formule du marché laisse libre cours à l'inspiration du chef. Dès le printemps, la petite terrasse derrière les canisses, et sous la tonnelle, abritera des soirées cocooning. Tout est fait pour préserver la bonne ambiance autour d'un bon plat. On y revient !

LAUDUN-L'ARDOISE

Laudun-l'Ardoise est indissociable du tourisme viticole. Le village, né de l'union des communes de Laudun et de l'Ardoise, prend place sur le flanc d'une colline et a gardé de nombreux vestiges d'un passé très présent dans ses rues et dans son architecture. Mais c'est surtout pour ses vignes qui s'étendent à perte de vue et qui donnent un vin renommé que le lieu est connu... Outre le vin, ne manquez surtout pas la colline Sainte-Foy, qui domine le village et abrite le jardin suspendu de Planchon, la chapelle des Pénitents Blancs et la statue de la Vierge à l'Enfant. Sans oublier, bien sûr, l'Oppidum du Camp de César et le château seigneurial.

LE CAMP DE CÉSAR ★

Rue Frédéric-Mistral
✆ 04 66 50 55 79
Accès libre toute l'année.

Un des sites archéologiques majeurs de la Gaule romaine du Sud. Dominant le couloir rhodanien, il est aujourd'hui constitué d'un oppidum situé sur un piton rocheux dont l'ascension vous offrira un panorama superbe sur les environs. Autrefois occupé par une agglomération celto-ligure, puis par une colonie gallo-romaine, le site atteignit l'apogée de son activité au haut Moyen Age. On peut accéder librement au site de 18 hectares mais des visites guidées sont proposées par le service municipal du patrimoine. On regrette toutefois l'absence d'explications.

VILLA THÉBAÏDE €€

250, rue Albert Camus
✆ 04 66 79 23 82
www.villathebaide.com
Ouvert toute l'année. Chambres à partir de 85 €.

Sur la rive droite du Rhône, à quelques encablures d'Avignon, Laudun-l'Ardoise cache en ses terres une villa à l'accueil chaleureux et raffiné. Ici règnent calme et détente, l'idéal pour un week-end ou un séjour prolongé. Les chambres spacieuses et lumineuses sont délicieusement décorées, et donnent sur un grand jardin méditerranéen où les senteurs florales se font délicieuses. Vous apprécierez la fraîcheur de la piscine. Et, au petit déjeuner, la maîtresse de maison vous fera goûter ses confitures dont elle seule a le secret.

LE JARDIN GOURMAND €€

Rond point des 4 chemins RN 86
✆ 04 66 33 15 10
Ouvert le dimanche, le lundi et le mercredi le midi ; du jeudi au samedi le midi et le soir. Formule du midi : 17 €.

Cathy Carette, la nouvelle propriétaire, propose une cuisine de saison élaborée avec des produits du marché ou provenant d'artisans locaux. Son fils, Cyrille, est aux fourneaux pour mitonner de bons petits plats et proposer du 100 % maison. Laissez-vous tenter par le duo de foie gras maison, le tartare de saumon, la truite aux amandes ou la fricassée de cœurs de canard et chorizo, ils ne vous laisseront pas indifférents. Le tout arrosé d'un petit côtes du rhône local ! En été place aux grillades sur le barbecue de la grande terrasse servies avec des frites maison.

VILLA MONTESQUIEU €€€

Rue Montesquieu
✆ 04 66 90 55 31
www.villamontesquieu-laudun.com
Menus à partir de 28 €. Réservation conseillée. Chambres à partir de 170 €.

La Villa Montesquieu est une demeure aux lignes simples et sobres qui se fondent parfaitement dans le paysage provençal. La Villa Montesquieu réunit en ce lieu un hôtel 4 étoiles, un restaurant gastronomique ainsi qu'un spa. Tout est calme, douceur et volupté. On y mange dans une atmosphère lénifiante à l'ombre des oliviers. En cuisine, le chef Bernard Roth (ancien étoilé Michelin) est sur le pied de guerre pour soigner vos papilles : sa cuisine raffinée et créative souligne avec brio les saveurs de saison. Un lieu délicieusement charmant que l'on apprécie.

BEAUCAIRE ★

Beaucaire respire la Provence et ses senteurs diverses et fait face à son ancienne rivale, la cité de Tarascon. A l'extrémité est du Gard, la ville se trouve léchée par les eaux du Rhône qui fait office de frontière avec les Bouches-du-Rhône. Le château sur son promontoire dominant le fleuve ajoute indéniablement du charme à la cité, au carrefour des civilisations dans une région marquée au fer rouge par les vestiges gallo-romains et les guerres de religion. Beaucaire est aussi une terre de fêtes : des courses camarguaises au défilé de la Madeleine, du Salon des Métiers d'Art au concours de fleurissement, la cité provençale est pétillante et dynamique !

ARÈNES DE BEAUCAIRE

Rue du Champ-de-Foire

Ouvert suivant l'organisation des manifestations corridas, courses camarguaises et concerts.

Aux arènes de Beaucaire, environ 6 000 personnes peuvent prendre place dans les gradins et assister aux événements organisés par la ville. Ces arènes accueillent de grosses manifestations comme la Cocarde d'or ou autres manifestations taurines. Dans la capitale de la course camarguaise, de nombreuses manifestations plus ou moins canoniques se succèdent régulièrement, qui vont du taureau piscine les soirs de semaine (en été) à la corrida espagnole ou portugaise, sans oublier sa principale raison d'exister, les courses camarguaises.

ABBAYE DE SAINT-ROMAN ✝ ★★

Chemin de l'Abbaye de Saint-Roman

✆ 07 81 56 44 51

www.abbaye-saint-roman.com

Ouvert toute l'année. Adulte 5,50 €. Gratuit pour les moins de 18 ans.

A 5 kilomètres de Beaucaire, cet ancien monastère troglodytique, creusé dans la roche calcaire par des ermites puis par des moines bénédictins, a gardé son dédale de tunnels desservant chapelle, cellules, pressoir et nécropoles rupestres. Perché sur une colline qui domine le Rhône, au milieu des garrigues, le site archéologique, classé aux Monuments historiques, donne l'occasion d'une petite marche facile offrant un superbe panorama. Saint-Roman se visite seul ou avec un guide. Par temps dégagé, la vue à 360 degrés plonge sur la vallée du fleuve.

CIRCUIT VTT DE L'AIGUILLE DE SAINT-ROMAN

JONQUIÈRES-SAINT-VINCENT

Gratuit.

Le circuit VTT de L'Aiguille de Saint-Roman est l'idéal pour ceux qui considèrent le VTT comme un moment de détente. S'étendant sur seulement 25 kilomètres et avec un dénivelé tout à fait correct de 550 mètres, il constituera une balade agréable dont vous ne reviendrez pas sur les rotules pour autant. Bien que de taille relativement réduite pour un circuit VTT, il présentes de nombreuses alternatives au niveau des chemins en pleine nature, et on peut même y croiser des chèvres !

Vue sur les toits de Beaucaire.

ÉGLISE SAINT-PAUL

Rue de l'Hôtel-de-Ville

Gratuit.

L'Église saint-Paul est inscrite à l'Inventaire supplémentaire des Monuments historiques en 1942, cette église fut classée en 2004 au titre des Monuments historiques. Elle en vaut le détour notamment car vous la retrouverez en centre-ville ce qui vous permettra de visiter le cœur de ville et ses petites rues, en effet, cachée au fond d'une petite impasse perpendiculaire à la rue de l'Hôtel-de-Ville, presque totalement encerclée par les maisons voisines, cet édifice religieux est souvent fermé sauf les jours de concert. Bonne visite !

HÔTEL DE VILLE ★

Place Georges-Clemenceau

L'hôtel de ville de Beaucaire est un élégant édifice, de style classique, fut érigé sur l'ordre du Conseil d'Etat de Louis XIV. Autrefois siège de la conservation des privilèges de la foire de la Madeleine, l'Hôtel de ville abrite aujourd'hui les bureaux de l'administration contemporaine de la municipalité. C'est ainsi que la corvée des papiers d'identité qu'il faut renouveler se transforme en agréable visite architecturale. A la découverte de l'impressionnant patrimoine beaucairois, on peut commencer par cet imposant bâtiment.

JARDINS DU CHÂTEAU DE BEAUCAIRE

Chateau de Beaucaire ✆ 04 66 59 90 07

www.provence-camargue-tourisme.com

01/04-15/10 mercredi-dimanche : 9h30-18h, 16/10-31/03 mercredi-dimanche 14h-17h, juillet/août : lundi-dimanche,9h30-18h.

Le jardin de Beaucaire est composé de deux jardins. Le premier, le plus ancien, est constitué de deux allées bordées (une haute et une basse) de frênes, de pins d'Alep et de thuyas où il fait bon prendre l'air et le frais en plein été. Depuis 1982 est venu s'ajouter le jardin de la Vignasse qui, lui, est un verger méridional typique parsemé de micocouliers, d'amandiers et d'oliviers. Un but de promenade vraiment très sympathique, avec une vue imprenable sur la ville de Beaucaire !

MAS DES TOURELLES ★

4294, route de Saint-Gilles

✆ 04 66 59 19 72

www.tourelles.com

Ouvert toute l'année, horaires variables en fonction des saisons.

Construit sur un site archéologique gallo-romain, Le Mas des Tourelles est une propriété viticole où l'on cultive l'authenticité historique. Dans le vieux mas, vous basculez instantanément dans l'histoire de l'époque gallo-romaine, d'une cave qui serait encore en activité. La meilleure période pour la visite, c'est au moment des vendanges, quand les ouvriers agricoles répètent les gestes ancestraux autour du pressoir. Tout le processus de vinification est reproduit à la manière romaine. La visite se veut ludique et pédagogique.

MUSÉE AUGUSTE JACQUET ★

Jardins du Château

✆ 04 66 59 90 07

www.provence-camargue-tourisme.com

Ouvert toute l'année, horaires variables en fonction des saisons. Adulte 5 €. Gratuit pour les moins de 12 ans.

Chaque ville possède son musée historique et Beaucaire peut s'enorgueillir de son musée Auguste-Jacquet, lequel regroupe une immense collection d'histoire de l'art sur 700 m² d'exposition. Le tout exposé dans la forteresse royale du château de Beaucaire, résidence des comtes de Toulouse, où l'on accède par de magnifiques jardins classés. Archéologie, histoire de France, histoire régionale riche en rebondissements, arts et traditions populaires, un voyage à travers le temps sur plus de 40 000 ans soulignant la singularité de cette rhodanienne.

MUSÉE DE LA VANNERIE ET DE L'ARTISANAT ★

4, rue Carnot - **VALLABRÈGUES**

✆ 04 66 59 48 14

Mercredi-samedi,14h 18h.Juillet-août : mardi et jeudi, 14h30-18h30. Mercredi, vendredi, samedi 9h30-12h30 et 14h30-18h30

Le musée de la vannerie et de l'artisanat, installé dans un ancien grand café du XIXe siècle, propose une exposition permanente de vannerie et de son artisanat avec plus de 1 500 pièces authentiques. Une exposition est également consacrée aux différents métiers. Vous découvrirez aussi un authentique marché de la vannerie. La découverte de l'univers de la vannerie peut être complétée par la visite de l'atelier du vannier qui jouxte le musée.

Bonne visite à tous !

OFFICE DE TOURISME BEAUCAIRE TERRE D'ARGENCE

8, rue Victor-Hugo
✆ 04 66 59 26 57
www.provence-camargue-tourisme.com
Ouvert toute l'année, horaires variables en fonction des saisons.

Au sein du triangle d'or Avignon/Arles/Nîmes, Beaucaire permet de rayonner en direction des plaines de Camargue et des chaînes de la Provence à l'est (Luberon, Alpilles). Une équipe dynamique vous accompagne dans vos recherches de bons plans et vous conseille sur les lieux à visiter. Envie de goûter à la gastronomie locale ? De sortir des sentiers battus pour découvrir les richesses du territoire ? Cette équipe d'experts est là pour répondre à tous vos besoins et interrogations.

BLACK BEE BOATING

Halte nautique - **VALLABRÈGUES**
✆ 06 52 50 57 63
www.blackbeeboating.com
Ouvert toute l'année. Baptême 2 h : 25 € / personne ; Journée : 45 € / personne - tarifs spéciaux enfants et groupes.

Au départ de la halte nautique de Vallabrègues, vous embarquerez, dans une petite péniche, l'Abeille noire, pour une balade insolite à la rencontre de la faune et de la flore locales. Plusieurs formules sont proposées : un baptême de navigation, d'une durée de deux heures ; une randonnée un peu plus longue ou carrément une balade d'une demi-journée, voire d'une journée au cours de laquelle vous découvrirez tranquillement la Provence au fil du Rhône. Notez que vous pouvez également réserver l'Abeille noire pour une nuit très originale sur l'eau.

LE MAS GUIRAUD €€

4828, route de Saint Gilles
✆ +33 6 01 79 36 17
www.masguiraud.com
Chambre double de 80 € à 130 €. Petit déjeuner inclus. Lit supplémentaire 15 €. Séjour bien-être pour deux : 200 €.

Ce mas en met plein la vue avec des chambres rénovées à neuf qui ont permis de mêler avec goût authenticité de l'architecture en pierres apparentes et le tout confort : climatisation, écrans plats et TNT pour les amateurs de télévision, et décoration zen qui apporte une touche de bien-être aux hôtes. Les propriétaires proposent d'ailleurs des séances de massage et de remise en forme à leurs occupants et l'on peut même profiter d'une formule séjour bien-être pour deux tout compris. C'est un réel bon plan dans cette région touristique.

DOMAINE DES CLOS*** €€€

911, chemin du Mas-de-la-Tour
✆ 04 66 01 14 61
www.domaine-des-clos.com
Ouvert toute l'année. Chambres à partir de 110 €. Appartement à partir de 750 € la semaine.

Impossible de ne pas mentionner cette superbe propriété où vous séjournerez dans un mas provençal du XVIIIe siècle rayonnant au milieu des vignes et des vergers. Pierre de taille, carreaux de terre cuite, tuiles romaines apportent un côté chaleureux à la bâtisse. Les chambres sont dotées de climatisation et de tout le confort moderne. La décoration aux couleurs chaudes respire le Sud. Une piscine et un immense parc vous donneront envie de vous prélasser, loin de l'agitation urbaine. Sur réservation, un dîner d'hôtes vous sera servi. Un délice pour les sens.

RESTAURANT TRAITEUR MAURIN €

19, boulevard Maréchal-Foch
✆ 04 66 59 13 01
www.restaurant-maurin.com
Service tous les midis lundi-samedi et vendredi soir. Pizzas à emporter ou sur place du jeudi au samedi de 17h-21h.

Au restaurant traiteur marin tout est maison. Régis crée ses menus en fonction de l'arrivage du marché. Les idées lui viennent naturellement. Et on trouve à la carte de la gardiane de taureau, du sauté de veau, des encornets farcis, des salades repas et des tartes aux fruits. Une adresse sympathique. Un anniversaire, une fête ou tout simplement pour vous retrouver entre amis, sur réservation le restaurant ouvre ses portes pour votre plus grande satisfaction.

SIMPLE €

10, place Georges-Clemenceau
✆ 06 80 04 09 94
Ouvert du mardi au samedi de 12h à 18h. Menus de 10 € à 16 €. Menu enfant : 9 €.

Si Cécile est aux fourneaux, ce sont les producteurs locaux qui partagent la même éthique et qui ont fait le choix exigeant d'une production écologique et raisonnée qui la suivent. Si le concept reste Simple, avouons que rien n'est plus compliqué que de faire simple. A sa table on trouve actuellement les cerises de La Magnanerie, et les fromages de chèvre de Jennifer Fouque. Des grandes tablées ou des tables individuelles, à l'intérieur ou en terrasse tout est ici conçu pour faciliter les échanges et le partage. Alors, attablez-vous, détendez-vous et savourez !

AUBERGE L'AMANDIN €€

1076, chemin Croix-de-Marbre

✆ 09 51 86 47 39

www.auberge-amandin.com

Ouvert toute l'année, horaires variables en fonction des saisons. Menu du jour 19 €.

A la recherche d'une cuisine raffinée, inventive et élaborée avec des produits frais de saison ? Rendez-vous à l'Auberge l'Amandin. Un cadre champêtre et une agréable salle intérieure dont les baies vitrées laissent s'engouffrer la lumière. Dans l'entrée, une cheminée crépite les jours de grand froid. Aux beaux jours, on mange sur la terrasse ombragée, sous le superbe mûrier. Côté cuisine, c'est le chef Damien qui décline les saveurs du terroir avec celles de produits bien frais. Une auberge aux couleurs du Sud comme on les aime.

BAR RESTAURANT DU COURS €€

1, cours Lafayette

VALLABRÈGUES

✆ 04 92 74 40 03

8h30 à 23h. Menus de 15 € à 25 €. Menu enfant : 8,50 €. Chèque Vacances, Chèque Restaurant. Terrasse. Vente à emporter.

Cela fait vingt-deux ans que la maitresse des lieux régale ses convives d'une cuisine simple, traditionnelle et copieuse ! Sur la carte, en fonction des saisons et de l'humeur s'affichent les civets, les daubes mais aussi des moules frites ou encore paella et couscous sur commande. Les desserts sont pour la plupart faits maison : crème caramel, mousse au chocolat, tartes... Et la carte des vins est plutôt locale. Vous prendrez place dans une salle conviviale à la décoration classique ou encore sur la belle terrasse ombragée.

LA BARGE €€

Quai du Général-de-Gaulle

✆ 07 82 27 86 44

D'avril à septembre. Ouvert du mardi au dimanche. Menus de 11 € à 17 €. Vin au verre.

Il faut goûter et déguster cette cuisine française où les plats traditionnels comme le bœuf bourguignon, l'aïoli où la blanquette sont mis à l'honneur. Des produits frais retour du marché pour une cuisine savoureuse. Parmi les curiosités : la salade de poulpe aux pois-chiches et citrons confits est une très agréable découverte. Les desserts aussi sont maison : des tartes, de la panna cotta, de la mousse au chocolat, on ne sait que choisir. Joindre le plaisir de manger sur l'eau ou au bord de l'eau tout en se restaurant, le pari est gagné et on valide.

BISTRO LA PAUSE €€

100, chemin loton

✆ 06 07 53 99 28

www.golf-st-roman.fr

Ouvert le mercredi, le jeudi et le dimanche de 9h à 18h ; le vendredi et le samedi de 9h à 23h.

Le Restaurant Bistro « La Pause » se situe au cœur du complexe du Golf à Beaucaire dans le Gard, et dispose d'une terrasse entre pinède et verdure et d'un espace lounge pour se détendre. Le Bistro « La Pause » vit au rythme du Golf et des animations. Le restaurant propose des menus sur mesure pour toutes les occasions, séminaires, anniversaires, repas de groupes... Golfeur ou non, la cheffe Pauline sert une carte variée, allant du très classique à quelques recettes plus originales, toujours préparées à base de produits frais. Un régal !

L'ÉPICERIE DE CÉCILE €€

9, rue des Bijoutiers

✆ 07 85 40 38 20

www.lepicerie-restaurant-beaucaire.com

Ouvert du mardi au dimanche midi. Réservation impérative pour le soir. Menu unique à 16,50 €. Le dessert : 4,50 €.

À l'épicerie de Cécile, Christine joue la continuité à tous les niveaux en refaisant consciencieusement les recettes transmises par Cécile et en ajoutant les siennes. Un beau mélange qui crée de supers plats tous faits maison y compris pour les desserts. Aujourd'hui au menu est proposé un velouté de champignons avec la caille sauce foie gras ou poulet crème citronnée, riz vénéré (riz noir) à la vapeur de soja, salade chèvre et butternut rôtie au miel et au sésame. L'épicerie continue à être le lieu le plus branché de Beaucaire.

RESTAURANT LE PASSION €€

3, boulevard du Maréchal Foch

✆ 04 66 19 05 04

Du mardi au samedi le midi et le soir. Carte : 25 €. Menu enfant : 10 €. Formule du midi : 15 € Menu du soir : 32 €.

Le restaurant la Passion, qui a ouvert ses portes en octobre 2018, est situé à Beaucaire et propose une cuisine traditionnelle locale avec des produits du coin et de saison. Vous pourrez ainsi vous délecter d'un foie gras à la carthagène ou d'une mousse de pélardon en entrée, avant de (re) découvrir une excellente version de la gardiane de taureau. Pour finir le repas, on ne saurait trop vous conseiller le mendiant glacé au miel ! À moins que vous ne préfériez la forêt noire... Le choix est de qualité en tout cas. Alors n'hésitez pas !

LA TRATTORIA AL CANTUCCIO €€

4, rue des Anciens-Combattants-d'AFN
✆ 04 66 63 81 59
Ouvert du mardi au samedi. Menu unique à 15,50 € (entrée + plat + dessert). Carte : 20 € environ. Menu enfant : 10 €.

Le restaurant La Trattoria al Cantuccio propose une petite carte évolutive qui fluctue selon les arrivages du marché. Lors de notre passage on a pu goûter à l'assiette de charcuterie italienne et ses légumes grillés, la fameuse polenta taragna. Mais aussi, côté dessert, on a pu goûter à une panna cotta faite maison, au tiramisu, la faisselle ou encore à la salade de fruits. Le must de cet endroit : tout est fait maison ! C'est plutôt rare, et on n'ira pas s'en plaindre.

LE VINTAGE €€

30, quai du Général-de-Gaulle
✆ 09 67 10 94 27
www.levintagebeaucaire.fr
Fermé mercredi et jeudi. Prix moyen à la carte 20 €.

Le Vintage a su se faire une place au soleil parmi les bonnes tables de la charmante ville de Beaucaire. Avec la terrasse ombragée par temps chaud et la salle cosy aux couleurs boisées lorsque les nuages pointent leur nez, cette adresse est le QG idéal tout au long de l'année. A la carte, les produits frais et de saison règnent et s'accordent des plus belles des façons. On apprécie particulièrement les risottos et les frites maison qui accompagnent le pavé de taureau AOP Camargue. Bel accord mets et vins. Une adresse chaleureuse à plébisciter !

CHEMIN DU DOMAINE DU PETIT MYLORD

6482, chemin de Beauvoir
✆ 04 66 59 55 32
www.domaine-du-petit-milord.com
Bienvenue à la Ferme.

Entre l'agriculture, l'auberge et les salles de réception, Valérie n'a pas le temps de flâner, d'autant qu'elle concocte aussi des confits de fleurs, de riz et des confitures qui ont pour vocation de chatouiller les papilles des gourmets.Ces douceurs font le bonheur des hôtes du domaine qui viennent y séjourner de mars à décembre car Valérie propose également le gîte dans ce bout du monde et aussi des goûters fermiers qui régalent petits et grands.

AUX PAINS BEAUCAIROIS

11, cours Sadi-Carnot
✆ 04 66 20 07 06
Ouvert tous les jours sauf lundi, 5h30-13h et de 16h-19h30. Le dimanche jusqu'à 13h. Déjeuner sur place ou à emporter.

Travailleur infatigable, Bastien a été plusieurs fois récompensé en tant que boulanger hors pair. Alors quand l'occasion s'est présentée, il a choisi Beaucaire pour voler de ses propres ailes, aidé par sa maman. Son secret : du 100 % maison. On ne travaille que des produits frais et de qualité. N'hésitez pas à franchir la passerelle pour gouter, apprécier et redécouvrir des saveurs d'antan. Il faut dire que Bastien conjugue à merveille la tradition et la nouveauté. On a compris, c'est ici que se trouve notre madeleine de Proust.

LA BELLE PIERRE

590, Route de Fourques ✆ 04 66 59 82 75
www.la-belle-pierre.com
Qualité Sud de France. Ouvert du lundi au vendredi de 9h à 12h et de 14h à 18h ; le samedi de 9h à 12h.

Créée en 1914, c'est l'une des plus anciennes caves de la région. Les quelque 150 coopérateurs œuvrant sur environ 700 hectares ont tous le même objectif : la qualité. Le caveau s'ouvre sur un grand choix parmi les vins de pays d'Oc et les vins de pays du Gard avec le merlot, le cabernet-sauvignon, le sauvignon blanc et les vins du pays du Gard en rouge, rosé et blanc. Du vrac également avec possibilité de bag-in-box et quelques cuvées avec la cuvée Goya. Et enfin des produits de qualité comme l'huile d'olive de Beaucaire, du miel, des jus de fruit.

CAVES ET DOMAINES

85, allée Sergius-Respectus
✆ 04 66 75 52 35
www.cavesetdomaines.fr
Ouvert du lundi au samedi de 15h à 19h30 ; du mardi au samedi de 9h à 12h30.

À la Cave et domaines vous trouverez dans la boutique dédiée aux vins de toutes les régions un large choix pouvant satisfaire tous les porte-monnaie et tous types d'amateurs. Des vins du pays à quelques Euros seulement la bouteille y côtoient des grands crus et des champagnes. Mais on y trouve aussi whiskys, rhums, et bières, et des produits gastronomiques. La maison se fait également le relais de paniers paysans garnis de légumes en direct du producteur. Un « must » pour les amateurs de bon vin et de produits du terroir !
Bonne dégustation !

CHÂTEAU MOURGUES DU GRÈS

1055, chemin des Mourgues-du-Grès
✆ 04 66 59 46 10
www.mourguesdugres.com
Ouvert du lundi au samedi, sur rendez-vous les jours fériés. Dégustation gratuite. Visite de la cave, 12,50 €.

Le château Mourgues du Grès produit des vins de caractère façonnés par les typicités du paysage méditerranéen : soleil, vent, Rhône et galets. Une alchimie parfaite pour que la production vinicole soit inscrite au palmarès des meilleurs vins de la région des Costières. Trois ou quatre crus pour chaque gamme de vins, à des prix défiant toute concurrence. Des sentiers balisés à travers le vignoble permettent de comprendre le lien qu'il existe entre le terroir et les arômes du vin. Dégustation à la boutique et visite possible des vignes et du caveau.

DOMAINE DE TAVERNEL

1479, chemin de Tavernel
✆ 04 66 58 57 01
www.domaine-tavernel.com
Ouvert du lundi au vendredi de 9h à 12h et de 14h à 18h ; le samedi de 9h à 12h. Fermé les jours fériés.

Au domaine de Tavernel, Pierre et sa fille Denise Compagne assurent depuis 1980 la production d'un vin de qualité, sur une vigne certifiée en agriculture biologique. C'est l'opiniâtreté de Pierre qui confère à son vin blanc et rouge un goût rond et fruité en bouche. Des IGP Gard en blanc, rosé et rouge viendront accompagner vos plats tout au long du repas. Enfin, précurseur et engagé, le domaine propose une importante sélection de vins biologiques depuis 1987... une production qui ne cesse de monter en gamme ! Bonne dégustation !

HUILERIE COOPÉRATIVE DE BEAUCAIRE

42, rue de La Redoute
✆ 04 66 59 28 00
http ://www.huileriecoop-beaucaire.com
Coopérative ouverte toute l'année.

Créée en 1924, l'huilerie coopérative de Beaucaire est le plus ancien atelier de transformation d'olives en huile de la ville. Dotée d'une chaîne d'extraction moderne, elle produit quatre huiles : 1 monovariétale issue de picholine, une huile AOP de Nîmes, un assemblage de picholine, négrette, aglandau, lucques et autres variétés locales et un fruité noir. Egalement en vente, une huile d'olive bio issues d'olives récoltées sur le plateau des Costières.

MAS DES PLANTADES

110, chemin des Plantades
✆ 06 22 40 92 39
www.masdesplantades.com
Visite du domaine sur demande. Accès grands camping-cars.

Gilles Rouchon, épaulé par Gilles Doyen, vous propose des vins issus des coteaux du Pont du Gard. Au mas des Plantades vous trouverez un vin pour chaque occasion, chaque plat, chaque repas, ou tout simplement à déguster entre amis ou en tête-à-tête lors d'un bon dîner aux chandelles. L'esprit du partage est à l'honneur. Et à chaque soirée dégustation organisée par l'équipe du Mas des Plantades, ce sont des valeurs parfois oubliées qui sont remises au goût du jour autour du vin et d'amuse-bouches à déguster en toute convivialité.

MOULIN À HUILE DE LA VOIE DOMITIENNE

105, allée Sergius-Respectus
✆ 04 66 20 72 45
Ouvert du lundi au vendredi de 8h à 12h et de 13h à 16h. Visites de 10 à 12h et de 15 à 18h30. Sur RdV pour les groupes.

Depuis 2004, le moulin, est installé dans la zone d'activité des Milliaires. Il est spécialisé dans l'huile d'olive issue de la variété picholine et est agréé en bio. Cette olive gardoise confère à l'huile d'olive un fruité vert et une ardence inimitables. Le bar à huile du moulin permet de déguster d'autres huiles gardoises fraîchement pressées au moulin : AOP de Nîmes, etc... La boutique propose aussi un large choix de produits régionaux autour de l'olivier.

LES VIGNERONS CRÉATEURS

20, route de Nîmes - **JONQUIÈRES-SAINT-VINCENT**
✆ 04 66 01 10 39
www.vigneronscreateurs.com
Vignobles et Découvertes. Ouvert du mardi au samedi de 9h à 12h et de 15h à 19h.

Les caves coopératives de Bellegarde, Jonquières-Saint-Vincent, Manduel, Bouillargues et Saint-Gilles ont fusionné pour créer un domaine qui va de la Camargue au Pont-du-Gard, couvrant les appellations de Costières de Nîmes, Côtes du Rhône, Côtes du Rhône Village et Clairette de Bellegarde. Vous pourrez apprécier un vin comme le Saint-Dominique rouge ou la gamme Mille X, le joyau de la maison étant l'AOP Clairette de Bellegarde, un vin blanc sec produit par 5 producteurs seulement, dont les Vignerons Créateurs qui vous proposent un cru 100 % Clairette.

CIRCUIT DE KARTING JULIE TONELLI

751, chemin des Melettes
✆ 04 66 74 11 17
www.karting-30.com
Du Mercredi au Dimanche hors vacances scolaires ; Du Lundi au Dimanche pendant les vacances scolaires. 1 session à 15 €.

Cette piste de 1 007 mètres propose de pratiquer le karting 4 temps 270 cm². Des séances de quinze minutes, une demi-heure ou bien une heure : c'est le moment de voir ce que vous avez sous le pied. Vous aurez à votre disposition un parc de 20 kartings avec châssis allégé. Pour les groupes, vous pourrez aussi organiser un grand prix avec les essais libres, les essais chronos et enfin la finale qui départagera les concurrents. De bons moments en perspective !

GOLF DE SAINT-ROMAN

100, chemin Ioton
✆ 09 50 79 99 53
www.golf-st-roman.fr
Ouvert de 8h à 18h. Accueil est ouvert de 09h à 12h et de 14h à 17h. Entrée : 15 €. Abonnement : 630 €. Enfant : 10 €.

Le Golf de Saint-Roman propose des initiations pour enfants et pour adultes à des tarifs abordables, le tout dans une ambiance de partage et de convivialité... Un practice ludique de 22 postes sur synthétique et de 10 postes sur herbe ont ainsi été créés pour vous entraîner. Un putting green synthétique d'entrainement, ainsi qu'une zone de pitching green serviront à se perfectionner. Le parcours, quant à lui, comporte 6 trous. Mais avec plusieurs départs proposés, il vous sera possible de varier à chaque fois. En toute simplicité !

PISTE CYCLABLE EDMOND BLANC À BEAUCAIRE

www.provence-camargue-tourisme.com

À pied ou à vélo, vous évoluerez le long du Rhône, sur une piste en sable sans trop de dénivelé, jusqu'à l'abbaye de Saint-Roman. Il est déjà prévu que d'ici quelques années, cette Voie verte soit prolongée jusqu'au Pont du Gard ; elle mesurera alors 18 kilomètres, cette route cyclable qui relie le lac Léman à la Méditerranée. Mais rassurez-vous, cela vous laisse le temps de vous perfectionner !

- **Tarif :** gratuit.
- **Distance :** 4 km.
- **Difficulté :** facile.

UZÈS ★★★

Entre mer et Cévennes, Uzès séduit de nombreux touristes. Le charme de ses ruelles médiévales, la découverte de l'Uzège, son arrière-pays pittoresque... Durement éprouvée par les guerres de Religion, la cathédrale d'Uzès accueille aujourd'hui des concerts de musique classique. Un passé mélomane que l'on sait faire revivre ici, grâce au festival de musique ancienne des Nuits musicales d'Uzès, qui se place comme l'un des plus vieux rendez-vous musical du département. Des traditions culturelles languedociennes et provençales que l'on vous invite à découvrir aussi au travers du terroir, de ses produits d'exception et de ses richesses naturelles.

ATELIER DU CAFÉ

Pont des Charrettes
✆ 04 66 57 62 91
www.latelierducafe.com
Ouvert toute l'année. Fermé le lundi. Gratuit. Boutique.

Bien sûr c'est une bonne odeur de café qui vous accueille ! Julien Hurard, qui tient cet atelier aux portes d'Uzès, torréfie ses cafés à l'ancienne avec une machine à bois et charbon qui date de 1905, qui magnifie tous les arômes des grains de café. Après les explications techniques, place à la dégustation et au choix de vos cafés, frais et torréfiés chaque semaine. Guatemala, Costa Rica, Colombie, Indes ou Éthiopie ? Laissez-vous tenter par l'uzétien conçu à partir d'un mélange de différents grains qui a été plusieurs fois médaillé.

CATHÉDRALE SAINT-THÉODORIT ★

Place de l'Evêché
Accès libre toute l'année. Visite en dehors des offices.

Construite dès 1090 la cathédrale fut malmenée lors de la croisade contre les Albigeois en 1177. Subissant les soubresauts des Guerres de Religion au XVIIe siècle, elle fut détruite en 1621. Seule la tour Fenestrelle resta debout. Sous le règne de Louis XIV, elle est reconstruite dès 1642. La dernière restauration de la façade date de 1873. L'orgue, encadré de volets peints en gris et or, date du XVIIe siècle : c'est une des rares pièces qui n'a jamais été démolie ou dérobée.

CIRCUIT VTT DE LA PIERRE PLANTÉE

SAINT-LAURENT-LA-VERNÈDE

Gratuit.

Le Circuit VTT de la « Pierre Plantée » situé à Saint-Laurent-la-Vernède, vers Uzès, n'est pas vraiment pour les débutants mais peut tout de même convenir à ceux qui ne pratiquent cette activité que plus occasionnellement. Passant par de nombreux lieux sauvages et préservés comme Les Combesou ou Les Bois de Travel, il offre de très jolis paysages. Les embranchements y étant très nombreux et le fléchage plutôt aléatoire, il est fortement conseillé de se munir d'un GPS.

CIRCUIT VTT DE LA SAINTE BAUME

ROCHEFORT-DU-GARD

Gratuit.

Le « Circuit VTT de La Sainte-Baume » ne s'adresse qu'aux passionnés de VTT expérimentés. En effet, il présente un dénivelé de 650 mètres et, surtout, s'étend sur 34 kilomètres aux alentours de Rochefort-du-Gard. Au départ de Rochefort du Gard, il relie Sainte-Baume, puis Lirac. Il est vraiment réservé aux « pros » car il débute par une grande montée de 200 m et certaines de ses pentes atteignent les 10 %. Mais il ravira les vrais sportifs ! Bonne route !

LE PONT DU GARD ★★★★

400, route du Pont-du-Gard

VERS-PONT-DU-GARD ✆ 04 66 37 50 99

www.pontdugard.fr

Ouvert toute l'année. Musée fermé lundi matin. Adulte 9,50 €, réduit 7 €.

Inscrit depuis 1985 au Patrimoine Mondial de l'Unesco, le Pont du Gard est un site d'exception. L'aqueduc, construit vers l'an 50, est l'ouvrage de l'empire romain le plus audacieux que l'on connaisse à ce jour. Il transportait l'eau des sources d'Uzès jusqu'à Nîmes. Aujourd'hui, l'ouvrage majestueux enjambe le Gardon et culmine à plus de 48 m. Les plages invitent à la baignade l'été et des sentiers de promenade offrent une vue panoramique sur la garrigue. Le musée propose un parcours ludique sur la construction du pont.

DUCHÉ ★★

Place du Duché

✆ 04 66 22 18 96

www.uzes.com

Ouvert toute l'année. Adulte 20 € - Adolescents 14 € - enfant de 7 à 12 ans 7 €. Tarif réduit le samedi, 10 €.

Le Duché, situé au cœur d'Uzès, est une imposante construction dont les origines militaires apparaissent avec la Tour Bermonde, donjon du XIIe siècle, ses remparts et ses tours d'angles. La remarquable façade Renaissance est un véritable bijou architectural du XVIe siècle. La visite guidée vous mènera aux caves presque millénaires, ainsi que dans l'intimité des appartements meublés et encore habités par la famille ducale. Ne manquez pas la magnifique vue qui, du sommet de la tour, offre un panorama sur la ville et ses alentours.

Vue générale d'Uzès.

HARAS NATIONAL D'UZÈS ★

Mas des Tailles
✆ 04 66 22 99 99
www.haras-nationaux.fr
Ouvert tous les jours de 10h à 12h. Adulte : 8 €. Enfant de 5 à 12 ans : 4 €.

Les guides spécialisés vous feront partager leur amour et leur passion pour les chevaux en retraçant l'histoire des haras nationaux et vous feront découvrir le site, son patrimoine hippomobile aux voitures d'attelage prestigieuses et ses activités en relation avec l'élevage et la valorisation du cheval. L'école d'attelage propose pour tous les publics des formations variées de l'initiation au perfectionnement dans plusieurs domaines, sellerie, attelage. Il fait partie du réseau de l'Institut français du cheval et de l'équitation qui se déploie sur toute la France.

LE JARDIN DES OULES

Rue du Château
SAINT-VICTOR-DES-OULES
✆ 06 64 47 55 75
www.lejardindesoules.com
Juillet et août de 15h à 18h30. Adulte 5 €. Enfants 3,50 €. Journées patrimoine. Parking, salon de thé. Mobilité réduite.

A 5 km d'Uzès, sur 2 hectares s'étale le Jardin des Oules. Autrefois bas parc du château créé à la fin du XIXe siècle, il était livré à lui-même depuis plus de 50 ans. Il a été repris et restauré par une famille amoureuse du lieu en 2012, et ouvert au public dès juillet 2013, après de très importants travaux de restauration et réaménagements grâce au paysagiste Emmanuel de Sauveboeuf. Son talent et ses connaissances botaniques ont permis de retrouver le tracé d'origine, qui a été renforcé par l'apport de plusieurs centaines de nouvelles plantations d'essences diverses et rares. Frédéric Sichet, spécialiste des théâtres de verdure, a imaginé un théâtre de 250 places à flanc de coteau ; Emmanuel de Sauveboeuf a créé un labyrinthe planté de 1 200 oliviers pyramidaux, ; 12 sculptures essentiellement en argile, monumentales originales d'artistes réputés ont été installées. Un parcours hydraulique, avec bassins et grottes, est encore en cours de restauration grâce à l'aide de la fondation des Parcs et Jardins de France, mais aussi de la French Héritage Société. Le Jardin des Oules a obtenu le prix 2014 des théâtres de verdure et le label « Jardin remarquable » en juin 2015. Salon de thé ombragé et librairie spécialisée en livres neufs et d'occasion sur les jardins. Vous pourrez demander l'accompagnement d'un guide pour déambuler pendant 90 minutes dans ce merveilleux jardin. Partiellement adapté aux personnes handicapées, il est indispensable de prendre rendez-vous pour récupérer la « golfette ».

JARDIN MÉDIÉVAL

Impasse Port-Royal ✆ 04 66 22 38 21
www.jardinmedievaluzes.com
Ouvert d'avril à novembre, horaires variables selon les saisons. Visite jardin, expo + Tour du roi : 6€.

Etonnant jardin des simples, niché aux pieds des tours du Roi et de l'Évêque, un peu caché dans l'enceinte du château Raynon ! Créé en 1995, ce poumon vert au cœur de la cité médiévale est un véritable herbier vivant. Des petits sentiers entre les plans et les taillis mènent en labyrinthe aux diverses espèces utilisées au Moyen Age, notamment celles qui sont endémiques dans la région. Une visite insolite et ludique à la fois, qui permet d'en connaître plus sur les savoir-faire ancestraux. C'est l'association In Situ qui gère et entretient ce jardin remarquable.

MARCHÉ DE LA PLACE AUX HERBES

Place aux Herbes
Mercredi et samedi de 7h30 à 13h.

Si le premier Duché de France possède également son marché plus « conventionnel » le samedi, il est surtout connu pour son marché du mercredi matin, réservé aux producteurs locaux. On y trouve à foison des produits frais, souvent bios et tous venus des fermes et exploitations des environs. Un vrai plaisir pour les yeux et le palais qui émoustille les papilles des gourmets, le tout dans un cadre magnifique. Du producteur au consommateur, un incontournable de la région !

MUSÉE HARIBO© ★★

Pont des Charrettes ✆ 04 66 22 74 39
www.museeharibo.fr
Mardi à dimanche : 10h/19h. Fermé : 25/12, et 1er au 20 janvier. Adulte : 8 €, enfant : 6 €. visite guidée. Boutique.

Le musée du Bonbon Haribo date de 1996. Laissez-vous guider pendant 60' lors de la visite des procédés de fabrication, publicités anciennes, maquettes, vidéos. Vous verrez les machines qui servent à fabriquer les bonbons, et vous amuserez à reconnaître les différents parfums (fraise, ananas, banane...) et jouerez à l'ensacheuse de Carensac en dégustant vos gains. Tentateur jusqu'au bout, le musée offre des friandises pendant la visite, et à la boutique, vous attendent au kilo ou en vrac à des prix attractifs ; Fraises Tagada, Carensac, Dragibus, Chamallows..

MUSÉE MUNICIPAL GEORGES BORIAS ★

Place de l'Evêché ✆ 04 66 22 40 23
www.uzesmusee.blogspot.com

Fermé en janvier. Ouvert les mercredis, samedis et dimanches, 10h-12h et 14h-18h. 3 €, enfant 1,20 €.

Situé dans l'ancien évêché, près de la cathédrale, le musée municipal a ouvert ses portes en juillet 1910. Un centenaire qui a vu augmenter ses collections de peintures du XIXe siècle, d'une importante collection des céramiques utilitaires, ainsi que de matériel archéologique, de peintures régionalistes et d'objets d'arts et de tradition populaire. Toute une salle est consacrée à l'œuvre d'André Gide. Le Musée municipal offre de ses fenêtres une vue plongeante sur Uzès et ses tours.

TOUR FENESTRELLE ★★

Visites guidées sur demande à l'office du tourisme.

© PHOTOPROFI30 - ISTOCKPHOTO

Campanile à l'italienne unique en France, la tour Fenestrelle est le seul clocher circulaire du pays. Située à Uzès, c'est l'unique réminiscence de la cathédrale romane, détruite lors des guerres de Religion, l'harmonieuse tour date du XIIe siècle. Bien conservée et magnifiquement proportionnée, n'a-t-elle pas une fière allure avec ses 42 mètres de hauteur, ses six étages à degrés et ses fenêtres en cintres ? On peut la visiter en dehors des horaires de messes. Se renseigner auprès de l'office de tourisme à Uzès. Bonne visite !

VALLÉE D'EURE

Avenue Maxime-Pascal

La promenade dans ce cadre naturel si verdoyant réserve bien des surprises. Après la piscine municipale, garez votre véhicule au parking gratuit et découvrez les sentiers pédestres qui longent l'Eure et vous mènent à travers champs, prés et sous-bois jusqu'aux anciens remparts du côté de la promenade Racine. En route, des vestiges de l'aqueduc romain, celui qui fut construit au Ier siècle après J.-C. pour alimenter en eau la ville de Nîmes. On remarquera l'ancien bassin de régulation de la source, en bon état de conservation. Une balade fraîcheur au fil de l'eau.

VIEILLE VILLE ★★

Office de tourisme
✆ 04 66 22 68 88

Ouvert toute l'année. Fermé le 1er et 11 novembre, 25 décembre, 1er janvier, 1er et 8 mai.

La cité ducale, son secteur sauvegardé, l'harmonie du centre médiéval. Avec les propositions de l'office de tourisme, la Ville d'Uzès a su valoriser ce patrimoine architectural exceptionnel en organisant des visites guidées par des conférenciers, tous agréés par le ministère de la Culture. Les ruelles succèdent aux places, les venelles aux fontaines. Impossible de manquer la cathédrale, son parvis, le duché, etc. Le cœur à gauche, c'est la place aux Herbes, théâtre de nombreux films, comme le *Cyrano* de Jean-Paul Rappeneau avec Depardieu.

OFFICE DE TOURISME DU PAYS D'UZÈS - PONT DU GARD

Place Albert-Ier
✆ 04 66 22 68 88
www.destinationpupg.com

Ouvert toute l'année. Horaires variables en fonction des saisons.

Sise dans un superbe monument Renaissance, c'est ici l'adresse incontournable où trouver une mine d'informations sur le patrimoine, la gastronomie, les idées de balades, villégiature, nature ou tout à la fois. Une riche documentation gratuite (plans, dépliants, itinéraires de balades, etc.) vous fera gagner du temps. Renseignez-vous sur les visites guidées de la ville et des villages alentour, l'audio-guidage, les visites nocturnes d'Uzès, et l'agenda des manifestations toute l'année.

LAISSEZ-VOUS CONTER UZÈS

Place Albert-1er

✆ 04 66 22 68 88

Adulte : 6 €. 4 € réduit.

Uzès a entrepris de grands travaux de restauration et d'animation de son patrimoine culturel et architectural. Dans ce cadre, l'Office de Tourisme propose toute une série de visites guidées « *Laissez-vous conter Uzès* ». Accompagné d'un guide-conférencier, vous partirez à la rencontre des édifices de valeur de la ville : hôtels particuliers, cathédrale Saint-Théodorit ou encore la tour Fenestrelle... Vous reviendrez également sur la période ducale qui a considérablement marqué la ville devenue Premier Duché de France au XVIIe siècle.

- **Durée :** 2h.
- **Difficulté :** facile.

L'AUBERGE GARDOISE €€

Lieu dit « La Coulorgue » - **VALLÉRARGUES**

✆ 04 66 72 72 72

www.auberge-gardoise.com

Ouvert toute l'année. De 80 € à 130 €. Petit déjeuner inclus.

L'auberge gardoise se situe à Vallérargues près d'Uzès et se trouve être un ancien relais de diligences du XVIIe siècle, symbole de tradition et d'enchantement, que Aurélien Laget et François Hintzy, les propriétaires, vous convient à un séjour durant lequel pour vous évader le temps d'un week-end avec vos amis ou votre famille. Outre son excellente table, l'Auberge Gardoise vous propose aussi ses cinq chambres avec la qualité des prestations hôtelières et l'accueil personnalisé d'une maison d'hôtes, où chaque client se sent unique.

L'ALBIOUSSE €€

17, rue du Docteur-Blanchard

✆ 04 66 59 15 74

www.albiousse.com

4 chambres. Petit déjeuner inclus. Chambre classique 245 € ; Junior Suite Studio 320€ ; Junior Suite Terrasse 360€.

A l'Albiousse, on ne badine pas avec le confort. Bâti entre les XVIe et XVIIIe siècles, l'hôtel particulier de la famille d'Albiousse a su traverser les âges, et distille aujourd'hui un subtil mélange d'élégance d'époque et de confort contemporain. Les deux chambres et trois suites sont équipées de tout le nécessaire pour passer un séjour relaxant (de la literie de première qualité aux produits d'accueil, en passant par le Wifi, le mini bar, la machine à café...). Ici, on en a plein la vue, et les nuits sont douces et calmes !

LA BUISSONNIÈRE €€

Foussargues - **AIGALIERS**

✆ 04 66 03 01 71

www.labuissonniere.com

Avril à octobre. Chambres, suites, studios, appartements de 110 à 265 €. Table hôtes le soir 29,50 €. Planches-apéros.

Les chambres d'hôtes de luxe du Mas la Buissonnière se trouvent à 10 minutes en voiture d'Uzès, nichées dans les vertes collines. Les chambres d'hôtes, suites, appartements et studios sont équipés d'une terrasse ou d'un balcon meublé et bien entendu d'une partie salon et de leur propre salle de bains. Les studios et l'appartement ont chacun leur cuisine entièrement équipée. On profite du beau jardin et de la piscine pour se détendre et le soir venu, deux fois par semaine, de l'excellente table d'hôtes faisant la part belle aux produits et vins régionaux.

L'ANCIEN TEMPLE €€

334, route Stéphane-Hessel - **AIGALIERS**

✆ 04 66 37 31 25

www.ancientemple.com

Chambre simple de 65 € à 75 € ; chambre double de 80 € à 90 €. Petit déjeuner inclus. Lit supplémentaire : 25 €.

A Aigaliers, les deux chambres d'hôtes de l'ancien temple protestant du XVIIIe siècle restauré, sont répertoriées dans le *Guide de Charme* des éditions Rivages. Elles ont été, à plusieurs reprises, mises en avant dans des magazines de décoration. Les chambres sont grandes, délicieusement décorées, et possèdent un accès privé. Cette maison d'hôtes, absolument atypique, est idéalement située pour profiter des grands sites de la région : le Pont du Gard, Nîmes avec ses arènes et sa Maison Carrée, la Bambouseraie, et même le musée du bonbon Haribo.

LES FIGOURIÈRES €€

92, rue de la République

SAINTE-ANASTASIE

✆ 04 66 63 89 89

www.gitesainteanastasie.com

Chambre simple à partir de 68 € ; chambre double de 77 € à 90 € ; chambre triple à partir de 95 €.

Cette ancienne ferme viticole propose des chambres chaleureusement décorées et correctement équipées. La table d'hôtes, uniquement sur réservation, offre un véritable retour aux sources autour d'une cuisine traditionnelle et familiale, accompagnée des vins de Bourdic. Le petit déjeuner est servi avec les confitures confectionnées par les maîtres des lieux. Vous pourrez aussi profiter de deux gîtes différents, tout aussi bien agencés, pouvant accueillir jusqu'à huit personnes pour l'un et jusqu'à dix personnes pour le second.

HÔTEL LE SAINT GÉNIÈS*** €€

Chemin Saint-Geniès
✆ 04 66 22 29 99
www.hotel-saintgenies.com

Du 1er mars au 15 novembre.Chambre double 80 €. Demi-pension. Petit déjeuner : 9,90 €. Chambre familiale de 115€ à 130€.

A 1 500 mètres du centre historique d'Uzès, l'hôtel de Saint Géniès est une demeure qui vous offre un accueil convivial et ce dans une ambiance familiale. Ce sont les propriétaires Marie et Laurent qui s'en chargent, et vous accueillent « à cœur joie ». Equipé de vingt chambres climatisées, d'une jolie piscine et de sa terrasse panoramique, on peut aussi admirer le paysage du haut de son balcon privatif donnant sur le jardin : une magnifique plaine s'affiche ainsi aux yeux, avec la garrigue gardoise et en toile de fond, le mont Ventoux.

LE MAS DU LAC €€

Chemin du Mas-de-Rey
✆ 06 11 33 38 43
www.masdulac.com

Ouvert toute l'année. Chambres à partir de 85 €.

Martine de Fontanes vous accueille dans ce mas du XVIe siècle, situé à l'entrée d'Uzès. C'est un lieu hors du temps, un havre de paix qui fleure bon notre enfance, un lieu champêtre et familial. La nature nous parle, les nénuphars dès l'entrée nous invitent au bonheur et le chant des oiseaux nous accueille. Le Mas du Lac abrite des chambres d'hôtes hors du commun, où la sérénité est loi. Enfin un lieu authentique. Le mas, c'est aussi un lieu d'accueil pour les fêtes de famille, les mariages, les séminaires... C'est charmant !

MAS CONIL €€

Chemin de Collorgues - **AUBUSSARGUES**
✆ 04 66 63 97 00
www.masconil.com

Chambre simple à partir de 100 € ; chambre double à partir de 130 € ; suite à partir de 180 €. Petit déjeuner inclus.

Posé entre vigne et garrigue, le mas Conil est un vieux mas provençal du XIXe siècle couvert de lierre. Dans les chambres se mêlent traditionnel et contemporain. La chambre familiale comprend deux chambres et une salle de bains dans un espace indépendant. Le propriétaire a fait l'école hôtelière de Lausanne. Vous profiterez de son grand potager qui fournit les légumes de saison et de la cuisine avec les produits du marché. Ici on prend son temps même dans l'assiette car votre hôte est un fervent adepte de cette nouvelle tendance culinaire qu'est le slow food.

LES SARDINES AUX YEUX BLEUS €€

Hameau de Gattigues - **AIGALIERS**
✆ 04 66 03 10 04
www.les-sardines.com

À partir de 130 € la nuit. À partir de 850 € la semaine.

C'était une vieille ferme en mauvaise état, c'est devenue une bâtisse ensorcelante faite de matériaux nobles et de vieilles pierres. Trois belles chambres se louent petit déjeuner inclus. Elles se trouvent autour d'un patio et possèdent un accès à la maison et à la piscine comme au jardin. Les Sardines aux yeux bleus peuvent aussi être louées en totalité. Les pierres apparentes, le charme de l'ancien et des meubles chinés donnent à cette maison d'hôte cévenol un vrai cachet !

MAS DES SAGES*** €€

1, Grand rue - **AUBUSSARGUES**
✆ 04 66 63 10 23
www.masdessages.com

Demi-pension : 70 à 110 €. (confitures maison). Paniers pique-nique. Lit supplémentaire, Parking. wifi. Internet.

Le Mas des Sages vous accueille pour d'agréables séjours en couple, en famille ou avec des amis. Que ce soit pour vous ressourcer ou pour découvrir la belle région du Languedoc-Roussillon qui propose un très grand choix d'activités. Idéalement situé entre Provence, Cévennes et Camargue, à proximité du Duché d'Uzès et du Pont du Gard, ce gîte (3 épis) et maison d'hôtes (label qualité tourisme) est un idéal point de départ pour sillonner le Gard. Le jardin clos et la piscine vous permettront de profiter du soleil et de vous reposer à l'ombre des figuiers.

UZÈS LOC VACANCES €€

1, rue des Cèdres
✆ 04 66 01 20 60
www.uzes-location-vacances.com

Prestations hôtelières ou location saisonnière à la semaine ou au mois. Appartements T2 et T3 pour 2 à 6 personnes.

La Résidence le Mas des Oliviers est le lieu idéal pour découvrir le sud de la France. Située à proximité du centre ville d'Uzès, cette résidence calme offre des prestations de qualité. Sa piscine intérieure chauffée avec de grandes baies coulissantes et le solarium sont un atout considérable pour qui veut allier visites et farniente. Le lieu se compose d'appartements de standing équipés avec location de TV, kitchenette équipée, réfrigérateur, etc. Chaque appartement dispose d'un balcon ou d'une terrasse avec mobilier de jardin.

CLOS DU LÉTHÉ €€€

Saint-Médiers - **MONTAREN-ET-SAINT-MÉDIERS**
✆ 04 66 74 58 37
www.closdulethe.com

Chambre double du 1/10 au 31/05 : 1 000 € / nuit. Du 1er juin au 4 juillet et du 29 août au 30 septembre : 1500 €/nuit.

Un seul mot pourrait suffire à résumer l'ambiance de ce « Mas de villégiature » : charmant. Un gîte luxueux situé dans le Gard néanmoins, qui offre un confort rare à quiconque ayant les moyens de s'offrir une nuit. En plus des cinq chambres magnifiquement rénovées dans la pierre et décorées à la provençale avec beaucoup de goût, la propriété possède tout ce qu'il faut pour se détendre pleinement : hammam, bain bouillonnant, terrasse ombragée, séances de massage, un coin bibliothèque est même à votre disposition pour les amateurs de lecture...

DOMAINE DE MARSAULT €€€

✆ 04 66 22 53 92
www.domainedemarsault.com

Chambre double ; appartement la semaine ; suite. Chambre de 160-190€. Suites 230 €. Enfants et animaux non acceptés.

La bâtisse est située sur un grand parc. La maison propose un très bel espace à vivre, au rez-de-chaussée, avec un salon d'été. 4 chambres décorées avec goût, pour certaines dans le style colonial, avec télévision. Le petit-déjeuner est pris à l'ombre de la tonnelle qui donne sur le parc et la magnifique et très grande piscine. La petite maison de Marsault est un gîte de 110 m² pouvant accueillir quatre personnes et composé de deux chambres, deux salles de bains (draps et linge de toilette fournis), cuisine américaine, climatisation, terrasse et parking privatif.

LA MAISON D'UZÈS***** €€€

Rue du Docteur-Blanchard
✆ 04 66 20 07 00
www.lamaisonduzes.fr

Restaurant ouvert du mercredi midi au dimanche soir, 1 étoile, à partir de 34 € le menu. Chambres dès 145 €.

La Maison d'Uzès est vraiment « un lieu d'exception » : entre le cadre somptueux, l'accueil discret et le restaurant étoilé, l'établissement mérite tous les compliments. L'hôtel déroule une petite dizaine de chambres autour d'un imposant escalier à balustres biaises du XVIIe siècle et offre une vue exceptionnelle sur les toits de la ville. A table, le chef Christophe Ducros sélectionne des produits de saison, souvent locaux ou de terroir, pour une cuisine toute en subtilité. Entre saveurs, douceur de vivre et élégance, la Maison d'Uzès est une perle gardoise.

MA CANTINE €

22, boulevard Gambetta ✆ 04 66 01 00 07
www.macantine-uzes.fr

Ouvert du lundi au mercredi, le vendredi et le samedi de 8h à 22h. Service restauration : 12h – 15h et 19h – 21h.

C'est dans le cœur battant d'Uzès, à mi-chemin entre le Duché et la place aux Herbes, que vous trouverez cette formidable cantine. A la fois bar à vin et restaurant, cette adresse ne cesse d'attirer les gourmands à la recherche d'une table sympathique à petits prix. Quelques plats restent à la carte comme les incontournables tartare de charolais au couteau ou parmentier de cabillaud. La journée, « Ma Cantine » propose des grignotages afin de satisfaire les gourmands. Des mets qui s'accompagnent volontiers par les bonnes références des vins du patron.

LE CHAT D'OC €

3, place de l'Aire - **MOUSSAC**
✆ 04 66 20 73 31

Du mardi au dimanche le midi. Carte : 20 €. Suggestion du jour : 11,50 €. Vin au verre. Terrasse. Vente à emporter.

Convivialité, sourire et gourmandise sont les maîtres mots de l'adresse. D'ailleurs le chef nous complique beaucoup la vie avec toutes ces proposition succulentes, le choix est vite cornélien. Cette semaine les suggestions sont les suivantes : Andouillette sauce moutarde à l'ancienne, burger Taleggio et le pavé de brochet crème citron persillée. Des délices qui s'adaptent à la saisonnalité des produits et aux envies de la cuisine. Côté desserts : crumble pomme-figue et miel, fondant aux marrons et café gourmand, des valeurs sures !

CRÊPERIE LA BOLÉE €

12, place Albert-Premier
✆ 04 66 03 28 86

Basse saison lundi midi ; du mercredi au dimanche midi et soir. Haute saison tous les midis/soirs. Menus de 15€ à 30 €

À la crêperie « La Bolée » située à Uzès, vous pourrez goûter des galettes au blé noir, salées, et des crêpes au froment, sucrées, avec des garnitures généreuses proposées par Caroline et son mari. L'ardoise est renouvelée régulièrement. En été, la carte comporte également de nombreuses salades repas capables de vous rassasier. L'accueil est attentionné et le décor remanié avec goût : ton gris clair avec des coussins de banquette en toile de matelas, sobre et chic. Service rapide, note légère, sourire et attention. À essayer et à adopter.

LEGEND'S VALLEY €

112, allee des Issards - **ROCHEFORT-DU-GARD**
✆ 04 90 90 09 42
www.legendsvalley.com
Ouvert du lundi au mercredi le midi ; du jeudi au samedi le midi et le soir. Menus de 10,90 € à 14,90 €.

Installé tout près du rond-point de la Bégude, les abords de ce sympathique établissement ne sont pas essentiels (quoique le vaste parking soit bien pratique). On vient ici pour passer un bon moment autour d'un verre ou d'une assiette, en famille ou entre amis. Côté restauration, les plats sont préparés maison de l'entrée au dessert. Chaque semaine a son lot de plaisir et d'ambiance avec le « Bœuf Musical » du jeudi, le repas/concert du vendredi, une soirée à thème le samedi ou en dilettante autour d'une bonne table le reste de la semaine.

LE PIÉTON D'UZÈS €

26, boulevard Gambetta
✆ 09 73 50 77 76
Basse saison : ouvert tous les jours le midi ; du jeudi au dimanche le soir. Haute saison : tous les jours.

Le « Piéton d'Uzès » a été repris, il y a quelques années par monsieur, Stéphane Angevin l'actuel propriétaire. Entièrement relooké, ce restaurant situé à Uzès affiche un concept moderne avec des ardoises sur les murs, et une ardoise où figurent les plats du jour. Un bar en bois et zinc en fond de salle apporte une jolie ambiance bistrot. La cuisine y est traditionnelle, on y retrouve pour le moment le magret (un régal !) ou le camembert rôti avec sa charcuterie et ses pommes au four. Simple, bon, et d'un excellent rapport qualité-prix !

TERROIRS €

5, place aux Herbes
✆ 04 66 03 41 90
www.enviedeterroirs.com
Ouvert tous les jours, 9h30-23h. Assiettes gourmandes à partir de 11,30 €.

Tom et Corinne ont l'art de transmettre avec passion leur amour des produits artisanaux issus du terroir régional. D'ailleurs, ils sont tous sélectionnés avec minutie que ce soit pour la composition de l'assiette que pour les articles vendus en boutique. La cuisine est faite maison, elle est savoureuse et aux couleurs de la Provence : on se régale d'une tartine à la nîmoise avec sa brandade de morue et on savoure le tartare provençal. Un best à Uzès où il est possible de s'octroyer une pause gourmande et de repartir avec un petit produit bio proposé en boutique.

LA TOMATE BLEUE €

12, avenue de la gare
✆ 04 66 75 94 42
Ouvert du mercredi au dimanche le midi et le soir. Fermé lundi et mardi. Carte : 15 € environ. Menu enfant : 8,50 €.

Formée « pizzaiolo » en Italie, dans la plus pure tradition de ce métier, Claire une des propriétaires de la Tomate Bleue travaille avec des produits italiens (farine, mozzarella). Ses pâtes sont élaborées dans les règles de l'art italien. Le choix est gargantuesque puisque près de quarante deux références de pizzas sont à la carte, mais aussi lasagnes, carpaccio et salades. Et pour les plus gourmands, les desserts, différents chaque jour, sont soumis à l'humeur de la maîtresse des lieux. Peut-être la meilleure pizzeria de l'Uzège !

LES 2 FRÈRES D'UZÈS €€

5, boulevard Charles-Gide
✆ 09 81 12 04 00
www.les2freresduzes.com
Ouvert du vendredi au mardi le midi et le soir. Formule à 19,50 €. Formule à 24,50 €. Carte de tapas de 3,50 € à 9 €.

A l'origine, l'idée était de déguster les vins avec quelques tapas. Mais les plats élaborés ont pris le pas sur la dégustation et à ce jour la restauration représente la part essentielle de l'activité. L'ardoise est régulièrement renouvelée. L'entrée de la salle n'est pas très large, mais elle permet de proposer quelques places en terrasse. La salle voûtée est accueillante. Les vins proviennent pour la plupart de producteurs locaux car les deux frères ont dans leurs connaissances quelques bons viticulteurs. Pour favoriser la modération le vin est vendu au verre.

L'AUBERGE GARDOISE €€

Lieu dit « La Coulorgue » - **VALLÉRARGUES**
✆ 04 66 72 72 72
www.auberge-gardoise.com
Basse saison : du mercredi au dimanche le midi et le soir. Haute saison : tous les jours le midi et le soir.

Dans un écrin unique, Aurélien et François vous accueillent à « l'auberge gardoise » dans un cadre à la fois élégant et moderne. Les maîtres-mots sont gastronomie, cocooning et détente. La carte change au fil des saisons. Dégustez la fraîcheur du « tartare de deux saumons frais et fumé, poivré à la lavande », savourez le « filet de bœuf sauce Banyuls et foie gras » et fondez pour le « tajine épicé d'abricots Bergeron d'Uzès rôti au thym". La généreuse carte des vins (plus de 120 références) fera le bonheur des amateurs de grands crus.

COOP AGRIC VIGNERONS MONTAREN

Route d'Alès - **MONTAREN-ET-SAINT-MÉDIERS**
✆ 04 66 22 13 53

Spécialisée dans la vinification : blanc, rosé, rouge.Lundi au samedi : 9 à 12h/15 à 18h. Prix variables selon qualité.

Coopérative viticole depuis 1899, sa réputation a donc plus de 100 ans ! ! Vous trouverez dans cet établissement : des vins IGP Cévennes, IGP OC Bio, des AOP duché d'Uzès. La réputation de son « gris de gris » (médaille d'or au concours des vins de Nîmes) entraîne régulièrement des ruptures de stocks. L'AOP duché d'Uzès blanc (médaille d'argent) a aussi beaucoup de succès. Le rosé et le rouge Sélection Terroir, sont sélectionnés Vins ambassadeurs de l'année 2020. Bonne dégustation.

LE PROGRÈS €€

141, rue de l'Hôtel-de-Ville - **BLAUZAC**
✆ 04 66 58 22 47
www.le-progres-blauzac.fr

Du jeudi au mardi le midi ; le vendredi et le samedi le soir. Haute saison : du jeudi au lundi. Menus de 23 € à 30 €.

Le Progrès synonyme de cuisine exigeante, s'est doté d'un chef cuisinier Ludovic Calatayud. Fort d'une expérience de 20 ans en Suisse, en Écosse, au Maroc, il a carte blanche pour vous proposer aussi bien des plats traditionnels que des idées culinaires innovantes. Ludovic aime travailler avec des produits frais locaux. Vous vous régalerez avec le paleron de veau confit et son jus à l'ail ou la brochette de caille aux morilles et que dire du tiramisu à la crème au citron et marmelade, si ce n'est que le petit plus est toujours là pour faire la différence.

LE CHARDONNAY €€

Place de la Madone
ARGILLIERS
✆ 04 66 58 06 15

Basse saison : jeudi-lundi le midi et le soir. Haute saison : tous les jours le midi et le soir. Menus de 27 € à 35 €.

Passé la lourde porte en bois de ce restaurant, vous pénétrez dans un lieu chargé de spiritualité et empreint d'une beauté sereine. Le chef se joue des saveurs et affectionne les plats oubliés. Laissez-vous tenter par le magret de canard au chèvre et au miel, le tout arrosé d'un Chardonnay ou d'un Duché d'Uzès pour vous mettre en appétit. Gardez une place pour les desserts, tous faits maison. Le moelleux au chocolat est fortement conseillé, un pur délice. Ici point de péché de gourmandise et la dévotion pratiquée sera toute culinaire.

LE R €€

6, place aux Herbes
✆ 04 66 03 11 82

Basse saison mardi- dimanche le midi ; le vendredi et le samedi le soir. Haute saison tous les jours le midi et le soir.

A Uzès, sur sa très célèbre place aux Herbes, le restaurant « Le R » vous reçoit dans son cadre bistronomique où il vous propose une carte qui éveillera vos sens. Une cuisine élaborée à base de produits frais et de saison est renouvelée tous les mois. La priorité est donnée aux « plats perdus », afin de donner renaissance à l'authenticité de la cuisine française. Une terrasse ombragée et brumisée, pour plus de confort lors des chaleurs estivales, apportera à votre repas la douceur d'un déjeuner d'été. Incontournable et exceptionnel !

LA FILLE DES VIGNES €€

18, place Albert-1er
✆ 04 66 37 17 46

Tous les jours de 11h30 à 15h et de 18h à 20h45. Formule salon de thé à 9 €.

Restaurant et salon de thé, le bon vivre est au rendez-vous chez la Fille des Vignes. Muriel Roger, enfant d'Uzès, mitonne de bons petits plats méditerranéens ou inspirés de ses voyages. Les recettes sont classiques ou revisitées avec des notes asiatiques, les épices relèvent les saveurs, les effluves gourmandes titillent notre nez, et notre palais se délecte de ces délicieux mets ! Pour un repas, un goûter ou un apéritif il fait bon venir s'asseoir sur la terrasse ensoleillée. Détendez-vous, le bonheur est là ! Une adresse à garder jalousement.

RESTAURANT LA PARENTHÈSE €€

Rue de la Grande-Bourgade ✆ 04 66 22 11 06
www.hostellerieprovencale.com

Ouvert tous les jours le midi et le soir. Menus de 34 € à 49 €. Carte : 40 € environ. Formule du midi : 23 €

Au sein du plus ancien hôtel d'Uzès, l'Hostellerie Provençale, le restaurant La Parenthèse apparaît aux visiteurs comme un lieu magique et chaleureux avec sa façade en bois peinte en rouge. Dans cet écrin feutré, la table est de choix et est reconnue. Le chef français, François Duchesne, qui a fait ses classes auprès de maisons de qualité, vous offre une cuisine traditionnelle qui fait la part belle aux produits du marché et du Languedoc, et s'accompagne de vins du duché d'Uzès, des Cévennes et du Gard. Nous vous recommandons d'y faire une halte !

LA TABLE 2 JULIEN €€

12, route d'Uzès
MONTAREN-ET-SAINT-MÉDIERS
✆ 04 66 03 75 38

Du mercredi au samedi. Réservation recommandée. Carte : 50 € environ. Formule du midi : 28 €. Menu : 35€.

Au cœur du village, cette maison vigneronne a trouvé une autre jeunesse grâce à Julien et à son épouse qui ont créé La table 2 Julien. Julien s'est forgé une belle réputation dans la contrée depuis son passage à Saint-Maximin. Il est dans la droite lignée de ces jeunes chefs inventifs, créatifs et respectueux des bons produits. Il fait partie d'ores et déjà des meilleures tables du Duché. Une cuisine appliquée, élaborée et originale, un service attentif et nous avons là une adresse agréable où le rapport qualité-prix est des plus remarquables.

LE TRACTEUR €€

Quartier Bornègre
ARGILLIERS
✆ 04 66 62 17 33

Du lundi au vendredi le midi 12h-14h ; le vendredi et le samedi le soir 19h30-21h30. Réservation impérative.Carte : 25 €

C'est un restaurant dont la déco ne laisse pas indifférents les amateurs d'art en tous genres. Et, puis c'est également une cave à vins qui propose une bien belle sélection de crus. Et, enfin, c'est aussi une épicerie fine. Au beau milieu de cet endroit absolument convivial et atypique, l'art s'expose et les événements s'enchaînent. La cuisine a la couleur du soleil, elle est préparée par le chef avec des produits frais et de saison. L'été, on s'invite sur la terrasse pour profiter des oliviers et du tracteur qui ne manque pas dans le décor. Pensez à réserver !

LES MACARONS D'ANTHONY

2, avenue Claude-Monnet
✆ 06 78 58 42 05
www.anthonymissioncuisine.com

Ouvert du lundi au samedi de 9h à 19h.

Ici, vous apprendrez à faire des macarons sucrés mais aussi salés, des tiramisus et panacottas, à cuisiner le poisson, les terrines de canard aux figues ou aux deux saumons, les cupcakes, pancakes, cheese-cakes. Culinairement vous allez voyager de l'Asie au Nouveau Monde sans oublier nos traditions. Dans cette boutique atelier, vous allez pouvoir acheter tous les ustensiles pour réussir votre pâtisserie ou votre terrine de foie gras. Cet amoureux de la couleur et du décor a créé dans sa boutique atelier un espace convivial, tendance chic *trendy*.

O SAVEURS DE MON ENFANCE

Quartier pont des Charettes
✆ 04 66 62 21 42

Ouvert du jeudi au mardi de 6h à 20h.

Un espace où l'esprit de la créativité gourmande souffle. C'est clair, décoré avec goût, de grandes baies apportant de la lumière et d'une longueur de vitrine impressionnante regorgeant de pains, viennoiseries, feuilletés salés ou sucrés, de gâteaux à faire tomber en pâmoison. Un lieu où le sourire est roi, le mot gentil toujours là. En saison une grande terrasse ombragée prolonge l'établissement afin d'apporter un service de restauration rapide avec des produits frais et de saison. Un parking pour la clientèle jouxte la terrasse.

LA TROP'UZIENNE

3, avenue de la Libération
✆ 04 66 03 36 71

Ouvert du lundi au samedi de 9h30 à 19h30.

La « Trop'uzienne » se trouve être un endroit très cosy où faire une pause en journée, manger des pâtisseries, redécouvrir les confiseries d'antan, la pâte de coings maison et prendre une boisson chaude ou froide. Une boutique avec une salle et un charmant petit salon de dégustation. Le couple s'est remis à cuisiner, imaginant un système de formules à 10 euros. Tout le monde veut manger à cette table simple, profiter des repas équilibrés et bien associés. Du coup, c'est plein tous les midis et mieux vaut réserver !

CAVE LES VIGNERONS DU CASTELAS

674, avenue de Signargues
ROCHEFORT-DU-GARD ✆ 04 90 26 62 66
www.vignerons-castelas.fr

Ouvert du lundi au samedi de 8h30 à 12h30 et de 14h30 à 18h30. Sauf dimanche et jours fériés. Dégustation gratuite.

Cette cave s'est vu récompensée de sa politique de qualité mise en place depuis le choix du cépage jusqu'à la mise en bouteille. Conduite raisonnée, rendement contrôlé, sélection de terroir, assemblage judicieux donnent des vins de qualité au très bon rapport qualité/prix. Par exemple, le Roca Fortis, un Côtes du Rhône Villages régional issu d'une sélection parcellaire à dominante syrah ; une cuvée non filtrée élevée deux ans en barrique de chêne. L'accueil est très sympathique.

LES CAVES D'EUZET

1289, Route d'Alès - **EUZET** ✆ 04 66 83 51 16
www.lescavesdeuzet.com
Basse saison : Du lundi au samedi de 9h à 18h.
Haute saison : Du lundi au samedi de 9h à 18h (19h le vendredi-samedi)

Les Caves d'Euzet proposent toute une gamme de vins rouges IGP Gard, IGP Cévennes, AOC Duché d'Uzès, IGP Oc dans des variétés blancs, rosés et rouges. Vous serez accueilli dans ce caveau historique datant de 1917, dans un cadre agréable et pourrez déguster en toute convivialité toute une gamme de vins conditionnés en bouteilles (50 cl, 75 cl, 150 cl), en bag-in-box de 5 et 10 litres, ainsi que des vins en vrac. Le lieu propose également tout un assortiment de produits régionaux, le tout dans un cadre architectural datant de 1927, à 15 km d'Alès et 18 km d'Uzès.

CLÉMENT « DE LA MER À L'ASSIETTE »

La Plate Forme
✆ 06 21 55 65 54
Sur le marché de la Place aux Herbes, le mercredi matin.

C'est ainsi qu'à Uzès, Nîmes, Anduze, Le Pontet, Saint-Quentin-La-Poterie, Marguerittes et, tout récemment, Saint-Privat-des-Vieux, l'emblématique poissonnerie Clément parcourt les quatre coins du département du Gard pour nous offrir des poissons d'une grande qualité tout droit sortis de la mer. Les fruits de cette pêche sont achetés à la criée du Grau-du-Roi ou de Sète et mis à la vente le lendemain matin. Pour les plats cuisinés, la même exigence de qualité est appliquée.

CELLIERS DES 3 TOURS

Route d'Uzès
MOUSSAC
✆ 04 66 81 61 11
www.celliers-des-trois-tours.fr
Ouvert du lundi au samedi de 8h à 12h et de 13h30 à 18h30.

Les « Celliers des 3 Tours » est une cave coopérative née de la fusion progressive des caves de Moussac avec Brignon (fusion en 1990) et Boucoiran (fusion en 2003). Comme chaque village disposait d'une tour, le nom de « Celliers des 3 Tours » fut retenu. Au caveau de la coopérative, qui ne cesse de s'agrandir depuis 16 ans, vous pourrez découvrir, déguster et acheter des vins IGP OC, IGP Cévennes, et AOP Duché d'Uzès. Le vin est typique du sud et notamment du département gardois grâce à cette fusion de petits villages aux alentours d'Uzès.

LES COLLINES DU BOURDIC - CAVEAU DE BOURDIC

BOURDIC
✆ 04 66 81 20 82
www.bourdic.com
Basse saison : lundi-samedi 9h-18h (19h le samedi). Haute saison : lundi-samedi 9h-19h. Avril-fin août, dimanche 9h-18h

Ce terroir de caractère apporte puissance et élégance aux cépages de merlot, syrah, cabernet sauvignon, viognier ou chardonnay qui le composent et s'y épanouissent. La situation géographique privilégiée de ce vignoble permet d'accéder à une grande variété d'appellations : IGP Pays d'Oc, IGP Cévennes et AOP Duché d'Uzès. Chaque année de nouveaux assemblages sont pensés et vinifiés par les œnologues de la cave, pour le plus grand plaisir de la clientèle.

CHÂTEAU TERRE FORTE

1220, chemin de la Rouvière
ROCHEFORT-DU-GARD
✆ 04 90 26 66 38
www.terreforte.fr
100 % Bio. Vigneron Indépendant. Bio-dynamique.

Pierre Jauffret est issu de plusieurs générations de vignerons depuis 1856. En 2000, le château Terre Forte se tourne résolument vers l'avenir en pratiquant la culture biodynamique. Exploitation d'une vingtaine d'hectares, on rencontre plusieurs terroirs dans le vignoble, principalement un sol argilo-calcaire avec des galets roulés et un sol caillouteux et profond. On aime le rouge « bel indice de picolabilité », et pour un biodynamique, niveau qualité/prix, il vaut vraiment le détour. Prévoyez du temps aussi pour la dégustation.

DOMAINE CHABRIER & FILS

Chemin du Grés
BOURDIC
✆ 04 66 81 24 24
www.chabrier.fr
Ouvert du lundi au samedi de 9h à 12h et de 14h30 à 18h30.

Le « domaine de Chabrier & fils », situé à Bourdic, est une cave particulière où le vin est un nectar soigné, un domaine d'excellence aux tarifs quasi-équivalents à la cave des vignerons. Les cépages méditerranéens, grenache noir, carignan et syrah, pour les rouges et les rosés, grenache blanc et viognier pour les blancs, servent à élaborer les AOP Duché d'Uzès. Les cépages extra-méridionaux, merlot et cabernet sauvignon, pour les rouges, chardonnay et sauvignon pour les blancs, servent à élaborer les vins IGP Coteaux du Pont du Gard.

DOMAINE DE LA LOYANE

Chemin de la Font des Cavens
ROCHEFORT-DU-GARD
✆ 06 11 60 86 36
www.domainelaloyane.com
Ouvert du mercredi au samedi de 9h à 12h30 et de 14h à 19h.

Le Domaine de la Lôyane existe depuis 2001. Située à Rochefort-du-Gard, près d'Uzès dans le sud de la France, petite exploitation familiale dont les surfaces de vignes s'étendent sur 25 ha. Grâce à une situation géographique et géologique exceptionnelle, le vignoble s'inscrit dans une démarche respectueuse de l'environnement (le domaine est en pleine conversion biologique). Puissance, finesse et élégance sont les maîtres mots des vins du domaine qui propose vins blancs (Cuvée Laure en Grain), rouges (Cuvée Marie Lirac) et rosés...

DOMAINE DE MALAÏGUE

Route d'Uzès
BLAUZAC
✆ 04 66 22 25 43
www.domainedemalaigue.com
Ouvert du lundi au samedi de 9h30 à 12h30 et de 15h à 18h. Jusqu'à 19h en haute saison.

François Reboul le propriétaire du domaine travaille avec les cépages traditionnels : syrah, grenache noir et carignan pour les rouges en vins AOP du Duché, roussanne et viognier pour un blanc passé en fût au caractère véritablement exceptionnel. Chardonnay, muscat, merlot et cabernet viennent s'ajouter à la liste des cépages pour la composition des vins de pays ou de table. Une huile d'olive AOC de Nîmes complète une offre maison, qui ne fait pas rimer bio avec tarifs hauts. Le domaine produit également ses propres céréales pour créer de la farine.

DOMAINE DU CLOS GALANT

AUBUSSARGUES
✆ 04 66 72 13 72
www.clos-galant.com
Ouvert le dimanche,10h-12h. Basse saison : lundi-samedi 10h-12h et 15h-18h. Haute saison : lundi-samedi (+matin) 15h-19h

La propriété se trouve à Cruviers-Lascours, non loin d'Alès, et jouit d'une position géographique privilégiée permettant de mettre la qualité et la passion que l'on retrouve dans le verre. Les trois couleurs de vin sont produites avec des cépages de grande renommée.Et les deux viticulteurs cumulent les appellations : IGP Cévennes et AOP Duché d'Uzès. Sur les 40 hectares cultivés dans l'Uzège - rien que ça ! -, Olivier Galant et sa femme s'attachent à valoriser la richesse du territoire local et à faire fructifier cinq siècles de travail de la vigne sur ces terres.

DOMAINE LE CLOS DES LUMIÈRES

14, rue des Cerisiers
FOURNÈS
✆ 04 66 01 05 89
closdeslumieres.com
Vins rouge, blanc, rosé, moelleux et jus de fruits.

En 1979, Daniel reprend et agrandit l'exploitation viticole de son père. Le vignoble passe alors par une phase de restructuration avec plantation de cépages améliorateurs. En 2003, il devient autonome en créant le « Domaine le Clos des Lumières ». L'ensemble des parcelles est travaillé en culture raisonnée pour un meilleur respect de l'environnement. Une gamme de vins doux, secs, charpentés ou non, raviront vos sens gustatifs et agrémenteront vos repas provençaux.

© ADRIENBRAGER

© ADRIENBRAGER

UZÈGE PONT DU GARD / VALLÉE DU RHÔNE

DOMAINE NATURA

Impasse des Charrettes
SAINT-LAURENT-LA-VERNÈDE
✆ 04 66 72 89 01

Basse saison lundi-vendredi 9h-18h ; samedi 10h. Haute saison : tous les jours 9h-19h ; le dimanche-jours fériés 10h-12h

Le « Domaine Natura » est un recoin des vins du Duché qui mérite réellement le détour. Viognier, roussanne et chardonnay pour les vins blancs ; syrah, grenache, merlot et cabernet-sauvignon pour les vins rouges ; grenache et syrah pour les vins rosés ; le tout dans un rendement entre 35 et 45 hectolitres par hectare. Une adresse viticole du sud de la France intéressante qui produit également des fruits de printemps et d'été, comme des cerises succulentes et des abricots délicieux, le tout cueilli à maturité, comme il se doit.

DOMAINE SAINT-FIRMIN

1-6, Rue Saint-Firmin
✆ 04 66 22 11 43
www.saint-firmin.com

Ouvert toute l'année, juin à octobre du lundi au samedi de 9h-19h ; novembre à mai du lundi au samedi de 9h-12h/14h-19h.

Près du centre-ville d'Uzès, le Domaine Saint-Firmin propose une gamme de vins frais, faciles à boire, aux arômes de fruits, de réglisse et d'épices, agréables en toute saison et à des prix très raisonnables. Robert et Didier Blanc, 3e génération en ces lieux, mettent en avant leur passion et leur savoir-faire pour laisser s'exprimer la vigne au travers leurs multiples breuvages. A côté des vins du domaine, une jolie gamme de produits locaux enrichit la boutique du caveau. Les visite guidée et l'accueil des camping-cars sont des avantages supplémentaires.

MEDUZ : BRASSERIE ARTISANALE

42, chemin des Tailles
✆ 04 66 72 69 38
www.meduz.fr

Ouvert du lundi au samedi de 10 à 19 h non-stop. Dégustation. Visite sur rdv, 4 €.

Christophe et Bertrand se sont installés à Uzès afin de fabriquer des bières belges et du Nord de la France. Réunis autour d'une même passion les deux associés fabriquent toutes les bières sur place, selon une méthode respectueuse de l'environnement. La petite dernière, née en janvier 2020, la Meduz Triple Grain, est déjà habituée aux concours ! Les installations se visitent grâce à un parcours inspiré et ludique. Des breuvages recommandés à tous les amateurs de bière !

LES MIELS D'UZÈS - BOILEAU APICULTURE

104, rue Olivier-de-Serres
✆ 04 66 22 65 42
www.miel-uzes.com

Ventes sur les marchés. Boutique en ligne. Livraison. Label AB Ecocert France.

Les apiculteurs du « miels D'uzès » pratiquent la transhumance sur les champs de lavande, les forêts de châtaigniers et d'acacias, les garrigues et les causses, proposant ainsi une large gamme de miels de crus issus d'une production locale avec des saveurs du sud. Une belle variation de produits est proposée : miels, pain d'épices au miel, hydromel, nougat au miel, bonbons au miel, vinaigre au miel, propolis, cire d'abeille... Le tout d'une qualité indéniable !

LE MOULIN D'UZÈS

Chemin du Mas-de-France
✆ 06 18 58 17 72
www.lemoulinduzes.com

Du lundi au samedi, 9h-12h30/14h30-19h. Sur la marché d'Uzès tous les mercredis de 8h à 13h.

Patrick Richard et Loïc Arnaud exercent leur métier avec passion, dans le respect des traditions d'antan et avec les moyens que les technologies modernes leur offrent. Le Moulin d'Uzès produit son huile d'olive par extraction à froid grâce à la centrifugeuse. C'est la picholine, inscrite en AOP de Nîmes, qui est produite et travaillée pour donner une huile authentique, au goût fin et parfumé. L'huile d'olive de France est quant à elle issue des récoltes gardoises par des agriculteurs partenaires. Des saveurs à retrouver en boutique après la visite du moulin.

MOULIN SOULAS

Rue de la Mazade
COLLORGUES
✆ 04 66 81 21 13

Ouvert du lundi au vendredi de 8h30 à 12h et de 14h à 18h ; le samedi de 9h à 12h. Fermé les dimanches et jours fériés

Aujourd'hui Jean et sa fille Belen continuent l'exploitation. Ils triturent des variétés de picholine, arbéquine, négrette, coillasse, cul-blanc et ascolane et produisent une huile d'olive extra vierge de tradition. Si vous venez au moulin, vous pourrez visiter les installations toute l'année. Le goût unique des huiles d'olive provient du fait que les olives sont cueillies « tournantes » c'est à dire au maximum de maturité, quand elles contiennent le plus de polyphénols, qui donnent ce goût typique de l'huile d'olive utilisée dans la cuisine méditerranéenne.

SYNDICAT DES VIGNERONS DU DUCHÉ D'UZÈS

2, rue Joseph-Lacroix
✆ 04 66 20 42 70
www.vinsducheduzes.com

Le Syndicat des vignerons du duché d'Uzès est un vignoble qui a ainsi naturellement retrouvé, au fil du temps, les contours de l'ancien évêché. L'appellation couvre les 3 couleurs : Des vins rouges, Des vins rosés et des vins blancs. Ici, la Compagnie Bachique intronise, lors de ses grands chapitres, les personnalités issues de tous les milieux socio-professionnels qui participent à la promotion de la notoriété des vins du Duché d'Uzès. Bonne dégustation !

TERROIRS

5, place aux Herbes ✆ 04 66 03 41 90
www.enviedeterroirs.com

Ouvert tous les jours de 9h à 18h30. Livraison possible (livraison gratuite dès 99 € d'achat).

À la même adresse que le restaurant, Tom et Corinne, propriétaires du Terroir depuis de nombreuses années, possèdent également une charmante boutique dédiée aux produits de l'Uzège qui se trouve être dans le restaurant. Vous pourrez donc acheter les bons produits que vous aurez pu avoir l'occasion de goûter durant votre repas. Comme le restaurant, la boutique est née d'une rencontre entre les deux propriétaires du lieu et des producteurs régionaux.

Et si vous n'avez pas le temps de vous déplacer, vous pouvez commander en ligne vos produits sur le site web !

LES TRUFFIÈRES D'UZÈS

830, route d'Alès
✆ 04 66 22 08 41
www.lestruffieresduzes.fr

Visites toute l'année sur réservation. Découverte de l'arboretum 10 €, 5 € pour les enfants.

Les Truffières d'Uzès est un lieu où différents évènements se déroulent, en effet, c'est par exemple un bar à truffes tous les jeudis soir de janvier à mars sous réserve de production. Restaurant éphémère pour les groupes midi et soir sur réservation. Michel Tournayre, propriétaire de ce domaine familial, en a, ces dernières années converti près de 20 % pour développer la production du célèbre diamant noir. En perpétuelle quête d'évolution, il utilise ses connaissances de botaniste et sonde le système racinaire pour en percer tous les secrets.

VIGNERONS DE MONTAREN-SERVIERS

Route d'Alès - **MONTAREN-ET-SAINT-MÉDIERS**
✆ 04 66 22 13 53
www.vignerons-montaren-serviers.com

Basse saison : lundi-samedi de 9h à 12h et de 15h à 18h30. Haute saison : lundi-samedi de 9h à 12h et de 15h à 19h.

La cave des Vignerons de Montaren-Serviers est une située à Montaren, elle est facile d'accès, dans tous les sens du terme : autant géographiquement que par rapport au coût des vins. Récompensée en 2019 d'une médaille d'argent pour l'AOP Duché d'Uzès rouge, une cuvée spéciale tradition, les vignerons de montaren-Serviers ont une réputation bien ancrée dans la région. Résolument tournés vers l'avenir, les vignerons dédient également quelques hectares à la viticulture biologique...

ARPAILLARGUES-ET-AUREILLAC

Prés d'Uzès, Arpaillargues-et-Aureillac est un village fortifié avec ses maisons en pierre du pont du Gard, ses ruelles étroites et ses passages voûtés attestant de son passé médiéval. Son château (élégante demeure du XVIIIe siècle ayant appartenu à la famille d'Agoult) domine les terres agricoles plantées de vignes (le fameux domaine de Chabrier). L'église romane remaniée en habitation a été la demeure, au début du siècle dernier, du poète des jours de pluie, Alfred Méric. A voir également : l'église fortifiée St Pierre, le musée 1900 qui regroupe 3700 objets. Enfin le sentier des Conques, ses murs en pierres et ses capitelles.

MUSÉE 1900 ★

2, Chemin du Moulin
✆ 04 66 22 58 64
www.musee1900.com

Fermé le 25/12 et 01/01. Été 10h-19h, basse saison 10/12h-14/18h. Adulte 9,50 €- enfant 4,50 €. Mobilité réduite.

Le musée 1900, est installé dans un ancien moulin du 18e. Sur 1 500 m² sont exposés 3 700 objets qui témoignent de la vie du début de ce siècle. Gaston Baron a réuni tous ces objets entre 1850 et 1960 : voitures, calèches, motos, camions, moulin à huile, machines à vapeur, machines agricoles, matériel de pompiers, vélos, anciens téléphones... Maintenant âgé de 82 ans, c'est son fils qui a repris le flambeau. Petits et grands après une visite de 1h30, pourront déambuler sur le quai d'une ancienne gare reconstituée. Un saut dans le temps garanti.

MARTIGNARGUES

Ce n'est pas un hasard si ce petit village est surnommé « Le petit Gordes de la Gardonnenque ». Perché sur la colline dominant la vallée plantée de vignes et d'oliviers, Martignargues est un lieu baigné par l'histoire qui commence par une occupation gallo-romaine, un fief anglais pendant la guerre de Cent Ans et le lieu de la seule grande bataille remportée par les Camisards sur les armées de Louis XIV en 1704. Une stèle commémore cet événement. Flâner dans ses ruelles ou sur les chemins, c'est écouter les Cévennes converser avec la Méditerranée.

GALERIE TERRA VIVA

14, rude la Fontaine
© 04 66 22 48 78
https ://galerie-terraviva.com/
Ouverture le 21 mars 2021. Boutique en ligne.

La galerie Terra Viva est installée dans l'ancien moulin à huile dont certaines parties datent du XVe siècle. Restauré avec des éléments contemporains, ce bâtiment, devenu « La Maison de la Terre », accueille également le Musée de la Poterie méditerranéenne et l'exposition des potiers de Saint-Quentin. Maud Grillet, la galeriste, propose un large éventail de pièces uniques de céramiques issues des très nombreux procédés de création et techniques. Des œuvres artisanales d'ici et d'ailleurs, aux notes japonisantes ou aux couleurs du Sud, originales et généreuses.

LA MAISON DU PASSAGE €

127, Rue de l'Eglise © 04 66 25 62 91
www.lamaisondupassage.fr
5 chambres dont une avec SPA privatif : de 150 € à 450 € avec petit-déjeuner inclus. Chambre double : 118 €. Piscine.

Hervé et François vous accueillent dans leur maison d'hôtes dans un petit village préservé. Elle se situe dans une bâtisse hors d'âge qui a été un édifice ayant connu une multitude d'utilisations, avant d'être entièrement rénovée par ses propriétaires avec goût et en mettant en valeur le caractère de chaque chambre luxueuse. Le confort et la modernité sont omniprésents. Vous aurez accès au sauna, à la piscine chauffée et à tous les équipements ultra-modernes, jusqu'au bain bouillonnant sur la plus haute terrasse avec vue à 360 degrés sur la campagne environnante.

MUSÉE DE LA POTERIE MÉDITERRANÉENNE ★

14, rue de la Fontaine © 04 66 03 65 86
Fermé en janvier. Adulte 4 €. Gratuit jusqu'à 12 ans. Billet musée+tour de l'horloge 5 €.

Six salles exposant des poteries et céramiques utilitaires, dont certaines sont vieilles de deux siècles, permettent de redécouvrir la fabrication artisanale d'objets et l'univers de la terre. Car à Saint-Quentin, des potiers travaillent encore aujourd'hui la terre, perpétuant une tradition locale. La visite retrace l'histoire de la céramique sur le pourtour méditerranéen, jusqu'à l'usage de la céramique populaire. Des expositions temporaires complètent les collections permanentes.

SAINT-QUENTIN-LA-POTERIE

Saint-Quentin-la-Poterie, labellisée Ville et Métiers d'Art, est la capitale de la poterie. Depuis le XIVe siècle, ce village a attiré les potiers et les céramistes des environs. Au détour des ruelles du village médiéval, de chaudes tonalités, de l'ocre à l'argile rouge ou verte, dominent. Les plaques des rues, réalisées par un céramiste, forment une œuvre d'art à ciel ouvert. Le savoir-faire de la faïence, le traitement de la terre vernissée : toutes les techniques se perpétuent à Saint-Quentin-la-Poterie, où maîtres artisans, ateliers, musée de la Poterie méditerranéenne et festival Terralha encensent le travail de la terre. Une étape incontournable.

MAS DU CAROUBIER €€

684, route de Vallabrix
© 04 66 22 12 72
www.mas-caroubier.com
Chambre double 100 €. Petit déjeuner inclus. Appartement 2 chambres 1 250 € la semaine.

Près d'Uzès, vous découvrirez une très belle demeure de caractère qui offre quatre chambres d'hôtes très douillettes et bien entretenues, toutes équipées de salle de bains et pour deux d'entre elles, d'une cuisine. Les hôtes, Valérie et Hervé Charpentier ont beaucoup de goût : tableaux et meubles de famille, piscine, roseraie... et apportent beaucoup d'attention aux détails. En empruntant l'allée de roses et de lavande, vous découvrirez un bassin de longueurs, une salle à manger d'été, un jardin Médiéval et un bocage rempli d'oiseaux.

LE CLOS DE PRADINES*** €€€

Place du Pigeonnier
© 04 66 20 04 89
www.clos-de-pradines.com
Ouvert toute l'année. Chambres à partir de 82 €. Restaurant 1 assiette Guide Michelin, menu à partir de 30 €.

Le Clos des Pradines est un immense mas bâti sur les hauteurs du village. L'hôtel bénéficie d'une vue privilégiée sur la cité d'Uzès et sa vallée. Dans les chambres, l'orientation sud offre une belle lumière alors que la blancheur immaculée des espaces sous un éclairage étudié se conjugue au confort contemporain d'un 3 étoiles. La vaste piscine, le sauna et le bain à remous se feront accueillants. Côté restaurant, c'est une cuisine subtile, mélange de saveurs insolites aux couleurs locales, soulignée par une Assiette au *Guide Michelin*. Excellente adresse.

LE CAFÉ DES POTIERS €€

23, rue de la Fontaine
© 04 66 57 66 10
www.facebook.com/LeCafeDesPotiers
Ouvert du mardi au dimanche midi. Prix moyen à la carte 20 €.

C'est le genre d'adresses que nous affectionnons au *Petit Futé*, celles qui de l'extérieur interrogent, mais qui une fois le seuil de la porte passé ravissent les sens. Le Café des Potiers est de celles-ci ! Avec une ambiance chaleureuse et atypique, une cour ombragée qui vous accueille à l'arrière du restaurant, bien d'autres surprises vous attendent. Côté cuisine, la carte n'offre que peu de propositions et c'est gage de qualité. Renouvelée tous les deux jours, ce ne sont que des produits frais qui exhalent des saveurs méditerranéennes. Gourmande à souhait !

SAINT-SIFFRET

Dans un camaïeu de vert et de brun rocailleux, Saint-Siffret est le point de départ pour visiter le Gard Provençal et les gorges du Tarn. Les rues sont étroites, les maisons creusées dans la roche, sont fraîches et le vieux village est bâti en acropole. L' église Saint Siffret romano-byzantine date de la fin du XIIe siècle. Le château de la Commanderie du XIIe siècle avec sa porte fortifiée est maintenant passée dans le domaine privé. Autour de St Siffret s'étend une zone de production de plusieurs appellations viticoles réputées (Côteau du Pont du Gard, AOC Duché d'Uzès, IGP Gard et Pays d'Oc), mais aussi huile d'olive, miel, volailles.

SAINT-MAXIMIN

Joli village typique de l'Uzège, en provenance d'Uzès vers Remoulins, à hauteur de Pont-des-Charrettes, Saint-Maximin est baigné de lumière. Accroché sur le versant sud de la colline, il domine la vallée de l'Alzon, regarde ses vignes et ses vergers. Son église, sa place, son café, sa tour et son château Racine, qui date du XIIe siècle, où l'oncle du célèbre écrivain a effectivement vécu et accueillait le jeune André en vacances, sont les richesses de cette petite bourgade. Des éléments du paysage et du patrimoine historique qui composent un tableau authentique, une invitation au voyage, aux balades dans la campagne au son des cigales.

LE CATHÉTER €€

55, Chemin neuf
© 07 86 22 94 07
Mardi, mercredi, jeudi et vendredi midi ; Vendredi & samedi soir. Prix moyen à la carte, 18 €.

Une pépite au cœur de l'Uzège : un cadre moderne et chaleureux, une agréable petite terrasse, un accueil convivial et une ambiance familiale. Que demander de plus ? La cuisine me direz-vous ! Eh bien, là aussi, nous n'avons que des éloges à faire ! La cheffe distille avec passion une cuisine de saison intuitive, locale et très goûteuse. Elle a l'art et la manière de combiner avec élégance la cuisine française aux accents du Sud et la cuisine belge de ses origines. En bouche, c'est une explosion de saveurs, un mélange subtil qui flatte nos papilles. A essayer !

MOULIN À HUILE PARADIS

Route de Remoulins
© 04 66 83 24 52
www.huile-olive-paradis.com
Du lundi au samedi inclus, de 9h à 12h et de 14h à 18h. Boutique en ligne.

Depuis 4 générations, Christophe Paradis perpétue la tradition familiale de moulinier. Dans le moulin et point de vente qui se trouve à proximité de la route menant d'Uzès à Remoulins, on découvre lors d'une visite les secrets de la fabrication de l'huile à l'ancienne et les étapes de l'élaboration de cet incontournable produit méridional. Le moulin produit et vend une huile de qualité, des monovariétales picholine, aglandau, bouteillan, négrette et huiles d'assemblage comme la sublime huile goût à l'ancienne, issue d'olives sur-maturées. Une visite s'impose.

CASTILLON-DU-GARD

Situé à l'extrémité sud des Gorges du Gardon, à quelques minutes du Pont du Gard, le village de Castillon-du-Gard se dresse fièrement sur sa butte de grès calcaire. Chargé d'histoire, ce village a traversé les guerres de religion dévastatrices mais quelques monuments sont encore visibles. Ne manquez pas de découvrir la léproserie du Puits neuf et de l'Articoyse, les chapelles médiévales Saint-Christophe et Saint-Caprais, le château de Belle Vue et le site de la Villa de la Gramière. Une fois la balade dans ces ruelles empierrées terminée, rendez-vous au Belvédère pour une vue sur la vallée du Gardon et sur la majestueuse silhouette du Pont du Gard.

COLLIAS

Collias, c'est le village ou plutôt l'eau bénite préférée des Nîmois soucieux de se rafraîchir lorsque l'été livre ses journées caniculaires. On vient d'Avignon ou de Marseille pour se baigner en rivière dans ce site assez magique. Ici la baignade y est 100 % nature. A respecter donc tout comme les quelques règles de sécurité : la fraîcheur de l'eau contraste avec la chaleur ambiante, des niveaux de profondeur peuvent être assez brutaux et de légers courants en amont sont parfois indétectables... Reste le bonheur des plages de la rivière, ses rochers, ses gorges, le charme du village ancien à découvrir ainsi que ses sentiers de randonnée.

LOCASTILLON €€

1, chemin du Moulin-à-Vent
✆ 04 66 37 47 20

Gîtes de France (3 épis). Ouvert toute l'année. 2 chambres. Chambre double de 92 € à 132 €. Petit déjeuner inclus.

Au pied des remparts du village médiéval, il est un mas entièrement restauré labellisé Gîtes de France, qui arbore ses trois épis. Mauricette et Georges vous accueillent dans leur maison en pierre, à trois kilomètres du pont du Gard. Les chambres sont un peu désuètes dans leur décoration mais confortables, et permettent de profiter d'un coin salon avec une télévision à écran plat ainsi que d'une salle de bains privative et d'un micro-ondes pour vos repas. La terrasse donne sur une fontaine, et dont le son vous apportera repos et détente.

LES JARRES €€

10, Place du 8-Mai-1945
✆ 04 66 03 33 84

Lundi, jeudi, vendredi, samedi 12h-13h30/19h-20h30 ; Dimanche 12h-13h30. Planches à partir de 19 €.

Situées à deux pas de l'Amphitryon, les Jarres en sont, depuis 20 ans maintenant, un peu la petite sœur. Un cadre sobre, un brin cocooning avec une belle verrière, et pour l'été une jolie terrasse sur la place du village. Le cadre est planté. Côté cuisine, on se régale de plats familiaux et traditionnels, mijotés et faits maison. Des saveurs locales qui s'expriment en planches, la spécialité de la maison, ou en salades-repas. C'est frais, c'est bon, bref c'est une sympathique adresse à fréquenter lors de vos belles échappées en terres gardoises.

LE CASTELLAS €€€

30, Grand-Rue
✆ 04 66 22 88 88
www.lecastellas.com

Ouvert tous les jours dès le moi de mai. Formules à partir de 31 €.

Ce somptueux hôtel abrite une table gastronomique aux délices insoupçonnés. Au charme des salles voûtées qui offrent une ambiance unique et chaleureuse fait écho une cuisine riche et inventive. Evoluant au fil des saisons, et flirtant avec l'inspiration du chef, les mets se parent de mille et une saveurs, et enchantent nos palais. A la belle saison, vous apprécierez l'espace lounge qui du haut de la terrasse vous fera profiter d'une vue imprenable sur les toits du village. Des chambres élégantes au style singulier complètent Le Castellas. Une très belle adresse.

CANOË COLLIAS

Route d'Uzès
✆ 04 66 22 87 20
www.canoe-collias.com

De 24/36 € adulte selon longueur du parcours, ado 19/26 €, enfant 13/16 €.

Implanté entre Uzès et le pont du Gard, dans un site naturel de toute beauté, Canoë Collias vous ouvre les portes de la descente des gorges du Gard en eau vive. Au choix, 4 parcours de 8, 12, 22 ou 23 km. Du parcours Collias-Pont du Gard (le plus court) au parcours Russan-Pont du Gard (le plus long) les escapades nautiques proposées par Philippe et Brigitte Chapert passent toutes sous le célèbre pont gallo-romain. Une activité sportive de plein air et de nature idéale entre amis ou en famille (avec des enfants de plus de 6 ans).

LE GARDON ★

Accès libre toute l'année.

Le Gardon coule au pied de Collias : ses rives accueillantes sont bordées de plages de galets et même parfois de sable. La baignade est 100 % nature, attire de nombreux locaux et est bien connue des touristes. Reste le bonheur que seule la baignade en eau douce peut procurer. Les Gorges du Gardon sont, quant à elles, un espace naturel très protégé du Gard. Ses abords pas toujours faciles d'accès se méritent, surtout entre Russan et Collias, et offrent un choix de balades inoubliables (la Baume de Sainte-Verédème notamment, au départ de Poulx ou de Sanilhac).

REMOULINS ★

À quelques kilomètres du Pont du Gard, Remoulins, est une commune dynamique bien décidée à casser sa mauvaise réputation de bourg transit, entre Nîmes et Avignon. Le récent aménagement des berges au niveau du Pont-Neuf et la baignade dans le Gardon désormais tolérée attirent les touristes hors de la très commerçante Grand-Rue. Il faut sortir de cette artère pour visiter le village historique au fort cachet gardois. À voir, l'église du XIIe siècle, son impressionnant clocher peigne, l'ancien presbytère, le moulin à huile de 1631, et les hôtels particuliers. Quelques adresses pour bien manger et séjourner donnent envie de faire halte à Remoulins.

CHAMBRE D'HÔTE CAMBIS €€€

19, rue de la Cournilhe

✆ 06 19 16 58 95

Ouvert toute l'année. 3 suites à partir de 120 € la nuit.

Située dans le cœur historique de Remoulins, cette bâtisse du XIIe siècle vous bercera d'histoire et d'authenticité. Pour vous accueillir, trois suites privatives, d'environ 65 m² chacune, mêlent modernité et charme de l'ancien : le Colombier, le Rempart et le Cocon berceront vos nuits dans une ambiance chaleureuse. Murs en pierre du Gard, escalier à vis, plafond de bois... : autant de détails qui donnent du caractère à ces suites. Une cuisine commune, deux grandes salles de repos, une salle à manger, et un magnifique jardin harmonisent l'ensemble.

BIZE DE LA TOUR**** €€

2, place du Portail

✆ 04 66 22 39 33

www.bizedelatour.com

Chambre double 100 €, suite à partir de 160 €.

À seulement 3 km du Pont du Gard et 20 km des charmantes cités d'Avignon et de Nîmes, les chambres et les suites sont toutes équipées de la climatisation et d'une salle de bains privative. Elles sont décorées avec délicatesse et rappellent l'élégance des maisons bourgeoises du XIXe siècle dont Bize de la Tour est une brillante illustration. Une terrasse est nichée dans la tour, parmi les belles pierres. Ici, vous aurez le sentiment d'effectuer un voyage dans le temps, au cœur d'un village historique occitan. Ravissant point de départ pour partir en balade.

HOSTELLERIE DU MOULIN €€

14, avenue du Pont-du-Gard

✆ 04 66 58 88 30

https ://hostelleriedumoulin.eatbu.com

Fermé le lundi. Ouvert tous les midis, du mardi au dimanche. Menu à partir de 14 €.

Le restaurant vous accueillera dans deux espaces : une salle intérieure et une terrasse ombragée par des mûriers, rafraîchissante au bord du Gardon dès les premières chaleurs. A table, une cuisine traditionnelle goûteuse, dont les plats du terroir ont fait sa réputation, comme par exemple le suprême de poulet jaune aux morilles sauce au vin jaune. Les poissons sont en bonne place sur la carte, et les tapas peuvent aussi avoir votre faveur ! Un lieu fort agréable, à l'ambiance authentique, idéal pour une pause gourmande près du Pont du Gard.

CAMPING LA SOUSTA**** €€

28, avenue du Pont-du-Gard

✆ 04 66 37 12 80

www.lasousta.com

Ouvert du 26 Mars au 1er Novembre 2021. Forfait 2pers à partir de 21,20 €.

L'un des campings les plus réputés de la région, La Sousta bénéficie d'un point de vue imprenable sur le pont du Gard. Il séduit les adeptes d'un tourisme naturel, mais amateurs d'un certain confort tout de même ! Dans la forêt, 240 emplacements d'environ 100 m² chacun, de nombreuses prestations et un cadre naturel préservé sur 12 hectares en bordure de la rivière. Vacances actives ou farniente intégral, sportifs ou professionnels du hamac, fans de pétanque ou de kayak, amoureux de la rivière tout simplement, il y en a pour tous les goûts.

SAINT-BONNET-DU-GARD

Entre Nîmes et Avignon, à 2 km de Remoulins, Saint-Bonnet-du-Gard mérite un arrêt. Ce petit village sur la route du Pont du Gard par la RN86 bénéficie des sources souterraines qui alimentent le Gardon. D'un côté de la nationale, des maisons pittoresques gardoises serpentent sur la colline jusqu'à l'église templière du XIIe siècle. De l'autre, une rareté locale, une magnifique fontaine lavoir, qui fut commanditée par Napoléon Ier au début du XIXe siècle. A proximité, le point de départ du GR6 qui achemine vers le célèbre aqueduc, on trouve une épicerie multiservices et un bon resto pizzeria.

VILLENEUVE-LÈS-AVIGNON ★★

A 3,5 km d'Avignon seulement, et indissociable de la cité des papes qui lui fait face seulement séparée par le Rhône, Villeneuve-lès-Avignon fut la résidence principale des cardinaux et hauts fonctionnaires de la cour papale au XIVe siècle. Trouvant trop exiguë l'enceinte des remparts d'Avignon, et appréciant sans doute la campagne, ils se firent construire de somptueuses demeures que l'on peut encore admirer. L'office de tourisme propose un guide de balades et de randonnées à Villeneuve et dans ses alentours. Une situation parfaite pour découvrir le Gard rhodanien ainsi que la Provence, du Vaucluse au Luberon, de la Durance aux calanques de Marseille.

CHAPELLE DES PÉNITENTS GRIS ✞

Visite sur demande auprès de l'office de tourisme.

La chapelle se trouve au fond de la cour de l'ancien palais cardinalice, dit palais de Boulogne ou de Thurroye. Trésor de l'architecture baroque, célèbre pour l'extraordinaire stéréotomie de ses voûtes, la chapelle témoigne également du rôle majeur des pénitents dans l'histoire sociale du Midi. Elle dispose d'une nef à cinq travées, avec quatre chapelles surmontées de tribune (deux au nord et deux au sud). La chapelle a été classée au titre des monuments historiques le 23 octobre 1934.

CHARTREUSE DU VAL DE BÉNÉDICTION ✞ ★★★★

58, rue de la République ✆ 04 90 15 24 24

www.chartreuse.org

Ouvert tous les jours de 10h à 17h. Haute saison : tous les jours de 9h30 à 18h30. Gratuit jusqu'à 18 ans.

Fondée par le pape Innocent VI au XIVe siècle, la Chartreuse est l'un des plus vastes et remarquables monastères de l'ordre des Chartreux avec son église, ses trois cloîtres et leurs quarante cellules, ses nombreux jardins ou encore la chapelle ornée des fresques du célèbre peintre du Palais des Papes, Matteo Giovannetti. La Chartreuse a aussi vocation depuis plus de quarante ans à accueillir des résidences d'écriture et de créations théâtrales en lien avec le festival d'Avignon.

CIRCUIT VTT PLANE L'HOUME 📷

ARAMON

Gratuit.

Au départ de la gendarmerie d'Aramon, ce joli parcours de VTT ondule entre guarrigues et pinèdes. D'un dénivelé de 550 mètres et d'une longueur de 28 kilomètres, il pourra convenir aux sportifs aguerris mais aussi à ceux qui ne pratiquent le VTT que de façon plus occasionnelle. Il reste néanmoins déconseillé par les fortes chaleurs, car une grande partie n'est pas ombragée et, ne l'oublions pas, les étés gardois sont parmi les plus chauds de France.

© MATTEI - FOTOLIA

Le fort Saint-André.

L'ABBAYE SAINT-ANDRÉ ET SES JARDINS ★★★

Rue Montée-du-Fort
✆ 04 90 25 55 95
www.abbayesaintandre.fr
Ouvert du 1/03 au 31/10, horaires variables selon les saisons. Visite guidée 14 €. Visite libre des jardins 7 €.

L'abbaye Saint-André et ses Jardins Remarquables font face à Avignon. Une vidéo vous accueille, un circuit historique vous guide jusqu'aux cuisines de l'abbaye. Puis on déambule dans les magnifiques jardins en balcons créés par R. Bacou. Les jardins italiens et méditerranéens qui entourent un palais abbatial du XVIIIe siècle, offrent une vue panoramique sur les Alpilles. Les « Rendez-vous aux jardins », au printemps, vous montrent les jardins sous un autre jour.

COLLINE DES MOURGUES

Accès libre.

C'est un espace naturel de huit hectares qui dominant la vallée du Rhône s'ouvre sur le Palais des Papes et le Rocher des doms, la Chartreuse, le Fort Saint-André, le mont Ventoux… ! On y accède soit par le parking de l'école Montolivet, le petit stade Sancta Maria ou encore par le portail rue Montée de la Tour. Depuis quelques années, la Colline fait l'objet d'un travail de mise en valeur avec aires de repos et de pique-nique. Un théâtre de verdure en forme d'amphithéâtre a même été érigé avec des gradins en pierre. Bref, un lieu de promenade idéal.

MUSÉE PIERRE DE LUXEMBOURG

3, rue de la République ✆ 04 90 27 49 66

www.villeneuvelesavignon.fr

Fermé en janvier. Ouv du mardi au dimanche. Mai à octobre 10h-12h30/14h-18h. Février, avril, novembre, décembre 14h-17h.

Ce magnifique palais du XIVe siècle fut la résidence du cardinal Pierre-de-Luxembourg, qui y serait décédé. Le musée abrite le chef-d'œuvre d'Enguerrand Quarton : *Le Couronnement de la Vierge* (1453), la célèbre Vierge en Ivoire (XIVe siècle) et présente aux premier et deuxième étage une très belle collection de peintures du XVIe au XVIIIe siècles : Simon de Châlons. Un cycle de conférences intitulé « Les après-midi au musée » s'adresse autant aux amateurs qu'aux néophites.

LE FORT SAINT-ANDRÉ ★★

✆ 04 90 25 45 35

www.fort-saint-andre.fr

Qualité Tourisme. Ouvert toute l'année tous les jours de 10h à 13h et de 14h à 17h. Haute saison 10h à 18h.

Le Fort Saint-André se dresse fièrement sur le mont Andaon comme sur un piedestal. Il fut édifié par Philippe Le Bel à partir de 1291 pour affirmer la puissance du Royaume de France face à l'Empire et aux Papes d'Avignon et protéger le bourg et son abbaye. Il fut occupé jusqu'à la Révolution française. On y accède par la montée du fort et on y pénètre par une porte flanquée d'impressionnantes tours jumelles. Créneaux, meurtrières, échauguettes et mâchicoulis donnent à ses deux tours des allures de citadelle imprenable. Il sert aussi de lieu d'expositions.

SENTIERS DE LA PLAINE DE L'ABBAYE

Départ : en face de la place Charles-David, en contrebas de la tour Philippe le Bel à l'entrée du camping de la Laune.

Au cœur d'un site champêtre, les sentiers de la Plaine de l'Abbaye permettent aux amateurs de marche et de randonnées cyclistes de profiter de trois circuits balisés de 8, 12, et 23 kilomètres. Les plus sportifs ont la possibilité de se dépenser sur le parcours de santé. Un endroit où se conjuguent le patrimoine architectural de Villeneuve ainsi que la faune et la flore régionale. Vous vous promenez ou courez en toute sécurité tout en appréciant la proximité du Rhône.

JARDIN POMPIDOU

Novembre / Mars : de 7h30 à 17h30. Fermé le samedi. - du 1er avril au 31 octobre : de 7h30 à 19h30. Fermé le samedi.

Situé à proximité de la Tour Philippe le Bel, ce jardin « méditerranéen » a été créé en 1998 à l'emplacement d'anciennes carrières longtemps utilisées comme décharge publique, entrepôts à munitions durant la guerre et de lieu d'entreposage du sel. Sur un hectare, d'aspect champêtre et soigné, il est marqué de buis, houx, jasmin, rosiers, grenadiers pour les massifs ; pins, cyprès pour les allées de promenades. Lavandes, oliviers et amandiers complètent son aspect méditerranéen. Sans oublier les éclairages qui savamment placés illuminent la falaise le moment venu.

LA TOUR PHILIPPE LE BEL

Rue Montée-de-la-Tour

✆ 04 32 70 08 57

Fermé de novembre à janvier. Mardi et du jeudi au dimanche 14h-17h ; le mercredi 10h 12h/14h-17h.

Cette tour était l'extrémité du pont Bénézet. Véritable sentinelle à l'entrée de la ville et seul vestige d'une forteresse édifiée entre 1292 et 1307 sur les ordres de Philippe IV le Bel, soucieux de tenir Avignon en respect. Elle se compose de trois étages aux belles salles voûtées d'ogives. Au XVe siècle on lui ajouta une tour de guet. Du sommet, le panorama est exceptionnel sur le Rhône. Vous l'aurez compris pour profiter de la vue, il faut être en forme car vous devez monter les nombreuses marches. Vous ne serez pas déçus. Venir bien chaussés.

TREIZE NICHES ET STATUES CACHÉES...

Il ne reste plus qu'à lever les yeux pour dénicher ces 13 statues, en voici quelques indices :

- **Sœur Marie-Thérèse :** angle des rues des Récollets et Marcel Fabrigoule.
- **Saint Pons - Pons :** Rue Marcel Fabrigoule, la statue est placée dans un mur de l'église Saint-Pons.
- **Vierge de la Mission :** Planet Saint-Pons. Vierge à l'Enfant - angle des rues de la Foire et Victor Bach/ angle des rues de la Monnaie et Montée de la Tour.
- **Saint Roch :** angle des rues de la République et Saint-Roch.

OFFICE DE TOURISME DU GRAND AVIGNON

Place Charles-David ✆ 04 90 03 70 60
https ://avignon-tourisme.com

Hiver lun au vend 9h30 à 12h30/ 14h à 17h, le samedi 9h à 12h30. Été 10h à 19h Samedi dimanche 10h à 13h/ 14h30 à 19h.

L'office de Tourisme est le lieu incontournable qui contribue à la réussite de votre séjour. Il organise régulièrement des visites conduites par un guide conférencier qui vous livrera les secrets de la ville et des sites que vous découvrirez avec lui. Les conseils qui vous seront donnés vous permettront de vous balader sereinement dans la région.

Autres adresses de l'OT du Grand Avignon à Rochefort-du-Gard, Roquemaure et Avignon ! Promis on répond à toutes vos questions !

CAMPÉOLE ÎLE DES PAPES €€

Route de l'Islon
✆ 04 90 15 15 90
www.campeole.com

Fermé de nove à mars. 195 emplacements. 204 locations d'habitats et mobil-homes climatisés. Espace aquatique de 900 m².

Si vous aimez camper au vert et au calme, vous allez adorer ce terrain situé sur une petite île paysagée de 20 ha. A cheval sur deux départements – le Gard et le Vaucluse – Fleuri avec goût et bien entretenu, l'établissement offre des parcelles bien délimitées et des prestations de qualité à tous niveaux, activités sportives comprises. Ils ont d'ailleurs pensé à (presque) tout, à la presse internationale, de la supérette qui propose des produits locaux (vins, fruits et légumes...) jusqu'à la navette qui vous dépose en ville. Il y a même des chalets locatifs.

HÔTEL DE L'ATELIER*** €€

5, rue de la Foire
✆ 04 90 25 01 84
www.hoteldelatelier.com

Qualité Tourisme. Qualité Sud de France. Ouvert toute l'année. 22 chambres de 69 à 169 €, chambre triple de 115 à 169 €.

Idéalement situé au cœur du vieux village, cet hôtel de charme qui a trouvé sa place dans une bien jolie demeure du XVIe siècle est un bonheur pour les touristes. Le petit déjeuner copieux se prend dans le patio-jardin qui embaume dès les beaux jours ou dans la petite salle à manger à la déco branchée. A l'étage, la terrasse solarium est une invitation à lézarder au soleil ou sous un parasol. De là, la vue est superbe sur les toits de la ville. Dans le bel escalier (attention pas d'ascenseur), les toiles colorées sont à la vente si vous avez un coup de cœur.

LES JARDINS DE LA LIVRÉE €€

4 bis, rue Camp-de-Bataille
✆ 04 86 81 00 21
www.la-livree.fr

Gîtes de France. Fermé en février et novembre. Chambre double 90 à 130 €, chambre triple 120 à 160 €. Petit déj inclus.

A deux pas de la rue principale de Villeneuve, de charmantes chambres dans une ferme transformée en un lieu fort sympathique. Les chambres sont confortables, et le restaurant a une ouverture sur une terrasse donnant sur la piscine avec vue sur le fort Saint-André. Au menu, le chef mitonne du foie gras maison, des viandes racées (Aubrac, Charolais), des charlottes d'aubergine, le tout en un savant mélange de cuisine provençale et d'inspiration méditerranéenne. Et si vous êtes là en mai, vous pourrez savourer le délicieux mille feuille croustillant de fraises.

O CUB €€

Quartier Pont d'Avignon
✆ 04 90 25 52 29
www.cubehotel.fr

Ouvert toute l'année.23 chambres de 55,50 € à 84 €. Petit déjeuner buffet : 9,50 €. Lit supplémentaire : 10 €. Parking.

Deux étoiles pour cet hôtel. C'est pop ! Et le service est tout en sourire et gentillesse. On ne s'en prive pas et on profite de cette grande terrasse panoramique avec vue sur... le palais des papes ! Eh oui, on est de l'autre coté du pont. Les chambres sont bien-sûr toutes en couleur : du bleu, du rouge, du orange ! Et elles ont toutes un caractère bien trempé. Alors oui, le rapport qualité-prix est vraiment au rendez-vous. En tout cas il n'y a jamais de mauvais commentaires pour cet hôtel situé au bord du Rhône, à deux pas d'Avignon.

LE PRIEURÉ BAUMANIÈRE - HÔTEL RESTAURANT***** €€€

7, place du Chapitre
✆ 04 90 15 90 15
www.leprieure.com

Relais & Châteaux. Fermé du 31 octobre au 1er avril. 38 chambres à partir de 223 €. Restauration.

Au cœur de Villeneuve, à quelques minutes d'Avignon, dans ce prieuré du XIVe siècle vous apprécierez les chambres et suites contemporaines raffinées, la cour intérieure fleurie de glycine, le jardin qui embaume à la belle saison, la piscine et le tennis pour la détente, du grand standing pour une étape Relais & Châteaux d'exception. Et aussi la table étoilée tenue par Marc Fontanne. On peut faire quelques emplettes à la boutique, vins, champagne, confitures Baumanière, linge de maison.

LA SUITE**** €€€

67, rue de la République
✆ 04 90 21 51 07
www.hotellasuite.fr

Fermé de novembre à mars. 9 chambres. Chambre double de 120 € à 250 € ; suite de 260 € à 360 €. Parking fermé.

L'hôtel est en plein cœur de la ville et il a un charme fou qui se cache derrière une façade austère. En fait, les propriétaires ont l'œil pour les belles choses et un goût très sûr pour l'art contemporain. Le résultat est un mélange très harmonieux de vieilles pierres et d'objets *design*. Chaque chambre a bien-sûr sa propre personnalité avec toujours un petit détail décalé. Elles sont peu nombreuses et la sensation de paix est préservée. Le jardin que l'on ne peut pas deviner de l'extérieur abrite quelques sculptures. Ce lieu est définitivement un petit bijou.

VILLA BELLEVUE €€

104, avenue du Général Leclerc
✆ 04 90 22 27 49

Ouvert toute l'année. Pour 14 personnes (235 m², 6 chambres). De 2 000 € à 2 500 € la semaine selon saison.

La maison (années 70) est sur la corniche qui monte à Bellevue après le pont Daladier. Pratique, elle est à 30 min à pied d'Avignon et 5 min en voiture. Un arrêt de bus se trouve en bas de la maison. L'avantage étant d'avoir l'impression d'être à la campagne tout en étant en pleine agglomération. Les chambres sont spacieuses, il y a un grenier qui peut faire office de dortoir éventuellement. Cette maison est idéale pour pour les couples, les familles (avec enfants) et les groupes d'amis qui veulent se retrouver. Il y a une vue exceptionnelle sur les Alpilles.

APIUM €€

4, place Jean Jaures ✆ 04 84 88 52 01
www.apiumrestaurant.fr

Ouvert toute l'année du mardi au dimanche de 8h à 14h30 et de 19h à 22h. Plat du jour 13 €. Terrasse.

Le Chef Yann Mercier et sa famille vous accueillent sur la place conviviale. Une cuisine familiale, subtile, pleine de fraîcheur et uniquement faite maison, vous attend. La cuisine est provençale ou méditerranéenne préparée avec des produits frais, de saison et locaux quand cela est possible. Est proposé un plat du jour différent chaque jour. Le chef coupe chaque légume lui-même, prépare chaque feuilleté ou pain burger sur place. Petite adresse bien sympathique. Une carte de pâtisseries sur commande a été créée, les gâteaux suivent aussi les saisons !

AUBERGINE €€

15, rue de la République
✆ 04 90 90 05 64

Ouvert tous les jours. Formule petit déj de 8h à 11h30 et service en continu. Menu unique à 30 €. Carte 18 €.

Aubergine est, au cœur de Villeneuve, un lieu de partage que nous vous recommandons. Aubergine fait l'unanimité auprès des locaux qui en ont fait leur cantine. A l'intérieur, la décoration est un brin précieux avec ses murs taupe aubergine et son mobilier style gustavien. L'imposant zinc, héritage du bar précédent, trône toujours fièrement au cœur de l'établissement. Dès qu'il fait beau, on adore la terrasse bien ombragée qui s'étale sur la Place. La carte est étoffée et gourmande : des viandes dans des recettes de saison ou le poisson du moment.

BASTA COSI ! €€

7, impasse du Pont
✆ 04 90 80 00 80
www.bastacosi.fr

Du dimanche-jeudi le midi de 12h à 14h et le soir de 19h à 22h30 ; le vendredi-samedi de 12h à 14h et de 19h à 23h.

Située sous le pont Daladier, côté gardois le long du Rhône, on n'a pas forcément l'idée d'aller se perdre de ce côté, c'est pourtant une bonne adresse où l'on peut choisir de bonnes pizzas bien garnies et bien cuites ou des pâtes fines et bien cuisinées. Murs bruts, tables rouges et noires, cuisine ouverte, chef sicilien… Le restaurant accueille jusque tard dans la soirée, c'est sympa et l'on peut traîner à table sans gêner. Le service est efficace, l'ambiance à la bonne humeur. La terrasse et le jardin sont parfaits pour s'attabler dès qu'il fait beau.

LE BISTROT DU MOULIN - MAISON BRONZINI €€

74, rue de la République ✆ 04 90 25 45 59
www.maisonbronzini.com

Ouvert toute l'année. Tous les jours le midi et le soir. Menus de 30 € à 37 €. Formule du midi. Brunch le dimanche.

Le moulin à huile de la Chartreuse fonctionne depuis 650 ans, ses flacons sont médaillés d'or régulièrement. Attenante au moulin, la Maison Bronzini est un lieu à part, un concept global de restaurant-bar-salon de thé-boutique-moulin qui s'offre en partage. On passe du moulin où sont travaillées les olives en direct à la salle à manger aux petits salons à l'heure du thé devant la cheminée puis on monte ensuite à la boutique qui propose des objets en arts de la table et de la déco.

CAVE SAINT-MARC €€

7, place Saint-Pons
✆ 04 90 25 43 48

Ouvert toute l'année. Basse saison : du lundi au samedi midi et soir. Réservation recommandée. Carte : 20 € environ.

Un charme fou pour cette authentique cave-restaurant, située juste en face de la Chapelle Saint-Pons. Tenue par un couple dynamique qui applique des horaires d'ouverture larges, inutile de vous dire qu'elle a rapidement trouvé une clientèle attachée au lieu : apéritif, dîner entre copains, soirée en tête-à-tête. De plus, la déco bois et tonneaux, la salle voûtée et l'enseigne plastifiée Vieux Télégraphe annoncent la couleur. A la belle saison sur ces tabourets hauts, on sirote la dernière trouvaille de la maison parmi la centaine de références en bouteilles.

LA GUINGUETTE DU VIEUX MOULIN €€

5, place du Vieux-Moulin
✆ 04 90 94 50 72
www.guinguettevieuxmoulin.com

Ouvert toute l'année midi et soir. Menus de 31,50 € à 35 €. Plat du jour : 13 € (formules midi à 16 € et 19 €).

Cette grande bâtisse du XIXe siècle, au pied de la Tour Philippe le Bel a gardé le cachet de l'ancienne guinguette déjà en place au début du XIXe siècle. On est en bordure du Rhône. L'été, elle se prolonge par un ponton flottant où l'on peut siroter un verre. L'intérieur ne manque pas de charme – ornée d'instruments de musique et d'objets de brocante – murs en pierre sèche, cheminées à l'ancienne et alcôves donnant directement sur la terrasse au bord de l'eau.

L'ITALIEN €€

place Saint-Pons
✆ 06 26 03 20 03

Mardi-dimanche midi de 11h30 à 14h30 et le soir de 19h à 22h30. Menus de 17,90 € à 20,90 €. Formule du midi : 15,90 €.

Le restaurant est situé au rez-de-chaussée de l'église Saint-Pons qui abrite aujourd'hui aussi une médiathèque et à l'étage, le plus beau Pôle Emploi de France. La terrasse est grande et très agréable en plein centre du village. A l'Italien le chef change souvent. Sa spécialité c'est le poulpe cuit à la plancha au pesto et basilic rajouté en fin de cuisson, qui donne cet aspect croustillant. La charcuterie et les produits de l'épicerie fine viennent tout droit d'Italie. Il y a aussi toute une variété de pizzas. Une adresse sympathique l'été.

LOU BOQUERIA €€

44, rue Henri-Pitot - **ARAMON**
✆ 04 66 22 50 37
www.louboqueria.com

Mercredi-Dimanche. Formule du midi : 18 €. Formule à 30 € comprenant entrée, plat dessert.

Lou Boqueria c'est une cuisine authentique aux saveurs gourmandes qui puise sa richesse dans notre patrimoine familial catalan. D'ailleurs, les tapas ne sont pas de reste avec les planches à partager ou le Pan Con Tomate jambon ou les Patatas Bravas et les Boquerones sont servis à toute heure. A moins que vous ne préfériez des plats Provençaux tels que le taureau, l'agneau… Une cuisine méditerranéenne aux influences ibériques, des produits frais locaux et un cadre de charme, tous les atouts sont réunis pour faire de votre soirée un moment fort sympathique.

NATURABSOLU €€

10, place Saint-Marc
✆ 09 50 76 05 97
naturabsolu.fr

Gluten-free friendly. Fermé mercredi et dimanche hors saison et mercredi et dimanche midi en saison. Entrées.Plats 16 €.

Cette adresse 100 % bio, propose une cuisine vivante qui travaille essentiellement le végétal. Les produits sont issus d'agriculteurs qui travaillent en biodynamie ou récoltes sauvages. Des mets goûteux saupoudrés d'épices, d'huiles essentielles pour laisser le légume et le fruit s'exprimer pleinement. A la carte aujourd'hui, huit entrées copieuses, deux plats et sept desserts au choix. Le tout se déguste dans un cadre naturel avec murs en bois. On peut s'installer juste pour boire un jus de fruit et/ou de légumes frais pressé minute.

LA PETITE CUILLÈRE - ACTE II €€

1, square Dagmar-Silhol ✆ 04 90 89 30 79
www.cuillere-et-annexe.com

Ouvert toute l'année. Tous les jours midi et soir. Plat du jour. Vin au verre. Formule. Terrasse. Animations.

Sur la placette tout à côté de l'office de tourisme, voici une charmante et gourmande adresse où s'attabler quelque soit la saison. Le cadre a de l'allure avec ses luminaires tendance, du bleu aux murs, un joli comptoir, les tables bien dressées et une sympathique ambiance. Dans l'assiette, les saveurs se succèdent dans des recettes classiques revisitées par le chef qui est passé chez les frères Pourcel. A l'heure du goûter, on se laisse tenter par des gaufres ou du pain perdu.

RESTAURANT LE 7 €€

boulevard des Frères Reboul
✆ 06 84 80 17 27 - www.le7villeneuve.fr

Ouvert toute l'année du mardi au dimanche midi et soir. Fermé lundi et dimanche soir. Menus de 25 € à 35 €.

Situé sur les collines du Montolivet, belle vue panoramique sur le Fort Saint-André et le centre de Villeneuve. Il est assez difficile à trouver, mais chercher les terrains de tennis, c'est là. Ce restaurant est une belle découverte.

Les propriétaires sont très gentils, la cuisine est traditionnelle, travaillée avec des produits frais, locaux et de saison. Les menus changent tous les mois. Le cadre est simple, dans les bois, bref on y mange bien. Nous avons testé la fricassée de Saint Jacques aux morilles et le carpaccio de thon rouge.

LE PRIEURÉ BAUMANIÈRE - HÔTEL RESTAURANT €€€

7, place du Chapitre ✆ 04 90 15 90 15
www.leprieure.com

Fermé nov-mars ; Ouvert le lundi soir mardi et mercredi midi jusqu'à fin avril et en haute saison 7/7. Jardin. Terrasse.

Depuis 2018, Marc Fontanne nous régale d'une cuisine de haute-volée. Nous avons un vrai coup de cœur pour ce chef étoilé qui est passé dans de belles maisons -chez Anne Sophie Pic et à la Réserve de Beaulieu-, il sublime les produits du terroir dans de belles recettes créatives. Nous aimons aussi l'accueil charmant, on est ici dans ce bel endroit, luxueux mais sans ostentation, comme dans une maison amie. Aux beaux jours, on s'installe sous la treille. Prolongez votre séjour à l'hôtel.

LE BARREL

2, place Victor Bach
✆ 04 90 92 47 36

Ouvert toute l'année de 8h à 1h. Planches 16 €, dessert 6 €. Formule midi 14,90 €. Terrasse. Restauration. Concerts.

Ce bar à vin et à bière se trouve sur une petite placette tranquille où s'étale une bonne partie de la terrasse. A l'intérieur, cela ressemble à une grande taverne en briquettes rouges, carreaux de ciment au sol, un grand comptoir avec 5 pompes à bière belges et 30 bières artisanales et des tonneaux de vin un peu partout pour la déco. Ils organisent des concerts certains vendredis. Et pour mieux festoyer entre amis, Jérémy propose aussi des planches à partager, des camemberts au four aux fruits secs ou aux fines herbes et des desserts pour les gourmands.

LES 3 BOUTEILLES

29, boulevard Frédéric-Mistral ✆ 04 90 39 68 18
les3bouteilles.fr

Ouvert du mardi au vendredi 9h30 à 12h30 et 15h30 à 19h30 Le samedi de 9h30 à 19h30 ; le dimanche de 9h30 à 12h30.

Cette jolie cave de Villeneuve-lèz-Avignon a ouvert ses portes l'an dernier à deux pas du centre-ville. Depuis elle fait le bonheur des curieux et des habitants du quartier. A l'intérieur vous trouverez plus de 350 références de vins de producteurs et de caves coopératives. Tous les budgets sont représentés et les conseils sont très constructifs et instructifs. C'est un véritable plaisir de se rendre aux 3 Bouteilles. Un lieu à découvrir et à défendre. Sûr que vous trouverez votre bonheur et que lors de votre prochaine visite vous découvrirez de nouveaux crus !

COHÉRENCE - ESPACE BIO

15, avenue Gabriel-Péri
✆ 04 90 87 03 98

Ouvert du lundi au samedi de 9h à 19h30 ; le dimanche de 9h à 13h.

Installée sur un vaste terre-plein, l'enseigne jouxte la toute nouvelle boulangerie ; elle annonce la couleur : d'un côté le pain et ses viennoiseries et de l'autre une petite surface de proximité où l'on trouve à peu près tout pour se sustenter et se désaltérer, voire davantage puisque l'on y découvre également quelques produits de beauté choisis. Et avec qui plus est des produits de toute première fraîcheur et de qualité. Beaucoup d'Avignonais n'hésitent d'ailleurs pas à traverser le pont qui les sépare de Villeneuve pour y faire leurs emplettes.

COMME À LA MAISON

16, rue de la République

✆ 09 83 60 01 90

Basse saison : du mardi au samedi. Haute saison : du lundi au vendredi.

La boutique de Sophie n'est pas très grande mais elle regorge de choses et d'autres, des petits cadeaux à faire ou à se faire. Du sachet de lavande véritable aux savons de Marseille sans oublier les torchons et tabliers brodés de motifs provençaux, vous trouverez dans cette petite boutique un petit peu de notre belle région à emporter dans vos bagages. Tout est fabriqué en France, Sophie y tient et c'est en cela qu'elle se différencie des boutiques à souvenirs pour touristes. De plus, Sophie a toujours le sourire et un mot gentil pour sa clientèle.

MARCHÉS

Place Charles-David

Ouvert le jeudi de 7h à 14h. Marché provençal le samedi de 7h à 13h place Jean-Jaurès.

Acheter des produits frais, suivre les saisons, prendre le temps de discuter avec les producteurs… Ne manquez pas le marché du jeudi, tout ce que la Provence compte de spécialités est ici naturellement réuni ! Ses couleurs, ses odeurs et surtout son ambiance. Varié, il propose à la fois des produits alimentaires et de nombreux stands de vêtements et d'objets divers. Les lève-tôt pourront repartir avec du poisson en provenance directe du littoral méditerranéen et des fruits et légumes frais issus de l'agriculture authentiquement bio (le mas de Carles).

MOULIN À HUILE DE LA CHARTREUSE

74, rue de la République

✆ 04 90 25 45 59

www.maisonbronzini.com

Ouvert tous les jours de 9 à 19h. Visite et dégustation gratuites toute l'année. Label Qualité Tourisme et Sud de France

C'est l'un des plus anciens moulins de la région, créé en 1358 par l'ordre des Chartreux. Un patrimoine fabuleux, inscrit au Patrimoine historique, où le jus sacré ne cesse de couler depuis près de 650 ans. Le moulin a été repris en 2008 par la famille Bronzin. C'est Philippe, maître moulinier passionné de son métier, qui s'occupe de la trituration des olives pour élaborer 3 huiles : la cuvée Terroir, issue d'un assemblage des variétés locales, la cuvée AOC Provence et la cuvée Bio.

RANDONNÉE VTT BALISÉE

Point de départ : la Tour Philippe le Bel

L'itinéraire propose trois boucles de 25 km au total. Il ne comporte pas de difficultés majeures et ravira les amateurs de nature. En suivant les balises de couleur le long du contre canal, vous pénétrez d'abord les terres puis les sous-bois qui vous mèneront jusqu'au barrage de Villeneuve. Traversez, dépassez le camping, il suffit de suivre les bornes ou les panneaux et de longer le Rhône pour revenir au point de départ, la Tour Philippe Le Bel. Une balade rafraîchissante et intéressante, entre eau, vigne, garrigue et faune diversifiée.

TENNIS CLUB D'AVIGNON [TCA]

Chemin des Frères-Reboul

✆ 06 13 80 14 04

www.tennisclubavignon.com

Ouvert tous les jours de 8h à 22h30. Club-house de 9h30 à 19h30. Cotisation annuelle. Vestiaire gardé. Restauration.

Le Tennis club d'Avignon se mérite. Une petite flèche qui vous indique « TCA et restaurant le 7 » juste avant la Magnaneraie à Villeneuve-lèz-Avignon. Le chemin monte, bien raide. En haut un parking et l'arrière d'un restaurant au milieu des pins, des écureuils et des cigales, le calme règne et bientôt on aperçoit les deux premiers courts de tennis en terre battue, bien entretenus. Il y en a 6 ainsi. Enfin, trois courts en quick vous invitent à jouer les jours d'affluence.

LES ANGLES

Les Angles est situé sur un plateau qui domine le Rhône, en face d'Avignon. Le site a été habité dès la préhistoire, puis par les Romains au Ier. Les habitants ont connu pendant longtemps la vie traditionnelle d'une humble communauté de paysans et de pêcheurs où le Rhône a joué un rôle considérable. Au début du XXe siècle, cette ville est liée à l'histoire du Félibrige : Frédéric Mistral et ses amis se réunissaient à l'auberge du Chêne vert. Dans le vieux village se trouve l'église Notre-Dame-de-l'Assomption de style gothique primitif (XVe) avec sa tour carrée au-dessus du presbytère, ensemble construit à l'emplacement d'un ancien fort sarrasin.

Les Cévennes. Chaîne montagneuse qui s'étend sur 4 territoires : les terres cévenoles (la Grand'Combe), la région d'Alès, les vallées du Gardon (Saint-Jean-du-Gard), les pays de garrigues (Vézenobre). Le train à vapeur des Cévennes. La maison du mineur. La Bambouseraie. La Maison rouge (musée des Vallées cévenoles). Le château de Portes sur la voie Régordane. Enfin le brame du cerf entre septembre et octobre dans le parc des Cévennes.

La Vallée de la Cèze. Dans l'arrière-pays gardois, elle est traversée par la Cèze, affluent du Rhône. Quatre villages sont labellisés Plus Beaux Villages de France. C'est le paradis des amateurs de sport de pleine nature et d'eau. Les cascades du Sautadet et les marmites géantes formées par l'érosion. Goudargues, « petite Venise du Gard ». La chartreuse de Valbonne. Barjac, « cité Renaissance ». Le castrum d'Allègre, « village des chevaliers ». Les Fumades, station thermale et son casino. Méjannes-le-Clap.

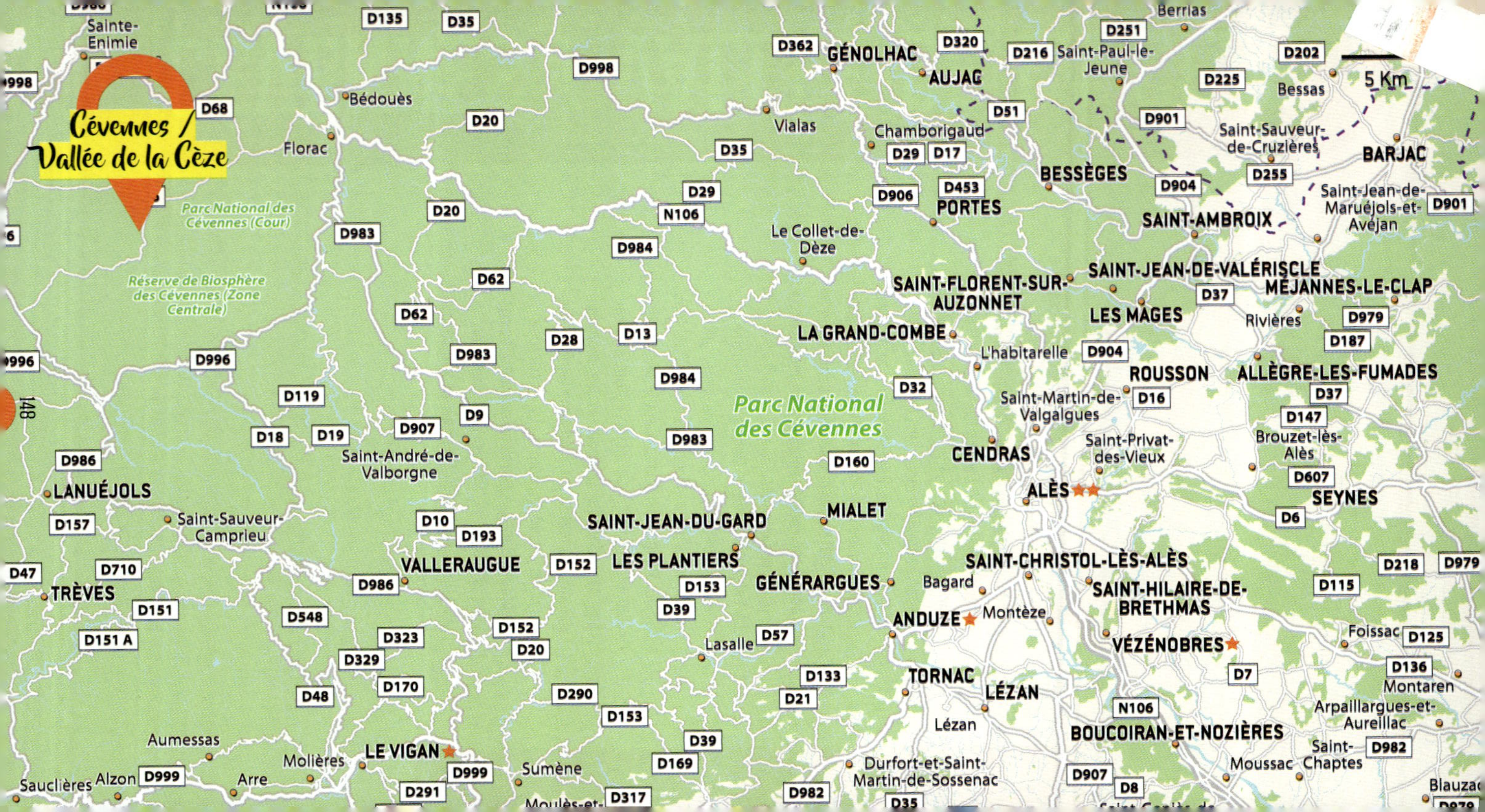

Cévennes / Vallée de la Cèze
5 Km
Parc National des Cévennes
Parc National des Cévennes (Cour)
Réserve de Biosphère des Cévennes (Zone Centrale)
Sainte-Enimie
Bédouès
Florac
Vialas
GÉNOLHAC
AUJAC
Saint-Paul-le-Jeune
Berrias
Bessas
BARJAC
Saint-Sauveur-de-Cruzières
Chamborigaud
BESSÈGES
PORTES
Le Collet-de-Dèze
SAINT-AMBROIX
Saint-Jean-de-Maruéjols-et-Avéjan
SAINT-JEAN-DE-VALÉRISCLE
MÉJANNES-LE-CLAP
SAINT-FLORENT-SUR-AUZONNET
LES MAGES
Rivières
LA GRAND-COMBE
L'habitarelle
ROUSSON
ALLÈGRE-LES-FUMADES
Saint-Martin-de-Valgalgues
Saint-Privat-des-Vieux
Brouzet-lès-Alès
CENDRAS
ALÈS
SEYNES
Saint-André-de-Valborgne
LANUÉJOLS
Saint-Sauveur-Camprieu
SAINT-JEAN-DU-GARD
MIALET
VALLERAUGUE
LES PLANTIERS
GÉNÉRARGUES
SAINT-CHRISTOL-LÈS-ALÈS
Bagard
SAINT-HILAIRE-DE-BRETHMAS
TRÈVES
ANDUZE
Montèze
Foissac
VÉZÉNOBRES
Lasalle
TORNAC
LÉZAN
Lézan
Montaren
Arpaillargues-et-Aureillac
BOUCOIRAN-ET-NOZIÈRES
Aumessas
LE VIGAN
Molières
Sumène
Durfort-et-Saint-Martin-de-Sossenac
Saint-Chaptes
Moussac
Sauclières
Alzon
Arre
Blauzac
Moulès-et-
D135 D35 D362 D320 D251 D216 D202 D998 D225 D51 D20 D901 D29 D17 D35 D68 D904 D255 D453 D906 D29 D20 N106 D901 D983 D984 D62 D37 D62 D979 D28 D13 D983 D187 D904 D996 D984 D32 D119 D16 D37 D9 D907 D147 D18 D19 D983 D986 D160 D607 D157 D10 D193 D6 D152 D47 D710 D986 D153 D218 D979 D115 D151 D39 D548 D152 D57 D125 D151 A D323 D20 D329 D133 D136 D7 D170 D48 D21 D290 N106 D153 D39 D982 D169 D999 D999 D907 D8 D291 D317 D982 D35 D998 D996

PAGES

● ● CÉVENNES / VALLÉE DE LA CÈZE

ALÈS ★★

Avec 40 000 habitants, Alès – 2e ville du département après Nîmes -, revendique son statut de capitale des Cévennes. Ce creuset du protestantisme huguenot (XVIe, XVIIe et XVIIIe siècles) a vu naître la « paix d'Alais », mettant fin aux guerres de religions (édit signé en 1729). A cette époque, ce sont les vers à soie qui assurent la richesse de la région, de la ville et de ses habitants qui vivent du textile grâce au commerce. Un siècle plus tard, l'arrivée du chemin de fer et la révolution industrielle induisent une transition énergétique vers le développement du charbon. Les petites exploitations individuelles, familiales et artisanales laissent la place à de grandes entreprises... Alès devient l'un des moteurs industriels du Languedoc-Roussillon. Alès et ses alentours gardent d'importantes traces de cette épopée minière à laquelle s'associèrent de nombreuses autres grandes industries. Dans le fond, aux côtés de l'Ermitage, où des fouilles ont mis au jour des vestiges néolithiques, il reste le crassier de la mine qui se consume lentement : incendié en 2004, les déchets de charbon qui le composent brûlent encore car le cœur du terril est impénétrable. Cette combustion, invisible à l'œil par beau temps, diffuse des traînées de vapeur par temps humide, et donne au dôme qui domine la ville des allures de volcan. Cette « éruption pacifique » pourrait bien durer… Aujourd'hui, tourisme, développement durable, PME et sports mécaniques dynamisent une ville qui mène une reconversion radicale et progressive.

CATHÉDRALE SAINT-JEAN-BAPTISTE ✞ ★

Place Saint-Jean
✆ 04 66 52 21 06
Accès libre.

Édifiée à partir du XIIe siècle, puis détruite au Moyen Age, la cathédrale Saint-Jean-Baptiste d'Alès est un édifice roman reconstruit au XVIIe siècle pour mieux lutter contre les protestants, lors des affrontements entre le pouvoir royal de Louis XIV et les Huguenots. Classée monument historique, elle offre un panel stylistique alliant des langages architecturaux de style roman, gothique et néoclassique, traces des différents travaux et restaurations dont elle a fait l'objet.

CITADELLE D'ALÈS - FORT VAUBAN

Boulevard Vauban
✆ 04 66 52 32 15
Visites guidées avec l'office du tourisme d'Alès toute l'année.

Construit au XVIIe siècle sous l'ordre de Louis XIV, le fort Vauban d'Alès est un témoignage de l'architecture défensive du royaume de France sous la monarchie absolue, c'est aussi le symbole du conflit entre catholiques et protestants. En 1688, après deux ans seulement de travaux, le fort est inauguré. Découvrez ce monument qui fut un temps une prison pour les protestants, et arpentez les jardins du Bosquet, qui furent aménagés dans ses environs au XVIIIe siècle.

LE GRENIER AUX ABEILLES

3, route d'Uzès
MÉJANNES-LÈS-ALÈS
✆ 04 66 30 69 78
Ouvert mardi-vendredi 10h-12h/14h-18h. Samedi 10h30-12h/14h-18h. Juillet/août ouvert dimanche 15h-18h.

Cet écomusée miellerie propose des visites avec une ruche vitrée, produit et vend du miel des Cévennes labellisé Indication Géographique Protégée et Qualité Sud de France. Apiculteurs depuis trois générations, le miel est produit naturellement et vendu exclusivement à la boutique depuis 2001. La maison propose des variétés de miel, gelée royale française, pollen, propolis, pain d'épices, et cire... L'écomusée permet de découvrir le travail de l'apiculteur toute l'année (transhumance, récolte, extraction du miel) et la production du miel de A à Z.

MUSÉE DU COLOMBIER ★

1, rue Jean-Mayodon
✆ 04 66 86 30 40
www.ales.fr
Ouvert touts les après-midi de septembre à juin sauf les mardis ; tous les jours en juillet août. A partir de 3 €.

Installé au sommet du parc du Colombier, au centre de la ville, le musée est abrité dans un charmant château du XVIIIe siècle. Ici, les collections archéologiques du Paléolithique côtoient les collections de peintures des écoles françaises et étrangères du XVIe siècle. Périodes modernes et contemporaines, archéologie régionale, diverses collections cohabitent. Des expositions temporaires animent les lieux chaque année. Ne manquez pas enfin de flâner dans le joli jardin à la française du musée, où vous pourrez admirer une belle rocaille.

ITINÉRANCE - FESTIVAL DU CINÉMA D'ALÈS

✆ 04 66 30 24 26
www.itinerances.org

Mars à avril. 50 films. Billet à l'unité : 6€. réduit : 5€. enfant 4.50€. Pass nominatif : 40€. tarif réduit : 20€.

Depuis 1983, le festival du Cinéma d'Alès rassemble chaque année au printemps cinéphiles et invités prestigieux pour dix jours de projections sur les écrans de la ville ; au Cratère, au Cinéplanet, à la Médiathèque A. Daudet, au Capitole. Sur 200 films, 20 à 30 sont inédits ou en avant-première, chaque année. Compétitions de courts-métrages, programmation jeune public, hommages, concert et nuits thématiques rythment ce festival. Les réservations doivent être faites à l'avance.

PARC DE LA TOUR VIEILLE

Chemin de La Tour Vieille

Ouvert toute l'année sauf le 25 décembre et le 1er janvier. Entrée libre.

Situé en périphérie de la ville, le vaste parc de la Tour Vieille propose aux promeneurs un joli écrin de verdure autour de la tour médiévale qui lui a donné son nom. Les férus de biologie végétale seront agréablement surpris par le nombre impressionnant d'arbres et de plantes qui y sont représentés. Au milieu, un vaste bassin permet (car ne l'oublions pas, les étés gardois sont très chauds) de venir prendre un peu de fraîcheur. A noter également, à l'intérieur du parc, la présence d'un mini-golf, mais payant ainsi qu'une excellente boulangerie à quelques mètres.

MUSÉE PIERRE-ANDRÉ-BENOIT ★★

52, montée des Lauriers
✆ 04 66 86 98 69

Septembre à Juin, ouvert de 14 h 17 hFermé le lundi et JFJuillet et août - Ouvert tous les jours de 10h 12h 14h 18h

Depuis 30 ans, le Musée-bibliothèque Pierre André Benoit propose des expositions autour des arts graphiques, du livre, de la poésie et des artistes de sa collection.

En 1986, Pierre André Benoit, PAB de son nom d'éditeur, imprimeur, poète, sculpteur, dessinateur fait don de sa collection d'œuvres d'art moderne à sa ville natale, Alès, pour créer un musée qui porte son nom. L'un des attraits de la collection est le petit format, « les minuscules » passion de PAB.

PARC FLORAL LES CAMELLIAS DE LA PRAIRIE

2396, chemin des Sports
✆ 06 42 74 30 13
www.camellia.fr

Tous les jours de 10h à 18h. Gratuit jusqu'à 5 ans. Adulte : 8 €. Enfant (de 5 à 12 ans) : 6 €.

Au printemps, c'est un véritable enchantement floral. En effet, on peut y retrouver près de 900 essences diverses, dont 280 de camélias (d'où son nom). Un enchantement qui ne se limite pas au joli mois de mai, car certaines de ces essences ont la particularité de fleurir à l'automne ou même l'hiver. Récemment, un rucher pédagogique a été implanté dans le parc. Un bel endroit où venir se promener, se reposer et profiter des arbustes en fleurs et même d'un olivier millénaire.

CÉVENNES / VALLÉE DE LA CÈZE

DISTILLERIE BEL AIR

Chemin Bel Air - **SAINT-JUST-ET-VACQUIÈRES** ✆ 06 09 87 78 84 - https://belair.bio/

Boutique : Lundi au samedi 10h à 19h. Distillation : Jeudi/samedi 15h/17h. visites guidées : L.Mar.Mer 9h/18h. Drive.

Entre Uzès et Alès, la Distillerie Bel Air distille de façon artisanale des plantes à parfum, aromatiques et médicinales cultivées en agriculture biologique. Cette méthode confère une meilleure qualité aux huiles essentielles et permet de mieux conserver les parfums et les vertus des plantes : lavande fine, lavandins, genévrier, eucalyptus radié, pin sylvestre, thyms, romarins, sarriette, origan... La boutique de la distillerie propose une large gamme de produits : huiles essentielles 100 % pures et naturelles, hydrolats, coffrets cadeaux, savons à froid...

VISITE DES ARÈNES DU TEMPÉRAS

Place de l'Hôtel-de-Ville
✆ 04 66 52 32 15
www.alescevennes.fr

Visite : 4 €. Visite guidée. Animations.

Les arènes de Tempéras ont été construites en 1891 pour accueillir des courses espagnoles. Et enfin, réhabilitées en 1989 avec la Feria de l'Ascension. Afin de les découvrir, des visites guidées sont organisées par l'Office de tourisme d'Alès. Au programme, une description de la construction et des matériaux utilisés, l'histoire du quartier et des arènes, des explications sur le déroulement d'une corrida très controversée, et, bien sûr, la visite des gradins, des couloirs et du toril.

OFFICE DE TOURISME DE CÉVENNES TOURISME

Place de l'Hôtel-de-Ville
✆ 04 66 52 32 15
www.cevennes-tourisme.fr

Ouvert toute l'année, horaires variables en fonction des saisons.

L'équipe de l'office de tourisme délivre des informations sur les Cévennes et assure la billetterie de tous les spectacles de la ville et des environs. Vous y trouverez également des parcours pour visiter la ville de manière autonome ou par le biais de visites guidées à thèmes, des activités ludiques pour les enfants, des plans et des excursions à faire aux alentours de la ville, de bonnes adresses pour vous restaurer, bref de quoi passer de très bons moments au cœur des Cévennes.

BALADES URBAINES

Office de tourisme ✆ 04 66 52 32 15
www.cevennes-tourisme.fr

Fermé de septembre à mai. Visite guidée : renseignements auprès de l'office du tourisme. RDV à 9h30.

Deux circuits guidés et gratuits pour découvrir Alès, ville haute et ville basse ainsi que le Gardon évidemment. Parfait pour qui veut essayer de comprendre ce qu'il voit, pour qui veut passer outre l'image et le cliché et découvrir l'âme cévenole d'Alès.

▸ **Une halte gourmande** aux halles ponctuera le tour pour se familiariser avec les charcuteries, fromages et vins cévenols ! Vous serez étonnés en découvrant l'histoire du protestantisme, du charbon et la soie en Cévennes. Une attention particulière est portée à la Cathédrale Saint-Jean.

GARE SNCF ALES

Place Pierre-Semard
✆ 08 92 35 35 35

Lundi- vendredi de 5h30 à 22h10, dimanches-jours fériés de 6h45-22h10.

La gare SNCF d'Alès est une gare étant une étape sur la ligne Saint-Germain-des-Fossés / Nîmes. On appelle cette ligne « la ligne des Cévennes » car elle traverse une bonne partie de la région. Un guichet y est ouvert tous les jours du lundi au vendredi de 6h30 à 18h30 ainsi que le dimanche et jours de fêtes de 10h25 à 17h40. Elle est desservie par les trains Intercités entre Clermont-Ferrand et Nîmes, et par les TER de l'Occitanie. Vous pourrez vous garer au parking pour vélos et voitures qui est là pour le confort des passagers.

LA BASTIDE DES MÛRIERS €€

193, rue des Lavoirs - **DEAUX**
✆ 06 09 32 11 03
www.labastidedesmuriers.net

Ouvert toute l'année. 4 chambres. Chambre double à partir de 45 € ; studio / appartement de 55 € à 75 €.

C'est dans le discret village de Deaux dans le sud de la France près d'Alès dans le Gard, entre verdure et prés fleuris, que les propriétaires de la Bastide des Mûriers vous reçoivent chaleureusement pour un séjour des plus reposant. Au milieu de ce calme paradis, vous aurez le plaisir de profiter d'une chambre d'hôte entièrement équipée ou de vous installer au sein d'un des trois appartements spacieux. Des options sont également proposées lors de votre séjour, parmi elles : le bain bouillonnant et le plateau repas ! Une pause relaxante appréciable.

CAMPING LES VISTES*** €€

1, route des Vistes - **SAINT-JEAN-DE-CEYRARGUES**
✆ 04 66 83 28 09
www.lesvistes.com

Emplacement : véhicule + 2 personnes 16,70€-28,70€. Chalets 410€-690 ; mobil-homes 470€-760 € ; bungalows 370€-520 €.

Le « camping des Vistes », c'est un camping à taille humaine qui dispose d'un éventail de choix pour tous les goûts : le camping dispose de 52 emplacements pour ceux qui aiment quitter leur confort quotidien et les emplacements en dur pour les autres : mazets et bungalows. Deux piscines, terrains de jeux et de sports, boulodrome et barbecue permettent d'envisager des vacances conviviales, sans stress et délicieusement reposantes. Un super compromis pour qui n'a pas choisi entre mer et montagne et se montre disposé à profiter des deux.

LA CAVETTE €€

441, Le Rocamp Sud
SAINT-MAURICE-DE-CAZEVIEILLE
✆ 06 14 36 96 87
www.lacavette.com

Gîtes de France. Pour 6 personnes. De 560 € à 1 060 € la semaine selon saison. Wifi.

La famille Auvergne vous accueille à « La Cavette » qui est l'un de leurs deux jolis gîtes de 6 à 8 personnes, en plein cœur du domaine viticole. La famille vend également sa production : vins d'orange, de noix, de citron et de pamplemousse, Cartagène, jus de raisin et de pomme, ainsi que sirops, confitures et chutney. Les gîtes offrent tout le confort que l'on peut souhaiter lorsque l'on pose ses valises loin du travail et de ses imprécations : piscine, terrasse, chambres lumineuses et spacieuses, tout est là pour vous reposer.

GÎTE 2 L'ÉTOILE €€

2, rue Salvador Allende ✆ 04 66 24 75 74
sebnougier.wixsite.com/2letoile

Toute l'année, à partir de 103 € la nuit. Clim, wifi, draps fournis, douche, baignoire, buanderie, parking sécurisé,

Le « Gîte 2 l'étoile » se trouve dans un bel appartement haussmannien au centre d'Alès dans le Gard. L'appartement de 130 m² (vue panoramique sur la ville) possède une place de parking sécurisée. Il dispose de 2 chambres, (draps fournis), salle de séjour, buanderie et cuisine équipée. Sa situation centrale permet visites, distractions culturelles, restaurations... (marché couvert de l'Abbaye, Théâtre du Cratère, Fort Vauban, festival du cirque, festival des 1000 choristes). C'est aussi la porte d'entrée des Cévennes inscrites au patrimoine mondial de l'Unesco.

LES GÎTES DE L'HACIENDA €€

187, chemin du Serre-de-Lauriant
✆ 06 23 71 92 14
www.gites-hacienda.franceserv.com

Gîtes de 350 à 890 € la semaine (à partir de 75 € la nuitée), en fonction de la saison et du nombre de personnes.

Les « gîtes de l'Hacienda » jouissent tous d'une belle tranquillité. Quatre gîtes en tout sont disponibles, placés à deux adresses différentes. Tous les gîtes sont équipés de lave-vaisselle, lave-linge, réfrigérateur, congélateur, micro-ondes et téléviseur LCD. Une table de ping-pong (matériel fourni) et un terrain de boules (boules fournies) sont à votre disposition à chacune de des adresses. Une connexion internet par wifi, sécurisée et gratuite, est possible sur les deux sites. Chaque gîte dispose d'un parking sécurisé pour la clientèle.

HÔTEL DURAND ALÈS** €€

3, boulevard Anatole-France
✆ 04 66 86 28 94
www.hotel-durand-ales.com

17 chambres. Chambre simple de 43,50 € à 45,50 € ; chambre double de 49,50 € à 53 €. Petit déjeuner : 6,90 €.

Situé à proximité de la gare et du centre-ville d'Alès (capitale des Cévennes) l'hôtel « Durand » est idéalement situé. Leïla, la propriétaire du lieu, vous accueille dans un petit hôtel climatisé et calme de 17 chambres, dans une ambiance familiale et accueillante. L'environnement est calme et cet hôtel, d'un bon rapport qualité-prix, saura satisfaire les petites bourses pour quelques jours en famille ou entre amis. Un accès wifi et une terrasse détente sont à disposition. À noter, l'établissement offre des forfaits pour groupes et randonneurs.

HÔTEL ORLY** €€

10, rue d'Avejean
✆ 04 66 91 30 00
www.orly-hotel.com

Chambre simple de 58 € à 67 € ; chambre double de 65 € à 75 €. Petit déjeuner buffet : 9 €. Lit supplémentaire : 10 €.

L'hôtel Orly est situé à Alès dans le sud de la France. Ce lieu vous surprendra par le raffinement de l'entretien et la classe de ces chambres, couloirs et salle. L'accueil est chaleureux, agréable, et riche en bons conseils sur les visites aux alentours ou sur les bonnes tables du coin. Vous serez plongé dans la vie alésienne tout en étant au calme, un bon compromis au centre-ville. Le logis est composé de vingt-huit chambres (simples, doubles) avec le petit déjeuner compris dans le prix. L'Hôtel dispose du wifi et d'un parking.

HÔTEL RESTAURANT L'ESQUIELLE - LOGIS*** €€

2, rue des Faubourgs - **SAINT-GÉNIÈS-DE-MALGOIRÈS** ✆ 04 66 81 75 05 - www.esquielle.fr

Chambre double de 62 € à 75 €. Petit déjeuner : 10 €. Animaux acceptés : 5 €. Label Tourisme & Handicap. Séminaires.

L'Esquielle compte jusqu'à 120 couverts et se présente comme un site indiqué pour les réunions, séminaires ou repas de fête. Bien entendu, l'esprit régional du lieu se retrouve dans l'assiette, garnie selon le goût du chef et gradué selon les menus (darne de saumon aux 5 baies ou poulet au citron, cervelle d'agneau compotée d'échalotes au vin, joue de loup de mer à la tomate et chorizo, escalope de foie gras frais poêlé aux myrtilles et déglacé au chenin, magret de canard au miel).

MAS LE BRES €€

Chemin du Brès
SAINT-SÉBASTIEN-D'AIGREFEUILLE
✆ 04 66 61 76 05 - www.maslebres.com

Hébergement en gîte de 2 à 36 personnes. De 432 € à 7 000 € par semaine. Réceptions et mariages. Restauration.

Construit entre 1680 et 1765, le domaine dégage ce parfum d'authenticité et ce charme rustique que l'on trouve dans certaines vieilles demeures cévenoles. Celle-ci est vraiment bien restaurée et profite des aménagements nécessaires mais simples du confort moderne. C'est Carole et Michel Bonaventure qui vous accueilleront dans leurs mas, transformés en gîtes et décorés avec goût. Le couple saura vous conseiller sur les nombreuses activités de plein air : randonnée, pêche, ou baignade dans les eaux fraîches du Gardon. Deux gîtes et 4 chambres d'hôte sont proposés.

L'AUTRE MAISON €€€

18, rue de la Fontaine
SAINT-JEAN-DE-CEYRARGUES ✆ 06 82 55 48 89
www.gites-gard-lautremaison.com

Maison pour 18 personnes maximum de 395 € à 510 € par nuit et de 2 300 € à 3 500 € par semaine.

Située en plein cœur de Saint-Jean-de-Ceyrargues situé dans le sud de la France plus exactement dans la région du Gard, « L'Autre Maison » se compose de 3 bâtisses autour d'une grande cour avec piscine dans lesquelles 18 personnes peuvent être accueillies au maximum. Aménagé dans un style contemporain, ce gîte tout équipé avec chambres possédant chacune des sanitaires privés est aussi muni d'un solarium avec vue sur le village et les Cévennes. Vous aurez l'impression d'être à la maison, comme chez vous, grand luxe et confort en plus !

MAS DES OLIVIERS €€€

299, route de Saint-Julien - **SAINT-MARTIN-DE-VALGALGUES** ✆ 04 66 55 69 48
www.masdesoliviers-stmartin.fr

Chambre d'hôtes de 1 à 4 personnes : 75 € à 150 € par nuit. Gîte de 300 € (5-8 personnes) à 900 € (14-15 personnes).

Au Mas des Oliviers, il y a tout pour passer un séjour inoubliable en famille ou entre amis. Cette ancienne magnanerie vieille de cinq siècles est vraiment un havre de paix. Les décorations sont sobres et élégantes, laissant la place aux touches du passé sans être pour autant datées. En gîte ou en chambre d'hôtes, vous trouverez tout le confort nécessaire et toutes les infrastructures modernes. Six chambres en gîte pouvant accueillir jusqu'à 15 personnes et sept chambres d'hôtes et suites spacieuses et lumineuses vous ouvrent leurs portes.

LE BOGART'S PIZZERIA €

6, rue des Hortes ✆ 04 66 52 03 03
www.restaurant-pizzeria-ales.fr
Du mardi au dimanche le midi et le soir. Réservation recommandée. Carte : 15 € environ. Formule du midi : 10,50 €.

Le patron est aux fourneaux, mais il est fort agréable de le voir s'enquérir de votre satisfaction dès qu'il le peut. C'est une belle carte, complète, avec une large sélection de pizzas et de salades, dont la salade italienne pour les amoureux de fromage, composée de gorgonzola, mascarpone et de copeaux de parmesan, des pizzas avec crème ou tomate dans trois dimensions, des pâtes, des viandes et poissons grillés au feu de bois. Une bonne musique, discrète, est diffusée, et n'oubliez pas de goûter à la tarte alsacienne aux pommes chaudes en dessert, une merveille.

COMPTOIR DES HALLES €

5, rue Jean-Castagno.
✆ 06 34 08 56 06
www.comptoirdeshalles.eatbu.com
Ouvert toute l'année, horaires variables en fonction des saisons. Menu à partir de 14,90 €.

À la tête du Comptoir des Halles, un chef passionné et très sympathique qui séduit tous les gourmands de la région. A table, épaulé par le chef Solène Seguin, il ne sert que des produits frais et de saison, si possible estampillés des Cévennes. Cèpes, asperges, fraises, tous les bijoux du terroir sont exploités avec finesse dans des assiettes gourmandes. On aime particulièrement le pot-au-feu maison et son aïoli, les lamelles de seiches à la sétoise, le risotto de la mer et le moelleux à la châtaigne. Mention très bien pour la déco et la terrasse ensoleillée !

DONG PHUONG €

22, avenue Carnot
✆ 04 66 52 28 66
Du mardi au dimanche le midi et le soir. Réservation recommandée. Menus de 10 € à 20 €. Vente à emporter.

Dans une salle respectant la plus pure tradition gastronomique vietnamienne, le restaurant asiatique « Dong Phuong » vous accueille dans un univers chaleureux où les papilles découvrent moult saveurs. Dans le menu proposé par la maison, composez vous-même votre repas avec différents choix d'entrées, de plats et de desserts. Vous trouverez de nombreux produits et plats issus de la cuisine typique d'Asie. Dans tous les cas, les plats sont si bons et l'accueil si chaleureux que l'on a envie d'y goûter à nouveau. Peut-être le meilleur restaurant asiatique d'Alès !

AU HAGGIS GOURMAND €

192, Grand rue
✆ 09 83 21 83 99
https ://auhaggisgourmand.fr
Ouvert du mardi au samedi de 8h à 19h. Plat du jour à 12,50€

La bistronomie, l'épicerie fine et le salon de thé sont proposés tout au long de la journée. Ici pas de menu mais un plat du jour. À la carte, des salades, des tartines, des burgers, le tout composé de saveurs que l'on retrouve sur les étals de l'épicerie fine. L'ambiance cosy que l'on devine au travers de la grande devanture vous fera pousser la porte et vous installer. Les produits sont testés et choisis scrupuleusement par des époux qui se complètent parfaitement. C'est Michel, professeur de cuisine et ancien chef passé chez Lenôtre, qui est à la cuisine

LA POPOTTE DE VALOU €

1262, route d'Uzès
✆ 04 66 54 10 67
lapopottedevalou.fr
Ouvert du lundi au vendredi le midi ; le vendredi soir. Formule du midi : 12,90 €. Formule tartine + Dessert : 13,90 €.

Il faut connaître ce restaurant, à la sortie d'Alès sur la route d'Uzès, car il n'est pas forcément très visible. Cependant, il vaut le détour ! Malgré sa simplicité (une petite salle et un extérieur ombragé), il propose d'excellents plats pour manger rapidement entre amis ou entre collègues le midi. Les salades (la salade de Valou est copieuse et de très bon goût !) et les tartines sont élaborées avec soin. Les vendredis soir, le restaurant organise des soirées tapas. Et bien sûr, tout y est fait maison. Une adresse très sympa !

LE BARBUSSE €€

13, place Henri-Barbusse
✆ 04 66 24 23 77
Du lundi au samedi le midi ; le mardi, le mercredi, le vendredi et le samedi le soir. Réservation recommandée.

Au restaurant le « Barbusse », des vins régionaux subtilement choisis reposent dans des casiers, des étagères de livres reliés mais aussi dans du bois de teck flotté surmonté de bougies blanches qui complètent le décor. La carte est créative et a été pensée en toute simplicité. Elle évolue au fil des saisons et des humeurs du chef. Les desserts sont faits maison. Laissez-vous tenter par les plats concoctés par ce jeune chef inventif et n'oubliez pas ses fameuses tapas à l'apéritif ! Une adresse sympa que nous vous recommandons !

LE P'TIT MONS €

4, place de la mairie
MONS
✆ 06 63 53 95 64

Jeudi au dimanche. Cuisine traditionnelle/ Burgers-frites sur place ou à emporter.13,50€/20€. Handicapés.2 terrasses.

Le café-restaurant le P'tit Mons se trouve sur la place du village. Les nouveaux gérants ; Elodie Guiraud (qui tient aussi le St Maurice à St-Maurice-de-Cazevieille) et son fils Thibault Fontanieu proposent une cuisine traditionnelle (salades, grillades, côte de boeuf marinée...) mais aussi ses spécialités (seiches à la plancha....) Vous pourrez emporter ou consommer sur place, installés sur les terrasses extérieures après une apéritif musical, les burgers maisons (cévenols, savoyards, italiens) et ses frites. Le service est de qualité et les gérants présents.

© ADRIENBRAGER

© ADRIENBRAGER

LE BELLAGIO €€

23, place Henri-Barbusse
✆ 04 66 52 99 59
www.le-bellagio.fr

Du lundi au samedi le midi ; du jeudi au samedi le soir. Réservation recommandée. Carte : 28 € environ.

Le « Bellagio » est un concept de restaurant italien qui a été imaginé et pensé par deux amis bien connus des Alésiens. Côté cuisine, le chef assure, il a gardé une place à l'imagination pour nous concocter des plats surprenants mêlant les produits de l'Italie aux produits de notre terroir. La cuisine est bonne, pour offrir la véritable cuisine italienne, ils ont recruté un cuisinier transalpin, c'est un coin de soleil italien à la porte des Cévennes. Le succès est là, aussi il est prudent de réserver. Bonne dégustation et bon appétit !

BRASSERIE DIDIER RACING €€

1733, chemin de Trespeaux
✆ 04 66 61 05 91

Ouvert du lundi au vendredi. Menu enfant : 8 €. Formule du midi : 14 € (entrée + plat + dessert

La brasserie de Didier Racing est située à Ales dans le Gard et est celle des sports mécaniques et le rendez-vous des pilotes automobiles et motos la région qui viennent se retrouver dans ce lieu entièrement dédié à leur passion. Les tables arborent le fameux drapeau à damier et les chaises se donnent les airs des voitures des années 1960 avec leurs sièges en cuir si particuliers. Au tableau noir, la formule pour les repas d'entreprise, mais aussi des viandes, des poissons, des hamburgers, le tartare, le carpaccio et les pâtes fraîches.

LE COQ HARDI €€

7, rue Mandajors
✆ 04 66 52 15 75

Ouvert du mardi au dimanche le midi et le soir. Menus de 13,50 € à 28,50 €. Vin au verre.

Rasée puis reconstruite, l'auberge du « coq hardi » présente aujourd'hui une grande salle climatisée aux sobres tons cévenols, divisée par des balustrades et différents niveaux. Le chef de l'auberge préside aux destinées d'une cuisine franche et d'un excellent rapport qualité-prix. Par exemple, est proposé : Grenadin de veau, magret de canard et noix de Saint-Jacques enrichissent une carte homogène et de très bonne tenue. À goûter si possible : le délicieux cordon bleu cévenol ou une soupe à la châtaigne, représentative de la région.

LA CUISINE €€

15, boulevard Louis-Blanc
✆ 04 30 38 16 71

Ouvert du mardi au samedi le midi et le soir. Menu unique à 24,90 €. Formule du midi : 12,90 € Plat du jour à 9,90 €.

Bien présentées, les assiettes sont à la fois séduisantes et gourmandes. Ce jour-là nous nous sommes laissé guider par les adorables serveurs qui rythment le service et nous avons choisi la formule du midi. En entrée, nous avons été séduits par la crème brûlée au chèvre, originale et étonnante. Puis nous avons entamé les travers de porc marinés au miel, un délice ! Après tout cela il nous restait une légère place pour le dessert et notre choix s'est porté sur la panna cotta vanille-basilic et son coulis de fraise... Miam. Allez-y les yeux fermés !

LE D'ARTAGNAN €€

152, avenue des Frères-Lumière
✆ 04 66 30 26 28

Du lundi au samedi jusqu´à 19h. Menu enfant : 5 €. Plat du jour : 8,50 €. Salades et plats chauds à partir de 4€.

Au restaurant Le d'Artagnan, côté cuisine, chaque jour, un plat maison et familial constitue le plat du jour. Ainsi, l'excellent couscous, la rouille sétoise, la daube de taureau, les moules frites ou la tartiflette pourront ravir des clients exigeants en timing et en qualité. De grosses salades avec foies de volailles, magrets ou œufs à la poêle peuvent constituer un déjeuner sain et rapide. L'après-midi, on privilégie la gourmandise avec les crêpes et les pâtisseries maison. Soraya et Dorothée sont les propriétaires d'un bel établissement.

LE DUÔ €€

10, avenue du Général-de-Gaulle
✆ 04 66 52 38 53

Ouvert le lundi midi ; du mardi au samedi le midi et le soir. Menus de 16 € à 36 €. Formule du midi : 16 €.

Les propriétaires ont repris une pizzeria pour en faire un restaurant à vocation gastronomique. Le dressage est plus élaboré et chaque plat a maintenant sa propre garniture. C'est à une gastronomie contemporaine et raffinée que l'on a affaire et les Chefs, passionnés et pleins d'inspiration, proposent des assiettes des plus intéressantes. Ceux-ci font preuve d'une belle expérience malgré leur jeunesse, et leurs plats évitent les écueils de la complication à l'excès. Le plaisir de cuisiner se ressent dans chaque plat, et quel bonheur quand le partage est là !

LE SAINT-MAURICE €

Avenue Mistral
SAINT-MAURICE-DE-CAZEVIEILLE
✆ 04 66 83 20 09

Basse saison : du vendredi au dimanche le soir. Haute saison : du mardi au dimanche le midi et le soir.Carte : 20 €

En très peu de temps, le Saint-Maurice est devenu un incontournable de la région. En juillet et août, tous les jeudis soir le restaurant se transforme en salle de fête et conjugue soirées musicales et culinaires. La spécialité de la maison, hiver comme été, c'est la plancha. Les seiches à la plancha et l'aïoli maison sont un régal tout comme la parillada de viandes. Dans le prolongement de la paillote en bambou, extérieure, un bar à cocktail est en construction pour agrémenter les soirées d'été qui ont lieu après le 21 juin et jusqu'à la mi-septembre.

© ADRIENBRAGER

© ADRIENBRAGER

LE MANDAJORS €€

17, rue Mandajors
✆ 04 66 52 62 98
Ouvert du lundi au vendredi le midi de 12h à 13h30 et le soir ; le samedi soir de 19h30 à 21h Menu unique à 26,50 €.

À l'intérieur du restaurant les papilles sont choyées. L'addition s'en ressent et le rapport qualité-prix est excellent. Ce sont les assiettes sur lesquelles on concentre ici son attention ! Le tenancier, armé de près de 30 ans de maison, est derrière les fourneaux et s'occupe de vous. Excellentes charcuteries, veloutés de légumes de saison et viandes Charolaise et Simenthal de très bonne saveur. Ne manquez surtout pas de goûter les raviolis aux cèpes, délice des habitués depuis plusieurs années ou bien la saucisse sèche d'Hervé. Une table efficace et attachante.

LA HALLE AUX LÉGUMES

Chemin de la Miraillette ✆ 04 66 52 81 26
Primeur, épicerie fine. Ouverture : Lundi, mardi, mercredi 8h30-12h30/14h-19h15. Jeudi, vendredi, samedi 8h30-19h15

En activité depuis 2000. Les halles vous proposent fruits, légumes frais et primeurs, sous la responsabilité de ses gérants ; Bruno et Philippe Martinez. Dans ce lieu vous pourrez bien sûr vous procurer les fruits et légumes de saison récoltés à proximité par des producteurs locaux, gage d'une cuisine de qualité, mais aussi de l'épicerie fine. Son accès est facile. En effet, la Halle se situe à Ales, dans le Gard, au Chemin de la Miraillette.

De nombreux producteurs vous y attendent !

Vous pourrez y faire vos achats en espérant que vous trouverez votre bonheur.

LE RABELAIS €€

13, place Henri-Barbusse
✆ 04 66 52 70 84
Ouvert du mardi au samedi de 8h30 à 14h15 et de 18h à 22h ; du jeudi au samedi de 8h30 à 14h15. Menus de 18 € à 35 €

Ici on cuisine avec des produits frais de saison et de qualité. Carte et cuisine ne laissent aucune place à la routine : les plats changent tous les mois ! C'est aussi un bar à vins, à déguster sous les platanes avec modération accompagnés de tapas pour un apéritif entre amis. Les desserts sont laissés aux soins de pâtissiers professionnels tels que la Pâtisserie Veyret et Les Macarons de Bastien. Le souci de faire mieux, toujours et encore : « Il faut remettre le couvert tous les jours », telle est la devise du lieu. Le Rabelais n'en finit pas de nous surprendre.

RESTAURANT AU BANC D'ESSAI €€

296, avenue Sainte-Barbe
SAINT-MARTIN-DE-VALGALGUES
✆ 04 66 34 24 73
Ouvert toute l'année. Du lundi au samedi le midi de 11h30 à 14h30. Menus de 12 € à 20 €. Carte : 28 € environ.

Le restaurant propose un concept de restauration original et réalise le pari de servir de la qualité à moindre prix et des assiettes copieuses. Quatre menus feront le bonheur des papilles de petit budget pour le midi tandis que le service traiteur est à disposition pour vos soirées et événements nocturnes privés. Le chef a plus de quinze ans d'expérience dans la restauration. On retrouve l'entrecôte accompagnée de légumes du jour ou la suggestion de la mer.

RESTAURANT LE TONY €€

4 bis, boulevard Louis-Blanc
✆ 04 66 30 31 28
Ouvert toute l'année. Tous les jours le midi et le soir. Réservation impérative. Carte : 30 € environ. Vin au verre.

Antoine a été séduit par l'aspect Bistrot Parisien de ce restaurant situé sur le mythique boulevard Louis Blanc à Alès. Il cultivait le côté grande famille où tout le monde se connaît et se côtoie dans une ambiance conviviale et festive. Il a souhaité reproduire la même chose à Alès et le pari est réussi. Viandes et charcuteries sont certifiées Lozère Viande et les poissons sont également à l'honneur. En été, l'agréable terrasse confère aux soirées arlésiennes un reflet parisien particulier. Il est possible de disposer d'une salle privée de 12 convives.

LE SUSHI BAR €€

8, place de la Libération
✆ 09 51 16 27 27
www.sushi-ales.com
Ouvert tous les jours le soir. Également un service de livraison midi et soir. Menus de 13,90 € à 60,50 €. Carte : 10 €

Un écrin de Japon aux portes des Cévennes, depuis 2009, régale tous les amateurs de sushis et de soupes asiatiques. C'est une famille originaire du Japon installée à Alès qui a décidé de mettre ses talents d'artistes à votre service. Confectionner des sushis est un travail d'orfèvre qui n'a pas fini de régaler bien des habitués et des curieux de la cuisine traditionnelle japonaise. Dégustez les sushis, les makis, les tempuras, les yakis, les sashimis et les soupes miso ou les salades de chou japonaises. Plusieurs formules sont à disposition.

LA BRÛLERIE

10, place de l'Abbaye
✆ 04 66 52 94 94
www.labrulerie.com
Ouvert du lundi au samedi, 9h-12h/14h-18h.

La Brûlerie est une torréfaction artisanale et une entreprise familiale depuis plus de 30 ans, offrant une sélection des meilleurs cafés du monde, mais aussi de thés et de tisanes. Pour varier les plaisirs, l'épicerie fine propose quelques douceurs sucrées. Le matin, on apprécie aussi de prendre un café en terrasse à la Brûlerie pour flâner, discuter, refaire le monde. Une adresse conviviale et reposante avant de partir à l'assaut des étals du marché couvert et ses myriades de produits succulents du terroir cévenol et méditerranéen.

ESPACE LIBRAIRIE DE LA FNAC ALÈS

1639 Chemin des Sports
✆ 04 28 01 21 94
Ouvert du lundi au samedi de 9h30 à 19h.

À Alès, le rayon librairie de la Fnac vous propose tous les best-sellers, polars ou livres faisant l'actualité dans son espace librairie. Vous avez besoin d'un titre précis ou d'un livre en particulier ? Faites vous guider par un libraire qui sera à votre disposition durant les horaires d'ouverture du magasin. Si votre livre n'est pas en rayon, vous pouvez vous le faire livrer gratuitement le lendemain en magasin ou le commander sur internet sur le site.

DOMAINE DU PAS DU LOUP

Les Plans
LES PLANS
✆ 06 22 63 39 78
Dégustations gratuites du lundi au vendredi de 11h à 12h et le samedi de 8h à 12h et de 15h à 19h. Visite de la cave

Durant votre visite, vous découvrirez le processus d'élaboration des vins rouges, blancs et rosés au sein de ce domaine. Depuis quatre générations, le vin relève d'une véritable culture familiale. Eric Gravil a repris l'affaire de son arrière-grand-père en conservant les méthodes de ses ancêtres : mise en bouteille et conditionnement. Si la production de vin est vendue aux particuliers qui viennent visiter le caveau, elle est aussi distribuée dans divers commerces de la région. La gamme GRSE en blanc, rosé ou rouge est d'un excellent rapport qualité-prix !

LES HALLES DE L'ABBAYE

14, rue de la République
✆ 04 66 91 01 24
http ://halles-de-labbaye.fr/
Ouvert du lundi au samedi, de 7h à 14h.

Il s'agit d'un incontournable d'Alès. De la boucherie au primeur en passant par les poissonniers, les boulangers, fromagers, tous ces producteurs régionaux vous invitent à les retrouver aux Halles de l'Abbaye pour une belle découverte qui mettra en éveil tous vos sens. On y trouve les produits locaux à mettre dans votre panier pour vous offrir le meilleur des Cévennes gardoises : charcuterie cévenole, fromages de chèvre (les fameux pélardons des Cévennes), les oignons doux des Cévennes, les pommes reinettes du Vigan, il ne vous reste plus qu'à cuisiner !

LA FERME DU COIN

1, avenue Marcel-Cachin
✆ 04 66 43 79 15
la-ferme-du-coin.business.site
Du mardi au samedi de 9h à 13h et de 15h à 19h. Fermé le jeudi après-midi.

La ferme du Coin se situe à Alès dans le sud de la France et elle réunit de nombreux producteurs locaux venant des alentours d'Alès dans le Gard. On y trouve donc vraiment tout type de produits régionaux : oignons, fromage, yaourts, légumes, fruits, miel, châtaignes, confitures, vins, asperges...etc. Tout y est 100 % local, généralement bio et faits maison. Une halte indispensable pour les gourmands amateurs de produits régionaux authentiques ! La ferme est un superbe coin pour pouvoir se connecter à la nature et goûter de bons produits.

LES JARDINS DE LAËTITIA

32, avenue de Stalingrad ✆ 04 66 30 06 17
www.jardin-bertrand.com
Ouvert du lundi au samedi de 7h30 à 12h30 et de 15h15 à 19h30. Congés en août.

Laëtitia, la propriétaire des jardins sillonne quotidiennement les étals des marchés à la recherche des produits les plus intéressants. Elle s'applique à bien satisfaire ses clients par la qualité des produits proposés, tels que confitures, miels, vinaigres et huiles de première qualité, charcuteries et autres spécialités régionales. Celle-ci a d'ailleurs naturellement adhéré à la confrérie des Compagnons du Goût, association de quelques 350 artisans sélectionnés avec rigueur et garants du savoir-faire gastronomique français.

FNAC ALÈS
HIGH-TECH
SMARTPHONES
LIVRE-MUSIQUE
PHOTO-VIDÉO
ROCADE SUD - 1639 CHEMIN DES SPORTS
LUNDI - SAMEDI 9H30 - 19H
fnac
AUSSI SUR FNAC.COM

E.Leclerc

L'OLIVÈNE

Mas d'Amouroux
LES PLANS
✆ 06 85 21 76 61
http ://www.lolivene.eu
Qualité Sud de France.

Les olives de L'Olivène proviennent de leurs oliviers. Dès que les fruits arrivent à maturité, ils sont récoltés et envoyés immédiatement au moulin de Cali ou l'huile d'olive est extraite par un procédé mécanique à froid. C'est un produit certifié « Sud de France ». Alice et Barbara présentent leurs produits sur les marchés de Provence. Olives, tapenades, tout est fait maison. Leur établissement abrite deux chambres d'hôtes pour ceux qui voudraient prolonger les plaisirs d'un séjour dans cette région, entre Cévennes et Camargue.

PAPILLES AU NEZ

47, Avenue Carnot
✆ 06 83 67 62 80
www.papillesaunez.com
Ouvert du mardi au samedi, 10h-20h. Ateliers de dégustation sur inscription.

Un domaine viticole en plein cœur d'Alès ? Pas du tout. Mais Papilles au Nez vaut vraiment le détour... Surtout, il ravira les amateurs de vins biologiques ou naturels. C'est en effet ici une jolie sélection de vignerons passionnés, profondément ancrés dans leurs territoires et leurs terroirs, respectueux de la nature, offrant des vins 100 % bio et nature. De quoi faire de belles découvertes et se laisser guider par vos papilles lors des ateliers de dégustation, ou encore d'échanger sur les vins au travers de balades œnologiques proposées en juillet août.

REGALEZ-VOUS EN CEVENNES

105 A, vieille route de Salindres
SAINT-PRIVAT-DES-VIEUX ✆ 06 89 43 95 11
www.colisgastronomiques.com
Site de vente en ligne de produits du terroir cévenol.

La plupart des délices cévenols sont à retrouver sur le site de cette entreprise de Saint-Privat-des-Vieux. Confitures artisanales, terrines, miels de pays, vins de pays, plats cuisinées, mais aussi santons, savons et senteurs de Provence. Paniers garnis et colis gourmands concoctés pour l'occasion vous permettront d'éviter l'écueil d'un choix fort difficile. Ici, on se dit fièrement spécialiste des colis gastronomiques pour professionnels. C'est aussi un lieu de qualité pour toutes les petites mignardises que l'on aime tant et qui suscitent la gourmandise...

SOLEIL DES CAPITELLES

5, rue Mistral - **CASTELNAU-VALENCE**
✆ 04 66 43 04 65
www.soleildescapitelles.fr
Haute saison : ouvert du mardi au samedi de 10h à 18h. Autres jours sur rendez-vous. Le litre de picholine : 21 €.

C'est au coeur de la campagne de Castelnau-Valence que quatre générations se sont successivement transmis leur savoir-faire, leur passion, et leur amour de l'olive. L'histoire est partie de Laurent Ribot qui s'est intéressé à l'huile d'olive et a souhaité développer la partie oléicole du domaine. Aujourd'hui, la production se compose de cinq huiles d'olive, offrant à une clientèle de connaisseurs une jolie palette de saveurs et d'arômes complètement différents : huile AOP, huile d'olive de Nîmes, et trois huiles monovariétales.

CENTRE NAUTIQUE TOBOGGAN

Quai du Gardon. ✆ 04 66 91 20 70
Ouvert du lundi au samedi de 8h30 à 19h30 ; le dimanche de 10h à 17h. Entrée à partir de 3,80 € par adulte

Un véritable bassin de compétition de 25 m de long et de 10 lignes d'eau, un bassin avec bain bouillonnant, un immense toboggan de 35 m, d'immenses baies vitrées pour rendre les lieux très lumineux et ensoleillés, ce centre nautique résolument high-tech récent est vraiment à la pointe du progrès en la matière. On peut venir y nager seul mais aussi prendre cours. Son grand plus pour les beaux jours : de vastes surfaces extérieures gazonnées où se prélasser sur des chaises longues. De nombreuses activités sont également proposées pendant les vacances.

ÉCOLE DE PILOTAGE RALLYE PPAC

Pôle mécanique d'Alès Cévennes - **SAINT-MARTIN-DE-VALGALGUES** ✆ 04 66 56 50 25
https ://pilotage-rallye.eu
Ouvert du lundi au dimanche de 8h à 20h. Baptême à partir de 35 €. Stages de pilotage de 350 € à 1 145 €

PPAC, pour Pôle de Perfectionnement à la Conduite Automobile, est une école de pilotage rallye sur asphalte. Fabrice Morel – ex-pilote officiel Peugeot Sport – vous accueille toute l'année sur un complexe de 100 hectares dédié aux sports mécaniques. Le stage de pilotage s'effectue sur une piste d'essai rallye qui développe un tracé de 4 km, comprenant tous types de virages et de revêtements. Le PPAC permet également d'organiser des séminaires, pour allier le travail et le plaisir.

SOCIÉTÉ CÉVENOLE DE SPÉLÉOLOGIE ET DE PRÉHISTOIRE

Grand-Rue
✆ 04 66 83 53 80
www.scsp-ales.fr

Renseignements auprès de Michel Wienin. Spéléo-secours appeler le ✆ 18 puis un CTD (conseiller technique départemental)

La Société Cévenole de Spéléologie et de Préhistoire, n'a pas récolté de médaille mais compte une belle « cordée » de passionnés prêts à partager ce sport dans le plus grand respect d'un millieu infiniment fragile. Le matériel est fourni par le club et des séances d'initiation sont organisées à la demande. Rappelons que la spéléologie est une activité sportive dont la finalité est la connaissance du monde souterrain sous ses aspects naturels et scientifiques.

URBAN PARC

17, rue Marcel-Paul
✆ 04 66 43 35 76
www.urbanparc.fr

Ouvert du mercredi au dimanche, et tous les jours pendants les vacances zone C. A partir de 7 €. Restauration.

Une ancienne usine près du centre-ville transformée en parc d'attraction, voilà qui n'est vraiment pas banal ! Urban Parc propose aux enfants un nombre impressionnant d'activités : accrokid, accrofun, trampoline, skate park, etc. On peut bien entendu y organiser des anniversaires ou toute autre sorties de groupe. Ici, le matériel est sécurisé à l'extrême et le personnel souriant est toujours très vigilant. Le petit plus, la galerie dédiée au street-art avec des expositions et des fresques géantes, et l'espace restauration où les croques-jaffles sont un délice !

BOWLING D'ALÈS

1639, chemin des Sports
✆ 04 66 52 00 81
www.bowlingales.com

Pendant les vacances scolaires à partir de 10h. Ouvert du lundi au samedi de 14h à 1h ; le dimanche de 14h30 à 20h

Le Bowling d'Alès regorge d'activités fun et distrayantes pour tous les ages. Que vous souhaitiez boire un verre en bonne compagnie autour d'un billard ou d'une piste de bowling ou que vous soyez un pratiquant expérimenté à la recherche de nouvelles expériences, l'endroit est idéal ! Dans l'enceinte des lieux, vous trouverez également un bar et un restaurant à prix minis, parfait pour picorer entre deux parties. Notez que l'adresse organise également des événements privés à la demande (anniversaires, enterrements de vie de célibataire...).

LE CRATÈRE

Place Barbusse
✆ 04 66 52 52 64
www.lecratere.fr

Tarifs selon spectacle.

Le Cratère, situé en cœur de ville, est la plus grande salle de spectacle d'Alès, dotée de 800 places. Humoristes, concerts de rock, de jazz ou de musique classique, pièces de théâtre, one man show, projections pendant le festival cinématographique... etc, de fait il ne se passe quasiment pas une semaine sans que ne s'y déroule un spectacle, et ce dans tous les genres possibles et imaginables. N'hésitez donc pas à vous rendre sur leur site : la programmation est si variée que vous trouverez forcément un spectacle qui vous séduira !

ESCAPE ROOM ALÈS

9, avenue Jules-Guesde
✆ 06 51 81 52 67
www.escaperoom30.com

Ouvert du lundi au dimanche sur réservation. Tarif 2 personnes : 30 €/p. Tarifs dégressifs.

Activité en plein pic depuis quelques temps, les « escape games » séduisent de plus en plus le petit et le grand public. L'escarpé game d'Alès situé dans le Gard, est né fin 2016, et il n'a eu de cesse d'attirer du monde. Les « rooms », des espaces d'énigmes à thèmes, se découvrent à plusieurs entre amis ou en famille. Parmi les thèmes de l'espace d'Alès : les Pirates et Sherlock Holmes. On s'amuse en famille ou entre amis à petits prix tout en vivant une expérience qui sort de l'ordinaire. En un mot c'est à faire et à refaire !

AUJAC

Aujac compte moins de 200 âmes et un patrimoine exceptionnel : l'église du XIIe siècle Saint-Martin et son clocher peigne, le château du Cheylard, qui a servi de décor à la Palme d'or de Cannes Michaël Kohlhaas, construit du XIIe au XVIIe siècle, et aujourd'hui restauré, reçoit visiteurs et manifestations culturelles. On y ajoute un autre type de patrimoine, davantage populaire celui-là, avec la clède de Peyric au hameau du Bouschet, rénovée et remise en activité, et qui raconte l'histoire de la châtaigne dans les Cévennes. Cerise sur le gâteau, la construction ex-nihilo d'un village médiéval par une poignée de passionnés d'histoire et de techniques traditionnelles.

LA FERME DE LA BARAQUE €€

Ferme de la Baraque
✆ 04 66 61 12 77
Chambre d'hôte : à partir de 43 € pour 2 personnes. Emplacement camping : 5 € + 5 € par personne.

Sous les labels bio AB et Nature et Progrès, Lysanne et Jonas cultivent fruits et légumes, et élèvent quelques bêtes. Anciennement mas de Cocagne, la ferme s'attache aux valeurs écologiques, elle est adhérente à Cévennes écotourisme et pratique l'accueil dans un cadre cévenol tout de bancels, de tonnelles, dans un environnement remarquable. Vous disposerez de 6 emplacements pour camping car ou tente, mais aussi d'un hébergement en tipi et en chambres d'hôtes. Profitez de la nature environnante et des visites de la ferme de vos hôtes pour découvrir leur univers.

BOUCOIRAN-ET-NOZIÈRES

Ce petit village (900 âmes quand même) s'aperçoit de loin grâce à sa tour médiévale sarrasine du XIIIe siècle, et marque le début d'Alès Agglomération.C'est en 1947 que cette tour fut redécouverte et achetée par Giacomo Colombi et son épouse. Les époux vont alors restaurer le bâtiment et installer dans la tour le système de refroidissement qui donnera au minerai de plomb le statut de plomb de chasse. Autres vestiges anciens visibles à Boucoiran : le moulin à farine et à huile du XVIIIe siècle, classé monument historique et toujours en activité, et la gare de Nozières : l'une des plus anciennes de France.

CENDRAS

Au confluent du Gardon et de son affluent, le Galeizon, Cendras est une ancienne commune minière de presque 2 000 habitants. A l'origine de Cendras, la fondation au Xe siècle d'une abbaye de bénédictins, rassemblant 80 moines et 150 prêtres, et le début de l'exploitation de mines de charbon apportant une rente obligatoire à l'abbaye. On trouve un ancien site fortifié : la tour du Puech du XIVe, le Pont des Camisards, et l'abbatiale romane fortifiée, une bourse au plants grâce à l'association des jardins du Galeizon, et un écomusée, enfin, ne manquez pas la visite de Biosphera : le centre d'interprétation des vallées cévenoles.

GÉNOLHAC

Situé sur le tracé de la Voie Régordane qui reliait l'Auvergne à la Méditerranée, Génolhac a connu de nombreux traumatismes à travers l'histoire, d'épisodes de peste en guerres de Religion. Côté architecture, le Moyen Age a laissé la tour carrée de l'ancien château et l'église du XIIe siècle avec son clocher à peigne. Au pied du Mont Lozère et dans le Parc national des Cévennes, les occasions de randonner sont ici nombreuses et sympathiques. Faites une halte à Génolhac, et savourez sa douceur de vivre, alliant tourisme vert avec des activités de pleine nature, culture, qui inspira l'écrivain Jean-Pierre Chabrol, et terroir de ce riche pays cévenol.

CÉVENNES TOURISME - BUREAU DE GENOLHAC

15, place du Colombier ✆ 04 66 61 09 48
www.cevennes-tourisme.fr
Basse saison : mardi au vendredi de 9h à 12h30 et de 14h à 17h ; le samedi de 9h à 12h30. Haute saison : tous les jours

Outre les informations touristiques classiques, l'office de tourisme propose des séances cinéma ainsi que des animations toute l'année. Il fonctionne en réseau avec les offices de tourisme de Pont de Montvert et Saint-Germain de Calberte, en Lozère, et avec ceux de Bessèges et du Pays Grand Combien, ce qui facilite grandement la vie des touristes en leur proposant tout un panel d'activités et de visites dans les belles Cévennes. Vous trouverez toutes les informations pour votre séjour.

LA CHÂTAIGNERAIE** €

Quartier de l'Andéol
✆ 04 66 61 44 29
www.camping-chataigneraie-cevennes.com

Emplacement + véhicule + 2 personnes à partir de 10 €. Fermé du 1er octobre au 31 mars. 50 emplacements.

Au carrefour de l'Ardèche, de la Lozère et du Gard, non loin du mont Lozère, le camping est situé à Génolhac dans le Gard, il est en pleine nature et bien ombragé. Sur place on peut s'adonner au volley, au ping-pong ou au babyfoot. Côté restauration et commerces, il suffit de faire quelques centaines de mètres pour trouver tout ce qu'il faut. Profitant d'une situation idéale en bordure de rivière, plage et plan d'eau font le bonheur des vacanciers. Le camping est fermé du 1er octobre au 31 mars et dispose de 50 emplacements.

LE MAS NOUVEAU €€

Route du Mont-Lozère
✆ 04 66 61 15 72
www.masnouveau.com

De 80 € à 150 €. Tarifs dégressifs à partir de 2 nuits. Petit déjeuner inclus. Gîte : de 1 100 € à 1 400 € la semaine.

L'endroit a fait les beaux jours de magazines de déco, et c'est mérité ! La restauration magistrale de cette bâtisse médiévale a donné un véritable cocon de bien-être au charme onirique. Les chambres n'échappent pas à cette atmosphère et procurent quelques surprises avec les baignoires taillées dans le granit, et un aménagement qui fait la part belle à la nature, matériaux bruts, couleurs douces, pour les « dortoirs » aux lits superposés hors du commun. Spa, hammam et massages sont proposés sur place et le soir vous profiterez de la table d'hôtes délicieuse.

LA GRAND-COMBE

La commune est indissociable de son passé minier. Elle émerge tel un champignon en 1846 par les effets de la révolution industrielle ; c'est ici que l'histoire du bassin houiller commence pour finalement s'arrêter à la fin des années 1970. La commune fut en effet l'un des berceaux de l'exploitation des mines de charbon des Cévennes. La commune reste donc marquée par son passé et aussi par sa géographie, dont la physionomie est contenue dans le nom. La Grand-Combe se trouve juchée à l'entrée des Cévennes, sur la route du Mont-Lozère et des randonnées en pleine nature pure et sauvage. La nature se dévoile, offrant des paysages époustouflants à découvrir.

LA FORÊT FOSSILE ★★

Hameau de Champclauson
✆ 04 66 60 34 65

Ouvert d'avril à novembre, horaires variables selon les saisons. Adulte 6,80 € - Enfant 4 € et 5,80 €.

Explorateurs en herbe et géologues sont séduits par ce site étonnant. Ancienne mine de charbon à ciel ouvert, elle présente en son cœur une belle collection de fossiles d'exception. Au cours de la visite, les curieux auront l'occasion de découvrir une exposition de fossiles végétaux de l'époque carbonifère ainsi qu'une multitude d'espèces reproduite grandeur nature. Après le visionnage d'une courte vidéo ludique sur la minéralisation des végétaux, un petit train les conduira à la découverte de notre monde comme il était il y a plus de 300 millions d'années.

LA MAISON DU MINEUR

51, rue des Poilus
✆ 04 66 34 28 93
www.maison-du-mineur.com

Fermé de mi décembre à fin février. Adulte 5 €, enfant 3 €.

Le musée se veut un témoignage de cette activité que fut l'extraction de l'anthracite, indissociable de la commune. La salle d'entrée donne rapidement une idée de l'activité qui a foisonné durant plus d'un siècle dans la cité cévenole : 180 douches, 1 800 paniers attitrés attendaient ici les mineurs en début et fin de journée. Unique en Europe, la salle de la machine d'extraction impressionne par son fonctionnement. La maison du Mineur reste un émouvant témoignage d'histoire économique, mais aussi politique et sociale. Visite guidée assurée par un ancien mineur.

LES MAGES

Fondée à la fin du XIXe siècle, alors que le charbon jouait ses galons de premier employeur de la commune, Les Mages n'a pas connu de déclin démographique comme certaines de ses voisines lorsque les mines ont fermé. Mieux encore, la commune a attiré des artistes : Georges Beaucquier, peintre et initiateur à Biot du musée consacré à Fernand Léger, dont il était un collaborateur (le village abrite une fresque de ce peintre), mais aussi la famille Schoenenberger qui a également créé un musée et un bel hôtel éponymes. Elle abrite les vestiges de son passé industriel : filatures (il y en avait pas loin d'une dizaine !), moulins, verrerie et un petit patrimoine de pierre sèche.

PORTES

Pour de très nombreux Gardois d'origine cévenole, Portes fait office de véritable porte des Cévennes. Le village est principalement connu pour son château, souvent appelé Vaisseau des Cévennes en raison de sa spectaculaire proue en pierre, et unique en Europe, qui surveille le col l'ancien chemin dit de Régordane qu'empruntaient les pèlerins de Saint-Gilles et les Croisés vers la Terre Sainte. Construit dès le XIe siècle, le monument célèbre le mariage du Moyen Age et de la Renaissance, et était habité jusqu'au début du XXe siècle, avant que les mines ne changent le destin du village. Une jolie visite à inscrire dans vos tablettes !

SAINT-FLORENT-SUR-AUZONNET

Entre Saint-Ambroix et La Grand' Combe, cette petite commune de 1 212 habitants (recensement de 2015) a connu des périodes fastes et des épisodes de déclin démographique. Située à la porte des Cévennes gardoises, la population connaît en effet une croissance de 58 % de 1850 à 1920. Avec la fondation du village Le Martinet en 1921, le hameau de Saint-Florent passe de 3 866 à 1 660 habitants. Aujourd'hui, ses ressources touristiques et économiques font du village un endroit agréable à visiter, à seulement quinze minutes d'Alès et à vingt kilomètres de la Lozère.

ROUSSON

À quelques kilomètres d'Alès, Rousson fait partie de la « grande » capitale cévenole, où Louis XIII et Richelieu ont signé la paix d'Alès. Cette commune résidentielle est entourée de zones agricoles forêts, arboriculture, prairies, cultures de plantes aromatiques). À voir : Le château de Rousson répertorié aux monuments historiques depuis 1972. L'église St-Martin de Rousson également inscrite aux monuments historiques depuis 1963. Le site de Castellas, qui offre un magnifique panorama des Cévennes aux Alpes, le Prehistorama, les jardins ethno-botaniques et la pierre rouge (bloc teinté d'oxyde de fer) ayant donné lieu à de multiples légendes.

SAINT-HILAIRE-DE-BRETHMAS

Ville frontalière de Saint-Christol-lès-Alès avec pour séparation le Gardon d'Alès, Saint-Hilaire-de-Brethmas se trouve attenante à Alès, sur l'ancienne route de Nîmes. Ce village est connu pour avoir été le théâtre des premières négociations du 12 mai 1704 au Pont d'Avène, entre Jean Cavalier - un grand chef camisard -, et les représentants du pouvoir royal lors de la guerre des Cévennes. La commune connaît une expansion démographique continuelle depuis le XVIIIe siècle et comptabilise près 4 200 habitants aujourd'hui.

SAINT-CHRISTOL-LÈS-ALÈS

Prés d'Alès, St-Christol-Lès-Alès est une commune née au 12e siècle, entre plaine du Languedoc et monts cévenols, avec la fondation des Hospitaliers de l'ordre de St-Jean de Jérusalem. Traversée par le Gardon et l'Alzon, son territoire est viticole (vins des côteaux), et elle possède une cave coopérative. Elle compte 7 000 habitants. Siège de la célèbre marque Coudène, réputée pour la brandade de morue déclinée de mille façons. A voir : la Pyramide, de 1777. Le musée du Scribe qui rassemble tous les supports d'écriture depuis 3000 ans. L'ensemble architectural composé de l'église et du château (11ème). Gîtes, hôtels, chambres d'hôtes à proximité.

COMPTOIR SAINT-HILAIRE €€€

Mas de la Rouquette ✆ 06 04 59 94 66
www.comptoir-saint-hilaire.com
Chambre double de 290 € à 325 € ; suite de 325 € à 425 €. Petit déjeuner inclus. Séminaires. Réceptions et mariages.

Ce mas du XVIIe siècle entièrement rénové par Catherine Painvin frise la perfection en matière de réception des clients. Les huit chambres sont tout bonnement incroyables, toutes dans un style différent (Central park, sables, aube, Orient-express, forêt...). La maison comporte une décoration et une galerie d'objets tous plus étonnants et magnifiques, dans des volumes impressionnants, délivrant des ambiances tour à tour lumineuses ou feutrées, orientale, urbaine, bucolique ou luxuriante. Les extérieurs aussi sont charmants, avec notamment une belle piscine.

SEYNES

Entre Cévennes et vallée de la Cèze, entre Alès et Bagnols sur Cèze, Seynes est l'un des plus petits villages du département (163 habitants). Datant du néolithique, son nom viendrait de Statumae, nom trouvé sur une stèle du 1er siècle, trouvée en 1747. C'est un cadre parfait pour une villégiature agréable grâce à sa situation de carrefour sur un des axes importants du Gard. Adossé au mont Bouquet (629 m) sur sa face sud qui abrite une chapelle. Le lieu est particulièrement apprécié pour tous les styles d'escalade sur 360 voies différentes, les randonnées et le parapente. Le village remonte au néolithique (vestiges de la grotte des 3 ours).

ANDUZE ★

Haut lieu du tourisme gardois et véritable porte des Cévennes, Anduze, impressionnant avec son défilé rocheux et la rivière à ses pieds, est occupé depuis la plus haute histoire de l'humanité, comme en témoignent les tombes mégalithiques de la Grande Pallière, les menhirs et les dessins dans les grottes des alentours. Aujourd'hui, les touristes viennent musarder sur le marché ou acheter des poteries, les fameux vases d'Anduze fabriqués depuis le XVIIe siècle par la famille Boisset-d'Anduze. Les amateurs de nature quant à eux choisiront de randonner sur le site classé Natura 2000, les « Falaises d'Anduze », connues également sous le nom de Peyremale.

VÉZÉNOBRES ★

Perché sur un ancien oppidum, Vézénobres, au carrefour des Cévennes et de la Provence, porte son regard jusqu'aux monts Aigoual et Lozère. Une position stratégique qui encouragea les Romains à initier une voie romaine qui, au Moyen Age, sera un axe de pèlerinage et de commerce reliant le littoral méditerranéen à la France du nord : le Chemin de Régordane, aujourd'hui GR700. Vézénobres fut célèbre pour sa production de figues sèches, et accueille le Verger-conservatoire du figuier. Le délicieux fruit est fêté lors des Journées méditerranéennes de la figue qui ont lieu fin octobre. Vézénobres est aussi le conservatoire patrimonial du piémont cévenol.

LE VILLAGE DES ENFANTS

Domaine du Puits Saint-Martin - **MONTAGNAC**

✆ 06 22 28 45 29

www.levillagedesenfants.net

Basse saison : mercredi-samedi-dimanche et jours fériés de 10h30-18h30. Haute saison : tous les jours de 10h30 à 18h30.

40 000 m² de verdure entièrement dédiés au plaisir des enfants de 1 à 12 ans. Les activités sont ludiques et pédagogiques avec parmi elles une mini-ferme où se côtoient poules, canards, pintades, dindons pour la partie basse-cour, mais aussi des ânes, des cochons, des lapins, des furets, des chinchillas.... Un mini-golf, un labyrinthe, un parcours aventure, des structures gonflables, une tour infernale, des jeux d'eau, des spectacles et une quantité d'autres activités enrichissantes et conviviales pour le plus grand plaisir des petits et des grands.

MAISON DE LA FIGUE

Les Terrasses du Château

✆ 04 66 83 62 02

www.maisondelafigue.com

Ouvert toute l'année, horaires variables en fonction des saisons. Accès libre et gratuit.

Au cœur de la cité médiévale de Vézénobres, entrez dans le monde succulent de la figue au travers de ce verger-conservatoire regorgeant de plus de 100 variétés de cet arbre millénaire. Située dans les soubassements du château de Girard datant du XIVe siècle, la Maison de la Figue offre une immersion ludique et sensorielle à la découverte de cet arbre emblématique de Méditerranée. Vous accèderez librement à l'ensemble du site, mais vous pourrez aussi choisir d'être accompagné d'une guide qui vous contera l'histoire du fruit. Passage obligé par la boutique !

CÉVENNES TOURISME - BUREAU D'ANDUZE

6, plan de Brie

✆ 04 66 61 98 17

www.cevennes-tourisme.fr/

Ouvert toute l'année, horaires variables selon les saisons.

Situé dans le centre névralgique d'Anduze, l'office de tourisme est animé, didactique et accessible à tous. Le personnel est là pour vous aider à organiser votre séjour, pour vous guider vers une balade, une randonnée ou un lieu pour se prélasser dans la région. Il faut dire que le coin est truffé de splendides sites naturels, de villages pittoresques avec des musées insolites. Une application mobile dédiée au vase d'Anduze, patrimoine local est téléchargeable sur votre mobile.

TRAIN À VAPEUR DES CÉVENNES

38, place de la Gare ✆ 04 66 60 59 00

www.trainavapeur.com

Ouvert d'avril à fin octobre. Aller-retour au départ d'Anduze 16,50 €, enfant 11,50 €.

De la gare d'Anduze à celle de Saint-Jean-du-Gard (ou l'inverse), ce tortillard offre un voyage de 13 km au cœur du Piémont cévenol, entre ponts et tunnels, chênes verts et rivières. Un trajet touristique rythmé par le teuf-teuf légendaire de cette machine d'un autre âge, ballotté dans des wagons panoramiques, à l'air libre. On en prend plein les mirettes, notamment lorsque le rail enjambe le Gardon ou qu'il longe la Bambouseraie. Une balade ferroviaire très prisée des enfants.

MONASTÈRE DE LA PAIX DIEU €

1064, chemin de la Cabanoule

✆ 04 66 61 73 44

www.monastere-cabanoule.com

Participation aux frais d'hébergement à convenir lors de votre réservation.

En 1970, les cisterciennes de l'abbaye Notre-Dame des Gardes, dans le Maine-et-Loire, achetèrent une petite propriété à Cabanoule pour établir, dans ce haut lieu du protestantisme huguenot, une communauté contemplative qui se consacre également à l'accueil de personnes en recherche spirituelle. Elles reçoivent aussi de jeunes volontaires pour une semaine, un mois ou plus désirant vivre au rythme de la vie monastique par le partage de la prière et du travail des sœurs

APPART HÔTEL - RÉSIDENCE LES 4 SOURCES*** €€

2508, route de Saint-Jean-du-Gard - **CORBÈS**

✆ 09 71 55 93 49

www.les4sources.fr

Ouvert toute l'année. Location Appartements meublés du T2 au T4 à partir de 70 € la nuit pour 2 personnes.

Les 4 Sources est un appart'hôtel où vous pourrez réserver un appartement tout équipé. Situé dans un parc arboré aux portes des Cévennes, il offre à ses hôtes une atmosphère calme, les plaisirs d'une piscine et un accès direct au Gardon. Les appartements, d'une ou deux chambres, disposent d'une cuisine, idéale pour se préparer de bons petits plats du terroir, d'une terrasse et de la climatisation. Vous trouverez tout le confort pour passer un séjour agréable au cœur des Cévennes.

CAMPING L'OLIVIER*** €€

3, route de la Plaine - **MASSILLARGUES-ATTUECH**

✆ 04 66 61 84 80

www.campinglolivier.com

Chalets 2-5 personnes de 255€-565€ ; mobil-homes 6 personnes de 495€-705 € ; mobil-homes pour 4 personnes de 285€ à 620€

Le camping de Alexandra et Frédéric est certes petit, mais de qualité, avec seulement 15 emplacements il permet d'avoir une ambiance familiale et conviviale. Les emplacements, entre 80 et 100 m², sont appréciés par les familles qui profitent pleinement du cadre et du calme de la nature environnante. Sur place se trouvent aussi des chalets et des mobil-homes. Au camping l'Olivier, les animations font partie du quotidien. Il ne se passe pas un seul jour en été sans une soirée à thème, un concours, un défilé... La journée la piscine est disponible !

© RAHAN1991

Le village d'Anduze et le Gardon.

CAMPING LE FIEF D'ANDUZE €€

195, chemin du Plan-d'Eau
MASSILLARGUES-ATTUECH ✆ 04 66 61 81 71
www.campinglefiefdanduze.com
Emplacement + véhicule + 2 personnes de 15,60 à 26,30 €. Emplacement + véhicule + 2 personnes de 13,50 à 24 €.

Le superbe camping familial de 112 emplacements est niché au cœur de la nature aux portes des Cévennes, lové dans un parc de 5 hectares, où le calme, la détente et le bien-être sont au rendez-vous. Venez profiter de la douceur du lac en bordure du camping, ou de la rivière à seulement 300 m, avec accès pédestre privé. Le camping dispose d'emplacements spacieux, de confortables mobil-homes bien ombragés, d'une piscine avec pataugeoire, d'un bar, d'un restaurant-pizzeria et d'un espace détente où vous pouvez profiter du hammam et du spa dans un cadre verdoyant.

CÉVENNES-PROVENCE*** €€

Corbès-Thoiras
✆ 04 66 61 73 10
www.camping-cevennes-provence.com
Ouvert du 20 mars au 1er octobre. Tarifs complets sur le site internet.

Un camping de rêve dans un cadre en pleine nature, bordé par deux rivières, offrant des accès privés aux plages de ces dernières. 220 emplacements de camping pour tentes et caravanes se choisissent au gré des préférences, plaine, colline ou terrasse. Des locations et un village de chalets avec toutes les commodités du quotidien : salon de coiffure accessible aux handicapés, douche pour animaux, sanitaires équipés pour personnes à mobilité réduite, laverie. Au bord de la rivière, 1,5 hectare d'aire de jeux et terrains de sport.

DOMAINE DE GAUJAC*** €€

2406, chemin de la Madeleine
BOISSET-ET-GAUJAC ✆ 04 66 61 67 57
www.domaine-de-gaujac.com
Fermé d´octobre à avril. 9h à 12h et 14h 17h hors saison 9h à 20h en saison. Terrain de 10 ha. 170 emplacements.

Situé au Boisset-et-Gauhac, c'est au bord du Gardon, cerné par des bois et des prairies, et noyé dans dix hectares de prairie que le « Domaine de Gaujac » permet de combiner détente et activités, autant sportives que culturelles. A proximité de nombreux sites, comme la Bambouseraie, il est facile de s'organiser un programme varié au départ de ce camping, sans pour autant faire trop de kilomètres sous le soleil estival. Une bonne adresse pour les amateurs de vacances vertes. La rivière est accessible sauf en cas de sécheresse !

ETHIC ÉTAPES VAL DE L'HORT €€

1050, chemin Bas
✆ 04 66 61 61 06
valdelhort.com
Chambres 2, 3, 4 lits ou dortoirs. Pension complète ou demi-pension. De 28 à 48,50 € la nuit selon formule.

Une centaine de lits répartis dans 29 chambres et un restaurant d'une capacité de 130 couverts composent l'offre de ce centre d'accueil. Les hébergements sous tente sont possibles de mi-mai à fin août, avec sanitaires réservés et possibilité de disposer d'une salle de réunion ou d'activités. Le lieu a l'habitude d'accueillir les groupes, séminaires, formations et séjours scolaires. Et ce n'est pas tout : de nombreuses activités sont praticables sur place et aux alentours.

HÔTEL LE DOMAINE DE LA RÉGALIÈRE*** €€

1435, route de Saint-Jean-du-Gard
✆ 04 66 25 22 01
https ://ledomainedelaregaliere.fr
Ouvert du 1er mars au 30 novembre. Établissement entièrement rénové. 12 chambres. Chambre double de 99 à 115 €.

Celui-ci vous accueille à la Régalière et vous installera dans l'une des 12 chambres, où vous profiterez des prestations, de la salle voûtée qui abrite le restaurant, et surtout de la terrasse, du beau parc arboré qui contient piscine et mini-golf. L'établissement propose également une belle cuisine simple et traditionnelle le soir, pour le matin c'est deux formules de petit-déjeuner, un classique et un avec buffet à volonté. Ici, vous aurez un accueil sincère et chaleureux.

LOU PRAT €€

300, chemin du Fustier
✆ 04 66 61 75 08
Gîtes de France (3 épis). Pour 8 personnes (100 m²). De 600 € à 1 270 € la semaine selon saison. 340 € le week-end.

Le gîte est une maison en plain-pied d'environ 100 m² qui peut accueillir jusqu'à 8 personnes. Il est situé sur un grand terrain clôturé avec piscine privée, terrasse couverte et garage. Le séjour est typique et se déploie autour d'une belle cheminée centrale. Tous les équipements ménagers sont disponibles et les chambres sont sobres et agréables. On vous conseillera avec plaisir sur les activités que vous pouvez entreprendre alentour, et elles sont nombreuses. Le gîte bénéficie du label Handicap et les locaux sont donc accessibles aux personnes à mobilité réduite

LE MAS DES ROSES €€

1376, route de Ribaute - **BOISSET-ET-GAUJAC**
✆ 04 66 25 66 37
www.lemasdesroses.com
De 550 à 995 € la semaine selon saison. Possibilité de location du mas entier, de 3 500 à 5 575 € selon la saison.

Cet ancien mas du XVIIIe siècle comprend 3 gîtes pour 4 à 10 personnes. Aménagés dans les différentes ailes du mas, ils sont totalement indépendants, ce qui permet une véritable intimité. Chaque gîte a été aménagé avec beaucoup de goût et dans un esprit traditionnel. On aime les meubles anciens, les touches contemporaines, les poutres apparentes et les revêtements authentiques du sol. Côté équipements, rien à dire : la cuisine possède tout ce qu'il faut, le jardin est équipé d'un barbecue et chaque gîte dispose d'une buanderie ainsi que d'un accès à la piscine.

MAS NOVIS €€

VABRES
www.mas-novis.com
4 éco-gîtes confortables et indépendants à partir de 395 € la semaine pour deux personnes.

Sur six hectares, quatre gîtes écologiques et bio dans un grand mas historique, au sud-est des Cévennes, à 420 mètres d'altitude, dans un cadre fait de cirque montagneux habité de châtaigniers et chênes verts, le ressourcement est garanti. Chaque gîte dispose d'une terrasse, d'une entrée indépendante, d'espaces extérieurs avec fauteuils et transats. Vous choisirez entre balades, jeux, repos, flânerie ou encore vous participerez aux stages de poterie, profiterez des conseils d'une naturopathe ou encore de massages, cours de yoga et randonnées.

MAS SUÉJOL €€

1405, chemin du Fraisal
✆ 04 66 60 92 55
www.suejol.com
Location de gîtes pour 4 ou 6 personnes, au week-end ou à la semaine. Gîte 4 à 6 personnes, la semaine de 350 à 1 650 €.

Situé à trois kilomètres du centre-ville d'Anduze dans le sud de la France, le vieux mas Suéjol de 600 m² accueille toute l'année les voyageurs de passage dans 4 chambres d'hôtes et 3 gîtes luxueux, clairs et tout confort. En journée, après un petit déjeuner à base de produits issus de l'agriculture biologique, vous pourrez profiter de la piscine en pleine nature ou partir à la découverte de la région d'Anduze et du Gard, avec non loin Alès et les Cévennes, pour une pause fraîcheur en plein cœur de l'été gardois. Bonnes vacances !

LA PORTE DES CÉVENNES*** €€

2300, route de Saint-Jean-du-Gard
✆ 04 66 61 99 44
Ouvert de début avril à mi-octobre. Chambres doubles à partir de 101 €. Menu à partir de 24 €.

Caché au travers des pins et des chênes verts, avec une vue imprenable sur une colline qui domine la vallée du Gardon, la Porte des Cévennes garantit à ses clients le calme et la sérénité au milieu de beaux paysages. Cet établissement présente un très bon niveau de confort, avec notamment salle de remise en forme et piscine couverte et chauffée. Les chambres spacieuses ont toutes un balcon privatif. Et surtout cette terrasse panoramique, avec vue sur la façade calcaire d'Anduze et le train à vapeur des Cévennes. Qu'il est doux de séjourner ici !

LE PRADAL*** €€

200, route de Générargues
✆ 04 66 61 79 81
www.campinganduze.com
Emplacement + véhicule + 2 personnes de 18 € à 33 €. Mobil-homes pour 4 personnes de 250 € à 850 € la semaine.

Ce camping baigne dans un cadre verdoyant à l'ombre des pins et des peupliers. Vous pourrez y planter votre tente ou opter pour la location d'un chalet, d'une caravane ou d'un mobil-home avec terrasse. La piscine est suffisamment grande et la partie de pétanque à l'ombre d'un terrain aménagé saura clôturer vos journées de détente. Les acharnés de tennis y trouveront également un terrain. Le soir, près du bar, sur la terrasse de 250 m², vous profiterez des talents de la cuisinière ou des différentes animations proposées, comme les soirées dansantes.

LA FERME DE CORNADEL €€€

Route de Générargues
✆ 04 66 61 79 44
www.cornadel.fr
Ouvert toute l'année. Chambres et suites à partir de 72 €. Menus à partir de 19 €.

A deux pas de la fameuse Bambouseraie, la Ferme de Cornadel est le palace des environs. Les chambres et suites, aux doux noms de cépages viticoles, arborent les mêmes tons et la même recherche décorative qui règne dans le restaurant du rez-de-chaussée, avec sa belle terrasse ombragée par les kiwis. Offrez-vous le luxe d'un massage aux huiles essentielles dans votre chambre ou au bord de l'eau. Entre vieilles pierres, terrasse et piscine, tout concourt à faire de cette ambiance cosy et végétale un cadre de rêve pour un week-end romantique ou des vacances luxueuses.

LA POMMERAIE**** €€€

Route de Lasalle
✆ 04 66 85 20 52
www.la-pommeraie.fr
Emplacement + véhicule + 2 personnes de 15,40 € à 26,20 €. Chalets de 320 € à 780 € ; mobil-homes de 320 € à 760 €.

Ce camping de haut standing vous accueille au bord d'une rivière limpide et dans un écrin de verdure exceptionnel. Avec ses trois bassins extérieurs (du 1er juin au 30 septembre) dont la pataugeoire pour les tout-petits, ses cours de gymnastique, le cours de tennis et ses soirées variées, vous apprécierez des sessions de sport, le cadre nature, le côté familial du camping ainsi que la proximité de nombreux sites du Gard. Ce camping qui arbore quatre étoiles vous offre emplacements pour poser votre tente, des bungalows, des mobil-homes et des chalets.

L'ATELIER DE PIERRE ET SOPHIE €€

3, rue du Plan-de-Brie
✆ 04 66 25 22 50
www.latelierdepierreetsophie.fr
Le mardi et du jeudi au dimanche midi et soir. Juillet-août : fermé le mercredi. Menus de 23€ à 29€. Formule midi : 15€.

On trouve dans ce beau restaurant, qui allie rusticité authentique et modernité de bon goût, tous les incontournables de la cuisine du terroir, avec des produits d'une fraîcheur irréprochable achetés à des producteurs locaux. Et que dire des huit variantes de café gourmand, toutes plus alléchantes les unes que les autres ? Les propriétaires se plient en quatre et confèrent une ambiance agréable et conviviale à leur établissement. Un passage obligatoire sur Anduze !

LE CABANON €€

16, plan de Brie
✆ 04 66 61 64 62
www.lecabanon-anduze.fr
Ouvert tous les jours midi et soir. Brasserie, glacier et snacking tous les après-midi. Menu à partir de 22 €.

Au cœur d'Anduze, Karine Anfosso vous ouvre les portes de son Cabanon. Ne vous fiez pas à son nom, c'est bien là une jolie maison agrémentée d'une bien belle table qui vous accueille à l'année. Epicurienne dans l'âme, Karine a à cœur de vous faire partager toutes les saveurs du terroir, tant dans l'assiette que dans le verre. On savoure un tartare de bœuf d'Aubrac, on se régale d'un parmentier de morue, on se délecte d'un fromage de chèvre du producteur local Frédéric Pantel, le tout subtilement arrosé d'un verre de vin du domaine de l'Orviel. Délicieux !

LE CÉVENOL €€

18, place du Plan de Brie
✆ 04 66 85 40 70
www.lecevenol-restaurant.fr
Basse saison : tous les jours le midi. Haute saison : tous les jours le midi et le soir. Menus de 16,90 € à 25 €.

Le restaurant Le Cévenol se démarque des autres restaurants d'Anduze et de ses alentours. C'est pourquoi locaux et touristes s'y retrouvent. Une équipe de grande qualité et un chef talentueux unissent leurs efforts et leurs compétences pour proposer un excellent repas composé de plats du terroir : viandes, poissons, plats végétariens... Il y en a vraiment pour tous les goûts ! Il faut également préciser que le menu enfant est très apprécié : la saucisse est d'ailleurs plébiscitée, tout autant que les frites maison. Un régal !

ESPACE GIDE-BISTRO DÉCO €€

1, chemin de Canonge
MASSILLARGUES-ATTUECH
✆ 04 66 24 45 43
Menus de 26 à 30 € (dîners-concert). Carte : 28 € environ. Formule du midi : 11 €. Vin au verre. Terrasse. Boutique.

En ouvrant l'Espace Gide dans ce petit village du Gard, M. Winter a souhaité créer un concept avec plusieurs brocanteurs où l'on pourrait s'amuser, chiner et se restaurer. Le pari est réussi puisque l'affaire est souvent bien remplie. Le grand espace aménagé fait à la fois brocante, magasin de décoration et galerie d'art contemporain. Les responsables y organisent de nombreux événements tout au long de l'année, notamment une course de voitures anciennes et des animations musicales. L'adresse dispose aussi d'un bistro qui accueille de nombreux clients.

LA FERME DE CORNADEL €€

Route de Générargues
✆ 04 66 61 79 44
www.cornadel.fr
Ouvert toute l'année. Tous les jours et les jours fériés le midi et le soir. D'octobre à avril : fermé le dimanche soir.

Le restaurant offre un charme authentique, ainsi que différentes salles aux matériaux bruts où s'enchaînent briques, pierres, acier, volutes de rideaux, cuir, tons chocolat et orange, or et argent. Quiconque sera séduit aussi par la cuisine, parfumée, savoureuse et présentée avec goût. Dans cette atmosphère de maison de campagne luxueuse avec cheminée ou sur la terrasse à l'ombre des kiwis, on découvre un véritable pêle-mêle culinaire des « finger food » salés aux saveurs régionales issues du sud de la France à Anduze. Bon appétit !

LA FLEUR DE THYM €€

95, chemin du Landas
RIBAUTE-LES-TAVERNES
✆ 04 66 60 63 08

Ouvert le mardi et du jeudi au samedi le midi et le soir ; le mercredi et le dimanche le midi. Menus de 35 à 42 €.

Dans une maison moderne entre Ribaute-les-Tavernes et Saint-Christol-les-Alès, Aurore et Joffrey vous accueillent dans leur établissement pour vous faire passer un délicieux moment de gastronomie. Le lieu est calme et bien aménagé, et le service d'Aurore des plus agréables. La cuisine est fine et créative, la carte éclectique et colorée. Tronçon de turbot, sauce safranée, carré de cochon Haute-Loire et sauce aux girolles ou marmite du pêcheur en plat, velouté de courges, œufs pochés à basse température et chantilly au thym en entrée...

SAVEURS DU SUD €€

11, rue Bouquerie
✆ 04 30 38 63 66
http ://saveur-du-sud.fr

Fermé du 3 novembre au 4 mars. Menus de 22 € à 25 €. Menu enfant : 8 €.

Si la gastronomie cévenole est réputée, le restaurant « Saveurs du Sud » situé dans le sud de la France plus exactement dans le Gard, labellisé Militant du Goût, est une valeur sûre à Anduze. Situé rue Bouquerie depuis 2018, ce restaurant fait la part belle à la cuisine du terroir, dans un cadre chaleureux fait de pierres et de voûtes. Poissons, viandes, légumes du marché... tout est frais, et les vins (même en carafe) sont issus de la viticulture biologique. Un vrai plus ! Notons d'ailleurs que la cheffe est une ancienne de l'agriculture bio.

LA TRUIE QUI DOUTE €€

1840, route de Saint-Jean-du-Gard
✆ 04 66 25 86 89
www.latruiequidoute.net

Basse saison : tous les jours le midi ; du jeudi au samedi le soir. Haute saison : tous les jours le midi et le soir.

Après le départ de Delphine en mars dernier, c'est une employée de l'établissement, Anita Cournut, qui a repris l'affaire. Cet établissement est l'un des classiques du coin et vous accueille dans un intérieur agréable, ou sur la belle terrasse si vous avez la chance d'y passer pendant les beaux jours, sous le craquètement des cigales, à l'ombre du tilleul et des mûriers. La carte est plutôt complète et les plats faits maison sont fluctuants, comme dans de nombreux endroits, au fil des saisons et des envies. Bonne dégustation !

LES GOURMANDS

3, rue Bouquerie
✆ 09 80 97 05 97
www.chocolat-chocobio.fr

Ouvert du mardi au samedi de 9h à 12h. Ou sur rendez-vous.

Voilà un établissement qui porte bien son nom ! Monté en 2015, il est situé au 3 rue Bouquerie côté école maternelle et parking du collège. Dans cette chocolaterie bio et équitable *bean to bar* (de la fève à la tablette), Corinne nous fait goûter un chocolat praliné d'amande bio de sa réalisation. Ici les goûters sont joie et découvertes ! La gamme de chocolats proposés est impressionnante ! Et ici, tout est bio et travaillé avec des produits du pays... Des créations comme les chocolats blancs à la réglisse, le gianduja blanc bio au piment.

LA NOUGATERIE CÉVENOLE

9, Plan de Brie
✆ 07 49 13 14 75

Ouvert du jeudi au samedi et le dimanche matin.

C'est dans ces ruelles étroites du centre-ville d'Anduze que l'on trouvera cet artisan fabricant de nougat et de pain d'épices. M. Dorin officie dans un bâtiment vieux de 700 ans, un ancien pressoir. La production de son atelier offre un véritable festival gustatif aux papilles : pains d'épices et nougats, mais aussi miels, chocolats, confitures, calissons, épices et poivres figurent sur sa palette d'artiste. Outre la dégustation, découvrez aussi le processus de fabrication de ses produits et appréciez les vertus d'un bon thé sur les conseils du maître artisan.

LE CHÊNE VERT

Route d'Alès - **BOISSET-ET-GAUJAC**
✆ 04 66 61 70 24
www.poteriedanduze.com

En juillet et août du mardi au dimanche, au printemps du mardi au dimanche (après-midi), en hiver du mardi au samedi.

Les enfants de la famille Fourbet ont repris le flambeau de cette poterie artisanale, dans le respect de la tradition locale. La légende raconte que le vase d'Anduze serait né en 1610 : un potier ayant vu à la grande foire de Beaucaire un vase Médicis, eut l'idée de façonner un vase élégant combinant l'exubérance à l'italienne et l'austérité cévenole, des guirlandes et des macarons décorant un vase en forme de cloche renversée posée sur un pied-douche. Véritables fleurons des jardins méridionaux, ils sont aujourd'hui exportés dans le monde entier.

DOMAINE DU MAS SEREN

1820, route de Saint Jean du Gard
✆ 06 79 41 13 29
www.mas-seren.fr
Caveau ouvert toute l'année.

Bienvenue au Mas Seren, au cœur des Cévennes ! Oui, la rime est voulue comme saura vous l'expliquer Emmanuelle Schoch, la propriétaire des lieux. Cela fait une dizaine d'années que cette Lyonnaise d'origine est venue planter ses six hectares ici à Monoblet (la dégustation et la vente se font quant à elles à Anduze). Garrigue et forêt de chênes encerclent le domaine, baigné par le soleil et sur lequel veillent les étoiles (qui donnent leur nom au domaine : Seren signifie « étoile » en gallois, et chaque cuvée porte le nom d'une étoile).

SYNDICAT IGP CEVENNES

1, route de la Plaine
MASSILLARGUES-ATTUECH
✆ 06 59 13 39 09
www.vinsdescevennes.com

L'IGP Vins des Cévennes tire bien entendu son nom du massif des Cévennes. Les vins des Cévennes s'épanouissent dans un climat de type méditerranéen. Plusieurs vins peuvent être produits sous l'IGP Cévennes, et celle-ci peut être complétée par cinq dénominations : les Coteaux cévenols, les Coteaux du Salavès, les Côtes du Libac, le Mont-Bouquet et Uzège.

Le vignoble des Cévennes est aussi l'héritier d'une histoire mouvementée.

▶ **Enfin, une manifestation festive** et originale qui allie randonnée et découverte des vins des Cévennes : les Vignes Réboussières.

LES VIGNERONS DE LA PORTE DES CÉVENNES

1, route de la Plaine - **MASSILLARGUES-ATTUECH**
✆ 04 66 61 81 64
www.vin-sud.com
En été : du lundi au dimanche. Avril, mai, juin et septembre : du lundi au samedi.

La dernière cave avant de franchir la porte des Cévennes. La cave délivre avec franchise plusieurs gammes des vins IGP Cévennes et AOP Duché d'Uzès. Des vins osés et gouleyants, au caractère bien trempé et aux cépages multiples : merlot, cabernet, syrah, grenache mais aussi marselan et alicante apportent de la fougue aux rouges. Viognier, chardonnay, sauvignon, marsanne ou roussanne dominent les blancs, qui accueillent tout de même un vin 100 % chasan.

BARJAC

Cette attachante cité, labellisée Village de caractère, est le point de départ de multiples randonnées et sorties nature. En remontant vers l'intérieur du pays, à travers les sentiers pédestres de la vallée de la Cèze et des gorges de l'Ardèche, la région est fraîche et tempérée. Qu'est-ce qui fait le charme de Barjac ? Son patrimoine historique, le bel héritage de ses traditions, quelques bonnes tables et de sympathiques foires et marchés. Une certaine douceur de vivre également, que l'on sent ici, et une proximité avec la nature qui de toute part vous englobe. Une nature sauvage et prolifique, parsemée de senteurs de thym, de serpolet et de lavande.

CENTRE HISTORIQUE

Office de Tourisme
✆ 04 66 24 53 44
Ouvert toute l'année.

A la découverte des maison médiévales, des hôtels particuliers de style Renaissance et du château fortifié, le centre historique de Barjac, très bien restauré, séduit l'amateur de vieilles pierres. Le donjon du château, construit au XIIe, siècle offre de son sommet une vue superbe sur la cité. La chapelle du couvent des Capucins, l'hôtel de ville, l'église Saint-Laurent et le château des comtes du Roure font partie des points d'intérêt de la visite. Un plan du village, proposant 2 circuits découverte, est disponible gratuitement à l'Office de Tourisme.

BUREAU D'INFORMATION TOURISTIQUE DE BARJAC

120, place Charles-Guynet
✆ 04 66 24 53 44
www.tourisme-ceze-cevennes.com
Ouvert toute l'année, horaires variables en fonction des saisons.

L'approche de la bourgade gardoise se fait par l'harmonieux terre-plein central où converge toute l'activité commerciale des foires et marchés. Un emplacement stratégique pour les bars, restaurants et l'office de tourisme. Ici, vous pourrez réserver une visite guidée du centre historique, et découvrir l'ensemble médiéval et Renaissance admirablement mis en valeur. Entre remparts, tours hautes et ruelles pavées, Barjac présente un patrimoine bâti digne d'un conte de fées.

© ALAIN DUBOULOZ

GRAND SITE DE L'AVEN D'ORGNAC ★★★★

Place Robert-de-Joly
ORGNAC-L'AVEN
✆ 04 75 38 65 10
www.orgnac.com

Fermé du 15/11 au 1/02 sauf Noël et Nouvel An. Selon la saison 9h30/10h-18h/19h. Adulte 14,50 €. Visite guidée.

La grotte de l'Aven d'Orgnac, joyau naturel édifié en 100 millions d'années, a été classée Grand Site de France. Vous accéderez au cœur de la Terre, grâce à 700 marches (il y a un ascenseur pour remonter), à 11 et 13 °C. Un guide vous fera découvrir les décors étonnants formés par la nature et la beauté mise en lumière des salles gigantesques. A la sortie, vous ne manquerez pas le Musée régional de la Préhistoire, la boutique des produits du terroir, les animations d'été. Magique !

RACINES ET PATRIMOINE OCCITAN

Place Charles-Guynet
✆ 04 66 83 10 21
Agenda de l'association disponible sur le site internet. Visite guidée. Animations.

« Racine et patrimoine occitan » est une association située dans la superbe ville de Barjac, dans le sud de la France, qui a pour vocation la conservation de la richesse culturelle occitane et sa transmission. C'est autour de visites et de balades réalisées sur mesure que le public aura l'occasion de découvrir le territoire dans son ensemble. L'association organise des sorties découverte histoire et patrimoine, des conférences, des animations ainsi que des randonnées.

LA MAISON DE DAME TARTINE €€

Rue de la Fontaine - **ISSIRAC** ✆ 04 66 82 17 06
https ://maisondedametartine.com/
Chambre simple 50 € ; chambre double de 65 € à 75 €. Table d'hôtes pour 25 €/personne. Uniquement sur réservation.

Entre Montclus et Aiguèze, vous serez ici au cœur d'une très belle campagne plantée d'essences méridionales, à l'épicentre de nombreux sentiers de randonnées pédestres, avec vue sur le mont Ventoux et la garrigue. Cette maison d'hôtes, ouverte toute l'année, maintient des tarifs fort abordables. Raison de plus pour choisir l'une des 5 chambres d'hôtes de Dame Tartine, qui chacune répond au doux nom de Lavande, Bleuet des Champs, Coquelicot, Liseron ou Violette des Bois.

AUBERGE DU PONT DE VAGNAS €€

Pont de Vagnas
✆ 04 66 24 52 37
www.auberge-pontdevagnas.com
4 chambres. Chambre double de 70 € à 100 €. Restauration (menus à 18 €, 23 € et 32 €).

Restaurateurs depuis 20 ans, Claude et Cathy ont ouvert il y a quelques années 4 chambres d'hôtes de charme équipées tout confort. Elles se nomment chocolat, orchidée, mandarine et bambou, possèdent chacune leur code couleur et leur ambiance. On s'y sent vraiment bien et la douche italienne ne gâche rien ! Côté restaurant, ils proposent dans leur auberge une cuisine traditionnelle soignée aux accents de terroir. Une adresse à découvrir ou à redécouvrir.

LE MAS NEUF*** €€

Route de Bessas
✆ 04 66 24 59 31
masneuf.jimdofree.com
Ouvert toute l'année. Réservation recommandée. Sol : herbeux. Wifi. Animations.

Le « Mas Neuf » c'est la promesse de vacances sereines et de découvertes en tout genre. Situé sur la route de Bessas à Barjac, petit village du sud de la France, ce mas se tient entre mer et vallons, montagne et cours d'eau, c'est un vrai petit paradis pour les sportifs des vacances qui souhaiteraient faire une sortie kayak ou une randonnée pour se décrasser les poumons ou encore pour ceux qui souhaiteraient se reposer et profiter du lieu. En plus de profiter d'une situation idéale, l'espace est tout confort et saura convenir à tous les arrivants. Bonnes vacances !

LA BUISSIÈRE*** €€

Route de l'Aven-d'Orgnac
✆ 04 66 24 54 52
www.camping-la-buissiere.com
Emplacement + véhicule + 2 personnes de 19 € à 23,50 €. Caravanes de 250 € à 480 € ; mobil-homes de 410 € à 770 €.

Le camping de la « Buissière » situé à Barjac dans le sud de la France, très arboré, propose 100 emplacements dont 50 pour y placer le mobil-home de vos rêves et pour y faire votre résidence secondaire. Ce havre de paix, bien équipé, à 2 km de Barjac, vous invite à des vacances au calme où Carole et Eric vous accueillent dans une ambiance familiale, au cœur d'une région débordante d'activités où vous pourrez vous reposer avec votre famille ou vos amis. De nombreux chemins de randonnée, petits et moyens, serpentent autour du camping.

NATURA LODGE €€

✆ 04 66 24 54 77
www.ardeche-detente.com
Fermé de novembre à mars. Chambre dès 65 €, hébergements insolites à partir de 75 € la nuit, petit déjeuner compris.

Ici, on réalise un rêve d'enfant : dormir dans une cabane dans les chênes. Perchés à 4 m du sol, que ce soit en couple ou en famille, vous serez séduit par ces vacances insolites dans un écolodge labellisé « Refuge LPO ». Aux beaux jours, vous bénéficierez de l'accès à la piscine et sa pataugeoire. La salle commune dispose d'une cuisine d'été, de jeux et d'une bibliothèque. Les autres écolodges : quatre yourtes mongoles, une roulotte, un avion Cessna loué avec sa tour de contrôle et une bulle suspendue dans les arbres. Table d'hôtes locavore sur réservation.

DOMAINE LE CLOS DES CAPITELLES***** €€€

SAINT-PRIVAT-DE-CHAMPCLOS ✆ 04 66 60 24 57
www.camping-closdescapitelles.fr
Emplacement + véhicule + 2 personnes de 20 € à 35 €. Mobil-homes pour 2 à 6 personnes de 490 € à 1 140 € la semaine.

Elisabeth a placé la barre très très haut avec son camping, et elle a raison. Les 5 étoiles et les tarifs sont justifiés. Idéalement située, puisque point stratégique pour visiter les nombreux petits villages typiques des alentours, le camping est niché dans un parc ombragé de 4 ha. L'environnement est renversant, les emplacements sont parfaitement aménagés et permettent une intimité totale. Les mobil-homes sont très bien entretenus et offrent tout le confort d'une résidence.

LE CARRÉ DES SAVEURS €€

1770, chemin du mas-du-Terme
✆ 04 66 24 56 31
www.le-carre-des-saveurs.com
Fermé de janvier à fin février. Ouvert tous les jours midi et soir. Menu à partir de 19 €.

Le restaurant est celui de l'hôtel Le Mas des Termes. Un patio baigné de soleil où quelques parasols offrent un peu d'ombre en été, une salle voûtée du XVIIIe siècle où les pierres apparentes s'harmonisent avec le mobilier contemporain. Le chef offre une cuisine originale, basée sur une agriculture locale raisonnée, mettant l'accent sur la fraîcheur et la saisonnalité des produits. Vous aimerez le Craspeù de Provence, la souris d'agneau confite et son caïeu d'ail. Belle sélection de vins biologiques qui raviront le connaisseur comme le profane.

C2 SAVEURS €€

205, gtand rue Jean Moulin
✆ 04 66 24 57 01
Hors saison : fermé le mercredi et le jeudi. En haute saison : fermé le jeudi midi. Menu unique à 28 €.

© ADRIENBRAGER

La Gargouille a fait place à un restaurant élégant repris par Coralie et Charlotte. L'une cuisine, l'autre pâtisse. Elles ont forgé lors de leurs voyages par le monde, une grande expérience culinaire qu'elles ont ajoutée aux plats de leur enfance et remixée de leur talent. Des zestes d'exotisme terminent de ponctuer une cuisine qui leur ressemble. Les mets élaborés à base de produits frais locaux et les viandes sont estampillées françaises. Un choix de 4 entrées, 4 plats, 4 desserts vous donne le tournis, on ne sait que choisir.

LE MOUTON NOIR €€

Camp Grand
ISSIRAC
✆ 07 61 43 98 14
www.le-mouton-noir.com
Ouvert du mardi au dimanche le soir. Réservation recommandée. Menu unique à 40 €.

Le « Mouton Noir » c'est celui qui refuse d'entrer dans le rang, celui qui défie les normes instituées, qui n'hésite pas à assumer son caractère… On pourrait donc se demander en quoi est-ce que ce restaurant d'Issirac, perdu au milieu des champs, entre dans cette définition. Heureusement, il suffit d'y mettre un pied et de goûter à la première bouchée préparée par la cuisine pour avoir quelques éclaircissements. Sur place la nourriture est divine, servie avec douceur et gentillesse, à des prix saisissants. Bonne dégustation !

RESTAURANT LE BRIN D'ÎLE €€

Route de Bagnols-sur-Cèze
SAINT-PRIVAT-DE-CHAMPCLOS
✆ 04 66 24 52 13
Ouvert tous les jours le midi ; du mardi au dimanche le soir. Réservation recommandée. Menus de 26 € à 32 €.

D'un côté la rivière Cèze, de l'autre les champs de lavande si odorants en été, la terrasse de ce restaurant offre une vue panoramique sur la campagne environnante qui a le charme méridional, ondulant et tranquille d'une carte postale. À l'ombre des grands chênes, vous pourrez déguster les spécialités du terroir préparées par le chef et son équipe. Présent depuis 25 ans dans la région, l'homme a pu créer une relation avec les petits producteurs du coin, depuis 18 ans qu'il est à la tête de l'établissement c'est chez eux qu'il fait le plein pour sa table.

LE DIABLOTIN GOURMAND €€

Place de l'Horloge
✆ 09 52 46 85 76
Haute saison : ouvert 7j/7. Fermé de janvier à mars. Formules à 16 € et 23 €. Terrasse.

© ADRIENBRAGER

Vous vous trouvez au pied de la Tour du Notaire, offrant une terrasse où il fait bon se poser. Ici, vous pourrez vous restaurer de plats mijotés, à la plancha, de tartares et carpaccios... Il y en a pour tous les goûts, amateur de viande, de poisson, végétarien et végétalien. Laissez-vous tenter par des glaces artisanales venues d'Ardèche. Martine confectionne une cuisine 100 % maison à base de produits frais issus des producteurs locaux et pâtisse des fondants au chocolat, à la châtaigne, des pavlovas, à accompagner d'un chocolat maison, d'un café ou d'un thé bio.

CHARCUTERIE PIOU

63, rue Saint-Michel
✆ 04 66 85 30 16
Ouvert du mardi au samedi de 8h à 12h30 et de 15h à 19h ; le dimanche de 8h à 12h30.

Si vous flânez dans les rues de Barjac vous aurez surement l'occasion de passer devant la Charcuterie Piou. Cette adresse fait partie des petits bijoux de la région, si bien qu'en 2015 le guide Gault et Millau « Expert gourmand » leur a rendu hommage. A la tête de cette maison on trouve Valérie et Frédéric, deux passionnés qui mettent la main à la pâte et qui ne cessent d'expérimenter pour améliorer leur recette et leur méthode de conception. Ils proposent à la vente des produits régionaux et quelques plats traiteur. On recommande !

LE MARCHÉ DE BARJAC

Tous les vendredis matin.

Tous les vendredis matin, la petite ville de Barjac, située dans le sud de la France, s'anime et laisse la place à de nombreux producteurs locaux qui viennent installer leur stand de délices locaux en tout genre. C'est la sortie idéale si vous êtes un peu matinal et que vous avez un fort appétit. En effet, les fromagers, maraîchers et bouchers se feront une joie de vous parler de leur produit et les chanceux auront la chance d'en picorer un morceau. Parfait pour réveiller son estomac et bien sûr se fournir en produits bien locaux.

ALLÈGRE-LES-FUMADES

On dit d'Allègre-les-Fumades qu'elle est une oasis au milieu de la garrigue connue depuis l'Antiquité. Entre Cévennes et vallée de la Cèze, au confluent de trois rivières, ce bourg attire un tourisme vert à la recherche de fraîcheur et de bien-être. Unique station thermale du Gard grâce à ses eaux chargées d'hydrogène sulfuré et d'oligo-éléments, les thermes de Fumades-les Bains offrent aux curistes hammams, saunas, piscines et autres bains massants. La visite de la maison de l'Eau (qui propose une programmation éclectique de spectacles et concerts) et de la nougaterie artisanale apportent d'autres découvertes dans ce bourg un peu magique.

LE CHÂTEAU D'ALLÈGRE

Hameau d'Allègre
www.chateaudallegre.com
Ouvert toute l'année. Visite libre. Visite guidée les premiers Samedis de chaque mois. Se munir de bonnes chaussures.

Fresque historique grandeur nature, le Gard est une terre de vestiges et de traditions. Le château d'Allègre est l'un de ses nombreux trésors ! Dressé à 275 m d'altitude, il offre une vue incroyable sur les Cévennes et le Mont Bouquet. Ces ruines sont ce qu'il reste du village de chevaliers qui était abrité par ces terres aux alentours du XIe siècle. C'est l'Association de Sauvegarde du Château d'Allègre qui redonne vie à ces vaisseaux de pierre, notamment en proposant des visites et des animations, dont la fête médiévale le 3e samedi de juillet.

CHÂTEAU DE MONTALET

8, cité Borie
MOLIÈRES-SUR-CÈZE
✆ 04 66 60 24 91
https ://clnunez13.wordpress.com
Ouvert toute l'année. Adulte : 3 €.

Les premières traces de ce château féodal, construit sur un promontoire surplombant la vallée de la Cèze, remontent à 1121. Une restauration active depuis une dizaine d'années sous l'égide d'une association de sauvegarde dynamique a permis d'ouvrir le site à la visite du public, et même d'organiser des concerts à la belle saison. Vous emprunterez un chemin de randonnée, agréable sentier botanique qui grimpe ce après quoi un guide de l'association vous apprendra tout sur l'histoire des seigneurs de Montalet et sur les étapes de restauration du château.

NOUGATERIE DES FUMADES

Hameau de Auzon
✆ 04 66 24 26 85
www.nougaterie-fumades.com
Ouvert toute l'année. Du mardi au samedi de 9h30 à 12h30 et de 14h à 18h

Philippe et Sylvie Dura vous accueilleront chaleureusement pour vous faire découvrir ce produit étonnant qu'est le nougat. Plusieurs fois primé au concours « militant du goût », cet artisan a été récompensé de la médaille d'argent pour son nougat citron et d'une médaille de bronze pour celui à la fleur d'oranger. Les visites et dégustations sont gratuites. Au royaume de la douceur, pralines, pâtes de fruits, paniers gourmands, pains d'épices n'attendent plus que vous. Une adresse absolument exquise qui ravira les petits et les grands !

GROTTE LA COCALIÈRE

COURRY
✆ 04 66 24 34 74
www.grotte-cocaliere.com
Mars à novembre. Horaires selon saisons. Adulte 13,50 €, enfant 9,50 €. 690 €/nuit. Qualité Sud de France. Restauration.

A la limite du Gard et de l'Ardèche, se cache la grotte de la Cocalière. Vous y découvrirez durant 45 minutes à 13 °C des reflets féeriques sur les lacs et une vue extraordinaire sur les disques, bassins de cristal, perles de caverne en formation et galerie préhistorique. Le retour se fait en petit train. A l'extérieur, un sentier découverte vous fera admirer le bois de Païolive, paysage calcaire surprenant. Cernées de chênes et d'arbousiers, les roches datant du Jurassique ont été érodées par les éléments, donnant de véritables sculptures naturelles.

CAMPING ET GÎTES LE LAVOIR D'ARLINDE €

Hameau d'Arlinde ✆ 04 66 24 82 81
www.camping-ferme-fumades.com
Emplacement camping 4 €, adulte 4,50 €, enfant 2 à 3,50 € selon âge, visiteur 3,50 €, animal 1 €, électricité 4 €.

Au cœur de la vallée de la Cèze, l'exploitation de Christophe est tournée vers l'agritourisme et propose ainsi 25 emplacements de camping dans un espace naturel protégé et de toute beauté. Cette adresse est parfaite pour des vacances en famille. En effet, Christophe n'hésite pas à faire découvrir aux petits et grands son métier et surtout sa passion pour l'agriculture biologique, les plantations de grenadiers, les truffières, les cultures de céréales sans oublier les vignes.

LA PICHOLINE €€

Croix de Parens - **COURRY** ✆ 04 66 24 13 30
http ://lapicholine2003.free.fr
Ouvert toute l'année. 5 chambres. Chambre double 55 €. Petit déjeuner : 10 €. Restauration (table d'hôtes : 25 €).

Cette ancienne magnanerie propose cinq chambres d'hôtes aux couleurs du Sud. Paon, Ciboulette, Provence, Majorlaine et Lavande sont toutes équipées d'une salle de bains et de toilettes privatives. L'été vous profiterez de la piscine et de la table d'hôte installée dans le jardin. Les plus sportifs apprécieront les séjours à la carte, avec le propriétaire pour des balades à vélo ou en baskets sur les routes de la région. Quant à la table d'hôtes, qu'elle soit dressée dans la superbe salle voûtée ou dehors à l'abri sous la tonnelle, elle se révélera familiale et conviviale.

YELLOH ! VILLAGE CHÂTEAU DE BOISSON***** €€

1, Hameau Boisson
✆ 04 66 24 85 61
www.chateaudeboisson.com
Emplacement + véhicule + 2 personnes de 18 € à 50 €. Mobil-home : de 39 à 168 €/nuit. Chalet : de 80 à 245 €/nuit.

C'est bien d'un camping qu'il s'agit ! Installé sur le domaine du Château de Boisson, entre Cévennes et Ardèche et proche du site thermal des Fumades et de son casino, ce camping qui a récemment obtenu sa 5e étoile est implanté en terrasse dans une région verte et boisée, où il fait bon planter ses piquets. Près de 180 emplacements pour une large palette de propositions tant en matière de services que d'animations. Plusieurs services sont à votre disposition.

OFFICE DE TOURISME - MAISON DE L'EAU

Les Fumades les Bains
✆ 04 66 24 80 24
www.tourisme-ceze-cevennes.com
Ouvert toute l'année, horaires variables en fonction des saisons.

L'office de tourisme intercommunal Cèze-Cévennes a son siège à la Maison de l'eau. Il vous propose une documentation importante sur la ville et les sites touristiques de la région. On vous renseignera également sur les différentes activités qui animent la région et sur les différents marchés riches en produits du terroir. C'est également un relais d'information du Parc National des Cévennes. Les lieux accueillent aussi le Centre de Développement Culturel pour des expositions.

RESTAURANT DU CHÂTEAU DE BOISSON €€

Hameau de Boisson ✆ 04 66 24 85 61
www.chateaudeboisson.com
Ouvert du mardi au samedi le soir ; le dimanche midi. Réservation recommandée. Vin au verre. Accueil des groupes.

Le restaurant du Château est un lieu de charme, disposant d'un décor à couper le souffle, dans lequel vous prendrez plaisir à vous installer pour une pause gourmande. Situé au pied des ruines du château d'Allègre, l'établissement prend place dans une magnifique pièce voûtée qui servait autrefois d'écurie. La terrasse borde adroitement les deux ailes du château, de quoi s'abriter du soleil quand la chaleur se fait trop sentir. A table, on vous réserve un repas traditionnel et raffiné.

DOMAINE DES FUMADES**** €€€

Fumades-les-Bains ✆ 04 66 24 80 78
www.domaine-des-fumades.com
Ouvert d'avril à septembre. Tarifs complets sur le site internet.

Bienvenue au Domaine des Fumades, camping haut de gamme au cœur de la vallée de la Cèze. Magnifique oasis provençal niché dans un cadre verdoyant de 4ha, le camping sera votre bulle de bonheur pour un séjour en famille. Entre des emplacements pour votre tente, votre camping car ou encore la location d'un mobile-home, d'un chalet ou d'un appartement, vous aurez l'embarras du chois dans cet écrin végétal. Un superbe complexe aquatique complète l'ensemble : piscines chauffées, coin balnéo, toboggans, jeux pour petits grands, solarium, tout fait pour s'amuser.

NOUGATERIE DES FUMADES

Hameau de Auzon
✆ 04 66 24 26 85
www.nougaterie-fumades.com

La réputation de ce nougatier et de ses créations n'est plus à faire. Ainsi, Philippe et Sylvie Dura vous accueilleront chaleureusement pour vous faire découvrir ce produit étonnant : le nougat. Ils ont su redonner une nouvelle vie au nougat en l'associant à de subtiles recettes comme la salade mélangée au nougat pignons, un véritable délice gustatif. Plusieurs fois primés au concours « militant du goût », cet artisan a été récompensé de la médaille d'argent pour son nougat citron et d'une médaille de bronze pour celui à la fleur d'oranger.

L'AUBERGE D'AUZON €€

30, rue de l'Ancien-Couvent
✆ 04 66 24 83 51
Vendredi/Samedi/Dimanche : 12h/14h 19h30/21h. Menus : 26€/31€50/37€50. vin au verre.2 terrasses. Fauteuils roulants.

A l'Auberge d'Auzon, qui propose une dizaine de couverts, vous pourrez choisir de vous installer sur la terrasse, ou à l'intérieur dans un décor coquet. Le cuisinier Gérard qui s'occupe de tout est accueillant, ses plats sont dignes d'un Gastro. De la tapenade pour l'apéritif, aux plats simples et copieux, tout est fait maison avec des produits frais et la présentation est recherchée. Hors saison, le cuisinier s'amuse avec les menus du monde. Vous pouvez goûter une dizaine de plats du menu dégustation, qui change tous les mois.

ÉTABLISSEMENT THERMAL DES FUMADES

Les Fumades
✆ 04 66 54 08 08
www.fumades.com
Horaires disponibles sur le site de la station. Forfaits remise en forme de 39 € à 599 € selon options choisies.

Découverte par les Gaulois, la source thermale des Fumades est très chargée en hydrogène sulfuré, forme de soufre la plus assimilable par l'organisme. Cette particularité rend l'eau des Fumades particulièrement efficace, d'autant qu'elle se conjugue aux actions bénéfiques complémentaires du calcium et du magnésium. Désinfectante et cicatrisante, elle participe au processus anti-infectieux des voies respiratoires et aide à améliorer les défenses immunitaires.

spectacles musique théâtre
cirque concerts
Centre de Développement Culturel actions culturelles
résidences d'artistes
jeune public danse spectateurs chanson Allègre-les-Fumades
spectacles concerts théâtre spectateurs
spectateurs cirque chanson musique
actions culturelles
Centre de Développement
Allègre-les-Fumades résidences d'artistes
danse jeune public

Théâtre
d'Allègre-Les-Fumades
CC De Cèze-Cévennes

LA MAISON DE L'EAU

SAISON CULTURELLE 2021 | 2022

CASINO DES FUMADES

Casino d'Allègre-les-Fumades
✆ 04 66 24 82 05
www.casinodesfumades.com
Ouvert du dimanche au jeudi à partir de 10h et à partir de 3h ; le vendredi-samedi à partir de 10h et à partir de 4h.

Créé au début du siècle dernier, le Casino des Fumades est situé sur la commune d'Allègre-les-Bains dans un cadre exceptionnel, en plein cœur des Cévennes et à seulement quelques minutes de la ville d'Alès. Ses équipements résolument modernes sauront vous séduire et un accueil tout particulièrement chaleureux vous sera réservé. Que vous soyez novice ou passionné des jeux. Au cœur de la station thermale, Le restaurant du Casino Le Café de Paris vous accueille sous des platanes centenaires pour un formidable moment de détente.

SAINT-AMBROIX

Saint-Ambroix, ancienne capitale de la soie, doit son développement à ses anciennes foires réputées et à son marché hebdomadaire, dont l'origine remonte à 1363. Place forte du Languedoc, la cité a conservé ses richesses architecturales d'antan. En parcourant les rues pittoresques de la vieille ville, admirez les fenêtres à meneaux ou à croisée, les belles portes et les grandes bâtisses attestant de son riche passé. Dominé par le Dugas et la tour Guisquet, la petite cité médiévale s'ouvre sur les magnifiques paysages cévenols où randonnées pédestres et parcours cyclistes font la joie des amoureux d'activités de pleine nature. A visiter !

BESSÈGES

Ce charmant bourg est souvent oublié des touristes. Pourtant, il renferme une véritable authenticité. Le marché du samedi matin, par exemple, est le théâtre d'une animation particulière, surtout l'été. Artisans et petits producteurs s'installent dans les ruelles ou sur la grande place du village. Après les courses, on apprécie y prendre le café ou l'apéritif, se détendre à l'ombre des grands arbres. On s'imagine comme un natif de la commune, profitant de la douceur de vivre locale. Bessèges est connue pour son ancienne industrie minière, une industrie qui a laissé son empreinte dans le paysage de la cité. Enfin, l'été, vous pourrez vous rafraîchir dans la Cèze voisine...

GÉNÉRARGUES

Entre Anduze et Alès, dès les premières hauteurs cévenoles, vous découvrirez le très authentique village de Générargues dont trop de Gardois ignorent qu'il est celui où s'étend la fameuse Bambouseraie. Commune du Parc national des Cévennes, Générargues porte en elle de jolies pépites, tant naturelles que touristiques, que l'on découvre si l'on prend le temps de s'y arrêter. Ce village typiquement cévenol, accroché sur le flanc de sa colline étagée, vaut le détour : de belles tables sauront vous régaler, des nuits sereines vous seront proposées, des activités nature vous feront vibrer, et une plongée dans l'antre de la terre vous fera rêver.

SAINT-JEAN-DE-VALÉRISCLE

Aux portes des Cévennes, Saint-Jean-de-Valériscle est un charmant village encore imprégné par son passé minier. Ses maisons conservées depuis le Moyen Âge sont enchevêtrées avec leurs caves communicantes pour former un rempart. D'étroites ruelles et des passages voûtés conduisent au centre du village entouré de sa Circulade où se trouvent : une église romane détruite durant les guerres de religions et restaurée au 17e et le château du Barry (privé) du 13e qui a servi de logements aux miniers. Le musée des Blasons (environ 700) expose également des costumes et des armes. Des sentiers et chemins forestiers amènent à Notre Dame des Oliviers.

LA BAMBOUSERAIE EN CÉVENNES

552, rue de Montsauve
✆ 04 66 61 70 47
www.bambouseraie.fr
Ouvert de mi-février à mi-novembre. Tarifs complets sur le site. Adulte 13,50 €, enfant 9,50 €.

La visite de la Bambouseraie est l'une des plus agréables et des plus dépaysantes du Gard, tant elle est enchanteresse et étonnante. Comptez environ 2 heures de visite pour profiter de cette forêt luxuriante et respirer les effluves des fleurs colorées. L'allée d'entrée bordée de bambous géants et de spectaculaires séquoias de Californie vous plonge dès votre arrivée dans un monde exotique qui fait tout le charme du domaine. Un bijou d'Extrême-Orient en plein cœur des Cévennes !

PARC PARFUM D'AVENTURE

Route de Mialet
✆ 04 66 60 65 75
www.parcparfumdaventure.com
Ouvert de juin aux vacances de la Toussaint. De 10,50 € à 24 € selon l'âge et le niveau de parcours.

Le parc Parfum d'Aventure vous propose de découvrir la biodiversité du Gard par différentes activités originales. Six parcours aventure vous invitent à prendre de la hauteur pour profiter du paysage depuis la cime des arbres. Des activités « nature et découverte » sont accessibles à tous : le Labyrinthe du sanglier dont vous devrez trouver le trésor, la Balade d'essences pour aller à la rencontre des arbres de la forêt, le Parcours sarbacane pour tester votre adresse… Le parc donne également accès à une plage privée sur le Gardon du Mialet.

LES 3 BARBUS**** €€€

Route de Mialet ✆ 04 66 61 72 12
www.les3barbus.fr
Qualité Sud de France. Qualité Tourisme. 28 chambres. American Express, Chèque Vacances. Restauration.

Cette exquise demeure en pierres apparentes, bâtie à flanc de montagne en 1968 par trois frères, tous les trois barbus de leur état, renferme tous les éléments pour un séjour réussi. Cet hôtel restaurant plein de charme est idéalement situé au dessus du Gardon, en surplomb de la vallée des Camisards. Toutes les chambres offrent d'ailleurs une vue sur ce paysage à partir d'une terrasse extérieure. Les chambres sont sobres et disposent de tout le confort moderne. L'élégant restaurant gastronomique offre également cette vue panoramique superbe sur les Cévennes.

LÉZAN

Lézan se situe au sud d'Alès, en bordure du Gardon. C'est un lieu de passages et d'échanges grâce à sa situation géographique et à 80 % vivant de l'agriculture. Ce village antique de l'époque gallo-romaine possède un patrimoine méconnu. Son château est classé aux monuments historiques, sa tour carrée et son horloge datent du XVIIe siècle. Un temple du XIIIe siècle et des remparts du Moyen Age. Un puits, la Tour de l'horloge, le Pont de Lézan donnant accès à Alès. L'église St Pierre, St Paul. Des foires, festivals, et concerts animent cette commune durant l'été. Le gîte local, et le camping 3 étoiles vous accueilleront pour un agréable séjour.

MIALET

Petite commune située à mi-distance d'Anduze et de Saint-Jean-du-Gard, Mialet était au XIXe siècle peuplée de plus de 1 500 âmes. Le village, symbole de l'identité huguenote et cévenole, est célèbre pour son rassemblement annuel de septembre autour du souvenir de la résistance des Camisards. Toute proche, dans la vallée du Gardon de Mialet, se trouve la grotte de Trabuc qui fut un refuge pour nombre d'entre eux. A la limite basse des Cévennes, Mialet est prisé pour son calme et la beauté de ses paysages. En été tout particulièrement, les gens du coin et les touristes aiment à se baigner dans le Gardon de Mialet et ses eaux rafraîchissantes !

TORNAC

A 3 km au sud de la ville d'Anduze, Tornac est, à la croisée de routes autrefois importantes, un haut lieu de l'histoire camisarde. son château, dont l'origine remonte au XIe siècle, assurait le contrôle du contrefort cévenol en dominant la vallée fertile du Gardon. Offrant une vue incomparable sur les plaines du sud, Anduze et les vignobles de Tornac, il occupe une position névralgique sur un massif rocheux naturellement fortifié. Impressionnant bastion avec sa tour carrée typique du Moyen-Âge, il fait encore aujourd'hui l'objet de fouilles et de restauration. Accessible librement toute l'année, prévoyez de bonnes chaussures et un pique-nique !

JARDIN ANIMALIER DE MIALET

4106, route de Saint-Jean-du-Gard
✆ 06 61 10 62 54
Haute saison ouvert tous les jours de 10h à 12h30 et de 14h à 19h. Adulte : 10 €. Enfant de 2 à 10 ans : 8 €.

En plein cœur des Cévennes, c'est à la fois un élevage d'animaux d'ornement et une ferme de découverte. Venez découvrir en famille le temps d'une visite agréable et ludique, les chevaux, ânes, chèvres et moutons miniatures, alpagas, zébus, lamas, volailles, poules, canards, oies, dindons, perroquets, perruches et oiseaux exotiques, paons, faisans... Vous verrez également les jardins japonais, créés par M. Bongrand. Véritables joyaux de verdure évoluant au fil des saisons.

MÉJANNES-LE-CLAP

Environnée de 3 800 hectares de garrigue et de forêt bordant la vallée de la Cèze, Méjannes-le-Clap fut l'ancienne capitale verrière du Gard jusqu'au XVIIIe siècle. On trouve aujourd'hui des mas qui étaient d'anciennes verreries. Frappée par l'exode rural, la commune ne comptait plus que deux familles en 1970. Pionnière du tourisme vert, elle a su profiter de son environnement naturel pour créer infrastructures sportives et hébergements touristiques. Un pari réussi : elle accueille aujourd'hui plus de 5 000 personnes par an, et sa population a fait un bond démographique important. Méjannes-le-Clap est désormais une destination vacances idéale pour les familles.

GROTTE DE TRABUC ★★

2316, route des grottes
✆ 04 66 85 03 28 - www.grotte-de-trabuc.com
Fermé en Janvier. Adulte : 12,90 €. enfant/jeune : de 7,40 € à 11,40 €. Visite guidée et audio guidée. Durée : 1h.

Exceptionnelle, la grotte de Trabuc offre un spectacle surprenant lors d'un parcours lumineux, interactif et sonorisé dans un environnement naturel et préservé. Découvrez les curiosités des 7 salles, orgue, draperies, méduses, cascades et lac aux eaux turquoise, puis à 100 mètres sous terre, la salle des 100 000 soldats dont la formation reste un mystère. Nouveauté : prenez les commandes des faisceaux de lumière de la grande salle du lac de minuit ou partez en exploration équipé de lampe à carbure toutes lumières éteintes, émotions garanties !

GROTTE DE LA SALAMANDRE

Chemin de la Plage du Roy
✆ 04 66 60 06 00
www.grottedelasalamandre.com
De mi-mars à fin octobre, tous les jours. Adulte 12,50 €, enfant 8 €. Grand rappel : 42 €. Restauration.

L'une des plus belles cavités d'Europe, accessible à tous, ouverte au public depuis 2013. Le belvédère offre un panoramique exceptionnel. Au travers d'une visite guidée d'une heure, vous découvrez de magistrales concrétions illuminées et sonorisées. Les coulisses de la Salamandre proposent un itinéraire de spéléologie de 2h30 dans les salles cachées de la grotte. Les amateurs de sensations fortes oseront la descente en rappel de 50 m au cœur de la grande salle. Le plus insolite et impressionnant reste le vol en aéroplume sous une mongolfière !

La grotte de TRABUC
À 10 mn d'Anduze
Une immersion grandeur nature, au cœur de la plus grande grotte des Cévennes pour un voyage à travers l'histoire
UN MONDE DE NATURE
GROTTE DE TRABUC
SITES EXCEPTIONNELS
Occitanie
Esprit PARC NATIONAL
Lac de minuit
Unique au monde !les 100 000 soldats

VALLERAUGUE

Entre pâturages et mines, l'histoire du second plus haut sommet des Cévennes, culminant à 1 567 mètres, à peine moins que le mont Lozère, aurait pu se poursuivre tranquillement. Mais les aléas de la vie ont conduit les hommes du siècle dernier à accélérer son exploitation. C'est la déforestation qui a fini par menacer les vallées qu'il domine et l'existence même du mont. Celui-ci doit donc beaucoup à Georges Fabre, le forestier génial qui a eu l'idée de bâtir, au sommet de l'Aigoual, un observatoire météorologique, qui fut achevé en 1894 et apparaît encore aujourd'hui comme le fabuleux vaisseau des Cévennes méridionales et ultime station météo de montagne habitée toute l'année par une équipe de sept personnes, qui vivent dans des conditions climatiques extrêmes (vent, froid, brouillard, neige, givre, orage...). La région touristique s'appuie aussi sur les quelques pistes de ski de la station de Prat-Peyrot ou, tout naturellement, sur la magnificence des forêts finalement sauvées... Les pentes de l'Aigoual appartiennent au territoire de la commune de Valleraugue et accueillent aussi le très joli village montagnard de l'Espérou, bien préservé.

CHÂTEAU DE ROQUEDOLS

D986

MEYRUEIS

✆ 04 66 45 01 14

Accès libre.

Le château est une superbe bâtisse du XVIe siècle située à Meyrueis, dans le sud de la France. Avec une forme de quadrilatère massif, il a conservé un escalier Renaissance d'une belle ampleur. Tout autour, un sentier pédestre permet de découvrir une partie de la forêt de l'Aigoual et ses espèces forestières représentatives, ainsi qu'un petit jardin à la française. La fiche de randonnée, disponible à l'office de tourisme Gorges du Tarn Causses et Cévennes, met en avant une balade familiale, donc facile d'accès, longue de 5 km.

GROTTE DE DARGILAN

D139

MEYRUEIS

✆ 04 66 45 60 20

www.grotte-dargilan.com

Tous les jours, de Pâques à laToussaint. Adulte : 12,50 €, enfant 8 €. Visites à heure fixe.

C'est « la grotte rose », rose à cause de l'oxyde de fer qui a créé des roses et une belle palette de jaunes et d'ocres. Découverte par un jeune berger cévenol, elle ne fut explorée qu'à partir de 1888. Ses spécificités lui valent rapidement une belle notoriété et le site est aménagé dès 1890 pour les visiteurs. Concrétions et cristallisations y rivalisent de beauté. Il y a les draperies, le grand clocher, la cascade, la mosquée, etc. La grotte abrite surtout l'une des plus grandes salles souterraines de France et un parcours de près de 1,5 km.

ARBORETUM DE L'HORT DE DIEU

D 269

Départ à 15h15 à l'observatoire de l'Aigoual devant l'exposition météo. Prévoir une tenue adaptée à la randonnée.

A la frontière du Gard et de la Lozère, l'Arboretum de l'Hort de Dieu est perché à environ 1 300 mètres d'altitude sur le mont Aigoual. Créé par Georges Fabre et le botaniste Charles Flahault, l'Hort de Dieu, littéralement le jardin de Dieu, est l'un des dix arboretums imaginés par l'illustre forestier canourguais au début du XXe siècle. Planté d'essences traditionnelles mais aussi plus exotiques comme le séquoia, on y descend par un sentier au départ de l'Observatoire.

LE MONT AIGOUAL ★★★★

Parc national des Cévennes

Accès libre toute l'année. Attention, équipement neige pour les véhicules conseillés en hiver.

Le mont Aigoual, sommet du Massif central, situé entre Gard et Lozère, offre un site tout à fait exceptionnel avec sa forêt, ses sentiers pédestres et ses pistes de ski. Point culminant (1 567 m) du Gard, il offre un panorama époustouflant sur les contreforts méridionaux des Cévennes gardoises et héraultaises, ainsi que sur la Lozère. On y accède en voiture, mais le site est bien entendu un lieu privilégié de randonnées aux beaux jours. L'hiver, on peut skier et randonner en raquettes sur la station de l'Espérou, voisine de 4 kilomètres.

OBSERVATOIRE MÉTÉOROLOGIQUE DU MONT AIGOUAL ★★

Sommet du mont Aigoual
✆ 04 30 05 16 80
www.aigoual.asso.fr
Ouvert du 1er mai au 30 septembre, tous les jours. Gratuit. Restauration. Boutique.

C'est la dernière station météorologique habitée en France. 13 départements sont concernés par ce site perché à 1 567 m d'altitude. Par temps clair, on distingue les plus beaux sommets français des Alpes aux Pyrénées. Météo France a apporté de l'attrait au site. Une partie du bâtiment est occupée par une exposition permanente sur le climat en général et celui de l'Aigoual en particulier. A découvrir, les instruments de mesure utilisés au cours des siècles par les climatologues.

OFFICE DE TOURISME MONT AIGOUAL CAUSSES-CÉVENNES

Col de Serreyrede L'Esperou ✆ 04 67 64 82 15
www.sudcevennes.com
Basse saison mardi-samedi de 9h à 12h30 et de 14h à 18h. Haute saison lundi-samedi de 9h à 12h30 et de 14h30 à 18h30.

L'office de tourisme dispose de quatre adresses pour être au plus près du public à Valleraugue bien sûr, mais aussi à l'Espérou, au col de la Serreyrède, à côté du magasin de producteurs ainsi qu'à Lasalle et St André de Valborgne. Sur ces quatre lieux, on propose aux fans de randonnée des topo-guides du PNC, des circuits VTT et les indispensables cartes IGN, la liste des accompagnateurs moyenne montagne, et bien sûr la documentation classique vous permettant d'organiser votre séjour.

LA CASCADE*** €

Salvinsac - **MEYRUEIS**
✆ 04 66 45 45 45
www.camping-la-cascade.com
Fermé du 15 septembre au 15 avril. Emplacement + véhicule + 2 personnes de 13,60 à 21 €. Chalets de 298 à 718 €.

Terrain plat, ombragé sur les côtés et équipement en sanitaire complet, les emplacements sont spacieux. Mais on peut préférer louer écolodge et chalets confortables et à la propreté irréprochable. A votre service, une salle commune avec une mini bibliothèque. Vous trouverez également une épicerie de dépannage, un rayon de produits du terroir, un service pain tous les matins et une buanderie, ce qui facilite la vie, et une restauration simple, fraîche et généreuse. Pour ce qui est de l'agréable, la cascade de la Jonte, toujours fraîche est à 50 mètres.

ABÎME DE BRAMABIAU ET RIVIÈRE SOUTERRAINE

Chemin de Bramabiau
SAINT-SAUVEUR-CAMPRIEU
✆ 04 67 82 60 78
www.abime-de-bramabiau.com
Ouvert d'avril à novembre, tous les jours. Adulte : 10 €. Enfant (de 13 à 16 ans) : 7,50 € (6 à 12 ans : 6,5 €).

Edouard-Alfred Martel, père de la spéléologie, découvre l'abîme de Bramabiau en 1888. Aujourd'hui, on suit ses pas sur un parcours d'1km, au départ des sous-bois du massif de l'Aigoual. Une descente, crescendo, au cœur de la végétation, mène à la rivière souterraine, le Bonheur, qui serpente sous le Causse de Camprieu, avant jaillir par une étroite fissure haute de 70 m et précipiter ses eaux en cascade. Clou de la visite : des empreintes de dinosaures.

LE CHÂTEAU D'AYRES**** €

Les Ayres - **MEYRUEIS**
✆ 04 66 45 60 10
www.hotel-restaurant-meyrueis.com
Chambre double de 99 € à 185 € ; suite de 189 € à 209 €. Petit déjeuner 15 €. Restauration.

Dans cet ancien monastère du XIIe siècle, Hélène et Jean-François de Montjou, proposent une trentaine de chambres chaleureuses et romantiques. Le grand parc de 5 ha planté d'arbres centenaires, confère une grande sérénité aux lieux. L'établissement est doté d'une piscine intérieure, d'un tennis et de plusieurs salons. Il offre aussi une cuisine de qualité avec comme chef Hélène de Montjou qui joue subtilement sur l'authenticité des produits du terroir. Le pélardon de la ferme des Oubrets et la noisette d'agneau grillée à la plancha sauce au curry sont des délices.

GRAND HÔTEL DE FRANCE** €€

10, place Jean-Séquier - **MEYRUEIS**
✆ 04 66 45 60 07
www.hotel-meyrueis-lozere.fr
Fermé du 31 octobre au 15 avril. 45 chambres. Chambre double de 59 € à 73 € ; chambre triple de 71 € à 91 €.

La grande façade de l'hôtel de Thibault Cordelier, ancien relais de poste du XVIIe siècle, trône sur la place principale du village, entourée de platanes, avec sa terrasse fleurie sous son chapiteau. Ses 44 chambres sont bien équipées, idéales pour un séjour prolongé, d'autant que l'établissement dispose d'un jardin très agréable, d'un court de tennis et d'une piscine panoramique, à flanc de coline, où il est agréable de se prélasser lors des chauds après-midis d'été. A l'heure de passer à table, d'appétissants fumets viennent titiller les narines.

DOMAINE AIGOUAL CÉVENNES*** €

Ayres - **MEYRUEIS**
✆ 04 44 05 23 03
www.domaine-aigoual-cevennes.com
Ouvert toute l'année. Accueil jusqu'à 20h. 59 logements ; F1 de 180 € à 620 € ; F2 de 250 € à 680 €.

Le village de vacances a été entièrement rénové en 2014. Il est composé d'une soixantaine de pavillons de plain-pied et imprégnés de la nature environnante. Sur place, toutes les commodités ont été prévues, complétées par le village tout proche. Les loisirs sont privilégiés (bibliothèque, prêt de jeux de société, piscine chauffée…) et les activités alentour sont nombreuses, de l'équitation à la spéléo en passant par le canyoning ou le canoë. Bonnes vacances !

HOTEL DE L'EUROPE** €€

2, quai de la Barrière - **MEYRUEIS**
✆ 04 66 45 60 05
www.hotel-europe-meyrueis.fr
Ouvert de Pâques à Toussaint. Chambre simple de 46 € à 51 € ; chambre double de 51 € à 56 €. Petit déjeuner 7,50 €.

Cet hôtel familial, abrité dans une bâtisse deux fois centenaires, figure parmi les plus agréables repaires lozériens. Situé le long de la rivière, il s'ouvre sur la petite place de la ville et déroule des chambres à taille humaine, avec salle d'eau ou salle de bain privatives. Au nombre de vingt-neuf, elles ont été décorées avec soin, mais sans esbroufe, afin que chacun se sente comme à la maison. Certaines ont un balcon, pour prendre le soleil, le matin, dès le réveil, ou en fin d'après-midi, au retour d'une balade par exemple.

LA DRAILLE €€

465, route de Florac - **MEYRUEIS**
✆ 04 66 45 65 37
www.nature-cevennes.com
Fermé du 15 novembre au 1er mars. Pour 28 personnes. 52 € à 60 €/personne en demi-pension pour une chambre double.

En plein cœur du parc national des Cévennes, ce gîte réserve un bel accueil à ses hôtes. Six chambres pour quatre personnes (dont trois sont modulables pour étendre leur capacité à 5 invités) ; une vaste salle à manger ; un coin détente avec livres et télévision ; et un poêle pour réchauffer l'atmosphère à l'arrivée des températures automnales… Le confort est indéniablement au rendez-vous ! Et les possibilités de s'occuper, multiples ! La gîte La Draille est en effet associé à Fremyc, une structure d'activités sportives de pleine nature.

HÔTEL FAMILY SPA*** €€

Quai de la Barrière - **MEYRUEIS**
✆ 04 66 45 60 02
www.hotel-restaurant-family-48-12.com
Fermé du 5 novembre au 1er avril. 44 chambres. Petit déjeuner : 8 €. Restauration (menus entre 19,50 € et 35 €).

Cet établissement familial est une adresse parfaite pour buller du printemps à l'automne, entre gorges et forêts, à une petite heure de route de Millau et de son célèbre viaduc. 44 chambres chaleureuses, un jardin, une piscine, un espace bien-être (hammam, sauna, bain bouillonnant et modelage à la demande) et un restaurant traditionnel sont tout entiers dédiés à l'accueil et au confort des hôtes. Dans les chambres, l'ambiance est plutôt cosy, avec des tons naturels, une touche de bois et des accents contemporains, qui invitent au repos.

HÔTEL RESTAURANT LES BRUYÈRES*** €€

Quai André-Chamson ✆ 04 67 82 20 06
www.hotelvalleraugue.com

20 chambres. Chambre double de 55 € à 68 €. Demi-pension. Petit déjeuner : 9 €. Restauration (menus de 20 € à 38 €).

Au bord de l'eau, avec vue imprenable sur les Cévennes, l'établissement d'Adrien Bastide a pris place dans un ancien relais de diligences du XVIe siècle, entièrement rénové mais qui a su conserver son caractère, notamment les cheminées dans les chambres. Il dispose d'une piscine, d'un coin lecture bien agréable et d'un espace jeux pour les enfants. Les chambres, confortables, sont un peu austères à l'image des Cévennes, mais leur prix raisonnable et leur calme sont appréciables.

LOGIS HÔTEL LE MONT-AIGOUAL*** €€

34, quai de la Barrière - **MEYRUEIS**
✆ 04 66 45 65 61
www.hotel-mont-aigoual.fr

Chambre double de 60 € à 100 € ; chambre triple à partir de 95 €. 2 personnes. 2 personnes. Petit déjeuner : 11 €.

Cette affaire familiale est une véritable institution de la région, créée par l'arrière-grand-mère de l'actuel propriétaire, elle a su résister aux rouages du temps et a conservé une excellente réputation. Pour trouver la source de cette renommée, il suffit de se rendre sur place, de découvrir les chambres au cadre chaleureux, de s'allonger autour de la piscine, de déjeuner au sein du restaurant... Bref de profiter de l'expérience charmante qu'est l'Hôtel Le Mont-Aigoual !

LA MOSAÏQUE €€

Gatuzières - **MEYRUEIS**
✆ 04 66 45 64 10
www.chambres-hotes-jonte.fr

Ouvert d'avril à septembre. Chambre simple de 55 € à 65 € ; chambre double de 65 € à 75 €.

Contre un champ de pommiers à 7 km de Meyrueis, deux chambres d'hôtes bien décorées à proximité de la maison de la propriétaire sont proposées. Muriel se démène avec fougue et énergie pour servir aux petits oignons ses clients, notamment à l'heure du petit déjeuner avec pains, brioches et confitures, tout fait maison. Parfaitement intégrées dans le paysage ; les chambres s'ouvrent en grand sur une nature intacte et généreuse. Le gîte est une petite maison de plain-pied avec jardin et terrasse où se reposer donnant sur de grands espaces verts, pour 3 personnes.

LE PRÉ DE CHARLET** €€

637, route de Florac - **MEYRUEIS** ✆ 04 66 45 63 65
www.camping-cevennes-meyrueis.com

Camping ouvert du 25 avril au 4 octobre 2020. 60 emplacements. Emplacement + véhicule + 2 personnes de 10,90 à 19,80 €.

À la sortie de Meyrueis direction Florac, Virginie et Christophe vous proposent de passer vos vacances à la campagne dans un cadre verdoyant. Disposant d'équipements aptes à satisfaire les voyageurs, le site est une bonne base pour prendre son temps sur place ou découvrir les paysages environnants. À proximité le village de Meyrueis vaut à lui seul le détour, mais il y a aussi l'Aven Armand, Dargilan, la maison des vautours... Si vous poussez un peu plus loin votre balade, vous pourrez assister au spectacle impressionnant que vous offrent les gorges du Tarn.

LE SAINT-SAUVEUR*** €€

2, place Jean-Séquier - **MEYRUEIS**
✆ 04 66 31 69 80
www.hotelstsauveur.com

Ouvert toute l'année. 7 chambres. Chambre double de 53 € à 89 €. Petit déjeuner 9 €. Restauration (menus de 16 à 25 €).

Le Saint-Sauveur est une belle maison de caractère, au centre du petit village lozérien de Meyrueis. Cet hôtel particulier est l'ancienne demeure d'un lieutenant du roi... En cours de rénovation, il offre aujourd'hui sept chambres bien chaleureuses et très confortables. Dans l'air doux du sud de la France, vous apprécierez tout autant les deux salles à manger du XVIIe siècle que la terrasse à l'ombre d'un sycomore, de même que le bar restauré, avec ses parquets et son décor digne d'un théâtre à l'italienne... Bonnes vacances !

LE TERONDEL** €€

Route du Suquet - **SAINT-SAUVEUR-CAMPRIEU**
✆ 04 67 82 61 89
www.camping-cevennes-terondel.com

Emplacement + véhicule + 2 personnes. Mobil homes 250 € à 650 €. Emplacement à partir de 10 €.

En bordure du parc national des Cévennes, dans le lit du bonheur (c'est le nom de la rivière locale, entendons-nous bien !), se dresse ce charmant camping du Térondel, créé dans les années 1970, bucolique à souhait et salutairement dépaysant. Une véritable bouffée d'oxygène soufflée sur le massif de l'Aigoual, dont le seul défaut est finalement de n'être ouvert que quatre mois par an. La location de mobile-homes confortables apaise la frustration de ceux qui n'ont pas pu louer un chalet ou disposer d'une maison familiale dans les environs.

LE CAPELAN**** €€€

Route du Rozier - **MEYRUEIS**
✆ 04 66 45 60 50
www.campingcapelan.com

Emplacement + véhicule + 2 personnes de 19,50 € à 36,50 €. 44 mobil-homes de 321 € à 910 € la semaine.

Auréolé de quatre étoiles, ce vaste camping bénéficie d'un décor naturel exceptionnel. Situé au seuil du village de Meyrueis, il déroule une bonne centaine d'emplacements, entre la Jonte et des falaises impressionnantes par leur envergure. Dans ce cadre idéal pour des vacances proches de la nature, on trouve aussi des mobil-homes tout confort, trois salles de bain privatives avec baignoire, une piscine chauffée, un rocher d'escalade et plusieurs terrains de jeux : pétanque, ping-pong, volley, foot... La propreté est irréprochable, de même que l'accueil.

CAFE DE L'UNION €€

Place Sully
MEYRUEIS
✆ 04 66 45 60 37

Depuis la création du bar en 1920, les voûtes et les chevaux de bois en ont vu passer des générations de touristes amoureux de la petit cité lozérienne... Aujourd'hui, c'est la 5e génération de bistrotiers qui mène bon train cette affaire, où l'on peut siroter un verre et casser la croûte. Au Café de l'Union, situé à Meyrueis dans le sud de la France, il se trouve toujours un client de passage ou un habitué pour s'accouder au bar. Le soir, les animations et les soirées à thème réchauffent l'ambiance. Allez-y nombreux, la bonne humeur est garantie.

CAFÉ DU JARDIN €

8, rue du Luxembourg
✆ 04 67 68 55 06
www.cafedujardin-valleraugue.fr

Basse saison : du mardi au dimanche le midi et le soir. Haute saison : tous les jours le midi et le soir.

Avec un nom aussi bucolique on ne s'étonne pas de trouver cette jolie adresse dans un écrin de verdure, à deux pas du mont Aigoual et de sa poudreuse. On s'installe ici en terrasse pour profiter de la vue et de l'ambiance locale, ce serait dommage de s'en priver. Au menu ici pas de grands plats gastronomiques mais des assiettes bien sous tout rapport qui ont pour mérite de rassasier les estomacs les plus compliqués. Alors installez-vous confortablement, commandez un café, un bon snack, et prenez le temps d'oublier le temps. Déconnexion garantie ! Bon appétit !

RESTAURANT FAMILY €€

Quai de la Barrière - **MEYRUEIS**
✆ 04 66 45 60 02
www.hotel-restaurant-family-48-12.com

Menus de 19,50 € à 35 € (menu express le midi à 11 € entrée + dessert, 12,50 € plat + dessert, 14 € le menu complet).

Dans la salle à manger de ce restaurant familial, se marient meubles rustiques et nappes élégantes et on y déguste une cuisine de terroir, concoctée par Benoît Julien, exclusivement avec des produits locaux. La charcuterie, préparée pendant l'hiver, est servie sur une assiette en entrée. Une tartinette de l'Aigoual (pain de campagne grillé et fricassée de cèpes), une échine de porc grillée au miel et quatre épices, des farçous de veau aux girolles, une tarte paysanne à l'ancienne, un croc'châtaigne, figurent aussi à la carte de menus extrêmement généreux.

AU BORD DU LAC €€

Avenue du Bonheur
SAINT-SAUVEUR-CAMPRIEU
✆ 04 67 82 61 20

Ouvert toute l'année. Tous les jours le midi et le soir. Menus de 20 € à 26 €. Formule du midi : 15 €. Vin au verre.

Comme son nom l'indique, le restaurant familial et isolé « Au bord du lac », situé à Saint-Sauveur-Camprieu, se mire dans les eaux translucides du lac du Bonheur. Y manger sera confortable pour vous et vos enfants ou même encore vos amis, impatients de jouer sur la rive toute proche. Les spécialités de la Lozère comme la châtaigne, les tripoux, l'aligot sont au menu et vous aurez sûrement la chance d'y goûter. On peut manger tout en surveillant les enfants qui voudraient batifoler dans l'eau. Un restaurant apprécié des pêcheurs.

TERRES D'AIGOUAL

Col de la Serreyrède ✆ 04 67 82 65 39
www.terres-aigoual.com

Basse saison : ouvert du mardi au samedi de 14h à 17h ; le dimanche de 11h à 17h. Haute saison : tous les jours.

De nombreux agriculteurs cévenols se sont installés dans cette ancienne maison forestière pour promouvoir et vendre en direct les produits des Cévennes : oignons doux, fromages de chèvre et de brebis, châtaignes, bien évidemment, mais aussi miels, foie gras, charcuteries et confitures, sirops de fruits et de plantes aromatiques... Des spécialités fabriquées sans conservateurs, des produits sains et naturels qui expriment toute la richesse du terroir cévenol. Et pour continuer à se régaler de retour chez soi, on peut aussi commander sur la boutique en ligne !

BASE VTT X'PLOSION

La Transhumance-L'Esperou

✆ 04 67 82 60 38

Plusieurs formules : se renseigner.

Bikers expérimentés ou amateurs savent que dans les Cévennes, et tout particulièrement dans le massif de l'Aigoual, le vtt est roi notamment à Valleraugue où se trouve « Base VTT Explosion » qui, depuis 15 ans, propose des formules adaptées à tous les niveaux, débutants, amateurs ou professionnels. Location à la carte, topo-guides, assistance technique et logistique, formules descente, organisations de raids… Vous aurez le choix entre de nombreuses formules pour réussir des parcours vertigineux. Stages, randos et cyclo-scoots…

LANUÉJOLS

Dans un vallon à 900 m d'altitude, Lanuéjols bénéficie d'une position privilégiée sur le Causse noir, riche en trésors et paysages mêlant plateaux et gorges impressionnantes, prairies et forêts profondes. Quelques curiosités valent le détour : menhirs, dolmens et la forêt des Commandeurs, propices à d'agréables randonnées pédestres, (nombreux sentiers sur la communes). Le village compte plusieurs formules d'hébergement, de l'hôtel classique à la yourte en passant par les maisons en rondin de bois, de quoi satisfaire toutes vos envies d'évasion dans cette nature plus que généreuse. Les produits du terroir s'inviteront à la table des adresses du village.

TRÈVES

Trèves se niche au cœur des gorges du Trévezel du nom de la rivière qui y coule. C'est un charmant village dont l'activité était liée à l'activité minière, plomb et zinc. Maintenant tournée vers la viticulture (vins des Cévennes I.G.P) , la production de miel et le tourisme. Le rocher du Regard domine ce village aux ruelles médiévales. Quelques visites à ne pas manquer ; grottes, portion de Via Strata (voie romaine), église de style roman XIIIe siècle, pont romain, le Fort de la Baume. Mais aussi plusieurs sites naturels autour du village. Un plan d'eau aménagé au centre avec cascades et aire de baignades apporte un peu de fraîcheur.

SAINT-JEAN-DU-GARD

Au pied de la corniche des Cévennes, non loin de la vallée Borgne et en limite du Parc national des Cévennes, Saint-Jean-du-Gard est une jolie étape pour qui souhaite découvrir les Cévennes : nichée au fond de la vallée le village garde des traces d'un passé agité. Le vieux pont du XVIIe siècle porte les stigmates de la furie des flots, la tour de l'Horloge (XIIIe) de celle des hommes. Aujourd'hui, le village est une place forte pour les randonneurs, qui refont le parcours Stevenson (*Voyage avec un âne*), il attire les amateurs de baignade en rivière ou de culture occitane pour ses fameux baletis, les bals populaires qui animent les soirées d'été.

CHÂTEAU DE MALÉRARGUES

Malerargues

THOIRAS

✆ 04 66 85 45 98

https ://roy-hart-theatre.com

Parking.

Dans le hameau de Malérargues, sur la commune de Thoiras, une ferme prospère datant du Moyen Âge succédait à une villa gallo-romaine, métairie des Mandajors, seigneurs des Plantiers. C'est à cet endroit qu'a été construit le château. Ce qu'il en restait a été dès 1976 entièrement rénové par l'actuel propriétaire, le Centre artistique international Roy Hart. Une exposition photo relate cette aventure collective aux stagiaires et visiteurs sur demande. Il s'agit d'une école dont la spécialité est la voix humaine avec une approche unique en son genre.

CHÂTEAU DE SAINT-JEAN-DU-GARD ★

Ne se visite pas.

Fief de la seigneurie créée par François Ier, il fut brûlé au XVIe siècle par les troupes royales, aussitôt reconstruit, puis agrandi au XVIIe siècle. De nombreux personnages illustres séjournèrent en ses murs, tels le maréchal de Thoiras, le duc de Rohan, Basville (intendant du Languedoc), le comte de Broglie, le duc de Noailles, le maréchal de Montrevell, le maréchal de Villars... Tous furent liés aux guerres de Religion qui marquèrent les Cévennes et le château.

MAISON ROUGE - MUSÉE DES VALLÉES CÉVENOLES ★

5, rue de l'Industrie (entrée piéton)
✆ 04 66 85 10 48 - www.maisonrouge-musee.fr
Fermé en janvier, ouvert le reste de l'année, horaires variables en fonctions des saisons. Adulte 8 €, enfant 6 €.

Une collection incroyable de 10 000 objets exposés donne à comprendre la vie, le savoir-faire et l'histoire des Cévennes. L'Homme et les objets qu'il a fabriqués sont au centre du discours et de la scénographie du musée. Comme un héritage, la mémoire de la filature, la plus ancienne à avoir innové et la dernière en activité en France, est sublimée par une rénovation et une extension volontairement contemporaines. Le parc met en lumière une muséographie complémentaire à celle du musée.

MAISON DE LA RANDONNÉE

La Châtaigneraie
THOIRAS
✆ 04 66 61 66 66
Basse saison mardi au samedi. Haute saison lundi au vendredi et les jours fériés de 9h30 à 18h

Dans cette région où randonner est une seconde nature, il fallait une maison dédiée aux activités de pleine nature. Sur la route entre Anduze et Saint-Jean-du-Gard, faites une pause et le plein d'idées originales pour vos vacances. Ici, les randonnées sont à thèmes (des topo-guides sont vendus) et s'organisent pour les groupes ou les individuels : canoë-kayak, spéléologie, rando aquatique, randonnée familiale « à la découverte des castors ». A cela s'ajoutent les randonnées nocturnes à la découverte du ciel, de la voie lactée et l'initiation à l'orientation.

GÎTE L'AMORIÉ €

Paillère
THOIRAS
✆ 04 66 61 64 16
www.lamorie.fr
Adultes : pension complète 40 €, demi-pension 33 € et nuit + petit déjeuner 23 €.

L'Amorié est un gîte de groupe agréé par le Ministère de la Jeunesse, des Sports, de l'Education Populaire et de la Vie Associative et a été repris récemment par des propriétaires jeunes et pleins d'énergie. Au cœur de « la Cévenne » historique, l'Amorié est niché dans un des nombreux replis de la montagne cévenole. L'accueil se fait dans un hameau authentique à l'architecture préservée de plus de trois siècles. Cette situation exceptionnelle permet de nombreuses activités nature toute l'année. Les bâtiments peuvent accueillir 25 personnes.

LES BELLUGUES** €€

13, rue Pelet-de-la-Lozère
✆ 04 66 85 15 33
www.hotel-bellugues.com
Fermé de décembre à mi mars. Chambres à partir de 62 €.

Cet hôtel au centre de Saint-Jean-du-Gard est le point de départ de nombreuses excursions dans les Cévennes dont le GR70, le fameux « chemin de Stevenson ». Vous arrivez ici dans ce qui fut une filature de soie à la fin du siècle dernier et les propriétaires ont eu l'excellente idée de conserver l'aspect extérieur. Les chambres, coquettes et confortables, offrent de douces tonalités et seront un havre de paix pour vous ressourcer au cœur de la nature cévenole. Le petit déjeuner, pris au bord de la piscine ou dans la salle, est composé de produits du terroir.

DOMAINE DE CABRIÈRES** €€

Cabrières
✆ 04 66 85 34 34
www.hotel-cabrieres.com
Chambre simple de 51 € à 66 € ; chambre double de 56 € à 80 € ; chambre triple de 74 € à 94 €. Petit déjeuner : 9 €.

20 chambres au charme « fin de siècle », une grande terrasse pour déjeuner et dîner, pour les clients en demi-pension. A la belle saison, une piscine, des courts de tennis, un terrain de volley, des tables de ping-pong... l'hôtel met tous les atouts de son côté pour offrir à ses hôtes des vacances de qualité. L'argument principal : sa situation dominante sur le village avec un panorama garanti dès le lever du jour. La nature et le charme des Cévennes, voilà ce que propose ce magnifique domaine de 30 hectares planté de toutes sortes d'essences.

LES FROMENTIÈRES €€

Les Fromentières
✆ 04 66 85 10 25
www.les-fromentieres.com
1 personne : 67 €, 2 personnes 70 €, 3 personnes 88 €, 4 personnes 106 €.

Dans une vieille ferme cévenole de la fin du XVIe siècle, située au milieu des bois dans un environnement de calme et de verdure, Gladys et Laurent vous accueillent dans leur petit paradis appelé Les Fromentières situé à Saint-Jean-du-Gard dans le sud de la France. La propriété fait 9 hectares, sur lesquels les propriétaires cultivent châtaignes, figues et groseilles. Vous découvrirez d'ailleurs leurs confitures au petit déjeuner ! Les prix varient en fonction du nombre de personnes avec qui vous viendrez. Bonne visite et bonne dégustation !

GÎTE LE MAS D'ARBOUSSES €€

Le Mas d'Arbousses
✆ 04 66 85 15 14
http ://gitesencevennes.com

Gîtes de France (3 épis). Pour week-end, consulter le propriétaire. Capacité : 6 personnes. 3 chambres.

Le gîte de Daniel et Martine Vignoles « gîte le mas d'arbouses » est un gîte référencé pour l'accueil des motards. Leur mas cévenol du XIIe siècle tout en pierre, dont une dépendance réservée au gîte, ne manque pas de cachet. Le gîte est bâti sur deux niveaux, possibilité donc de venir à plusieurs motos en famille ou entre amis. Aux beaux jours, une terrasse couverte avec vue panoramique s'apprécie après une bonne journée de vadrouille. Les hôtes sont de bon conseil pour indiquer les balades à découvrir et d'activités à faire.

HÔTEL-RESTAURANT DE LA CORNICHE DES CÉVENNES** €€

Route de Florac
✆ 04 66 85 06 99
www.corniche-cevennes.com

12 chambres. Chambre double à partir de 66 €. Petit déjeuner : 9 €. Lit supplémentaire : 14 € (enfant : 9 €).

Ce Logis de France, niché au cœur du parc national des Cévennes, est une étape sur la route de Florac et un point de départ idéal pour partir à la découverte des grands sites naturels comme la Bambouseraie ou les grottes de Trabuc. Les 12 chambres simples mais confortables et propres sont de plain-pied sur le parc pour certaines, d'autres bénéficient d'une vue panoramique sur la fameuse Corniche des Cévennes. Le soir tombant vous apprécierez d'autant plus le lieu.

MAS DE LA CAM**** €€

Route de Saint-André-de-Valborgne
✆ + 33 4 66 85 1202
www.camping-cevennes.info

Ouvert du 1er mai au 20 septembre. Tarifs complets sur le site internet.

Un authentique mas cévenol en pierres accueille le camping du Mas de la Cam sur son terrain. Ici, pas de bungalows ni de mobil-homes, les propriétaires ont joué la carte de l'authentique et il n'y a que des emplacements pour tente ou caravane. Si vous optez pour la location, vous avez la possibilité de louer un des sept gîtes aménagés dans le mas. Le camping se situe sur les bords du Gardon où une plage et une zone de baignade ont été aménagées. Profitez des belles journées ensoleillées pour perfectionner votre dos-crawlé dans l'espace aquatique !

AU RUISSEAU DE ROSES €€

7, rue du général Lafont
✆ 06 07 38 48 34
www.ruisseauderose.fr/

Voici une charmante maison d'hôtes, au cœur de Saint-Jean-du-Gard. Charme, calme et confort y règnent en maîtres.

Voici une charmante maison d'hôtes, au cœur de Saint-Jean-du-Gard. Charme, calme et confort y règnent en maîtres. Des formules estampillées « ressourcement » sont d'ailleurs organisées pour permettre aux clients de profiter au mieux de la paix qui règne désormais dans les Cévennes. Une bâtisse splendide, un jardin joliment arboré et la bibliothèque ne sont pas étrangers à cette impression de calme qui vous envahit dès votre entrée dans l'établissement... Idéal pour se reposer à deux pas du GR et du musée qu'il ne faut pas omettre de visiter.

LETTRES ET METS €

1071, avenue René Boudon
✆ 04 66 55 10 52
www.lettresetmets.com

Produits locaux et bio uniquement. Crêpes au sarrasin de 9 à 13,50 €.

Au cœur du village de Saint-Jean-du-Gard, dans l'ancienne serre du château, une terrasse ombragée l'été, un espace enfant, une salle climatisée sont là pour vous assurer un confort maximal. Tous les produits sont frais et issus à 100 % de l'agriculture biologique. Les options véganes, sans gluten, sans produits laitiers sont satisfaites par le maître des lieux sur simple demande. Lettres et Mets vous permet de savourer de délicieuses galettes au sarrasin succulentes avec des garnitures qui changent des crêperies traditionnelles, le tout pour un coût modique.

LE BISTROT €€

4, rue Pellet de la Lozère
✆ 04 30 38 19 34

Basse saison : ouvert du jeudi au mardi le midi et le soir. Haute saison : tous les jours le midi et le soir.

C'est en 2014 que David Platto et Laetitia Poli ont créé ce beau bistrot de Saint-Jean-du-Gard. Anciennement appelée le « Café de la Bourse », cette brasserie se situe au cœur de ce charmant village du Gard. Il fait battre son cœur grâce à des concerts nocturnes et des expositions d'artistes peintres. Des apéros-dressing sont également organisés. Mais Le Bistrot c'est avant tout une bonne table de la ville. Après un relooking complet, l'adresse a fait peau neuve et sa décoration a pris des airs de « campagne choc ». On s'y sent bien, confortablement installé.

L'ORONGE €€

place de la Révolution
✆ 04 66 85 30 34
www.loronge.com

Fermé en janvier et février. Ouvert tous les jours midi et soir. Menus à partir de 20 €. Hôtel.

Cet agréable restaurant a pris place dans un ancien relais de diligence, celui-là même dans lequel l'auteur écossais Robert Louis Stevenson mit un terme à son voyage à travers les Cévennes. Aujourd'hui entièrement rénové, le restaurant vous accueille dans un cadre authentique, de pierres, de bois et de fer forgé, en salle ou dans le superbe patio terrasse. Dans vos assiettes, une excellente cuisine fortement inspirée par le terroir local, des plats traditionnels aux couleurs du sud. Une pause gourmande de caractère qui plaira à tous les palais !

RESTAURANT DE LA GARE €€

Avenue de la Résistance
✆ 04 66 85 38 18
www.chezlauretteetluc.com

Ouvert toute l'année. BS : du dimanche au vendredi 6h 16h. HS : tous les jours 6h 22h.

En débarquant du train à vapeur des Cévennes, vous trouverez de nombreuses tables (trois salles et deux vérandas permettent d'y organiser de grands repas) pour se restaurer vite fait (plat du jour) ou manger copieusement les bonnes spécialités de pays. Entre raison et passion, en outre, les hamburgers maison et le plat du jour sont généreux. Pour les enfants, une large palette de glaces sera l'occasion d'un ultime plaisir. Pour les parents, la décoration 1900 en accord avec le voisinage permettra de perpétuer, le temps du repas, l'impression de dépaysement.

LE TCHAPALO €€

3, avenue de la République
✆ 04 66 43 33 78
www.letchapalo.fr

Basse saison ouvert du jeudi au mardi le midi et le soir. Haute saison tous les jours le midi et le soir. Carte 25 €.

Un restaurant complet ! La cuisine est simple, mais copieuse : salades et tians en entrée, magret de canard et omelette végétariennes pour les plats et mousse au chocolat, tarte aux pommes et panna cotta noix de coco pour les desserts. À base de produits frais. Délicieux. La cuisine traditionnelle avec des produits locaux offre des menus très abordables. Virginie et Jean-Christophe vous accueillent avec de bons plats et un excellent rhum arrangé. Accueil formidable, authentique, souriant, chaleureux, et le reste suit... quelle énergie !

TERROIR CÉVENNES

Route d'Anduze - **THOIRAS**
✆ 04 66 85 15 26
www.terroircevennes.com

Boutique paysanne. Regroupe des agriculteurs biologiques des vallées cévenoles, qui se relaient pour tenir la boutique.

Située sur la route qui mène d'Anduze à Saint-Jean-du-Gard, face à la gare de Thoiras, qui accueille le petit train à vapeur et un restaurant, la boutique paysanne regroupe des agriculteurs biologiques des vallées cévenoles, qui se relaient pour tenir la boutique. Ici on sait ce qu'on achète et pourquoi c'est si bon. Miels, pélardons, charcuterie, jus de fruits, terrines, tout est avenant et d'une qualité assurée. De l'artisanat local, des céramiques et des vêtements sont aussi en vente. Pour un commerce équitable local et de haut niveau.

CEVENNES HÉLICOPTÈRE

Les Mouzignels ✆ 04 66 85 49 03
cevenneshelicoptere.com

Baptêmes de l'air, circuits touristiques ou vols d'initiation. Toute l'année sur RDV au départ d'Anduze.

Découvrir les Cévennes avec ses entrelacs de vallées verdoyantes en hélicoptère avec une vue totalement panoramique vous laissera un souvenir inoubliable. Baptêmes de l'air, circuits touristiques ou vols d'initiation. Au départ de Saint-Jean-du-Gard, sans doute le meilleur moyen, avec les vols en avion de tourisme au départ de l'aérodrome de Deaux, de découvrir les Cévennes. D'autant que vu des airs, vous prendrez conscience de ce resserrement incroyable de massifs qui caractérise les Cévennes. Toute l'année sur RDV ou le jeudi juillet - août au départ d'Anduze.

LES PLANTIERS

Le village des Plantiers, composé d'une dizaine de hameaux, est environné de crêtes que l'on appelle en Cévennes des « serres » : serre des Clapisses, serre de Borgne culminant à 1 066 m, serre des Tours... À la Hierle et Monteils, on peut observer de hautes maisons parallèles à la pente, avec leurs magnaneries installées au dernier étage. Un peu partout sur les terrasses, on voit des mûriers, et deux anciennes filatures se trouvent encore au centre du village. L'église romane, perchée à 650 m d'altitude au milieu de la châtaigneraie, située dans le hameau de Saint-Marcel-de-Fontfouillouse, fait partie du circuit des églises romanes.

LE VIGAN ★

Cité millénaire et capitale des Cévennes méridionales, Le Vigan étale sa douceur de vivre au long des ruelles médiévales, au hasard des fontaines et jardins qui la peuplent, à l'entrée du Parc national des Cévennes et dans la vallée de l'Arre, à l'ombre du Mont Aigoual. On s'y promène avec plaisir, là sur les traces des hommes célèbres qui y sont nés, ici d'une histoire industrialo-culturelle riche depuis l'épopée séricicole débutée au XVIIe siècle jusqu'au succès des collants Well. Le Vigan possède aussi ses produits AOC : pommes reinettes du Vigan, oignons doux des Cévennes et les fameux pélardons, petit fromage de chèvre très goûteux.

CHÂTEAU D'ASSAS

11, rue des Barris

✆ 04 67 81 80 49

www.mediathequedupaysviganais.fr

Ouvert du lundi au vendredi et le samedi matin.

Cette demeure du XVIIIe siècle abrite aujourd'hui la médiathèque du pays viganais. Classée aux Monuments historiques depuis 2001, elle a été rénovée par le Département et s'offre aujourd'hui comme point de rencontre des amateurs d'art, de littérature et de musique. Trois thématiques la composent : une maison de la culture, une médiathèque et un centre de ressources départemental. Nous vous conseillons vivement d'y faire une halte car l'architecte qui a conçu le château, Pierre Jacques de Faventines, sur les ordres de Louis XV, a réalisé un édifice remarquable.

ARBORETUM DE L'HORT DE DIEU

Du 15 juillet au 20 août. Gratuit en visite libre. 5 € en visite guidée.

Un p'tit coin de paradis au pied de l'observatoire, sur le flanc sud du mont Aigoual. Les transhumances ainsi que l'exploitation trop importante des bois et futaies avaient fortement amenuisé la forêt du mont Aigoual jusqu'au début du XXe siècle. Face à ce constat, En 1902, Georges Fabre et Charles Flahault entreprennent de reboiser la zone, et créent 10 arboretums, dont celui de l'Hort de Dieu. Il introduisent l'épicéa, le mélèze, le pin noir, le pin à crochets, et le pin laricio.

MUSÉE CÉVENOL ★

1, rue des Calquières

✆ 04 67 81 06 86

www.museecevenol-levigan.jimdo.com

Fermé de novembre à mars. Horaires variables en fonction des saisons. Adulte 5 €, enfant 3 €.

Ce musée municipal créé en 1963 dans une ancienne filature à soie, présente la culture cévenole sur trois niveaux : il expose des collections selon une muséographie de très haut niveau. Des milliers d'objets et tissus, notamment de superbes costumes XVIIIe siècle, nous immergent dans les arts et traditions populaires des Cévennes. Les métiers régionaux comme les artisanats du vannier, verrier, sabotier, tonnelier sont évoqués dans une salle réservée à cet effet. André Chamson, l'écrivain symbolique de la culture cévenole possède aussi sa salle personnelle.

CASCADES DE LA MEUSE

Route de Ganges

SAINT-LAURENT-LE-MINIER

Un pont enjambe la rivière et des cascades naturelles apparaissent. L'eau en mouvement perpétuel, panorama grandiose.

Faites le tour de la Vis, joli cours d'eau profond, pas encore trop domestiqué par les villages en amont et qui prendre sa source en Gard cévenol. Au site naturel de Saint-Laurent-Le-Minier, à 2 km de Ganges, un pont enjambe la rivière et des cascades naturelles apparaissent. Puissance de l'eau en mouvement perpétuel, panorama en cirque grandiose. Les points de baignade sont très fréquentés en été et le site, aménagé avec bar, snack et parking, est relativement bien préservé. Prévoir des chaussures pour les rochers et surtout, respectez la nature !

OFFICE DE TOURISME DES CÉVENNES & NAVACELLES

Place du Marché-Triaire

✆ 04 67 81 01 72

tourismecevennesnavacelles.com

Ouvert toute l'année.

Au coeur des Cévennes méridionnales, entre Causses et Mont Aigoual, Le Vigan accueille d'innombrables richesses qui ont su se conserver au fil du temps : histoire, terroir, curiosités, patrimoine, le tout incorporé à un paysage grandiose, entre soleil et collines du sud du Massif Central. De cette situation, l'office du tourisme met à votre disposition nombre de circuits de randonnées, d'adresses culinaires, et vous aide ainsi à faire de votre séjour un passage riche en activités.

CIRQUE DE NAVACELLES ★★★★

Route de Saint-Maurice-de-Navacelles
BLANDAS
www.cirquenavacelles.com
Le Grand Site est situé en zone de montagne, pensez à bien vous chausser.

Dans ce Cirque aux dimensions surnaturelles, la Vis a joué un bien joli tour à la nature, creusant lentement les parois calcaires du causse de Blandas. Que l'on y arrive par Blandas, ou par Saint-Maurice-de-Navacelles, la vue est à couper le souffle. Les deux corniches possèdent un bar qui permettra de se délecter du panorama. En entamant la descente, ne manquez pas le sentier qui mène à la résurgence de la Foux. Classé Grand site de France, le Cirque est sans doute la particularité naturelle la plus impressionnante du département.

BALADE DE L'ARRE

Office de Tourisme des Cévennes Méridionales
tourismecevennesnavacelles.com
Visite guidée. 1h30.

Itinéraire d'initiation au trail au départ du Vigan ne présentant pas de difficultés particulières. Cette balade est l'une des plus agréables de la ville du Vigan. Ce parcours est un bon moyen de découvrir tout en douceur l'Arre et le patrimoine viganais. En vue de la bâtisse de la Fabrègue, continuer tout droit pour la longer sur l'arrière. Le sentier descend, traverse un ruisseau sec et continue à droite en montant dans les bois de châtaigniers. Une descente entre deux anciens murs conduit à un nouveau ruisseau que vous traverserez aisément sur un pont.

CIGALE AVENTURE

3, rue de l'Horloge
✆ 09 80 36 37 84
www.cigaleaventure.com
Ouvert de fin mars à début octobre. Réservation obligatoire. Tarifs complets sur le site.

Cigale Aventure est l'adresse qu'il faut avoir dans un coin de sa tête lorsqu'on manque d'inspiration pour ses vacances. En effet, cet établissement n'est pas qu'un loueur de vélo, c'est aussi un magicien des vacances. De nombreuses activités sont proposées pour tous les âges : via ferrata, parcours aventures, canoës-kayaks, randonnées famille en VTT...C'est une vraie mine d'or ! Pour des efforts maîtrisés, Cigale Aventure loue aussi des vélos électriques sur sa base du cirque de Navacelles. De bons moments nature en perspective !

DOMAINE DE L'ANGLADE €€

Route de Fontaret
BLANDAS
✆ 04 67 81 53 52
www.causse-langlade.com
Ouvert à l'année. Chambre simple et double.

Le Domaine de l'Anglade est une magnifique propriété à l'entrée du village. Entre le Larzac et la fin du Parc national des Cévennes, sur le Causse de Blandas, en bordure du Cirque de Navacelles, un endroit sûr pour le calme et la découverte de la nature. Il offre 2 chambres d'hôtes très confortables, 3 maisonnettes de luxe et 3 gîtes. Tout est superbe, l'accueil, les chambres, la piscine. Le charme des habitations et la grande beauté des lieux environnants. Un restaurant vous servira une cuisine à base de produits du terroir, raffinée et traditionnelle.

GÎTE LA CAMBIÈRE €€

Route de Vissec - **BLANDAS**
✆ 06 22 32 71 38
www.giteslacambiere.fr
Blandas, havre de paix, situé au cœur des Cévennes et des Causses, est un paisible village de montagne.

C'est à deux pas du Cirque de Navacelles et du Viaduc de Millau que Christian vous accueille pour un séjour tout confort. Installé à Blandas, à 700 mètres d'altitude, son gîte promet un moment de détente déconnecté de toute réalité maussade. Les prix de ses locations sont tout à fait abordables compte tenu de la situation de son habitation, d'ailleurs malgré le calme procuré par un léger isolement le quartier possède deux restaurants et une épicerie se trouve à 7 km. Il est préférable de venir en voiture pour découvrir tous les trésors naturels des lieux.

ISIS EN CÉVENNES €€

Domaine de Saint-Julien
SAINT-JULIEN-DE-LA-NEF ✆ 04 67 73 80 28
www.isisencevennes.fr
Fermé de novembre à mars. Jeux pour enfants. Animaux acceptés. Aire pour camping-cars. Restauration. Animations.

Dans un écrin de verdure au bord de l'Hérault, ce camping vous accueille dans un cadre convivial. Dans le Parc national des Cévennes ; plage de rivière privée, location de Mobil-homes, piscine, bar, restaurant, animations SPA sauna... Tout est mis en œuvre pour que vous puissiez vous détendre lors de votre séjour, pour vous faire passer des vacances inoubliables, sportives, ludiques et placées sous le sceau de la découverte : sports de plein air, spéléologie, randonnées, canoë, visites de musées ou de villages typiques, vous n'aurez pas le temps de vous ennuyer.

LE MAS DE LA PRAIRIE** €€

16, avenue Sergent-Triaire
✆ 04 67 81 80 80
www.masdelaprairie.fr
Réouverture le 1er avril. Chambres doubles à partir de 60 €. Menu 26 €.

Voici un hôtel-restaurant plein de charme, où il fait bon se reposer après une escapade au cœur des Cévennes. Les chambres sont agréables, parfaitement équipées de tout le confort moderne (climatisation, cafetière et plateau de bienvenue, etc) et pour certaines d'entre-elles d'une jolie terrasse. Après avoir piqué une tête dans la piscine et lézardé sur les transats, une halte gastronomique s'impose. Dans ce restaurant, on vous proposera une cuisine authentique autour des produits du terroir, accompagnée de vins de pays, à apprécier à la lueur des lampions.

LA MAISON DES CEVENNES €

BRÉAU-ET-SALAGOSSE

✆ 06 32 34 88 55

Ouvert toute l'année. Chambres à partir de 52 €, refuge 20€, carte 1/2 pension 16€.

Depuis 2018, Damien fait revivre cette auberge dans la montée du col du Minier, située à l'ombre d'un arboretum, un magnifique séquoia, un tilleul bicentenaire et au pied d'un sentier accessible à tous dont les handicapés. Ici un gîte d'accueil pour 15 personnes, chambres d'hôtes 15 personnes et 15 en refuge. Une capacité de 70 couverts avec une spécialité, lou capèu - mélange de trois viandes boeuf, canard porc à griller sur un socle construit par Damien. Cuisine traditionnelle l'été : brochettes ratatouille. L'hiver, une carte montagne, raclette, fondue.

LES Ô DE NAVOUS €€

1258, route de Navous - **MANDAGOUT**

✆ 06 48 06 30 92

www.gite-sud-cevennes.fr

Gîtes de France (3 épis). Disponible du 15 juin au 15 septembre. De 1 125 à 2 100 € la semaine selon saison.

C'est un havre de paix tout équipé à deux pas du Parc National des Cévennes. On profite du calme des lieux et de la nature environnante, le gite est situé dans le petit hameau de Navous sur la commune de Mandagout. Jamais entendu parler ni de l'un ni de l'autre ? Quelle meilleure façon de découvrir les environs ! C'est le cadre idéal pour des vacances en famille : jardin, piscine, nature sauvage, sentiers de randonnée, la région est riche et ça se voit. Le gite est disponible du 15 juin au 15 septembre. Le grand luxe à prix correct.

TERRE DE BARDET €€

Route de St Bresson

✆ 04 67 82 04 69

www.terredebardet.com

Locations Clévacances (3 clés). Pour 4 pers. Maison indépendante. Terrasse, salon de jardin, barbecue, parking.

Christopher Cameron-Wilson et son épouse Claudie ont repris et remis en état un vignoble en 2000. Entre-temps, leur fils Frank les a rejoints. Petit à petit, ils ont trouvé leurs marques en gérant cette exploitation viticole en travaillant de façon biologique. La maison du domaine a une histoire très particulière que les hôtes auront plaisir à évoquer ; en tout cas, le gîte est unique en son genre puisqu'il est souterrain, au milieu des vignes. Très lumineux et aéré, au calme et à seulement 3 km du Vigan, voilà qui mérite l'attention.

LE VAL DE L'ARRE*** €€

Route du Pont-de-la-Croix

✆ 04 67 81 02 77

www.valdelarre.com

Fermé du 1er octobre au 31 mars. Réservation recommandée.

C'est l'assurance de vacances dépaysantes, avec tout le confort nécessaire : une piscine évidemment, qui concurrence la rivière l'Arre tout proche, pour mieux affronter les grosses chaleurs estivales cévenoles. Mais aussi des terrains de foot, pétanque, basket ou volley. De plus les emplacements sont larges, bien pensés, à la hauteur des mobil-homes, eux aussi bien aménagés et équipés. Dans cette vallée du Vigan, à deux kilomètres du village, le camping est le camp de base idéal pour les sorties nature, bien plus éprouvantes.

AUBERGE LE CAUSSE €

Le Causse

BLANDAS

✆ 04 67 81 51 55

BS : ouvert du mardi au dimanche midi et soir. HS : tous les jours le midi ; du mardi au samedi le soir.

C'est l'auberge dans le bon sens du terme, celle où l'on vient se détendre sur la terrasse à l'ombre des mûriers. De passage dans la région et curieux de découvrir les spécialités locales préparées à base de veau et d'agneau du causse, de truite du Gravas, de pélardon et d'oignons doux. Commencez par l'assiette de charcuterie du pays suivie par des tripoux de l'Aveyron et leurs pommes vapeur ou une cuisse de canard confite. Un pélardon du Camp d'Altou pour la route avant de terminer en beauté et d'offrir à nos papilles une ultime gourmandise sucrée.

AUBERGE LA BORIE €€

Route de La Borie - **MANDAGOUT**
✆ 04 67 81 06 03
www.aubergelaborie.fr

Ouvert tous les jours midi et soir, sauf mercredi soir. Réservation recommandée. Menu à partir de 23 €. Terrasse.

Face à un paysage sublime, surplombant la vallée, l'Auberge la Borie s'accroche à flanc de montagne. Que vous choisissiez la belle bâtisse en pierres ou les terrasses aériennes et spacieuses, vous êtes assurés de manger dans un cadre somptueux. Aux fourneaux et aux commandes, Louise propose une cuisine originale et traditionnelle à la fois, avec quelques accords sucré-salé intéressants. Vous pourrez y déguster du filet de poulet au Pélardon, du magret de canard aux prunes sauvages avant de régaler vos papilles avec un soufflé glacé à la châtaigne.

LE JARDIN €€

10, rue du Four
✆ 04 67 81 28 96
www.resto-lejardin.fr

Ouvert toute l'année. Horaires variables en fonction des saisons. Menus à partir de 15,50 €. Carte.

Prenons les chemins de traverse et quittons le boulevard pour tomber sur le meilleur restaurant du Vigan et sa terrasse ombragée. Petite salle en pierre et chaux jaune, couleurs lumineuses, bar en galets et plateau de bois : le décor est planté, la cuisine est résolument traditionnelle avec des soupçons multiculturels. Ici, on milite pour le goût, pour les produits frais et locaux. Une cuisine du sud, ensoleillée, qui respecte aussi votre régime alimentaire : gratin de moules à la crème aveyronnaise, ris d'agneau aux cèpes, fondant à la châtaigne. Délicieux !

LA LUSETTE €€

Zone de Tessan
✆ 04 67 81 82 81

Ouverture : BS mardi au dimanche midi ; le vendredi samedi le soir. HS mercredi au dimanche le midi et le soir.

Une cuisine bonne et simple, qui s'appuie principalement sur la qualité de ses produits et sur une authenticité réelle. L'accueil est très cordial et la carte, à l'ardoise, est honnête : elle indique quels plats sont fait avec des produits frais, frais sous vide et congelés. On est ici sans prétention mais sûrs de ce qu'on sert au client, ça se sent et c'est bien agréable. L'entrecôte sur la planche nous a rappelé que ce n'est pas partout que l'on sert de la très bonne viande, ni qu'on sait la cuire comme il convient. Un établissement à recommander.

L'AURA DES CHAMPS

16, Place Sainte-Euzeby
✆ 04 67 85 71 35

Ouvert du mardi au samedi de 9h à 12h30 et de 15h30 à 18h30 ; le dimanche de 9h à 12h30.

L'Aura des Champs est membre du réseau Les Boutiques Paysannes. Vente directe de produits fermiers sur une sélection de vingt paysans qui vous proposent leurs produits cultivés et élaborés dans leurs fermes et ateliers. Ils travaillent dans le respect de la terre et des animaux. Produits : pains, pâtés, sirops, fruits et légumes, viandes, miels, fromages, plantes, conserves, confitures, œufs... Une alimentation de qualité qui favorise l'agriculture locale et les circuits courts ! Une belle boutique avec du choix, de plus l'accueil est très sympathique !

COOPÉRATIVE ORIGINES CÉVENNES

Route de Valleraugue
SAINT-ANDRÉ-DE-MAJENCOULES
✆ 04 67 82 26 42 - oignon-doux-des-cevennes.fr

Ouvert du lundi au dimanche. Du 01/07 au 31/10 : 9h-13h et 14h-19h. Du 01/11 au 30/06 : 10h-13h et 14h-18h.

Cette épicerie 100 % locavore regroupe les productions de 20 producteurs des environs. Miel, châtaignes, fruits, légumes, veau, agneau, volaille, fromage, yaourts ou pélardons, on peut y retrouver tous les bons produits du terroir issus directement des agriculteurs, faits maison et souvent bios. Le produit phare : l'oignon doux des Cévennes, le seul à être cultivé en terrasse, à déguster cru ou cuit. Un véritable *must* pour les amateurs de produits frais locaux et authentiques.

PROMENADE DU VIADUC - VOIE VERTE

Place du Marché-Triaire
✆ 04 67 81 01 72

Le retour en arrière s'opère dès les premières foulées, ou les premiers coups de pédales.

Le retour en arrière s'opère dès les premières foulées, ou les premiers coups de pédales. Entre voies étroites, ponts, viaducs et tunnels, pas bien difficile d'imaginer que le terrain sur lequel on évolue à ce moment fut autrefois une voie ferrée. Plaisante par la qualité de son revêtement comme pour les points de vue qu'elle procure. Elle se prête aussi bien aux promenades et vélos en famille ou amis, aux entraînements de roller, qu'aux joggings quotidiens.

PASSEPORT
N
W
E
S

ORGANISER SON SÉJOUR

Pour un séjour à Nîmes en rayonnant autour de la ville : c'est selon vos goûts. Printemps ; douceur du temps, odeurs puissantes de la garrigue, nombreuses manifestations locales (Férias, fêtes de villages autour du taureau et du cheval, festivals). Eté ; une forte température, du mistral, des marais salants qui virent au rouge, le chant des cigales. Automne, bien sûr les couleurs du marron à l'orange, les vendanges, les Cévennes avec les champignons et les châtaignes. Hiver les petites stations locales pour les enfants qui feront leurs premiers pas dans la neige, et les visites guidées des nombreux centres d'intérêt de la ville : ses musées (histoire naturelle, romanité, vieux Nîmes, Carré d'Art.....) ses monuments si bien conservés et mis en valeur (les arènes, la Maison carrée, les jardins de la Fontaine, les portes de France et d'Auguste) ses grands boulevards et l'écusson avec ses hôtels particuliers......

S'Y RENDRE

Nîmes organisée autour de 7 collines d'où son nom de « Rome Française », est la préfecture du Gard. Ses nombreux monuments datent de l'époque romaine. Les Arènes où se déroulent encore de nombreux spectacles (tauromachie, jeux romains, concerts), est un amphithéâtre de 2 étages datant de l'an 70 de notre ère. La Maison carrée temple romain, qui fait face au Carré d'art en verre qui abrite un musée d'art contemporain et une médiathèque. Les jardins de la Fontaine organisés sur un site romain (temple de Diane, et Thermes) sont dominés par la Tour Magne. Le récent musée de la Romanité abrite une importante collection. Au-delà des visites de monuments, des promenades dans l'écusson de la ville vous permettront de voir les hôtels particuliers et leurs cours intérieures. A partir de Nîmes vous aurez le choix entre la Camargue, sa faune et sa flore, le Port du Grau du Roi, et Aigues Mortes, ou bien les Cévennes et ses villages accueillants.

AÉROPORT NÎMES-ALÈS-CAMARGUE-CÉVENNES

Route de Saint-Gilles - **SAINT-GILLES**
✆ 04 66 70 49 49
www.aeroport-nimes.fr
Ouvert du lundi au dimanche, jours fériés, de 7h30 à 20h.

L'aéroport Nîmes-Alès-Camargue-Cévennes propose des vols réguliers à destination de Londres, Bruxelles, Fez et Marrakech, desservis par la compagnie aérienne Ryanair. Cet aéroport est situé à proximité de l'autoroute A54 et à 15 minutes de Nîmes par le biais de la navette. Aux « arrivées » se trouvent toutes les sociétés de location de voitures dont le parc est situé juste en face du bâtiment. Parking couvert à proximité immédiate de l'aérogare, avec 10 minutes gratuites.

GARE SNCF ALES

Place Pierre-Semard
ALÈS
✆ 08 92 35 35 35
Lundi- vendredi de 5h30 à 22h10, dimanches-jours fériés de 6h45-22h10.

La gare SNCF d'Alès est une gare étant une étape sur la ligne Saint-Germain-des-Fossés / Nîmes. On appelle cette ligne « la ligne des Cévennes » car elle traverse une bonne partie de la région. Un guichet y est ouvert tous les jours du lundi au vendredi de 6h30 à 18h30 ainsi que le dimanche et jours de fêtes de 10h25 à 17h40. Elle est desservie par les trains Intercités entre Clermont-Ferrand et Nîmes, et par les TER de l'Occitanie. Vous pourrez vous garer au parking pour vélos et voitures qui est là pour le confort des passagers.

GARE SNCF D'AIGUES-MORTES

Route de Nîmes
AIGUES-MORTES
✆ 08 00 88 60 91
Ouverte du lundi au vendredi 6h30 à 12h15 et de 12h45 à 19h, guichet ouvert du lundi au vendredi de 9h-12h et 13h40-18h.

La gare d'Aigues-Mortes est une gare desservie par les Trains Express Régionaux (TER) de l'Occitanie. Il s'agit de la ligne reliant Nîmes au Grau-du-Roi. A 35 km de Nîmes et à 30 km de Montpellier, la ligne dessert les villes et villages des Costières jusqu'au terminus du Grau-du-Roi. Elle est également utilisée pour le transport du sel. Une manière d'envisager le tourisme sans contrainte, sans bouchon, en période estivale... le bien-être absolu !

GARE SNCF NÎMES CENTRE

1, boulevard du Sergent-Triaire ✆ 36 35
7j/7 et les jours fériés, de 4h45 à 0h30.

Ce monumental témoignage de l'architecture ferroviaire du XIXe siècle a retrouvé toute son esthétique, 170 ans après sa construction. Exemple rare de voies aériennes qui passent en pleine ville, la gare de Nîmes joue sur ses voûtes et ses grands espaces pour améliorer l'accueil des voyageurs. Gare du réseau de la SNCF depuis 2014, desservie par le TGV, les intercités et les TER Occitanie, Nîmes est aujourd'hui à 5h de Rennes, 3h de Paris et de Toulouse, 1h de Lyon Part-Dieu et de Marseille Saint-Charles, et à 30 minutes d'Avignon et de Montpellier.

La Région
Occitanie
Pyrénées - Méditerranée
Le meilleur de la région est sur
TOUS OCCITARIENS.fr
JE DIS
OUI
AUX PRODUITS
D'OCCITANIE !
FÉDÉRATION des fruits et légumes Occitanie
AGRICULTURES & TERRITOIRES
CHAMBRE D'AGRICULTURE OCCITANIE
La Région Occitanie
Sud de France
LE MEILLEUR DE L'OCCITANIE
L'ABUS D'ALCOOL EST DANGEREUX POUR LA SANTÉ - À CONSOMMER AVEC MODÉRATION

SE DÉPLACER

Il y a plusieurs attraits à la destination de Nîmes préfecture du Gard. La douceur du climat, mais parfois le mistral, les couleurs du midi, la proximité de beaucoup de lieux touristiques. Hôtels modestes ou luxueux vous accueilleront, mais aussi campings, auberge de jeunesse, chambres d'hôtes... Selon les dates de votre séjour vous participerez aux jeux romains, férias, courses de taureaux, concerts, festivals de jazz, fêtes traditionnelles.... A égale distance de la mer (Camargue, Aigues-mortes, Grau du Roi) et de la montagne (Cévennes, Aigoual), mais aussi très proche de l'Espagne, vous pourrez depuis Nîmes, après avoir visiter tous les trésors de la ville, rayonner dans des lieux très différents. Dans de nombreuses propriétés vous dégusterez des vins AOC, de l'huiles d'olive, et autres spécialités. Les restaurants vous proposeront des plats régionaux colorés, parfumés, avec l'été les cigales comme compagnes très bavardes.

LIO

✆ 0 810 33 42 73
www.lio.laregion.fr
1,50 € le ticket ; 4 € le pass journée ; 3 € pour 2 voyages. 13 € pour 10 voyages. Trajets en ligne.

Ce dispositif de cars rouges fait le bonheur de ceux qui n'ont pas de véhicule ou qui désirent se déplacer sans les inconvénients du trafic ou du parking. L'argument de poids est le prix du billet unique, quelle que soit la destination. Les lignes tissent une toile d'araignée dont le centre est Nîmes. Des lignes de bus permettent d'accéder à la plupart des sites touristiques d'Occitanie à moindre frais. Les points de vente ne manquent pas dans les Maisons de la Presse et les bars-tabac. Le site internet vous donne également accès à toutes les infos pratiques.

ENTREPRISE RENT-A-CAR

Aéroport de Nîmes-Alès-Camargue-Cévennes
✆ 04 66 70 49 20
Ouvert du lundi au vendredi de 8h30 à 18h ; le samedi de 8h30 à 17h15 ; le dimanche de 10h à 17h15.

Cette entreprise de location offre un excellent rapport qualité-prix pour les locations de véhicules large ou d'utilitaires. La réservation de votre moyen de transport peut se faire en ligne ou directement à votre arrivée à l'agence de l'aéroport. Les tarifs sont plus attractifs si la réservation et le paiement ont été effectués au préalable via le site Internet. L'agence de l'aéroport est ouverte tous les jours.

▶ **Autre adresse** : Gare Nîmes Pont du Gard. Tel : 04 66 05 58 79. Ouvert de 8h à 18h. Fermé le samedi et le dimanche.

EUROPCAR - LOCATION DE VOITURE

36, avenue Carnot - **ALÈS**
✆ 04 66 86 89 89
www.europcar.fr/agences/france/ales
Ouvert du lundi au vendredi de 8h à 12h et de 14h à 18h ; le samedi de 9h à 12h.

Cette compagnie bien connue propose un grand éventail de services de location de véhicules. A Alès, capitale des Cévennes vous pourrez choisir la formule qui conviendra le mieux à votre séjour. N'hésitez pas à surveiller les promotions, et les réductions proposées ; Voyages d'affaires. Location moyenne durée, de 1 à 3 mois. Formule « passez au Vert ». Location longue durée de 3 à 24 mois. Abonnement Funway. Location d'utilitaire pour déménagement (300 km inclus pour une journée).

TAXIS RADIOS ARTISANS NÎMOIS (TRAN)

2, boulevard Sergent-Triaire
✆ 04 66 29 40 11
www.taxinimes.fr
Accessible par téléphone 24h/24h et 7jours/7. Mobilité réduite.

L'association des Taxis Radios Artisans Nîmois (TRAN) regroupe une quarantaine de taxis qui sillonnent la ville. Ces voitures taxis fonctionnent 7j/7 et 24h/24, avec une station à la gare et un système d'appels et de réservations par téléphone et Internet. Au delà des courses classiques, possibilité de réserver des véhicules de 4 à 7 places pour petits groupes, mais aussi véhicules adaptés aux malades assis (pour RV médicaux). Les tarifs restent dans la norme nationale.

S'INFORMER

Etre en vacances dans le Gard ne signifie pas forcément se détacher de la réalité et de l'actualité. Pour se tenir au courant de tout ce qui se passe au niveau international, national et surtout local, différents supports sont à disposition (radio, internet, tv, presse écrite). Adaptés au goût de chacun, ces médias forment un relais qui permet de suivre ce qui se passe ou ce qu'on peut attendre du calendrier. Accéder à l'un d'entre eux vous permettra de ne pas avoir de mauvaise surprise, mais aussi de découvrir des choses qui vous étaient inconnues. On pense surtout aux médias locaux qui vous livreront en quelques mots des informations sur les fêtes de village, les traditions locales, les concerts programmés, les tournois de tambourin... C'est aussi une merveilleuse façon de découvrir la culture locale, le vocabulaire du cru et d'obtenir quelques adresses gourmandes ou divertissantes.

MIDI LIBRE

✆ 04 30 00 30 34
www.midilibre.fr
Quotidien régional. Nombreux hors-séries. Abonnements. Application mobile.

Midi Libre est le journal de proximité par excellence. Ce quotidien d'information relaie les actualités de la région Occitanie avec précision et humanité. Grâce à une équipe de professionnels proches du terrain, le journal a pu bâtir une réputation et une relation de confiance avec son lectorat. De nos jours, le média a pris un virage résolument numérique, axé autour d'un site internet développé et des réseaux sociaux interactifs. *Midi Libre* est capable de relater le déroulement d'événements en direct et d'assurer le suivi de l'actualité heure par heure.

COMITÉ DÉPARTEMENTAL DU TOURISME DU GARD

3, rue de la Cité Foulc
✆ 04 66 36 96 30
www.tourismegard.com
Ouvert toute l'année, du lundi au samedi de 96h à 12h, puis de 14h à 19h. Fermé le dimanche.

A deux pas des arènes, le Comité Départemental du Tourisme (CDT) en accès libre, propose un stock d' informations sur le Gard (hôtels, restaurants, campings, randonnées, tourisme et handicap, chambres d'hôtes, location de meublés..) Egalement disponibles des brochures éditées par les différents offices de tourisme gardois et des villes avoisinantes (Arles ou Avignon) et de l'info sur les musées et les actions des collectivités régionales en matière de patrimoine. Bonne lecture !

OFFICE DE TOURISME DE NÎMES

6, boulevard des Arènes
✆ 04 66 58 38 00 - www.ot-nimes.fr
Ouvert toute l'année. Horaires variables selon les saisons. Visites guidées, à partir de 8 €, sur réservation.

Pour vous documenter sur cette magnifique ville romaine qu'est Nîmes, rien de plus facile ! Situé à deux pas de la Maison Carrée, l'Office de Tourisme vous accueille 7j/7 et propose des services très pratiques pour faciliter votre séjour. Sur place vous trouverez des plans touristiques, un catalogue des hébergements et des restaurants, des informations culturelles, des audioguides pour découvrir le patrimoine nîmois en toute liberté. La boutique de souvenirs complète les services !

CHÉRIE FM 96.6 FM

✆ 04 66 21 20 00
www.cheriefm.fr
96,6 FM.

La plus nîmoise des grandes stations nationales, la plus écoutée aussi, Chérie FM distille ses infos locales à partir de 6h du matin et tout au long de la journée. Première radio sur Nîmes largement devant France Bleu. Une série de bulletins et de flashes annoncent un résumé de l'actualité, la météo, les rendez-vous culturels, les bons plans, les adresses utiles et commerciales. Bien sûr, la musique est aussi au rendez-vous ! Pendant la feria notamment, le grand podium devant la Maison Carrée donne une belle visibilité à sa banderole.

FRANCE 3 PAYS GARDOIS

✆ 04 66 04 23 23

Edition de proximité du pays gardois, quotidiennement à 18h50.

France 3 Pays Gardois est le décrochage local pour le Gard, de l'édition du 19/20 de France 3 Occitanie seule télévision régionale du groupe France Télévisions. L'émission est diffusée chaque soir en direct des studios montpelliérains. Cette édition, entièrement dédiée à l'actualité locale, fait un rapport journalier de l'actualité qu'elle soit urbaine, politique, sportive ou culturelle. Quotidiennement la Médiation de France 3 recueille vos observations, critiques, analyses et témoignages concernant les différents rendez-vous de la chaîne.

LA MARSEILLAISE

✆ 04 66 27 95 95

www.lamarseillaise.fr

Quotidien régional.

Tous les grands thèmes sont abordés dans ce quotidien né en 1943. Créé à Marseille, le titre possède des agences dans chaque département, de l'Hérault aux Alpes-Maritimes en passant par le Gard et le Vaucluse. Ce journal a traditionnellement pris part aux luttes sociales, propose des sujets en phase avec l'actualité socio-économique de la région et montre des modes de production alternatifs au système libéral. La ligne éditoriale est sans ambiguïté : apporter de l'info généraliste, donner une opinion, sans négliger les rubriques sports, corrida, pétanque, culture...

FRANCE BLEU GARD LOZÈRE

✆ 04 66 36 30 30

Mende : 104.9 et 99.5 - Le Bleymard 102.2 - Meyrueis 101.7 - Ispagnac 101.3 - La Canourgue 100.8 - Langogne 100.1.

Si Midi Libre est incontournable en presse écrite, France Bleu Gard Lozère l'est en radio. Avec des moyens que seul le service public peut engager, la radio diffuse des infos locales tous les matins, d'autant plus complètes que des correspondants permanents sont installés sur les deux départements, même si la plus grande part est donnée au Gard. Musique populaire, variété et informations de proximité sont les grands axes de l'antenne avec des services aux auditeurs en direct (points routes, météo, témoignages, appels à solidarité), très appréciés.

RADIO FRÉQUENCE NÎMES

✆ 04 66 26 50 65

92.2 FM.

Connue sous l'acronyme RFN, cette radio associative a été créée en 1982 par Jean Orsi. Radio Fréquence Nîmes défend une certaine chanson française, qui laisse filtrer dans ses goûts musicaux une nostalgie pour une France que les moins de 15 ans ne peuvent pas connaître ! Aujourd'hui c'est Edith Quettelart qui poursuit l'oeuvre de son père, épaulée par les animateurs, standardistes, passionnés et bénévoles. Les grands classiques de la variété font le bonheur de nombreux auditeurs. Informations et petites annonces en font une radio de proximité, bien implantée à Nîmes.

LA GAZETTE DE NÎMES

✆ 04 66 58 77 77 - www.lagazettedenimes.fr

Hebdomadaire. Sorti le jeudi, 1.20€ le journal. Guide et mag 3€ l'édition. Abonnement : pro-375€/an. perso-219€/an.

La Gazette de Nîmes est le journal d'informations par excellence. Décliné en ligne et en version papier, ce média est rapidement devenu incontournable, grâce à un décorticage affûté de l'actualité, qu'il s'agisse de sport, société, politique, économie ou culture. *La Gazette de Nîmes* est sur tous les fronts de l'information, à Montpellier, Sète ou Nîmes, et se distingue de ses confrères grâce à un ton bien nîmois. C'est également un hebdomadaire de référence pour suivre le calendrier des manifestations culturelles, sportives et associatives de la semaine. En période de vacances scolaires toutes les possibilités d'activités ou de visites sont proposées pour les enfants de tous âges.

RAJE

1, rue Ménard

✆ 04 66 29 70 45

www.raje.fr

102.5 FM.

« Raje, l'esprit libre et le son d'aujourd'hui et de demain » entend-on en boucle sur la 102.5 FM. Et c'est vrai que cette radio, partie d'Avignon, a su s'affranchir de la FM commerciale et bien coloniser les deux bords du Rhône ! Les villes de Marseille, Arles et Nîmes sont désormais branchées sur Raje, à l'écoute d'un style radiophonique qui fait penser à la grande sœur Radio Nova. Volontairement musicale, la bande passante se veut pointue sur un trio gagnant : musiques actuelles éclectiques + bulletins infos + chroniques culturelles, sans oublier l'agenda des sorties.

INDEX

La ville fortifiée d'Aigues-Mortes.

Salins d'Aigues-Mortes.

H

I

J

K

L

M

EDITION
Directeurs de collection et auteurs : Dominique AUZIAS et Jean-Paul LABOURDETTE
Responsable d'édition : Adrien BRAGER
Auteurs : Marie-Hélène BRAGER, Adrien BRAGER, Julien BERNARD, Laurent MARTIN, Louise BRAHITI, Samuel MEITAIRIE, Nathalie RIFAUD, Robert MILONE, Marc BASTIDE, Henry AUSLOOS, Cathy AUSLLOOS, François DESMEURES, Patricia BUSSY, Sabine ELISSEE, Florence BUISSON, Marie VANHAMME, Jean-Paul LABOURDETTE, Dominique AUZIAS et alter
Directeur Editorial : Stéphan SZEREMETA
Rédaction France : Elisabeth COL, Tony DE SOUSA, Mélanie COTTARD, Audrey VEDOVOTTO
Rédaction Monde : Caroline MICHELOT, Morgane VESLIN, Pierre-Yves SOUCHET, Natalia COLLIER

FABRICATION
Responsable Studio : Sophie LECHERTIER assistée de Romain AUDREN
Maquette et Montage : Julie BORDES, Delphine PAGANO
Iconographie et Cartographie : Anne DIOT, Julien DOUCET

WEB ET NUMERIQUE
Directeur Web : Louis GENEAU DE LAMARLIERE
Développeurs : Adeline CAUX et Kiril PAVELEK
Intégrateur Web : Mickael LATTES
Webdesigner : Caroline LAFFAITEUR
Community Traffic Manager : Alice BARBIER, Mariana BURLAMAQUI et Vincent PHAM

DIRECTION COMMERCIALE
Directeur commercial : Guillaume VORBURGER assisté de Manon GUERIN
Responsable Régies locales : Michel GRANSEIGNE
Responsables Développement régie inter : Jean-Marc FARAGUET et Guillaume LABOUREUR
Chefs de Publicité : Camille ESMIEU
Chefs de Publicité Régie nationale : Caroline AUBRY, François BRIANCON-MARJOLLET, Perrine DE CARNE MARCEIN

DIFFUSION ET PROMOTION
Directrice des Ventes : Bénédicte MOULET assistée d'Aissatou DIOP
Responsable des ventes : Jean-Pierre GHEZ assisté de Nelly BRION
Relations Presse-Partenariats : Jean-Mary MARCHAL

ADMINISTRATION
Président : Jean-Paul LABOURDETTE
Directrice des Ressources Humaines : Dina BOURDEAU assistée de Sandra DOS REIS et Eva BAELEN
Directrice Administrative et Financière : Valérie DECOTTIGNIES
Comptabilité : Jeannine DEMIRDJIAN
Recouvrement : Fabien BONNAN assisté de Sandra BRIJLALL et Vinoth SAGUERRE
Responsable informatique : Elie NZUZI-LEBA

PETIT FUTÉ GARD
LES NOUVELLES EDITIONS DE L'UNIVERSITE
18, rue des Volontaires - 75015 Paris.
✆ 01 53 69 70 00 - Fax 01 42 73 15 24
Internet : www.petitfute.com
SAS au capital de 1 000 000 € - RC PARIS B 309 769 966
Impression : IMPRIMERIE CHIRAT - 42540 Saint-Just-la-Pendue
Achevé d'imprimer : octobre 2021
Dépôt légal : 29/11/2021
ISBN : 9782305061498

Pour nous contacter par email, indiquez le nom de famille en minuscule suivi de @petitfute.com
Pour le courrier des lecteurs : info@petitfute.com

IMPRIMÉ EN FRANCE